あなたにもできる 自然出産

――妊娠したら夫婦で読むお産の知識

さかの　まこと

本の泉社

目次

Contents

【目次】

装画・本文イラスト＊さかのようこ

はじめに

自然なお産によって健康な赤ちゃんを産みたい。――これは、妊娠・出産をひかえた女性ならだれもがもつ願いです。では、どうしたら自然なお産をすることができるのでしょうか。というより、現実に、わたしたちには、どのような選択肢があるのでしょうか。

第一の選択肢は、いうまでもなく、病院です。

世間一般の常識として、医療の専門家と近代的な医療設備なしには安全なお産はできないという通念があります。病院なら安心、大きな病院ならいっそう安心、と多くのひとが思っています。しかし、ほんとうにそうでしょうか。

病院がかならずしも安心できる場所でないことは、無数の体験者が語るところです。とくに病院でお産したあとで病院以外でのお産を体験したひとたちは、口をそろえて病院出産の不条理を指摘します。

じっさい、病院のお産では、強引な措置によるさまざまな被害が続出しています。重大な事故もすくなくありません。病院でのそのような被害の多くには、陣痛促進剤などの薬物の投与が関係しています。患者にとって無用な薬物の乱用は、病院医療の悪弊のひとつとなっています。

また、産婦にたいして病院でひんぱんに実施されているのが、会陰切開や帝王切開などの手術です。これらの手術は、あまりにあたりまえにおこなわれているので、現在ではだれも特別なことだと思わなくなっています。けれども、会陰をハサミで切り裂いたり腹部を切り開いて胎児を取りだすなどということが、どうしてあたりまえのことでありうるでしょうか。手術には多くの危険と後遺症がつきものであることはいうまでもありません。

幸運にも手術をまぬがれたとしても、病院でのお産はかぎりなく手術にちかい様相を呈します。点滴をされ、おなかに監視装置をつけられ、手術台のような分娩台のうえにあおむけに固定され、尿道にくだを挿入され、医師や看護婦や助産婦の環視するなか、さんぜんたるライトのもとに局部をさらけだす……。

病院の強引な処置は、多くの産婦にすくなからぬ精神的ダメージをもあたえています。人類学者で出産教育者のシーラ・キッツィンガーは、暴力的な病院出産を〝レイプ〟にたとえています。たとえているというより、体験者にとって、それはレイプとおなじだというのです(1)。「出産でいやな体験をした人たちと、レイプや性的虐待を受けた女性たちの発言が同じ」であり、しかも「言葉だけでなく、その後の気持ちも同じ」だというのです。

産婦にたいする強引さは、そのまま、子どもにたいする強引さでもあります。病院でのお産は子どもにさまざまな肉体的・精神的なダメージをあたえてしまう危険があります。出生時のダメージは、子どもの肉体的・精神的な成長にとって、とりかえしのつかない障害をもたらすものとなるかもしれません。病院では、生まれた赤ちゃんもかなり不自然に管理され、授乳など母子の相互関係もなかなかスムーズにゆきません。

では、病院以外にはどのような選択肢があるのでしょうか。

医師のいる医療施設のほかに、助産院(助産所)という施設があります。第二の選択肢です。助産院では、助産婦(助産師)がすべてをとりしきります。医師とちがって、助産婦には原則として手術をしたり投薬をしたりする権限がありません。したがって助産院でのお産は、病院にくらべればはるかに自然なものとなります。自然であれば、安全です。

ただ、助産院もあくまで施設なので、産婦にさまざまな制約がかかることは避けられません。また、病院出産が圧倒的な主流をなす現在、お産をうけおう助産院はたいへん希少になっています。とくに地方では近隣に助産院の存在しないことも多いのです。

助産院出産よりもさらに自然なのが、自宅出産です。自宅に助産婦に来てもらってお産をする。これが第三の選択肢です。おなじ助産婦の介助によるお産でも、自宅のほうがずっと制約のすくないものになります。自宅では産婦自身が主役になれるからです。

ただし、助産婦による介助にも、問題がないわけではありません。助産婦も医療者です。医師とはまた異なった考えや技術をもっているにしても、助産婦も基本的に病院を軸とした医療の体系に組み込まれていることにかわりはありません。助産婦は、妊娠と出産を医療と結びつけ、あれこれと余計な指示や手出しをせざるをえないのです。それに、産婦にとっては、助産婦の存在じたいがストレスの種になります。助産婦もあくまで他人なのですから。

また、現状では、自宅出産をうけおってくれる助産婦をさがしだすことじたいがたいへん困難です。産婦と助産婦との相性という問題も無視できません。相性のよい助産婦を選択することなど、とうていできないことです。

では、ほかに選択肢はないのでしょうか。——あります。助産婦の介助も受けないお産です。自宅で、たとえば夫婦だけで、お産をするのです。これが第四の選択肢、無介助出産です。この本では、これを「プライベート出産」と呼びます。「プライベート出産」とは、医師や助産婦など他人の介在しないお産のことです。実質的には、医療者のいないお産ということになります。

医師や助産婦にたよらずにお産することなど、はたして可能なのでしょうか。もちろん可能です。すべて懐胎した生物は独力でお産する能力をもっています。動物には医師も助産婦も存在しません。みな独力でお産します。ヒトのお産も、ほんらいその例外ではありませんでした。

じっさい、日本でもほんのひとむかしまえまでは、医師も助産婦もいないお産が常識だったのです。しろうとの介添えがひとりふたり立ち会うだけ、というのが一般的でした。産婦ひとりだけで、ということもめずらしくありませんでした。昭和時代になっても、婦人雑誌の付録に無介助出産の手順が解説されていたりしました。

プライベート出産にあっては、気がねする他人はだれもいません。余計な指図や手出しをするひとはだれもいません。私的な場で、思いのままに、産婦の「自然」のおもむくままに、お産に専念することができます。これこそ究極の「自然出産」です。(「自然出産」とは、生物としての自然の生理にしたがって産婦が自力で子どもを産むことです。)

ほんとうのところ、多くの女性はプライベートなお産を無意識に望んでいるはずです。望んでいながらそれを実現させるすべを知らない、というのが多くの女性の置かれた現状であるようです。

◇

こうしてみると、わたしたちには、お産にさいして四つの選択肢があることになります。病院出産、助産所出産、助産婦立ち会いの自宅出産、そしてプライベート出産。それぞれに長所があり、短所があります。それらをよくみきわめたうえで、各人にふさわしいお産を選択することがのぞまれます。

四つの選択肢のうちの三つめまでは、それぞれに参考となる本が多数出版されています。わからないことは医師や助産婦に相談することもできます。ところが四つめのプライベート出産については、参考書もないし、相談する相手もいません。〝病院医療専制〟の風潮のなかで、第四の選択肢は事実上おおいかくされているといってよいでしょう。本心では多くの女性がプライベートなお産を望んでいるのに、社会的な風潮がその望みを封印してしまっているのです。

そこで、本書では、もっぱら第四の選択肢であるプライベート出産に目標をしぼって、その真実の様相について述べてみることにします。究極の自然出産について理解することで、その他の選択肢でのお産への理解もおのずから深まることになるでしょう。

わたしは研究者であって医療者ではありません。それゆえにこそ、自由にものを考え、自由にものを言うことができます。産科医や助産婦は、医療者としての立場にしばられています。プライベート出産を肯定する医師や助産婦はひとりもいません。医療の世界では、無介助出産をみとめることじたいがタブーなのです。それに、ほとんどの産科医や助産婦は産科学等にもとづいた、かたよった知識によって固められています。したがって現状では、プライベートなお産のための合理的な知識を提供することは医療者には不可能といわねばなりません。――研究者であるわたしに、この本を書く役割があたえられたゆえんです。

◇

プライベートなお産をめざしているひとにとっては、この本はプライベート出産へ向けた唯一のガイドブックとして、座右の書となるでしょう。本書はいわゆるマニュアル本ではありませんが、プライベート出産にかんしてはほかに類例をみない参考書であることはたしかなのです。

プライベート出産をするかどうか迷っているひとやプライベート出産を選択肢のひとつと考えているひとは、この本から判断の貴重な手がかりを得ることができるでしょう。本書は、プライベート出産に目標を定めていますが、けっしてプライベート出産をすすめているわけではありません。むしろ、社会的な態勢のととのっていない現状では、安易な無介助出産をするべきでないと強調しなければなりません。

どこでどのような出産をしようかと思案しているひとには、この本は出産場所や出産方法について適切な判断材料を提供することができるでしょう。第四の選択肢を視野にいれることで、その他の選択肢の特質がよりはっきりみえてくるからです。

プライベート出産は、自然出産の究極的なありかたを示すものです。病院でのお産を選ぶにしても、助産院でのお産を選ぶにしても、助産婦の介助による自宅でのお産を選ぶにしても、プライベート出産のありかたにすこしでも近づけるように工夫するべきです。この本があれば、産科学にもとづいた施設出産の問題点や、自然なお産に近づけるためのさまざまな方策を、具体的に把握することができるでしょう。

病院や助産院へ提出する出産計画書（もしくは要望書）の作成にもおおいに役立つでしょう。妊産婦がふつうに得られる情報は、医療者サイドからの一方的な宣伝ばかりです。そのようなかたよった情報に洗脳されたままでは、計画書（要望書）の作成に適切な判断力を行使することはけっしてできないでしょう。医療者の認識不足やご都合主義を見抜き、医療者の意に反した注文をもつけられるだけの、賢明で主体的な妊産婦であってほしいものです。

産後の注意事項、乳幼児のケア、授乳のありかたなどは、お産の場所や方法にかかわらず重要な問題です。

しかも、これらについても一般に医療者のながす偏向した情報ばかりが流布しています。この本を読めば、そうした問題についても、より正当な認識が得られるでしょう。正当な認識を身につけて、まわりのひとたちや専門家の偏狭な忠告にまどわされないようにしたいものです。

またこの本があれば、たとえば病院や助産院へでかけるまえに分娩がはじまってしまったとか、助産婦が到着するまえに生まれてしまったといった事態にも、落ちついて対処することができるでしょう。

母子を守りたいという意欲のあるパートナーたちにも、ぜひこの本を読んでもらいたいと思っています。たいていの男性たちは、無知のゆえに、母子の味方になることができないでいます。ほんらい、パートナーの男性こそ、母子のかけがえのないささえになりうるし、なるべきなのです。そのためには、なによりもまず、お産や育児の真実をよく知ることが必要です。本書は、そのためにおおいに役立つでしょう。

産科医や助産婦の眼には、この本はあやしげなものに映るかもしれません。けれども、じつはここには、産科医療のすすむべき方向を専門家が正しく認識するための、多くのヒントがちりばめられでいるはずです。専門の医療者にも一読願いたいものです。

プライベート出産に焦点をあてたのも、自然で安全なお産の普及を念願してのことです。お産にかかわるさまざまなかたがたに、この本を役立ててほしいと願っています。

第1章

CHAPTER 1

病院でのお産

現代の日本では、お産の九九％が病院でおこなわれます。（本書では、大学病院、総合病院、産科病院・医院、診療所等の医療施設をひっくるめて「病院」と呼びます）。病院でお産するのがあたりまえなのです。そのあたりまえのお産はどのようにおこなわれるのでしょうか。本章では、病院でのお産の一般的なありかたをざっとみてみましょう。

1　入院

病院でお産するためには、入院しなければなりません。遅くとも、子宮口がひらききるまでには、入院していなければなりません。では、その入院の日時はどのようにして決まるのでしょうか。

入院日時の決まりかたは、大きくふたとおりに分けられます。ひとつは、産婦自身のお産の進行状態にしたがって、つまり娩出の時期がせまったことで、おのずから決まるというものです。もうひとつは、それ以外の理由によって決められるというものです。

前者、娩出がせまったことで決まるというのは、お産のはじまりを示す徴候をきっかけとするということです。お産のはじまりを示す一般的な徴候としては、おしるし、陣痛、破水などがあります。

おしるしは、血液のまじったおりものが少量でてくるものです。それは子宮口がひらきはじめていることを意味します。ただし、おしるしがあってもすぐにお産がはじまるとはかぎりません。ですから、おしるしだけでただちに入院が決まるというものでもないのです。

お産のはじまりを示すもっとも有力なサインが、陣痛です。産科学では、一〇分間隔で規則的に下腹部の痛みがくるようになった状態を「陣痛開始」とします。そしてそれをもって分娩のはじまりとみるのです。そういう状態になったら、産婦は病院に電話し、病院までの所要時間をみはからって、入院用品をたずさえて病院へ向かうことになります。

けれども、陣痛もそう都合よく規則的にくるとはかぎりません。間隔のはっきりしない痛みがのんべんだらりとつづいて進行してゆくようなばあいもあります。逆に、あっというまに三分間隔ということもあります。陣痛もあくまでひとつの目安にすぎません。「一〇分間隔」（経産婦は一五～二〇分間隔）の目安にしたがったつもりでも、内診の結果、まだ本格的な陣痛にいたっていないとして出直しとなるケースもめずらしくありません。他方、まだ自宅にいるうちに娩出がはじまってしまうケースもけっしてまれではありません。

破水もまた、お産の進行を判断する重要な目安のひとつです。このばあいの破水は、通常、胎児をつつんでいる卵膜の先端が子宮頸管《けいかん》内にはまり込み、破裂して羊水がながれだすものです。それは、子宮口がすでに大きくひらきつつあることを推測させます。したがって、破水があれば娩出がまぢかにせまっていると判断されるわけです。

しかし、そうした判断がつねに正しいとはかぎりません。破水して数日たっても陣痛がはじまらないばあいもあるし、破水と同時に娩出となるばあいもあります。

後者のばあいは、もちろん一刻も早く入院しなければなりません。また前者のばあい、医師は胎児への細菌感染を懸念し、その予防措置を急がなければなりません。したがって、いずれにせよ、破水があればできるだけ早く入院ということになります。

ところで、右の「破水後陣痛がはじまらなくても入院」というのは、娩出がせまっての入院とはおもむきがちがいます。娩出がせまってもいないのに、急ぎの入院をうながされて入院するわけです。ということは、このばあいは、娩出がせまったことで入院がおのずから決まるという部類をはみでていることになります。むしろこのばあいは、「それ以外の理由によって決められる」部類にはいってくるでしょう。

では、「それ以外の理由によって決められる」決まりかたには、ほかにどのようなものがあるでしょうか。まず、陣痛前の破水（前期破水）とおなじく、妊産婦や胎児に「問題」が生じていることで入院をうながされるケースがいろいろとあります。

産科学では、妊娠三七週から四一週までのお産を「正期産」としています。四二週を超えると「過期妊娠」となり、胎児にとって危険な状態とされます。そうなるまえに、病院としては手を打たなければなりません。そこで、予定日ころの健診で、入院の説明がなされるでしょう。そして一週間ほど超過するころには、お産がはじまらなくても入院ということになります。病院によっては、もっと早く入院がうながされます。

妊婦に身体的なマイナス要因があるばあいにも、分娩の徴候とは無関係に早めに入院が決められることがすくなくありません。妊娠中毒症や糖尿病・腎臓病などの病気があるばあい、産道に感染症があるばあい、三五歳以上の産婦（とくに初産）のばあい、前回の出産で帝王切開したばあい、切迫早産のばあい、異常出血のあるばあい、など。もちろん、マイナスの程度や病院・医師の方針などによってケース・バイ・ケースですが。

また、双子以上の多胎妊娠、逆子、胎児のあたまの大きさに比して骨盤が狭かったりする「児頭骨盤不適合」、子宮口を胎盤がふさいでいる「前置胎盤」。――こうした「異常」のある（もしくは疑われる）ばあいにも、早めに入院が決められがちです。

さらに、医師や看護婦・助産婦らの勤務状況の問題から、入院日時をあらかじめ早めに繰りあげて設定することがあります。具体的には、夜間の分娩を避ける、土曜・日曜の分娩を避ける、連休や年末年始、お盆の分娩を避ける、病院の職員旅行の期間を避ける、といったかたちになります。

この結果、病院における夜間、土・日、連休、年末年始・お盆の分娩は、その他の日時とくらべてじっさいに格段にすくなくなっています。たとえば、病院での時間別の出生数をみると、夜中の出生数は午後二時ごろのそれの半分以下にもなっています[1]。（自然な分娩では逆に夜間に娩出となることが多いのですが。アメリカでの大規模な研究によれば、娩出のピークは午前三時から四時までのあいだということです[2]。）

これらはいずれも病院がわが言いだして入院が決められるものです。妊産婦によっては、自身のスケジュールや分娩への不安から、分娩の徴候があらわれる以前に自発的に入院を願い出ることもあります。その願い出に応じて、計画的に繰りあげ分娩をおこなう例もすくなくありません。

このような、さしせまった医学的理由なしに計画的に入院してお産することを、一般に「計画分娩」（計画出産）と呼んでいます。

2　分娩

病院では、どのような手順でお産がおこなわれるのでしょうか。以下、病院での分娩のもようをみてみましょう。これはあくまで病院での標準的な分娩の方式です。

陣痛室

まず、入院診察として、問診・内診・超音波検査などが実施されます。血圧の測定や尿検査、また必要に応じて血液検査やレントゲン検査もおこなわれます。これらの検査によって、産婦と胎児の状態やお産の進みぐあいなどを確認します。

とくに問題がなければ、陣痛室（分娩予備室、分娩待機室）にはいります。ここで陣痛の波を乗り切りながら、分娩の進行を待つわけです。

計画分娩で入院した妊婦のうち、産道からの分娩（経膣分娩）の可能なものについては、人工的に分娩を開始させます。薬物によって子宮頸部をやわらかくさせたり、陣痛を誘発させたりするのです。陣痛を誘発させる薬剤が陣痛誘発剤（子宮収縮剤）です。バルーンなどを用いる力学的な方法で子宮頸管を拡張させたりもします。

陣痛室では、何度か内診によって子宮口のひらきぐあいが確認されます。また、しばしば分娩監視装置がつけられます。分娩監視装置は、腹部にセンサーを取りつけて、子宮の収縮状態と胎児の心拍数を同時に観察するものです。

また、ここで浣腸《かんちょう》がおこなわれます。浣腸をするのは、おもに産婦がいきむときに便がでてしまうのを防ぐためです。便と赤ちゃんが一緒にでると、赤ちゃんへの細菌感染が懸念されるのです。また、赤ちゃんのおりてくる産道の圧迫をすくなくするということ、それに浣腸による刺激が子宮の収縮を強めるということもあります。便の始末とよごれの清拭などの手間を未然にはぶくという目的もあります。

ここで、あるいはもうすこしあとで、産婦の「剃毛《ていもう》」がおこなわれます。陰部の毛をそるのです。これは、ひとつには、陰毛から母体や赤ちゃんへの細菌の感染を予防するためです。もうひとつには、会陰の切開と縫合にそなえるためです。

子宮口がひらいても破水しないばあいには、かぎ状の針を差し込んで、または素手で、人工的に卵膜を破ります（人工破膜）。破水させたほうが分娩が進行するし、産道のすべりもよくなるとされています。また、羊水の状態をみることによって、胎児の状態を推察することもできます。羊水がにごっていたり泥状になっていたら、胎児が危機的な状態にあるかもしれません。

ばあいによっては、膜を破ったあと、子宮内にくだをいれて胎児のあたまに直接電極をつけることもあります。これで胎児の心拍をより明確に監視することができます。

陣痛があまり強くならないばあいには、産婦に陣痛促進剤（子宮収縮剤）が投与されます。

さて、内診によって子宮口の全開が確認されると、産婦はいよいよ分娩室へ移されます。（ＬＤＲシステムの病室では移動はありません。）

分娩室

分娩室では、分娩台のうえにあおむけに寝かされ、足はひらいて固定されます。最近は、分娩室ではずっと分娩監視装置をつけることが多くなっています。

さらに、多くのばあい、産婦には点滴のくだが刺されます。そのくだを通して、さまざまな溶液や薬物が産婦の血液に投入されます。

産婦にはまた、「導尿《どうにょう》」がおこなわれます。導尿カテーテルというくだを尿道に挿入するのです。これによって、胎児のあたまが尿道を圧迫したりしても、尿をつねに排出することが可能になります。膀胱《ぼうこう》をカラにしておくことは、分娩時にも娩出後にも必要なこととされています。

以上で、娩出の準備がととのいます。ここで、産婦自身の陣痛といきみによる、すみやかな娩出が期待されます。が、じっさいには、そう都合よくはゆきません。そこで、必要に応じて酸素や笑気ガスの吸入、また陣痛促進剤や麻酔薬の投与がおこなわれます。

計画分娩で入院した産婦のうち、産道からの分娩が困難とされるものには、帝王切開がおこなわれます。このなかには、高齢出産や妊娠中毒症の産婦、多胎妊娠や逆子などがふくまれます。

また、陣痛誘発剤や陣痛促進剤の投与にもかかわらず分娩がなかなか進行しなかったり、母子になんらかの異常が発生したばあいにも、緊急に帝王切開がおこなわれます。

帝王切開は、腹部を切りひらき、子宮から直接胎児を取りだす手術です。下半身のみの硬膜外麻酔《こうまくがいますい》(または腰椎麻酔《ようつい》)か全身麻酔のもとで、腹壁や子宮壁を十数センチ切開し、一〇分ほどで胎児が取りだされます。そのあと胎盤をはがし、卵膜などを取りのぞいて、縫い合わせます。所要時間は約一時間です。二週間の入院が必要となります。

産道から赤ちゃんを取りだすことができそうなばあいには、器具を用いて赤ちゃんをひっぱりだします。麻酔を利用する「無痛分娩」などで産婦の押しだすちからが弱いばあいにも、多くこの方法を用います。

器具のひとつは吸引器です。これは、胎児のあたまにカップをくっつけて、中を真空にしてひっぱるものです。もうひとつは鉗子《かんし》です。これは、金属製のハサミで、赤ちゃんのこめかみや頬のあたりをはさんで引きだすものです。

分娩が順調にすすむと、膣の口に赤ちゃんのあたまが見え隠れするようになります。このころ、多くのばあい、医師は産婦の会陰を切開します。これはとくに初産婦にたいしては標準的におこなわれる手術となっています。

会陰切開は、赤ちゃんが出やすいように、また会陰が複雑に裂けるのを防ぐために、ということで実施されます。局部麻酔をして、会陰の皮ふと筋肉をハサミで三センチほど切断します。

やがて赤ちゃんのあたまがでてきます。医師・助産婦は、そのあたまをいくぶん押さえたり持ちあげたりして誘導します。

赤ちゃんの全身がでると、ただちに汚れをぬぐい、くだを鼻や喉にいれて羊水などを吸い出します。その前後に、赤ちゃんは産声をあげるはずです。肺呼吸の開始です。

赤ちゃんが呼吸をはじめないときには、ふたたびくだを気道にいれて吸引したり、酸素吸入をしたり人口呼吸をしたりします。

産児が呼吸をはじめると、へその緒は不要とされます。そこで、へその緒はすぐに切断されます（臍帯《さいたい》切断）。あるいは、呼吸をうながすという理由もあって、産児が呼吸をはじめるまえに切断します。

誕生後

へその緒を切断された産児は、ただちに検査の対象となります。別室に移されることもすくなくありません。まず、心拍や呼吸、皮ふの色、からだの動きなどが観察され、点数がつけられます。この点数を「アプガースコア」と称します。五分後にもう一度おなじ検査がおこなわれます。アプガースコアの点数がひくいばあいは、特別な措置がほどこされます。保育器に収容されることもあります。

またべつに、体重、身長、頭囲の計測や肛門計による体温の測定がなされます。さらに、口のなかや股関節の状態、内臓の大きさなども検査されます。

検査のあいだに、または検査のあとに、産児を産湯《うぶゆ》につけて全身を洗います。

産児の眼に、抗生物質の点眼がおこなわれます。眼病予防のためです。

通常、こうした措置のあとに、はじめて産児は母親のもとに運ばれます。そのあとすぐに、新生児は新生児室へ移されます。（母子はたいてい三日間ほど、べつべつに療養されます。）

いっぽう、産婦のほうは、娩出後にもうひとつ山を越えなければお産が終わったことにはなりません。その山が後産《あとざん》、胎盤の娩出です。

赤ちゃんを娩出したあと、数分から一五分ほどで、ちょっとした陣痛（後産陣痛《こうさん》）があるとされます。その後しばらくして胎盤がでてきます。しかし、じっさいのところ、胎児の娩出と同様、胎盤の娩出もいつになるかはわかりません。病院としては、いつまでも自然な娩出を待つわけにはゆきません。産道や会陰からの出血がつづくようなばあいは、なおさら急がなければなりません。

そこで、近年は、胎盤の娩出を早めるため（また胎盤のはがれたあとの出血を予防するためにも）、子宮収縮剤を母体に投与する病院が多くなっています。また、腹部を圧迫したり冷やしたり、へその緒をいくぶんひっぱったり、ときには医師が子宮内に手をいれて胎盤をつかみ出すこともあります。

胎盤がでたあとは、膣内の状態が調べられます。また、必要に応じてさらに子宮収縮剤や止血剤が投与されます。子宮収縮剤は、子宮の収縮を早めて、胎盤のはがれたあとから出血する「弛緩《しかん》出血」などを防止するためです。
後産の処置が終わると、会陰の縫合がなされます。局部麻酔をほどこしてから傷口を縫い合わせます。とどめに抗生物質が投与されます。感染予防のためです。抗生物質は、このあとも数日にわたって投与されます。

これで、通常の分娩が終了します。その後も、退院までの毎日、さまざまな検査や処置がほどこされます。とくに子宮・膣・会陰などの状態の観察、血圧・脈拍・体温などの測定が重視されます。貧血検査もおこなわれます。

新生児にたいしても、さらに諸種の検査がなされます。諸種の測定・観察のほか、黄疸《おうだん》計を用いての黄疸検査などもおこなわれます。また、針を足の裏に刺して血液を採取する検査（ガスリー検査）も実施されます。これは、いくつかの先天的な体内活動の異常の有無を調べるためです。

新生児向けの〝食事〟としては、ブドウ糖のはいった糖水があたえられます。水分と栄養の補給のためです。あわせて、新生児の吸うちからなどが観察されます。また、ビタミンKのはいったシロップを飲ませます。これは、ビタミンKの欠乏によって生じる頭蓋内の出血などを予防するためです。さらに、必要に応じて、人工乳が新生児にあたえられます。

病院出産の標準的な手順のあらましをみてみました。
もちろん、個々の病院でのじっさいの手順には、それぞれに多少のちがいがあります。また、さまざまな新しいこころみを導入している病院もあります。陣痛誘発（促進）剤の投与も会陰切開もおこなわないという「原則」の病院も存在します。けれども、じっさいにはそうした「原則」はタテマエにすぎないという病院が大部分です。というのも、病院は基本的に共通の病院医学にのっとっていとなまれていて、その一般方式を大きく逸脱することはたいへん困難であるからです。

第2章

CHAPTER 2

産科医療の検討

医療施設でお産するのがあたりまえというこの社会では、医療施設以外の場所で分娩することはたいへん異常な事態です。分娩は、いつはじまるか予測できません。医師も助産婦もいないところで分娩がはじまりでもしたら、それこそ一大事です。

手もとにある妊娠・出産のガイドブックには、つぎのように書かれてあります。

ひとりのときに産気づいてしまったら、病院に間に合わなくて赤ちゃんが生まれてしまったら、と考えるとゾッとします。ひとりで赤ちゃんを産むのはとても危険。

赤ちゃんが膣の出口のあたりまで下がっていたら、三〇分から一時間ほどで生まれてしまいます。こうなったら、一一九番通報で救急車を呼び病院にも電話します。

ここには、お産というものがしろうとには手におえない、きわめて危険なおこないであることが示されています。

いまやお産は、病理現象のひとつとなってしまっています。それは原則として、病院の医療によって「治療」すべきものなのです。分娩は基本的に手術に準じた治療として実施されます。（分娩室は、それゆえ手術室と同様の設備をそなえていなければなりません）。へその緒を切ることさえ、しろうとが勝手におこなってはならないとされています。

けれども、お産のような原始的なおこないにおいて重要なことは、病院医療にもとづく制度や慣習などではないでしょう。なによりも重要なのは、どうすればほんとうによいお産をすることができるかということであるはずです。

お産がはじまってしまったら、救急車を呼んでまで病院へ急行しなければならないのでしょうか。（通常の経過のお産で救急車をつかうことは禁じられていますが、破水したばあいなど急ぐときはそのかぎりでないとされています）。それほどまでに病院は安全なところなのでしょうか。それほどまでに産科学の知識や技術は必要なのでしょうか。

病院でのお産のもようについては、前章でひとわたりみておきました。本章では、病院のお産で標準的におこなわれている医療処置について、おもだったものをとりあげて検討してみることにします。

1　分娩第一期

陣痛誘発剤

産婦は病院でさまざまな薬物を投与されます。なかでも、もっとも重要な役割をになうのが、子宮収縮剤です。

子宮収縮剤は、子宮の収縮をうながす物質、プロスタグランディンおよびホルモンのオキシトシンの化学合成品です。おなじ薬剤でありながら、用途（使用時期）によって一般的な呼び名がかわります。

分娩がまだはじまっていない妊婦にたいして、子宮の収縮を開始させるために用いるときには、「陣痛誘発剤」（分娩誘発剤）と呼ばれます。すでに分娩がはじまっている産婦にたいして、子宮の収縮を強めるために用いるときには、「陣痛促進剤」（分娩促進剤）と呼ばれます。（さらに子宮収縮剤は、赤ちゃんを娩出したあとの、またはその直前の産婦にたいして、後産を早めたり出血を防止したりするためにも用いられます。）

産婦の三人に一人が誘発によって分娩しています。分娩の誘発は、おもに計画出産のばあいに実施されます。病院の都合で土・日や夜間のお産を避ける、「過期産」になるまえにお産する、児頭が大きくなりすぎないうちにお産する、（妊娠中毒症などによる）胎盤の機能の低下から胎児を救う——といった理由で、人工的に分娩を誘発するのです。陣痛がはじまるまえに破水してしまう「前期破水」のばあいにも、誘発がおこなわれます。分娩が急速にすすみすぎて病院の処置が間に合わなくなる可能性のあるばあいにも、やはり誘発がおこなわれることがあります。

これらの理由は、いずれも、じゅうぶんに納得できるものではありません。

ただし病院の都合という理由だけは、ほかのものと性質を異にしています。理由としては、これがもっとも明確です。

「勤務の都合などで、たいせつなお産を不自然なものにしてしまうなんて」と憤慨するのは、まっとうな反応です。（そのような反応を示さない妊婦のほうがずっと多いようです）。けれども、病院のスタッフもふつうの勤め人です。かぎられたスタッフだけで年中無休・二十四時間営業をしろ、と要求するほうが無理というものでしょう。病院という組織体には、それなりの都合というものが必然的に生じてくるのです。病院に身をまかせるまえに、わたしたちはそのことをよく考えてみるべきでしょう。

「過期産」なるものは、その概念じたいが正当なものとはいえません。医師たちは、待つことを知らず、待ってみた経験もありません。ただただ産科の慣習にしたがって、過期産になるまえに分娩してしまおうとするのです。なかには、予定日に入院の予約をいれさせておいて、その日に陣痛が発来しなければ自動的に誘発させる病院さえあります。さらには、原則としてすべて誘発分娩という病院もあります。「児頭骨盤不適合」なるものも、正当な概念とはいえません。娩出できないほど胎児のあたまが大きくなるなどということは、通常の妊娠ではありえないことです。産科学に由来する猜疑心が、早めに早めにと医師たちを駆り立てているだけというのが真相でしょう。

胎盤の機能の低下は、もしそれがほんとうに事実であるならば、たしかに懸念すべき事態です。けれども、それはきわめてまれなことです。（まっとうな妊娠生活を送っているかぎり、そういうことはけっしてないといってよいでしょう）。それに、胎盤の機能が低下しているときに子宮収縮剤を使用することは、胎児をますます危険な状況に追い込むことになるはずです。

前期破水にも二種類あります。ひとつは、胎児のあたまの先にたまっている少量（二〇～三〇ミリリットル）の羊水（前羊水）だけがとりあえず流出するもの。もうひとつは、全部の羊水がつづけざまに流出するもの。前者のばあいはまったく問題ありません。陰部を清潔に保ちながら、ふつうにしていれば、そのうち陣痛がはじまるでしょう。後者のばあいも、臨月にもなっていれば、陣痛のはじまりを待っていて問題ありません。ただ、羊水がいちじるしく濁っているようだと、胎児が弱っている可能性もあります。

通常、破水しても、数日間はふつうに動きまわって陣痛を待つことができます。安静にしていると陣痛を抑制してしまいます。自宅にいれば細菌感染の危険もありません。（病院へ行けばその危険が一挙に増大するでしょう。）

病院では、破水した妊婦に早くに誘発剤を投与して陣痛を強引に起こしてしまいます。そうすると、子宮が急激に異常な収縮をはじめ、羊水に守られていない胎児を圧迫して苦しめてしまいます。胎児は容易に仮死状態におちいります。胎児が弱っているばあいはなおさら危険といわねばなりません。

陣痛誘発剤は、分娩の態勢がまだととのっていない母体に投与されます。例外なく、さまざまな無理が母体にも胎児にもかかってきます。

子宮頸管がまだ熟していないうちに分娩を開始させるのですから、子宮に無理がかかるのはとうぜんです。ラミナリアという膨張する棒を何本も頸管に突っ込んだり、バルーンを頸管でふくらませたりして、強引に子宮頸管をひろげます。子宮内感染を予防するために抗生物質を投与します。あらかじめマイリスなどの頸管熟化剤を投与することもあります。熟化剤は母児への副作用はないとされていますが、もちろん副作用がないはずはありません。とりわけ懸念されるのは、〝環境ホルモン〟と同様の内分泌撹乱物質として、とくに赤ちゃんに重大な悪影響をもたらす危険のあることです。

陣痛誘発剤は、急激な子宮収縮、それも自然な収縮よりもはるかに強い収縮をひき起こします。いわば、準備体操もせずにいきなり全力以上の疾走をするようなものです。ときとして、子宮じたいがこれに耐えられなくなります。子宮破裂です。これは母体にとっても胎児にとっても、きわめて危険な事態です。そのほか、子宮頸管の裂傷、後産にともなう弛緩出血などがひき起こされます。

誘発剤による陣痛は、自然な陣痛とちがって、いきなり強烈におそってきます。それも、はじめからみじかい間隔でおそってくるのです。多くの産婦にとって、これは耐えがたい苦痛です。そのため、しばしば鎮痛剤や麻酔剤をつかわざるをえなくなります。これらの薬剤は、胎児仮死の危険をいっそう高めてしまいます。

誘発剤を投与するさいには、かならず分娩監視装置を母体に取りつけなければならないとされています。装置を取りつければ、産婦はますます拘束され、不快に横たわっていなければなりません。そうすると、医師はさらに促進剤を投与しつづけなければならなくなります。
こうしてみると、母児にとっては、陣痛誘発剤を用いてプラスになることはなにもないといわねばならないでしょう。
いっぽう、病院がわにとっては、プラスになることがたくさんあります。だからこそ、全員に陣痛誘発剤を投与する病院もでてくるわけです。薬害・医療被害の分野で活動する勝村久司は、つぎのように書いています(1)。

陣痛促進剤を全員に投与すると、まず薬価差益収入が増えて儲かる。しかも、予定日になる前に都合のよい日にお産を誘導するため、休日や夜間のお産をなくすことができ、それによって人件費を節約できる。計画的に入院させることでベッドの回転の無駄もなくせる。陣痛促進剤はそもそも分娩一回あたりにかかる時間も短縮させるので、やはり人件費を節約できる。予定日より早めに、しかも短時間でお産を終わらせようとすると、子宮口や産道が十分に軟らかくなっていない。だから頸管熟化剤（頸管＝子宮の下部を軟らかくして出産しやすくする薬）を投与したり、会陰切開をしたりする。それでさらに儲かる。しかも、無茶なことをしているわけだから当然事故も起こりやすくなる。ところが事故が起これば、集中治療でますます収入が増える。

陣痛誘発剤の使用によってじっさいに起きた事例のいくつかを、かいつまんで記してみましょう(2)。

○〔社会保険病院〕切迫早産で入院中の予定日五日前、誘発。バーンという音とともに意識消失、死亡。（児）死産。

○〔公立病院〕前期破水で誘発。激しい陣痛で胎児徐脈、子宮破裂。（児）死産。
○〔個人病院〕予定日前日に誘発。胎児徐脈、子宮破裂。帝王切開で出産。（児）脳性マヒ、一才八カ月で死亡。
○〔私立病院〕予定日翌日、前期破水で誘発。激痛。胎児心音低下で圧出吸引分娩。頸管・腟壁裂傷で出血、死亡。（児）仮死産。
○〔公立病院〕予定日超過で誘発。二時間半後に子宮破裂。（児）脳性マヒ。
○〔市立病院〕入院を勧められ、誘発。翌朝、誘発剤服用。まもなく激痛、誰もいない時に子宮破裂。帝王切開、子宮卵巣摘出。（児）三日後死亡。
○〔国立大学病院〕「ゴールデンウイークにかかるから」と誘発。努責感強く、徐脈出現。人工破膜で出血。子宮破裂。帝王切開。（児）脳性マヒ。二才で死亡。
○〔個人病院〕「あなたの身体では子どもが大きすぎる」と誘発。点滴速度を速めて、激痛、子宮破裂。子宮摘出。（児）死産。

なお、子宮収縮剤は、胎盤を通じて胎児にもおよびます。オキシトシンは、ホルモンですから、胎児にとっては一種の内分泌撹乱物質として作用するでしょう。子宮頸部を熟化させるために用いられるホルモン剤も同様です。これらが胎児に重大な悪影響をおよぼさないなどと考えることは、きわめて非現実的、非科学的といわねばならないでしょう。

内診

お産で入院してきた患者にたいして、医師による内診が何度もおこなわれます。おもにお産のすすみぐあいをみるためです。

なぜ、お産のすすみぐあいをみるのでしょう。むろん、分娩の経過に応じた対応をするためです。分娩の各段階ごとに、一定の医療処置を実施するように決められているからです。お産がすみやかに進行していれば、スタッフはそれに合わせて娩出の介助態勢をとらなければなりません。お産がすすんでいないようなら、医師はお産をすすめるような措置をとらねばなりません。

病院では、つねに娩出を急ぎます。分娩をできるだけてっとりばやく済ませることが、病院の至上命題のひとつとなっているようです。早いほうが母児にとって優利だ、という医師の思い込みもあるでしょう。またそれ以上に、早いほうが病院の運営にとって優利だ、という計算もあるでしょう。分娩が重なってはたいへんだし、医師やその他のスタッフにも〝営業〟時間というものがあるわけですから。

この、「分娩は早く終わらせるべし」という至上命題から、お産をめぐるさまざまなひずみが生じてきているようです。

お産の経過は千差万別です。じつにさまざまな要素が、分娩のすすみぐあいを調整しています。じつにさまざまな要素が、分娩のもっとも適切なりゆきを選択しています。その自然ななりゆきこそが、そのお産のあるべきすがたなのです。自然ななりゆきにまかせることが、もっとも適切なお産のありかたであるはずなのです。

ところが、病院では、この「自然ななりゆき」じたいが、はやばやとそこなわれてしまいます。

病院という異質な場で、内診を受けたり、陣痛室にひとりで寝かされていたりすることで、産婦は大きなストレスを受けます。そのストレスが、産婦のからだを硬くしてしまいます。ひらくべき子宮口もひらかなくなります。また、ストレスは、陣痛のリズムをくるわせたり抑圧してしまったりします。

病院でのお産のひずみは、入院してすぐにはじまります。(診察によるストレスはすでに妊娠診断からはじまっています。その意味で、医療によるひずみは妊娠初期からはじまっているともいえるわけです。)

内診には、危険もともないます。感染症の危険です。病院内には危険な細菌やウイルスがうようよしています。内診を通じて、それらの菌が膣内に、そして子宮へと侵入する可能性があるのです。もちろん膣内の雑菌をも子宮口に押しつけてしまいます。母体にとっても胎児にとっても、これは重大な危険といわねばなりません。(この危険もまた、すでに妊娠初期からはじまっているわけです。)

内診はまた、膣や子宮口をいためたり、卵膜を破ってしまったりすることもあります。膣などに傷がつけば細菌感染の危険はいっそう大きくなります。卵膜が破られれば、分娩のプロセスがみだされ、お産のひずみはいっそう大きくなります。

内診によって、分娩の進行状況を判断することができます。しかし、〝患者〟にとっては、そこから得られるものはほとんどなにもありません。

浣腸

病院では通常、お産で入院してきた患者にたいして、浣腸をおこないます。娩出中に大便がでてしまうとぐあいがわるいからです。

便がでると不潔であると考えられています。とくに便と赤ちゃんが一緒にでたさいの、赤ちゃんへの細菌感染を懸念する傾向があります。ここには、便というものがバイ菌に満ちた、きたないものだという固定観念があります。しかしほんとうに便はそれほどきたないものなのでしょうか。

便のなかにさまざまな菌が大量にふくまれていることはたしかです。けれども、一般にそれらは忌避しなければならないほど有害なものとはいえません。たとえ他者にたいして危険な菌がふくまれている便であっても、当人にとってはさほど危険ではありません（もちろん食べても問題ありません）。また、母体の便は赤ちゃんにとってもさほど危険なものとはいえません。母体が伝染病の菌やウイルスに犯されつつあるようなばあいはともかく、通常、お産の場で便を嫌悪する理由はほとんどありません。便と赤ちゃんが一緒にでても、まず問題はないのです。

便のたまる直腸は、産道に接しているので、便がたくさんたまっていれば娩出のじゃまになるでしょう。あらかじめ浣腸しておけばそれも避けられるわけです。けれども、便は浣腸しなければ排泄されないものなのでしょうか。

便は自然に排泄されます。子宮の収縮がはじまると、それにともなって大腸に刺激がつたわり、おのずから便意をもよおしてきます。しかも、たいていのばあい、便は下痢様か軟便で排泄しやすくなっています。よほどの便秘でないかぎり、赤ちゃんがおりてくるまえに便はでてしまうものなのです。

それに、娩出中にいきんだときに便がでてしまっても、いっこうにかまわないのです。ですから、わざわざ浣腸してまで排便する必要はないのです。

だいいち、浣腸によって細菌感染の率が下がるという道理もデータもありません。むしろ、浣腸のせいで粘液状の便がでやすくなり、処理しにくくなってしまうということもあります。そのうえ、陣痛に追い打ちをかけるように、浣腸がひどい腹痛をもたらすこともしばしばあるのです。

浣腸をすると、その刺激で子宮の収縮も強まります。その効果も、浣腸の効能のひとつにあげられます。けれども、そのようにして子宮の収縮を強めることに、いったいなんの意味があるでしょう。子宮は、必要なときに必要なだけ収縮するようになっています。余計な刺激を加えれば、自然な収縮のプログラムをかならずみだしてしまうでしょう。

病院が子宮収縮の効能を浣腸に期待するのは、分娩を早く終わらせたいからでしょう。浣腸による子宮収縮は、分娩を早く終わらせるという至上命題に由来するひずみの、ひとつのあらわれといえるでしょう。

お産に浣腸は不要です。その不要な浣腸のために、産婦は病院でずいぶんイヤな思いをさせられます。陣痛のさなかに、肛門から薬を注入され、トイレへ行って排泄させられるのは、相当な苦痛でしょう。妊娠・出産の経験者数百名を対象にした「ＯＬ委員会」の調査で、「お産で一番恥ずかしかったのは？」という質問をしました[3]。その結果、いちばん多かった回答は「内診」（二五％）で、そのつぎに多かったのが「浣腸」（二一％）でした。

ほとんどの医療者は、産婦のこのような苦痛や恥辱など問題にしません。産科医の書いた論文でも、このような苦痛や恥辱はまず問題にされていません。

剃毛

多くの病院では、お産にたいして陰部の毛をそります。病院分娩は「手術」です。手術であれば、患部の周辺部分の毛をそることはあたりまえの慣習です。

病院医学は、毛をそったほうが清潔だと考えています。しかし、事実はその逆のようです。そったほうが清潔だという根拠はなにもありません。逆に、毛をそることじたいが細菌感染をまねきます。剃毛は例外なく皮ふに傷をつくります。そこに細菌が住みつくのです。細菌のうようよしている病院では、これはとうぜんのことです。

毛をそる慣習は、がんらい、シラミ駆除のために確立したものです。現在ではそのような理由は成立しません。ただし現在、病院が毛をそるのには、それとはちがう具体的な理由があります。それは会陰の切開と縫合にそなえるということです。

会陰切開そのものについてはのちほどふれますが、この手術も、そもそも不要なものです。それに、会陰の切開・縫合にしても、陰毛がじゃまになるかどうか、おおいに疑問です。

外国人患者の多い湘南鎌倉総合病院産婦人科では、外国人産婦の要望に応じて、毛をそらなくなってしまったそうです。結果、それでとくに支障は生じていない、ということです(4)。

剃毛は、産婦にとってストレスにもなります。「OL委員会」のアンケート(前出)でも、お産のときいちばん恥かしかったこととして、「内診」「浣腸」に次いで多かったのが、この剃毛(一四％)でした。

消毒するときには痛みます。さらに、毛が生えかかるときの不快感も相当なものといわれます。

毛をそるのは有害無益というべきでしょう。なお、WHO(世界保健機構)は、すでに一九八五年に発表した「出産科学技術に関する勧告」のなかで、「剃毛と出産前の浣腸は必要なし」と断定していました。

分娩監視装置

ほとんどすべての病院において、分娩監視装置が産婦に取りつけられます。分娩監視装置は、子宮の収縮と胎児の心拍とを、同時に観察し記録するものです。

産婦の腹部に二本のベルトを回し、それぞれに端子（センサー）を固定します。電極からコードが装置の本体までつながっています。作動をはじめると、本体から記録紙が自動的にでてきます。

この装置を装着していると、産婦はあおむけにされたまま、身うごきができません。腹部も不快です。この状態では、分娩の自然ななががれは確実にはばまれてしまいます。

あおむけのままでいると、ふくらみきったおなかの重みで、背骨にそった血管が圧迫されます。血管が圧迫されると、胎盤への血液の供給がさまたげられます。すると、胎児は酸欠状態におちいってしまいます。胎児の心拍も低下します。

いっぽう、産婦のほうも、あおむけのままでいると、子宮口への刺激が弱まってしまいます。すると、分娩の進行はとどこおってしまいます。

胎児の心拍が低下したり子宮の収縮が衰退したりすると、それらはただちに記録紙のうえにあらわれます。そうすると「ハイリスク」（危険性の高いケース）と判断され、監視装置はずっと装着されたままになります。そうすると事態はますます悪化します。最悪のばあい、「胎児仮死」となります。（事態の悪化をみとどけると、医師は陣痛促進剤を投与したり、帝王切開を決行したりするでしょう。）

このようにして、母児の安全のために装着される監視装置が、逆に母児に重大な危険をもたらすことになるのです。

この監視装置への依存度は、年々増加しつつあります。最近は助産院でさえ、あたりまえにこの装置をそなえるようになってきています。

病院はなぜ、この装置をつかうのでしょうか。

それはひとつには、もちろんこの装置が分娩を監視するのに便利で、母児の安全を高めることができるとされるからです。しかし、じつは、医師や助産婦がそのように思い込んでいるだけであって、この装置の使用が母児の安全を高めるという証拠はありません。

じっさいには、装置によって表示・記録される波形で母児の状態が正確に把握できるわけではありません。まして、装置が「波形」にたいする正しい対処法を教えてくれるわけではありません。波形のちょっとした変化にも、医師たちは過敏に反応してしまいます。それが、帝王切開の率などをいたずらに増やしてしまう結果をまねいているのです。

病院がこの装置をつかうもうひとつの大きな理由があります。それはこの装置をつかっていたことが、母児をしっかり監視していたことの証明になる、ということです。母児になんらかの事故が起きたばあい、母児をしっかり監視していたかどうかが、病院がわの「過失責任」を左右することになる。——そういう背景があ

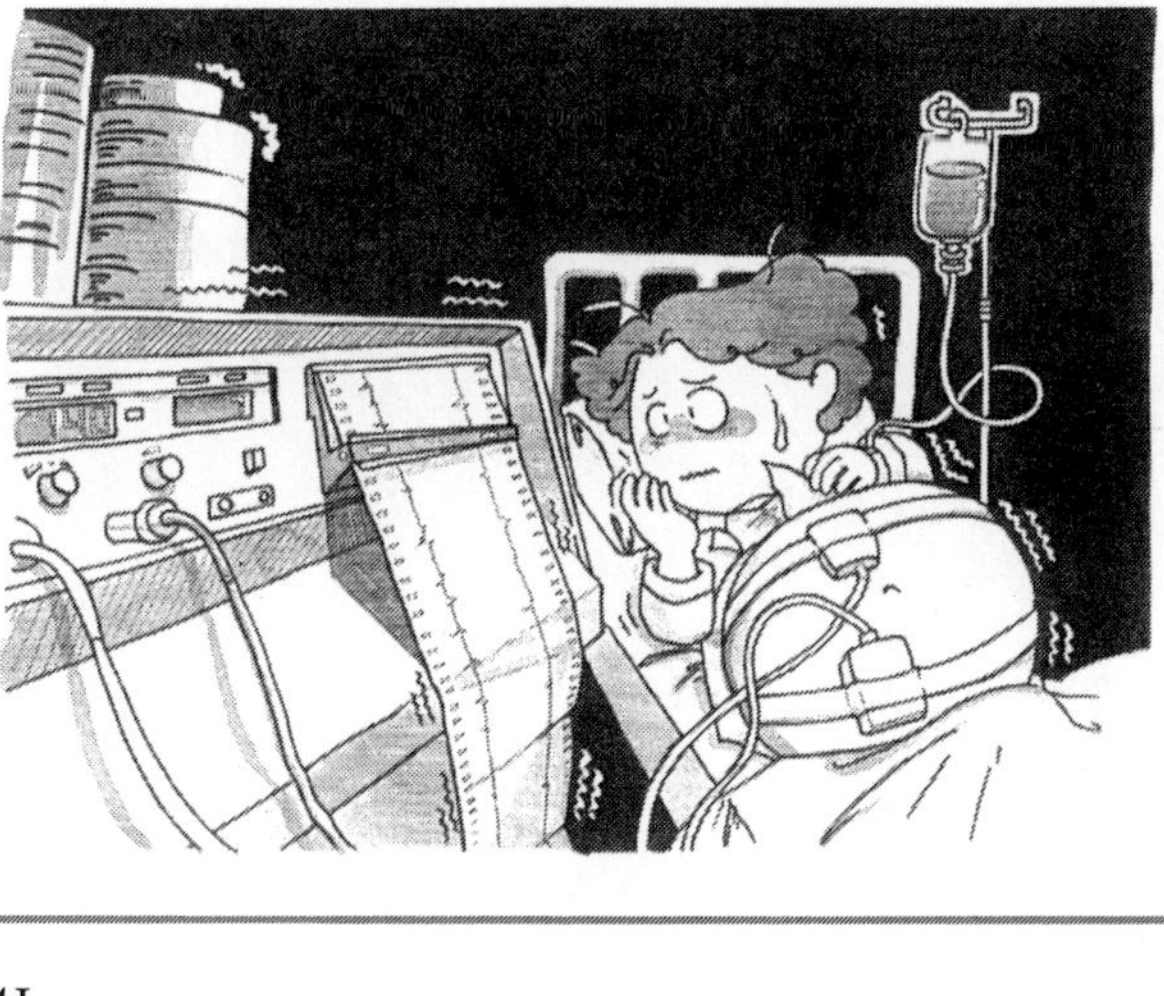

るのです。

さらにいえば、この装置に看護婦の代役をつとめさせることができる、ということがあります。看護婦や助産婦が産婦につききりでいるより、装置にまかせたほうがずっと安上がりになるのです。

装置の存在じたいが、装置の必要性を生みだしている、といえるでしょう。

この装置（モニター）の開発者自身、装置の乱用にこころを痛めているようです。開発者のエドワード・ホンはつぎのように述べています(5)。――「モニターというおもちゃを診断の道具にしないでほしい。モニターは、こういう計り方もあるというだけなのだから。」

分娩監視装置は、事実上、母児のためではなく、病院のためにつかわれているようです。このような装置は、お産に必要ないといえるでしょう。

人工破膜

産科学では、破水には正しい時期というものがあるとされています。子宮口が全開大となる前後に起こる破水が正常で、これを「適時破水」と称します。それより遅いものは「遅滞破水」と称します。

病院では、自然な破水を待つことはしません。遅くとも、全開大になるまでに破水しなければ、人工破膜をおこないます。すくなからぬ病院で、全開大を待たずに人工破膜をすることを標準処置としています。通常、膣から針を差し込んで、卵膜を破ってしまうのです。これは一種の手術です。

この処置も、やはり分娩の進行を早めることを第一の目的としておこなわれます。この人工的な処置が、お産の自然ななりゆきをくるわせるものであることは明白です。このような手段で分娩を促進させることは、産婦にとってなんの利益にもならないでしょう。

人工破膜をすると、その刺激によって、子宮の収縮が不自然に速められ強められます。この不自然な子宮収縮は、胎児をいためつけ、わるくすると胎児仮死をまねくこともあります。

「臍帯脱出」という異常があります。破水後、胎児よりもさきにへその緒がでてきてしまうケースです。へその緒が産道と胎児のあいだで圧迫され、胎児への血行がさまたげられてしまいます。最悪のばあい、やはり胎児仮死をまねきます。それだけ危険な異常であるわけです。が、これも、自然ななりゆきではまず起こらないものです。

臍帯脱出のほとんどは、じつは人工破膜によってひき起こされます。自然に破水したばあいには、胎児のほうがさきにおりてきます。ところが人工破膜をすると、まだ胎児のさきをただよっていたへその緒が、羊水とともにながれでてしまうのです。

破膜手術じたいにも危険がともないます。膜を破る針によって、胎児のあたまが傷つく可能性があるのです。母体の膣や子宮口が傷つく可能性もあります。また、破膜手術を通じて、細菌が侵入する危険もあります。（しばしば、人工破膜や内診による細菌感染をふせぐために、抗生物質が投与されます。）

卵膜は、卵の殻のようなもので、羊水にひたる胎児を保護しています。胎児は、膜が健在であるかぎり、外からの圧力や細菌から完全に守られています。また、膜が羊水を満たしているかぎり、へその緒が圧迫されることもありません。いうまでもなく、胎児はへその緒を通じて呼吸しているのです。へその緒が圧迫されることは、胎児にとってまさに死活問題です。

ですから、胎児にとっては、できるだけ遅くまで膜につつまれたままでいるほうが安全なわけです。その安全なかたちをわざわざ壊してしまう手はありません。膜が丈夫であれば最後まで破れないので、赤ちゃんは膜につつまれたままらくらくと生まれてくることができます。

分娩の途中で自然に破水してしまうばあいでも、遅ければ遅いほど赤ちゃんは楽ちんなのです。わざと早くに膜を破ってしまうなど、赤ちゃんにとってはいい迷惑です。

ばあいによっては、破膜後、胎児のやわらかいあたまにじかに電極を刺し込むこともおこなわれます。胎児の心拍を監視するためです。この措置は、おのずから胎児の頭皮に傷をつくります。一過性の傷だけではすまないこともあります。膿瘍ができ、骨髄炎を併発し、全身の感染症で死亡にいたることもあります。赤ちゃんにとってはますます迷惑です。母体もいっそう感染症の危険にさらされます。

病院によっては、胎児のあたまに電極を取りつけるために、早くに人工破膜をすることもあります。これでは、わざわざ心拍の異常を誘発しておいてそれを監視しようとするようなものです。心拍の監視なら聴診器やトラウベ（ラッパ状の聴音器）でじゅうぶんです。

産科学では、人工的に破水させることで、胎児の状態を判断することができるとされます。羊水の濁りぐあいによって、胎児の異常を察知することができるというのです。しかし、もし胎児に異常があるなら、破水させることはなおさら危険といわねばなりません。破水によって、胎児への血液の供給がさまたげられてしまうからです。

羊水の濁りぐあいから胎児の状態を判断するという意義も、はなはだ疑わしいといわねばなりません。たしかに胎児が苦しんでいるときに羊水の混濁がみられることはすくなくないでしょう。しかし、はたしてわざわざ破水させてまで羊水の濁りぐあいを観察するほどの価値があるでしょうか。そもそも、羊水の濁りぐあいの程度を視覚によって正しく判定することじたい、きわめて困難です。オランダの大学で、大学院レベルのセミナーに参加したベテラン助産婦たちを被験者として、混濁度を判定する実験がおこなわれました(6)。その結果、判定の正確性も一貫性もきわめてひくいということがあきらかとなりました。助産婦によって判定がまちまちであるばかりか、おなじ助産婦でも同一のサンプルを同程度に判定することができなかったのです。

破水すると産道のすべりがよくなるともいわれます。けれども、それをいうなら、いびつな胎児よりも、丸っこくてぬめぬめした卵膜のほうが、よほどすべりがよいともいえるはずです。

胎児はせまい骨産道（骨盤のあいだ）、軟産道（子宮頸管や膣）を通っておりてきます。そのさいに、羊水と卵膜が先鋒の役割をはたします。破水していると、その過程で胎児のあたまは強い圧迫を受けます。産婦の姿勢によっては、生まれてきた赤ちゃんのあたまにこぶ（産瘤《さんりゅう》）ができたり、頭頂骨の不整列な突出（モールディング、応形）が生じたりします。

産科学では、これらは自然に消失するものだからなにも問題はない、とされています。しかし、なにしろ頭部への圧迫です。産婦があおむけに寝かされて身うごきのできない状態にあると、この圧迫はいっそう強烈になります。はたして、なにも問題がないと言いきれるでしょうか。

イギリスの助産婦サリー・インチは、分娩に関する諸研究を参照しつつ、つぎのように書いています(7)。

破水から娩出までの時間と産瘤形成には密接な関係があって、早期破水の三四％の赤ちゃんに産留があり、遅めの破水だと五％にしか見られません。……産留そのものには害がないとされていますが、赤ちゃんの脳組織にそれと似通った循環障害が起こっていることを示しているのかもしれません。モールディングが著しいほど、その部分の脳の膜や脳内の血管へ障害が及んでいるかもしれません。

……フレデリックとバトラーによれば、破水から娩出までの時間が長いほど、脳組織の断裂によって出血の起こる率が高くなっています。また、ミューラーの調査によっても、破水から娩出までの時間が長くなれば、子どもの精神発達遅滞の現れる率も高くなるという結果が出ています。……フィリップ・シュワルツも剖検の結果から、やはり脳の機能障害の原因は早期破水にあると主張しています。（ただし、右の記述は病院出産にのみあてはまるでしょう。自然なかたちの分娩では、自然に破水したあとの時間がいくらながくてもなんの問題もないと考えられます。）

2　分娩第二期

分娩台

分娩室は分娩用の手術室です。さむざむとした無機質の密室空間に、さまざまな医療機器が配置されています。緊急用の器具がむきだしになっていて、恐怖感をあおります。そんななかに、産婦はただひとり、はだか同然で〝監禁〟されるのです。いやがおうでも緊張させられてしまいます。

分娩室には螢光灯がかがやき、局部にむけてはさらに強い照明が用意されています。（このような明るさは、まちがいなく分娩の進行を抑制するでしょう。）

分娩台は分娩用の手術台です。手術台は、医師らのおこなう医療行為にとって都合のいいようにつくられています。分娩台もまた、医師や助産婦のおこなう医療行為にとって都合のいいようにつくられてあります。

分娩台は、ベットではないので、〝寝ごこち〟などは考慮されていません。分娩台の最大の眼目は、さまざまな産科的処置をほどこしやすいようなかたちに患者を寝かせることにあります。つまり、患者の陰部を完全に露出させることがねらいです。その、陰部を完全に露出させるかたちが、あおむけに寝て膝をひらいて曲げた姿勢です。これはまた、胎児の心音をもっとも聞きやすい姿勢でもあります。

患者は、かたく冷たい台のうえであおむけになり、腰を高くし、両足をひろげて足台にのせます。その、ひっくりかえされたカエルのようなかたちのまま、固定されます。

陰部をさらけだして固定された状態は、とうぜんながら産婦に強い羞恥心を起こさせます。のみならず、不快と緊張と不安と恐怖と屈辱をも、多くの産婦にあたえてしまいます。

そのような状態のまま、産婦は平均三時間を分娩室で苦しまなければなりません。ひとりぼっちでほうっておかれたかと思えば、医師や助産婦や看護婦にとりかこまれたりします。（大学病院や指定病院では、学生や研修生たちの〝教材〟にされることもめずらしくありません。）

病院出産の体験者は、分娩台についてつぎのような感想を記しています(8)。

▽見た感じ、金属の冷たい硬い感じがして、「こんなのにのるんだ」と少し怖くなった。
　分娩台は足をのせるところが冷たいし、寝るところも硬いし、苦痛である。

▽恥ずかしさには目をつぶり、清水の舞台から飛び降りる気持ちで分娩台に上がった。
　もうあの分娩台には上がりたくないと思っている。

▽分娩台はいきむのにとてもつらい体勢だと思う。
　固くて、たとえ出産でなくてもあんな居心地の悪いベッドは他にはないと思う。今でもテレビで

分娩台を見るとゾッとする。電気イスみたいなイメージ。

産婦の受けるストレスがお産にとって決定的な障害となることは明白です。精神と身体とはひとつのものです。「心身一如」といいますが、こころとからだとはひとつのものの両面なのです。精神的なストレスは、ただちに肉体に反映します。産婦がこころを硬くすれば、そのからだもかならず硬くなります。

自然なお産をさまたげるのは、なによりもこの硬直したこころとからだです。硬直した産婦は、みずから産道をとざしてしまいます。硬直した心身こそ、安産の最大の敵なのです。

ストレスは、内分泌にはたらきかけて、子宮の収縮を抑制してしまいます。また、子宮への血行を減少させ、胎児への血液の供給をさまたげます。これによって、子宮の痛みだけが増大し、胎児は酸欠状態におちいってしまいます。

分娩台は、物理的・生理的な面からも、自然な分娩にさからいます。分娩台は産婦にあおむけの姿勢(仰臥位《ぎょうがい》)をとらせます。この姿勢は、さきにみたように、分娩にとってもっとも不適切なかたちです。仰臥位だと、胎盤への血流が抑圧され、胎児は容易に酸欠状態におちいります。母体は胎児が重力とともに下降しようとする圧力の刺激をうしない、自発的な娩出力が発揮されなくなります。骨盤もなかなかひらきません。

陣痛が強まらないわりには、痛みだけは強くなります。おなかの重みが腰の仙骨にかかって神経を圧迫するからです。この痛みは分娩をいっそう抑制してしまいます。

地球上のどの民族にも、あおむけに寝てお産をするという伝統はありません。日本でも、むかしは寝てお産をするとあたまに血がのぼって死ぬといわれていました。

分娩台のうえで分娩がすすまないと、分娩の促進をはかるために、医師は陣痛促進剤（子宮収縮剤）を投与せざるをえなくなります。痛みを軽減するためには鎮痛剤を投与します。

このような薬剤の使用は、分娩の不自然ななりゆきをいっそう不自然な方向へねじまげてしまいます。その方向には、さらに強引な医療技術の適用があり、母児はますます窮地に追いこまれます。

分娩台のうえでは、赤ちゃんが産道をあるていどおりてきても、なかなか発露（頭部が露出したままになること）にまでいたらないことがすくなくありません。赤ちゃんのでてくる方向が重力にさからっているからです。赤ちゃんがなかなかでてこないと、医師は吸引器や鉗子を用いて強引にひっぱりだします。また、あたまがでやすいように会陰を切開します。

分娩台のうえで分娩すると、しばしば会陰が不均等に伸び、大きく裂けてしまいます。その裂傷を防ぐためにも、病院ではあらかじめ会陰切開をおこなうことが多いのです。

さらにまた、分娩台のうえに仰臥していると、胎盤もなかなかでてきません。出血も多くなります。そこでまた子宮収縮剤などの薬品を投与することになります。

（なお、仰臥位で分娩をした母親は母乳の分泌量がすくない、ともしばしば指摘されています。）

こうして、分娩台のうえに乗ることで、さまざまな医療的介入の必要が生じてくるのです。分娩台は、通常のお産には、まったく必要のないものです。分娩台のうえに乗ることは、分娩の主体を病院がわへあずけ渡してしまうことを意味します。そうなれば、どんな不合理な処置も甘んじて受けざるをえなくなってしまいます。

分娩台は、病院での不自然なお産のシンボルというべきものです。そのうえであおむけになって下半身をさらすことは、産科医療への全託、全面的な服従を意味するでしょう。そこでは、産婦は、いわば産むひとから産ませられる肉塊へと変身するのです。

近年は、上半身をあるていど起こせるような分娩台も普及しはじめています。けれども、勝手に角度を変えていいわけではないし、足はやはり固定されたままです。医療者はなるべく患者を寝かせておこうとします。角度を変えられない台よりはマシとしても、産婦を上向きにしばりつけておく台であることにかわりはありません。

分娩台は分娩を困難にするだけです。多少のリスクを背負った産婦にとっても（むしろそれならなおさら）、分娩台に乗るメリットはないはずです。

分娩台が危険なウイルスや細菌の巣窟《そうくつ》であろうことも付言しておかなければなりません。

産婦はなるべく分娩台に乗らないほうがよい、というべきでしょう。

点滴

病院での分娩は基本的に「手術」なので、それにふさわしい措置をとります。患者のからだにくだを通しておくのもその一環です。

点滴のくだは、腕の静脈に差し込まれて固定されます。点滴には、基本的にブドウ糖や生理的食塩水が用いられます。ブドウ糖は一種の栄養剤で、患者の体力と意識のレベルがともにさがったようなときにはあるていどの威力を発揮します。しかし、点滴のほんとうのねらいはべつのところにあります。

点滴は薬剤を投与するためにおこなわれます。点滴のくだにはさまざまな薬剤を投入することができます。

くだが静脈とつながっていれば、必要な薬剤をいつでもすぐに投与することができるのです。そのために、常時「血管確保」をしておくわけです。

このことを逆にいえば、血管確保をされているかぎり、患者はつねに薬剤投与の危険にさらされている、ということです。本人の知らぬまに、子宮収縮剤や抗生物質などの投与を受けていることもめずらしくないのです。

陣痛室ですでに点滴をつけさせる病院もすくなくありません。薬剤投与のチャンスを虎視眈眈とねらっているという感じです。（もちろん医師たちとしては、必要な処置を必要なときに講じようとしているだけなのですが。）

あらかじめ異常な事態が予想される産婦のばあいには、血管確保にもそれなりの価値があるかもしれません。けれども、とりたてて問題のない産婦にまでくだを突き刺すことに、いったいどれだけの意義があるでしょうか。

まつしま病院では、産婦中心のケア改善に取り組んできました。その一環として、それまで全例に実施されていた血管確保を、必要なばあいにのみ実施するというこころみをしてみました。その結果、血管確保の必要性がおのずから見直されてきました。そして日中はもちろん、夜勤帯でも、血管確保をほとんどおこなわなくなってしまったということです(9)。

通常の分娩には、いかなる点滴も必要ありません。喉がかわけば、水でもジュースでも自力で飲むことができます。もちろんいかなる薬剤も不要です。すくなくとも、くだで静脈にながしこまなければならないような薬剤は無用です。

血管確保じたいにも重大な〝副作用〟があります。皮膚と血管に穴をあけるのですから、そこから細菌やウイルスが侵入する危険が生じます。また、経験のあるひとならよくわかるはずですが、くだをつけているとじつに不快なのです。発熱をもたらすこともあります。しかもブドウ糖の点滴は、患者の痛みの感受性をいたずらに高めます。ブドウ糖の投与はまた赤ちゃんを低血糖症へみちびくおそれもあります。さらに、点滴のチューブなどから有害な化学物質が母体と胎児に流入します。(こうした重大な事実は医師たちにほとんど知られていません。)

それよりなにより、自由に動くことができません。これは分娩にとって致命的なマイナス要因といわねばならないでしょう。

分娩はほんらい、一種の全身運動です。分娩の全過程において、産婦は全身を思いのままに動かすことによって、分娩に最適の状況をつくりだしてゆくのです。ところが、くだを血管に突き刺したままでは、産婦の動きはひどく拘束されてしまいます。この拘束は、そのまま、分娩そのものの拘束につながらざるをえません。点滴をすることが、点滴を必要とするような事態をまねきよせるのです。

WHOの『正常出産のケア——実践ガイド』(以下たんに『実践ガイド』と呼ぶ)は、静脈へのくだの挿入を「明白に有害もしくは無効であって排除すべき慣行」のひとつにあげています[10]。お産にとって、点滴は天敵というべきでしょう。

導尿

しばしば、点滴とセットにして実施されるのが、導尿です。尿道口から膀胱までくだを差し込んで尿を排出するのです。導尿をしておけば、産婦の膀胱をつねにカラにしておくことができます。分娩がながびいても、おもらしをすることもありません。

たしかに便利なようにみえます。しかし、そもそも、導尿が必要になるのは、産婦を分娩台のうえに寝かせたままにしておくからです。自由に動ける状況であれば、いくらでも自力で排尿することができるのです。

点滴のくだに加えて導尿のくだまで差し込まれては、産婦はますます動きがとれなくなります。分娩はますます拘束されてしまいます。

そのうえさらに、分娩監視装置の電極とコードをおなかのうえに巻きつけられることもあります。三重苦です。産婦は、陣痛だけでもたいへんなのに、くだやコードにまでしばりつけられてあえぐことになります。これではまるで拷問《ごうもん》です。この拷問は、分娩をいっそう妨害し、母児を危険におとしいれることになるでしょう。

導尿はまた、細菌感染のかなり高い危険をともないます。くだで尿導口や尿道を傷つけることもすくなくありません。その結果、尿道炎や膀胱炎を引きおこしてしまいます。

もちろん導尿そのものも、たいへんに不快なものです。胎児によって尿道が圧迫されているので、くだの挿入には相当な痛みがともないます。また、導尿はたいへんに恥かしいものです。例のアンケート調査でも、お産でいちばん恥かしかったことに「導尿」をあげたひとが、一割に達していました。

導尿もまた、有害無益といわねばならないでしょう。

陣痛促進剤

いったん陣痛がはじまっても、分娩がスムーズに進行するとはかぎりません。とくに病院では、心理的なストレスが心身を硬くするし、寝かされていることが多いため、陣痛がとまってしまったり弱まってしまったりしがちです。そこで用いられるのが、陣痛促進剤です。

分娩がすみやかに進行しないのは、母児が分娩の進行にふさわしい態勢にないからです。分娩がすみやかに進行しないことじたいは、よいともわるいともいえません。

自然のなりゆきで分娩がながびくことはありふれたことです。もとより、分娩の所用時間が決まっているわけではないのです。何十時間かかろうと、何日かかろうと、それが自然のなりゆきであるかぎり、それでよいのです。自然のなりゆきでは、陣痛がとぎれとぎれに二、三日続くこともめずらしくありません。分娩の途中で母児が半日くらい〝休憩〟をとることもあります。なかには、陣痛が何週間もつづくことさえあります。あるアメリカ人女性は自身の体験をつぎのように記しています。(無介助出産のメーリングリストより)

私は、数週間にわたって、五~一〇分間隔の陣痛がありました。さらにそのあと、子宮口が五センチ開いたまま、三週間半を過ごしました。——これは、私にとっては正常な経過です。これまでの何回もの出産でいつでもそうだったのですから。

産科医はこのような事実を知らないでしょう。このような「症例」に出会うチャンスをみずから封じてしまっているからです。陣痛がとぎれるのも、ながくつづくのも、すべて自然の生理です。分娩時間がながくなったからといって、それだけで胎児に危険がおよぶわけではないのです。

産科学では、分娩時間に一定の限度を設定しています。(国によって設定時間が異なります)。その限度を超えると「分娩遷延《せんえん》」とされます。通常、その限度にいたるまえに、病院では手を打ってしまいます。ひとりひとりの産婦の処理にながい時間をかけてはいられないからです。病院によっては、全開大後二時間も待たない時点で、促進剤を投与してしまいます。

千のお産があれば千の多様性があります。その多様性は、それぞれのお産に最適の展開を母児が模索しつづけた、その結果だといってよいでしょう。ながい時間がかかるのは、ながい時間をかけて骨盤や子宮口をひらき、頸管や腟や会陰をやわらかくしているからです。それがそのお産の個性です。その個性を存分に発揮させてやりさえすれば、なんの問題もなく娩出にいたるのです。

片桐助産院は、徹底した「自然出産」をめざしてきました。そこでは、分娩に一〇五時間かかった例があり、一〇〇時間前後のケースも何例かあったということです。院長の片桐弘子はつぎのように語っています(11)。

――「どんなに長い時間がかかっても、産まれてきたあとに具合が悪くなる赤ちゃんはひとりもいない。」

いっぽうでは、お産が不自然にながびくばあいもあります。「不自然に」というのは、時間の問題ではなく、原因の問題です。産婦が病院の陣痛室や分娩室で緊張しながら仰臥していれば、分娩の自然な進行は確実にさまたげられてしまいます。病院で産むという不自然さが、微弱陣痛や陣痛停止をもたらすわけです。そのようなかたちでながびく分娩は、母体にとっても胎児にとっても、すくなからぬ負担となってしまうでしょう。

もちろん病院でも、あるていど自然ななりゆきで分娩がながびくこともあります。自然ななりゆきのうえに不自然ななりゆきが加味されることもあるでしょう。しかし、病院では、分娩遅滞にそうした区別をつけることはできないし、その必要もありません。ながびけば薬をつかうまでのことですから。

ほんらいは、ながびいているということ以外にとりたてて異常がみとめられなければ、そのまま待つのが正当というものです。

明治時代の産科医・佐伯理一郎は、「自然法」（自然良能の法）を重んじました。彼は自身の経営する病院での一例をつぎのように報告しています[12]。「四十一歳で初産、骨盤の対角線長一〇センチ（かなり狭い）の産婦が臨月の陣痛で入院しました。ところが出産にいたらず、六日間そのままにして待機しました。胎児と母体に異常がみられなかったからです。そして六日後、ついに完全に健康な赤ちゃんを分娩しました。赤ちゃんは頭頂骨に凹みを生じただけです。以来、母子ともに健康です。」（口訳）

このような、ひたすら待つという姿勢は、こんにちの病院にはまったく欠けています。通常、病院にとっては、分娩の進行だけが問題です。破水していたり、進行が停滞したときには、ちゅうちょなく促進剤を投与します。娩出が夜間にかかってしまいそうなときにも投与することがあります。なかには原則としてすべての産婦にもれなく促進剤を投与する病院もあるようです。

誘発と促進によって、病院は入院患者のスケジュール表を作成し、実行することができます。病院の効率的な運営にとって、これはたいへんありがたいことです。（さらに、誘発剤・促進剤を多くの患者につかうことによって、帝王切開などの医療措置の必要性が増加し、そのぶん収益の増加にもつながるわけです。）

近年は、促進剤の副作用も一般に知られるようになってきました。けれども、促進剤の使用や被害はいっこうに減りません。病院によっては、促進剤を「子宮口をやわらかくする薬」だなどと嘘偽の説明をして投与するところもあります。

なお、アメリカでは、陣痛促進剤を病院がわの都合によって使用することは禁じられています。

促進剤の弊害は、誘発剤のそれに準じます。促進剤は、分娩の自然な進行をくるわせるか、またはすでにくるいつつある進行をさらにくるわせるのです。その結果、母児に大きな負担がかかってきます。

促進剤による子宮収縮は間断なく持続します。それは胎児を間断なく締めつけることを意味します。胎児は回復する余裕をあたえられず、衰弱してゆきます。

促進剤による不自然な収縮は子宮をひずませます。骨盤や子宮口がまだひらききっていなかったり、産道がまだやわらかくなりきっていない状況で、子宮の収縮だけが突出してしまうからです。こうして、胎児仮死、子宮破裂、子宮頸管裂傷、弛緩出血などが引き起こされるのです。促進剤の影響でホルモンが撹乱され、第三期および産後のホルモン異常がもたらされることも明白です。（赤ちゃんへの直接的な悪影響も無視できません）。母乳の分泌がさまたげられたりするのはつねのことです。精神のバランスもみだされ、いわゆるマタニティー・ブルーにおちいることも多くなります。

陣痛促進剤の使用によって分娩中に起きた事例を、やはりいくつかかいつまんで記しておきましょう(13)。

○〔国立病院〕分娩が進まず促進。陣痛停止。吸引分娩。子宮摘出中に心停止。蘇生後、死亡。（児）死産。

○〔個人病院〕一五分毎の陣痛で促進。羊水混濁。人工破膜。意識不明で出産。子宮・卵巣摘出。大量出血で輸血。肝炎。（児）仮死産、二日後死亡。

○〔公立病院〕微弱陣痛で促進。激痛。胎児心音低下。子宮破裂。帝王切開。（児）脳性マヒ。

○〔個人病院〕破水後入院、全開大。吸引に失敗し、促進。激痛。子宮破裂・膀胱破裂。胎児仮死。転送後、帝王切開。（児）死産。

○〔公立病院〕子宮口全開大から一時間半後、医師不在のまま促進。激痛。子宮破裂。帝王切開。（児）死産。

○〔日赤病院〕骨盤位、陣痛発来で入院、促進。ショック状態。子宮破裂・膀胱破裂。帝王切開、同意なく子宮摘出。（児）死産。

○〔個人病院〕予定日を七日超過で陣痛微弱。促進。帝王切開。死亡。（児）死産。

陣痛促進剤もまた、母児にとってプラスになることはなにもないといわねばならないでしょう。先天異常とされる障害のなかにも、じつは誘発剤や促進剤を用いたために生じたケースがかなりまぎれこんでいるとみられます。

吸引・鉗子分娩

お産の分野で医師がはばをきかせるようになったのは、分娩を介助する器具を使用しはじめてからでした。その器具というのが、鉗子だったのです。その後、吸引器も開発されました。

吸引器と鉗子は、ともに産道にある赤ちゃんをひっぱりだす器具です。全開大後、赤ちゃんがなかなか娩出にいたらなかったり（なかなかといっても、病院はわずか二時間ほどしか待ちません）、あるいは母児の状態がわるくなったりしたばあいに、適用となります。これらの器具を用いる分娩方法を「急速分娩術」と称します。吸引は、おわん型のカップを赤ちゃんのあたまにあて、カップ内の空気を抜いてひっぱります。鉗子は、サラダ・サーバーのような金具で、赤ちゃんのこめかみのあたりをはさんでひっぱります。

赤ちゃんのあたまを直接ひっぱるのですから、破水していることが前提条件です。破水していなければ、まず人工破膜をしてからということになります。また、頭部からおりてきていることも前提条件です。器具を膣内にいれるので、会陰切開手術をともなうのも通例です。

どちらかといえば吸引のほうがおだやかにみえるので、まず吸引をこころみ、だめなら鉗子でという病院が多いようです。けれども、じっさいには、吸引のほうが赤ちゃんにあたえるダメージが大きくなるかもしれません。あたまに内出血をきたしかねないからです。いずれにせよ、吸引も鉗子も、ちからずくで赤ちゃんをひっぱりだそうとするものです。

はたして、このような強引な方法で赤ちゃんをひっぱりだす必然性はあるのでしょうか。

赤ちゃんがなかなかでてこないのは、産婦が分娩台のうえにあおむけで拘束されているために、赤ちゃんがでにくいからでしょう。そうでないとしたら、ただたんに赤ちゃんがゆっくりでてこようとしているだけのことでしょう。まつしま病院（前出）は、子宮口がひらききって二時間以上が過ぎても慎重に経過をみる、というこころみをしてみました。その結果、ほとんどのばあい、問題なく娩出にいたることがわかりました。けっきょく、「分娩二期は二時間以上は異常」というワクは外されたということです(14)。

母児の状態がわるくなったというのも、もとはといえば陣痛室のベットや分娩台で寝かされていたり、誘発剤・促進剤や鎮痛剤を投与されたりしたからでしょう。病院がわがみずからまねいた事態にたいして、ちからずくの強引な措置をもって応えようというわけです。いかにも病院らしいやりかたというべきでしょう。

母児の状態がわるくなったといっても、分娩台の拷問から産婦を解放してやるだけで、すみやかに回復する可能性が高いのです。あるいはそれだけで、分娩がスムーズにすすみだすかもしれません。

「無痛分娩」（麻酔分娩）のための薬物麻酔下にあるばあいには、自力で赤ちゃんを押し出すちからが弱く、吸引・鉗子分娩になりがちです。このばあいは、強引な措置もいたしかたないといえるでしょう。が、そもそも、薬物による無痛分娩という出産方法じたいが、すでに不自然きわまりない選択なのです。麻酔事故が起きることはどうしても避けられないし、麻酔そのものが母児におよぼす危険や悪影響もけっして小さくありません。麻酔薬はかならず赤ちゃんにもおよびます。麻酔薬が子どもの脳神経に恒久的なダメージをあたえるとの報告がなされています。また、分娩時の麻酔使用と成長してからの麻薬常用との相関関係も指摘されています。

麻酔分娩について、小児科医であったロバート・メンデルソンはつぎのように皮肉っています[15]。「わたしの見るところでは、産科医が麻酔分娩を行うのは、その方が自分にとって都合がいいからである。ただ、麻酔をかける対象を間違っている。どうせなら、産科医は自分に麻酔をかけた方がいい。産科医が眠っていてくれれば、その間に産婦は楽にお産を済ませられるのだから。」

吸引器や鉗子が役にたつのは、そこが病院だからです。病院のせっかちな対応や不自然な介入が、これらの器具の必要を生じさせているのです。

フランスのピティビエ病院は、ミッシェル・オダンのもとで自然なお産を推進してきました。そこでは、仰臥位をやめたことによって鉗子がまったく不要になったということです[16]。また、やはり自然なお産を推進する明日香医院の大野明子は、こう述べています[17]。「これまでのわずか二〇〇余例ですが、私たちのところでは吸引分娩も鉗子分娩も行っていません。万が一に備え、電源不要の手動吸引分娩器とやわらかいテフロンの吸引カップは購入してみたものの、幸いにして使う機会はありませんでした。これからも使う機会がないのではないかと考えています。なお、鉗子は持っていません。」

吸引・鉗子分娩には、とうぜんながら、危害がともないます。なにしろ、大きな器具を産道のなかへ差しいれて引きだすのです。会陰や膣が傷まないわけがありません。とくに鉗子分娩は痛みも強いので、しばしば麻酔がかけられます。感染症の危険も生じます。吸引によって、子宮や子宮筋をいためてしまうこともあります。なかには子宮まで吸引されてしまった例もあります。排尿障害などの後遺症も、きわめて高い率（八〇％以上）で発現します。

むりやりひっぱられる赤ちゃんのほうもたいへんです。やわらかい頭蓋骨はひしがれ、脳は確実にダメージを受けます。（頭蓋骨のゆがみは生涯にわたって神経や内分泌の障害をもたらします）。骨盤等の損傷もめずらしくありません。また、真空カップでひっぱられれば、頭部がうっ血したり、頭皮が剥離したり、骨膜下で出血したりします。とくに頭蓋内出血は深刻な脳障害につながります。鉗子ではさまれれば、児頭は外傷を負います。頭蓋骨骨折や脳挫傷にいたることもあります。

こうした強引な処置は、おのずから、赤ちゃんに精神・神経的な傷をも負わせてしまうでしょう。たとえば、後年の慢性的な偏頭痛と吸引・鉗子分娩との因果関係など、しばしば指摘されるところです。

分娩の自然なプロセスには、吸引器や鉗子の介入する余地はありません。

一万六〇〇〇人の赤ちゃんを無事故でとりあげた青柳かくい助産婦は、胎児のあたまが見えてからもさらに何十時間でも待ったといいます[18]。逆子のおしりをながめて五十時間も待ったことがあったそうです。いわく、

「自然というものは赤ちゃんを殺しません。」

自然なプロセスをさまたげさえしなければ、吸引器や鉗子の出る幕はまずないということなのです。

帝王切開

帝王切開こそは、産科医療の最大の武器です。

誘発剤・促進剤を用いても分娩が進行しないとき、のこされた手段は帝王切開だけです。胎児が骨盤にひっかかっていて、吸引器や鉗子でもひっぱりだせないとき、可能な方法は帝王切開だけです。胎児が子宮内で仮死状態になってしまったとき、胎児を救えるのは帝王切開だけです。子宮が破裂したとき、とるべき道は帝王切開だけです。

つまり、産科で窮地におちいったとき、打開策はいずれのばあいも帝王切開、ということになるわけです。いわゆる〝ハイリスク〟に該当するばあいは、計画的な分娩において帝王切開が標準的に実施されます。高齢出産（とくに高年初産）、多胎、逆子、児頭骨盤不均衡、前置胎盤、妊娠中毒症や糖尿病の産婦、前回帝王切開で出産した産婦などがこの部類です。さらに、胎盤が早期に剥離したり、へその緒がさきにでてきたりしたときにも、帝王切開となります。病院によっては、陣痛がはじまるまえの破水（前期破水）も帝王切開の適応となります。

「帝王」とは、古代ローマの帝王カエサル（シーザー）のことです。「カエサル」はラテン語で「切る」という意味にもなります。俗説では、カエサルは母親のおなかを破って生まれてきたともいわれます。帝王切開は、おなかを切りひらいて胎児および付属物を取りだす、大がかりな手術です。

現在、日本では一五％以上の産婦が帝王切開で出産しているとみられます。慶応大学系列の病院での帝王切開の率は、平成七年度が平均一八・四％、八年度が二五・三％でした[19]。年々増加の傾向をみせています。（アメリカでも帝王切開の率は二五％に達しています）。このような高い帝王切開率のなかで、ほんとうに帝王切開を必要とした患者は、はたしてどれだけいたでしょうか。おそらく、十人のうち一名いたかいないかくらいでしょう。しかもその一名は、不適切な産科医療の犠牲者であるか、またはきわめて悪質な体質の患者であるか、でしょう。

病院によっては、産婦の身長が一五〇センチ未満であれば帝王切開と決めているところもあります。しかし、（健康でありさえすれば）身長とお産の難易度とのあいだにはとりたてて問題にしなければならないような関係はありません。一般に、長寿で多産の地域の女性たちはたいへん小柄です。その代表的な地域であった山梨県棡原では、九十歳代の女性（みな腰は曲がっていない）を計測してみたところ、その平均身長は一三六センチであったということです⒇。

お産の自然なプロセスをさまたげさえしなければ、赤ちゃんは人為的な介助なしに生まれてくるものです。双子であろうと逆子であろうと高齢であろうと、ほとんどは産道からの自然な分娩が可能です。児頭骨盤不適合や前置胎盤は、事実上ほとんどないといってよいでしょう。

病院は、かならずしも必要でない大手術をひんぱんにおこなっているわけです。病院医学の猜疑心と不自然な措置が、いたずらに帝王切開を増やしているのです。それに経済的な意味合いからも、法的な意味合いからも、なるべく先手先手でより高度な医療措置を実施しておいたほうが病院にとって優利、ということもあるでしょう。

産科学者たちは、帝王切開が胎児や母体のいのちを救っていると主張します。たしかに、当座のケースだけをみるならば、帝王切開によってしか救われなかったという例が目立つでしょう。けれども、帝王切開にいたる経過や産科医療の体制などをひろい視野に立ってみるならば、帝王切開のデメリットが大きく浮かびあがってきます。帝王切開がありふれた手段でさえなければ、どれほど多くの産婦や胎児が被害を受けずにすんだことでしょう。

すぐれて特異な病院である吉村医院では、帝王切開はきわめて例外的にしかおこなわれません。それで安全にお産ができているのです。院長の吉村正はつぎのように述べています[21]。

絶対的に人工的介入しなければならない例は著しく稀であり（一％以下）、現在頻繁に行なわれている帝王切開は絶対的に必要なものではなく、適当な生活指導によって予防できるのに、絶対的に必要なものとして行なわれ、自然分娩を破壊しているのは憂れうべきものがある。

帝王切開は、子宮を切りひらいて胎児を取りだすのですから、それは例外なく産婦に重傷を負わせます。無用な帝王切開によっていのちを落とす母児もいます。手術は、必然的なダメージのほかにも、さまざまな危険がともないます。技術の向上によって帝王切開は安全になったと産科学は宣伝していますが、手術の合併症をふくめた事故や後遺症は相当ひろく、かつ重大なものがあることは確実です。こういう被害の実態はなかなかおもてにあらわれてこないというだけです。

WHO顧問の医学者マースデン・ワグナーは、こう指摘しています[22]。「帝王切開には女性と赤ちゃんの両方にとって重大なリスクがあるという事実は、現代文明においてもっとも固く守られた秘密の一つであろう。」

帝王切開が産婦にもたらす重大な危険としては、細菌感染、大量出血、血栓症などがあります。麻酔（硬膜外麻酔による半身麻酔、もしくは全身麻酔）にともなう危険もあります。腸管癒着《ゆちゃく》を起こすこともあります。

切開を受けた患者の半数以上はひどい後遺症に苦しめられます。ある体験者はこう語っています。「帝王切開の傷がすごく痛みました。入院中は痛み止めの座薬や飲み薬をもらっていたのですが、退院してからもその痛みが続きました。とくに夜になると痛みがひどくて、産後二ヵ月近くまで眠れない日々が続きました。傷跡は、夫に言わせると〝グロい〟そうです。」

むろん産後の母体の回復も遅れます。母乳の出もわるく、たいせつな初乳の時期に授乳できません。とうぜん、赤ちゃんには人工乳があたえられます。母乳哺育は最初からつまずいてしまいます。

しかも、母親には自分が産んだという実感がとぼしく、母子のきずながなかなか形成されません。帝王切開だった母親に育児放棄や乳幼児虐待が多いというデータもあります。

次回の妊娠・出産にも、この手術による弊害がおよびます。

赤ちゃんへの直接的な影響も、もちろんあります。母体の血圧低下によって、胎児が〝窒息〟状態におちいることがあります。麻酔が胎児にも流入して害作用をおよぼします。メスによって赤ちゃんが負傷することもあります。赤ちゃんの肺の準備がととのわないうちに取りだしてしまうので、産道からの分娩にくらべて出生直後の赤ちゃんが呼吸障害を起こす比率も格段に高くなっています。この呼吸障害は「帝王切開症候群」のひとつで、これによって死亡することもあります。アメリカで実施された大規模な調査によれば、帝王切開後に死亡する赤ちゃんの死亡率は通常の分娩の数十倍にものぼるということです。

心理的なダメージも小さくありません。いきなり子宮が切り裂かれて取りだされたときの、赤ちゃんの驚きと恐怖はいかばかりでしょうか。一般に、帝王切開で生まれた子は外界の環境にスムーズに適応できません。精神神経的な〝後遺症〟もさまざま指摘されています。帝王切開が、たとえば自閉症につながってゆくというのです。麻酔の悪影響も確実です。

病院は、最後の切り札であるべき帝王切開を乱用しすぎています。この傾向は強まるいっぽうです。産婦にたいする病院のさまざまな措置は、まるで帝王切開へ誘導するためにおこなわれるかのようです。病院では、「誘発・促進→胎児仮死→帝王切開」といった〝手順〟がパターン化しています。病院でのお産では、だれもがこのパターンにおちいることを覚悟しておくべきでしょう。

会陰切開

現在、会陰切開は産科のルティーン（標準処置）として常習的におこなわれています。会陰切開は、娩出の直前に、会陰をハサミで切開する手術です。

近年の日本では、この手術の体験者はじつに九割を超えています。初産婦のばあい、日本の病院での会陰切開の率は八〇〜九〇％です。この手術は帝王切開とは両立しません。平均的な帝王切開の率は一五％を超えます。したがって、ほとんどの初産婦が帝王切開か会陰切開によってお産していることになります。（たとえば聖母病院での一九九四〜九七年の帝王切開率は一五・七％、初産婦の会陰切開率は九〇％です。それでも当病院の医師は「我々としては極めて自然分娩に近い分娩様式と思っている」と胸を張るのです[23]。）

会陰切開をされずにすんだ産婦は、よほど運のよかったひとです。病院で出産する以上、会陰切開はあたりまえのことと思っていなければならないでしょう。多くの産科医や助産婦が、産道からの分娩にはこの処置が必要だとみなしています。そのように習ってきているからです。

会陰を切開された産婦の過半数は、医師からなんの説明もなしに手術されています[24]。のがれようもありません。もっとも、医師から「必要だ」といわれれば患者はそれにしたがわざるをえないので、説明の有無はあまり関係ないともいえます。

最近は「インフォームド・コンセント」（よく説明されたうえでの同意）ということが一般にとりざたされ

るようになってきました。が、これはあまり意味のあることとは思えません。患者のがわに病院の医療についての正しい理解がなければ、けっきょくはすべて医師の意向どおりという結果にならざるをえないからです。それに、そもそも医師自身にも自分たちのやっていることの意味がよくわかっていないのです。「医学的に必要となったときに実施する」といった説明にはなんの意味もありません。（日本の病院の「インフォームド・コンセント」は、医療者のための説得術にすぎないといってよいでしょう。）

ついでに、「セカンド・オピニオン」（べつの医師の意見を聞くこと）というのも、同様に、あまり意味のあることとは思えません。一般の医師たちはみなおなじ病院医学の信奉者なのですから。意見を聞くのなら、自然志向のつよい異端の医師か、むしろ医師でないひとに聞くべきです。ともかく、医師に期待するよりも、まずわたしたち自身が病院の医学と医療の実態について正しく認識することが先決でしょう。

さて、会陰切開が一般的に必要だとする見解に、正当な根拠はありません。会陰切開の理由としてつねに指摘されるのが、つぎの三点です。

①　児頭の圧迫を軽減する
②　会陰の裂傷を予防する
③　分娩の時間を短縮する

ここにも、論理の転倒がみられます。赤ちゃんのあたまが圧迫される、会陰がふかく裂ける、なかなか娩出にいたらない――これらはいずれも、病院の分娩方法が適切でないことから生じてくるのです。自然ななりゆきでは、会陰はじゅうぶんに伸びます。児頭は圧迫されないし、会陰がふかく裂けることもありません。赤ちゃんはでてくるのにふさわしいときにちゃんとでてきます。

病院でのお産にかぎってみても、右の理由には正当性がありません。会陰を切ったからといって、児頭への圧迫が軽減されるという証拠はありません。そもそも、児頭が会陰で圧迫されるという見解は、鉗子分娩の正当化のために考えだされたものでした。一九三〇年代、とくにアメリカにおいて、鉗子分娩の標準化にともなって会陰切開が標準化されました。その口実として考えだされたのが、会陰による児頭の圧迫という見解だったのです。以来、その口実がひろく伝承されてきました。事実無根の見解といわねばなりません。

また、切開したほうが会陰の傷が軽くてすむという証拠もありません。むしろ、切開したほうが、よりひどく裂けることが多く、傷もなおりにくいのです。

自然に切れるばあいには、細胞組織や血管や神経をよけて切れます。それゆえダメージが小さく、出血もすくなく、痛みも弱くなります。治りも早くなります。ところがハサミで切るときには、それらにおかまいなしに厚く切り裂いてしまいます。したがって、ダメージが大きく、出血も多く、痛みも強く、なおりも遅くなります。

分娩の時間を短縮するというのも、ほとんど無意味なことです。青柳かくい助産婦（前出）は、つぎのように語っていました[25]。「会陰はどんなに小さくてもゴムのように伸びるのです。陣痛促進剤なんか使うから、恐くて待てないのです。切るのと切らないのとでは、時間はせいぜい五分の差しかない。」

しかも、この五分の短縮が、早められた第一呼吸で気道内の羊水を吸い込んでしまう危険性をかえって高めることにもなります。

ＷＨＯの『実践ガイド』（前出）はこう指摘しています[26]。「会陰切開のひんぱんな、または標準化された実施が有効であるというちゃんとした証拠は、なにひとつない。逆に、それが傷害を引き起こす結果になろうという明白な証拠が存在する。」

会陰切開が必要だというのは、産科学の幻想にすぎないといってよいでしょう。現実に、切開をすることでプラスになるのは、傷が単純で縫いやすいということと、それに病院の収益くらいのものでしょう。（会陰切開は健康保険の適用対象となります）。あとは、医師の自己正当化という利点があげられます。会陰切開は、ほんとうは産科医の存在意義をとりつくろうために実施されているというのが真実かもしれません。順調なお産では、医師にしかできない仕事は実質的に会陰切開だけなのですから。

前出の湘南鎌倉病院では、会陰切開の実施を積極的に減らしてきました。現在、会陰切開率は〇・三％にまで減少しているということです。明日香医院の大野明子（前出）はこう言っています[27]。「現在私たちのところでは、会陰切開はまったく行っていません。そして、なんの不都合もないどころか、切開をしないほうがいいことばかりです。」

いっぽう、会陰切開の痛みや後遺症には、想像以上のものがあるようです。多くの体験者が「会陰切開は陣痛よりもずっとつらかった」と語っています。また、縫合から抜糸まではもとより、退院後もながく痛みや不快がつづいたと報告する体験者が続出しています。むろん性生活にも影響がおよびます。

「ぐるーぷ・きりん」の実施したアンケートからいくつか引用してみましょう[28]。

▽切開後の痛みは、ハギシリしたいほどくやしくつらかった。
▽出産そのものより切開の傷の痛みが激しく、一晩眠れず鎮静剤をもらった。
▽抜糸の時はふるえるほど痛かった。あの痛みはもう味わいたくない。現在もときどきつれる感じがするが（産後一年）、医者には行っていない。

▽非常に大きく切られているので肛門まで続いているような感じです。おりものの多い時や不調の　時は痛みます。

▽一年以上違和感があり、一ヵ月検診の時に言うと、「傷はくっついているのだから痛むはずはない」と言う。痛いのは本当なのに。二人目は切開せずにお産し、身体の楽さに本当にびっくりした。あまりにも違う。自分の経験から、私の切開は不必要なものだったし、そのための長い苦痛だったと確信している。

母体に有害であれば、おのずから赤ちゃんにも有害です。麻酔の注射針が赤ちゃんに突き刺さることもあります。麻酔薬そのものの害も避けられません。

会陰の裂けやすい姿勢は仰臥位です。赤ちゃんのあたまが重力の作用する方向をむいていないからです。仰臥位だと重力は会陰部（肛門寄り）に集中してしまいます。とりわけ、分娩台のうえで両足をひらいた姿勢は、もっとも裂けやすいかたちです。会陰が横にひっぱられているからです。脚の固定も裂傷をつくりやすくします。

自然なかたちで娩出にいたるならば、会陰は容易には切れません。切れても、ほとんど例外なく軽度で、もちろん縫合の必要などありえません。治りも早く、後遺症ものこりません。たいして、会陰切開は、それじたいが中度以上の裂傷に相当し、しかもたちがわるいのです。

お産に会陰切開は無用というべきでしょう。

無用な切開が、きょうも、いたるところの病院であたりまえにおこなわれています。「ぐるーぷ・きりん」（前出）のアンケートのなかには、つぎのような回答もありました。「私の知る限りでは、みんな切開をしていると聞いています。こんなことが問題にされていることすら、意外である。」

会陰切開がひろく慣例化された結果、産婦のほうも切開されてあたりまえといった気持をもつようになってしまっているのです。

文化人類学者の松岡悦子（前出）はつぎのように述べています(29)。

会陰切開は病院出産においては、生理的な必要性から行われるよりも、母になるために慣習的に行われる処置、つまり儀礼的行為だと言うことができよう。

現代の女性が体験する病院出産は、テクノロジーに沿って再構築され、文化化された出産である。

抗生物質

抗生物質は、手術とともに病院医療をささえる土台のひとつとなっています。産科においても、抗生物質は子宮収縮剤とともに薬物療法の中核をなしています。お産の過程で抗生物質がつかわれる機会は、前期・早期破水、人工破膜、帝王切開、会陰切開、後産などの時です。いずれも細菌感染の予防措置として投与されます。そのほか感染症が懸念されしだい、随時、投与されます。

病院医学は、抗生物質の効果を単純に信じ、適応範囲をひろげ、乱用してきました。しかし、抗生物質の投与にどれだけのメリットがあるのか、ほんとうのところはあまりよくわかっていないのです。長期的・社会的なスケールでみた抗生物質のプラス・マイナスについては、まともに研究もされていません。とりわけ産科での抗生物質の予防的な投与が有意義であるという可能性は、ほとんど考えられません。

抗生物質の投与法についても、しっかりした裏づけがあるわけではありません。多くの医師たちは、根拠のない慣例のみにもとづいて、ただやみくもに投与している、というのが実態です。平成一三年になって、ようやく関連学会が使用基準のガイドラインをまとめました。しかしガイドラインがとれだけ現場で役立てられるかはおおいに疑問です。しかもその使用基準じたい、とうてい信頼できるものではありません。子どものカゼに抗生物質の投与をすすめているくらいですから、推して知るべしです。

湘南鎌倉総合病院産婦人科（前出）では、浣腸も抗生物質の投与もやめてみました。結果、そのせいで産婦が感染したという例はまったくなかったということです[30]。

抗生物質の投与は、無駄なのです。いや、無駄というだけはすまされません。抗生物質は強力な毒物でもあるのです。

抗生物質によるショックや炎症によって、多くのひとが死亡したり失明したりしています。抗生物質の多くは強力な血液毒性をもちます。血球から造血細胞にいたるまで血液にかかわるすべてを攻撃するのです。再生不良性貧血のような重大な病気もひきおこされます。抗生物質が外敵を攻撃するとしても、生体自身の国軍（白血球）まで攻撃するのですから、ことは複雑です。血液凝固異常や出血性の副作用もあります。これらが分娩の危険を増大させることはいうまでもありません。胎児にとりこまれた抗生物質は、新生児の出血傾向を強めることにもなります。

すべての抗生物質は、腸内の細菌叢に多大なダメージをあたえます。有害な細菌を殺すことができるとしても、有用な細菌群をも殺してしまうのです。腸内の常在菌の縄張りを破壊することで、悪質な菌をますますはびこらせてしまう結果をまねきかねません。ひとたびダメージを受けた腸内の細菌叢は、容易には復元されません。

母体を通して胎児にとりこまれた抗生物質は、胎児の腸内細菌叢の形成じたいを妨害してしまいます。その影響は、生涯にわたって維持されるでしょう。

抗生物質はまた、肝臓をはじめとする臓器や粘膜に固着して細胞膜を破壊し、炎症を起こします。生体の抵抗力はいちじるしく低下します。骨髄にもダメージをあたえます。胎児にとりこまれた抗生物質は、黄疸を強めたり、骨の発育障害を起こしたり、歯に黄斑をのこしたりします。

これらのほかにも、抗生物質はさまざまな全身的な害を母児におよぼしているでしょう。アトピーとの関連は確実とみられます。増えつづける小児ガン（とくに小児白血病）とも無関係とは言いきれないでしょう。

安易に使用されている抗生物質は、このように怖ろしい毒物なのです。やみくもに投与された抗生物質は、とりかえしのつかない被害を母児にあたえているにちがいありません。抗生物質の予防的投与は、母児にダメージをあたえ免疫能を破壊してしまう効果を第一とする、といってよいでしょう。

なお、抗生物質の乱用が細菌に変異を起こし、いっそうたちの悪い細菌をつくりだしていることは、周知のとおりです。（そのような悪質な細菌の多くは、大病院に巣くっています）。また、わたしたちは、この抗生物質を食肉や牛乳・乳製品を通じて日常的に摂取していることも忘れてはならないでしょう。

さて、細菌感染の予防には、もっとたしかな、副作用のない手だてがいくらでもあります。局所的には、抗菌力をもつ植物性の生薬がいろいろとあります。全身的には、ビタミンCが術後の感染予防に大きな効力を発揮します。傷の修復も早められます。ビタミンCの効力は、細菌の種類を問いません。しかも、細菌ばかりでなく各種のウイルスにたいしても効力を発揮するのです[(31)]。（抗生物質はウイルスにたいしてはほとんど無力です）。これらについては、抗生物質などよりずっとたしかな根拠があります。また、オリーブ葉エキスは、

「エム」ことMRSAをふくむほとんどあらゆる細菌やウイルスに直接対抗します（アメリカなどではエイズの治療にも用いられはじめています）。エキナセアやトランスファー・ファクター（免疫情報伝達物質）は、免疫力を即効的に強化することによって、感染症にすばらしい効果を発揮します。

しかし、もっと根本的な予防策を講じるほうが賢明かもしれません。それは、細菌の侵入をまねくような状況に身を置かないということです。危険な細菌やウイルスがもっとも多くひそんでいるのは、ほかならぬ病院なのです。病院にいることじたいが、感染症の危険に身をさらすことを意味しています。そのうえそこで内診を受けたり手術を受けたりすれば、感染の危険はいっそう高まります。なるべくそういう状況に身を置かないようにすることがのぞましいといえるでしょう。

3　分娩第三期と新生児ケア

分娩室

お産の場所は、赤ちゃんにとっては、この世に初めてすがたをあらわす特別な場所です。その特別な場所として、病院の分娩室はいかがなものでしょうか。

まず、明るさの問題があります。子宮のなかは、ほとんどまっくらです。母親が明るいところで裸になったとしても、なおうすくらがりといったていどでしかありません。そんななかにいる胎児は、ほんのかすかな光でも感知します。母親のおなかに強い光をあてると、胎児はまぶたを閉じたり顔をそむけたりします。光の刺激が強すぎて不快だからです。光といっても、子宮のなかではそれはうすぼんやりとした明るさでしかないのですが。

おとなでも、長時間暗闇にいたあとで急に明るいところへでると、眼をいためてしまいます。まして胎児は、まだいちどもじかに光に接したことがないのです。おとなにはうす暗く感じられるていどの明るさでも、生まれたての赤ちゃんにはとてつもない光の洪水と映るはずです。赤ちゃんはひどいショックを受けるでしょう。眼をいためてしまうかもしれません。

病院の分娩室はどうでしょう。ものすごい明るさです。こうこうとかがやく人工のライトが容赦なく照りつけています。うす暗闇からでてきたばかりの赤ちゃんの眼に、この照明は暴力以外のなにものでもないでしょう。

赤ちゃんにやさしいお産をと主張してきたフランスの産科医フレデリック・ルボワイエは、つぎのように書いています(32)。

> 赤ん坊の胴体がまだ母親のからだのなかに残っていて、頭が出るか出ないかのうちに、子どもは目を大きく見開きます。
> それから、わめきながら、すぐに目をつむります。
> それと同時に、なんともいえない苦痛の表情が小さな顔にあらわれます。
> あわれな子どもの目は、白熱した光の刃に焼き切られたのです。

病院で生まれた産児の多くがなかなか「目があかない」のは、このようにして眼をいためてしまうからです。赤ちゃんは、あまりのひどさに、目をかたく閉じて泣きわめきます。目を閉じていても、過酷なまぶしさからのがれることはできません。こうした赤ちゃんの惨状を察してくれるひとはだれもいません。医師も助産婦も、平然として、笑ったりしています。産児は目をあけないものだ、泣くのは元気なしるしだ、と思いこんでいるのです。

けれども、ほんとうはそうではありません。暗いところで生まれた赤ちゃんは、すぐに目をあけてまわりを見まわします。そこが適切な環境であれば、赤ちゃんは泣きません。呼吸をはじめたりするときに小さな声をだすことはあっても、泣くことはありません。泣くのは不快や苦痛のサインなのです。

分娩室のこうこうたるライトは、生まれてきた赤ちゃんへの、最初の暴力の洗礼となります。最近は、スタッフがおみやげ用に出生直後の写真をとる病院も増えています。そうでなくても、父親が赤ちゃんに向けてビデオのライトを当てたり、カメラのフラッシュを焚いたりします。フラッシュを焚くときに赤ちゃんがうす目をあけていたりすれば、その閃光は赤ちゃんの網膜を焼いてしまうでしょう。

分娩室のつぎに産児がつれて行かれるのは、新生児室です。この新生児室がまたさんぜんと照明をつけているのです。螢光灯です。（螢光灯と小児ガンや多動症との因果関係も指摘されています）。保育器のある部屋（新生児集中医療施設）でもそうです。なかには夜間もこうこうとライトをつけているところがあります。選ばれた産児は、黄疸の光線療法のために、さらに特別に強い光にさらされます。（しかも、この光源は強烈な電磁波を発しています。目かくしをしてもその被爆を避けることはできません。）

このような光によるいじめは、新生児の眼と精神に確実にダメージをあたえるでしょう。眼の機能の健全な発達をさまたげてしまうこともすくなくないはずです。

音のほうはどうでしょう。音についても、光ほどではありませんが、問題があります。

子宮のなかにも、さまざまな音がつたわります。胎児の耳には、母体の音が持続的に聞こえてきます。ドクッドクッという心臓の鼓動音、ゴロゴロという胃腸の鳴動音、ゴーゴーという呼吸音、母親の声など。外界の音も、ずっと小さくはなりますが、聞こえています。

けれども、胎児が耳にするのは、あくまで羊水や卵膜や子宮壁や腹壁を通しての音です。ある研究によると、その音はおもに高周波の、おとなの耳には聞こえない音だということです(33)。（その音はイルカのだす音の範囲内にあるとのことです）。あとは、にぶい、おだやかな音ばかりです。したがって、するどい音や大きな音を、胎児はまず耳にすることがありません。

それゆえ、たとえばひとの大きな声や金属的な音などは、産児に非常な驚きと恐怖と不快を感じさせるでしょう。分娩室は、まさしく、そのような音が絶えまなくひびく場所なのです。

出生直後の赤ちゃんの耳にとびこんでくるのは、医師や助産婦の大きな声、吸引器で赤ちゃんの口や鼻から羊水や粘膜を吸いだす音、へその緒を切断するときの器具の音、ドアを開閉する音……。こうした音が赤ちゃんの耳にガンガンひびいてくるのです。赤ちゃんは、恐怖と不快に耳をおおいたくなるでしょう。けれど悲しいかな、赤ちゃんにはなすすべがありません。

寒暖についてはどうでしょう。

胎内では、胎児はつねに三七・七度ほどの羊水につかっていました。そこからでて、赤ちゃんははじめて空気にふれるわけです。

分娩室は二〇度ちょっとでしょう。服を着た医師たちにとっては快適な温度です。ところが赤ちゃんにしてみれば、生まれたとたんに、一気に一五度もひくい温度にさらされることになります。

新生児は、からだのわりに体表面積が大きいのに、皮ふや脂肪はたいへんうすくなっています。そのうえ体温を調節する能力も未発達です。分娩室という無機質の世界に生まれた赤ちゃんは、寒さにも相当なショックを受けてしまうでしょう。とくに赤ちゃんがショックを受けるのは、無機質な環境で過剰な光や音や乱暴なあつかいとともに寒さに襲われたときでしょう。

病院でのお産の模様を映したビデオなどをみると、泣きながらわなわなとふるえている赤ちゃんさえいます。産児がふるえるのはよっぽどのことです。あまりの恐怖と寒さにふるえているのにちがいありません。医師や助産婦は、そんな事態におかまいなしに、赤ちゃんのからだをあちこち調べたり、へその緒を切断したり、冷たい計器のうえに乗せて体重を計ったりします。赤ちゃんは、ただただ泣いて訴えつづけることしかできません。

ちなみに、わたしたちはみな、自分が胎児であったころのことや生まれでたときのことをよくおぼえています。二歳から四歳くらいまでの幼児の多くは、（おとながまじめに聞くなら）出生前後の記憶を話すことができます。その後、年を重ねるにつれて、それらの記憶は意識下の深層にしまいこまれてゆきます。おとなのもつ記憶は脳の深層にひそんでしまっているのです（ごくまれな例外をのぞいて）。

ところが催眠状態では、おとなのもつ古い記憶もリアルに再現されてきます。アメリカの心理学者デーヴィッド・チェンバレンは、催眠状態での面接調査を数多くおこなってきました。チェンバレンは、その著『誕生を記憶する子どもたち』のなかで、つぎのように述べています(34)。

彼らが子宮から飛び出したときになにを思っているのかは、病院出産ではふつうに見うけられる、あの熱狂的メッセージそのままといっていい。つまり、大きな泣き声をあげたり、苦しげな表情をしたり、ひっしで手足をばたばたさせたり、身震いしたり、震えたりするのに見合ったことを思っているのである。

ほとんど全部の赤ちゃんが不満を覚えるのが、分娩室の寒さやまぶしいライト、器具の冷たさ、騒音、乱暴な扱いなどである。

こうした赤ちゃんへのいじめに加えて、病室に棲みついている危険なウイルスや細菌が赤ちゃんを襲おうと待ちかまえているのです。事実、誕生後に髄膜炎などにかかってしまう赤ちゃんがあとをたちません。

もちろん病院は、感染を予防するために、さまざまなかたちで消毒をおこなっています。それでも感染を防ぎきることはできないのです。しかも、消毒のために使用された薬物が、新生児に避けがたく化学物質汚染の洗礼をあびせかけるのです。（消毒薬による重大な中毒事故も起きています。）

病院の分娩室は、赤ちゃんがこの世に初めてすがたをあらわすのにふさわしい場所とはけっしていえないでしょう。

吸引・清拭

病院で生まれた赤ちゃんは、まず顔をぬぐわれ、くだ（カテーテル）を気道に差し込まれて吸引されます。そのあとまた、からだじゅうを拭き清められます。

生まれたばかりの赤ちゃんは、羊水や胎脂や粘液などにまみれています。それらが呼吸のさまたげになるというので、ぬぐい、喉や鼻を吸引するのです。けれども、はたして、それは必要なことなのでしょうか。そもそも、産児の口は吸気の器官ではありません。口や喉に液体がたまっていても、呼吸のさまたげにはなりません。

生まれでてきた赤ちゃんを母親のおなかのうえでうつぶせにするか、うつぶせかげんにすれば、呼吸のさまたげになるような羊水などはすぐにながれでてしまいます。ながれでてこないような水分は、やがて組織に自然に吸収されてしまいます。したがって、わざわざくだを突っ込んで吸いだす必要などまったくないのです。生まれたとたんに、ヘンなくだを喉や鼻に突っ込まれるなど、赤ちゃんにとってはひどい迷惑というものです。吸引は、むしろ喉や鼻を傷つけたり、たどたどしい呼吸のじゃまをして、呼吸リズムの形成をさまたげてしまうだけです。ばあいによっては、吸引が産児の呼吸困難や心停止をまねくことさえあります。

新生児の心臓と呼吸のリズムについての専門医ドナルド・ギャローは、つぎのように述べています[35]。「赤ちゃんの喉にカテーテルを差し込むのはよくない。口と鼻に押し込んでも呼吸を助けるためには役立たない。粘液カテーテル吸引器は危険なため、使用禁止にすべきである。」

不自然な分娩介助と産児ケアは、赤ちゃんの自然な呼吸を妨害してしまいます。誕生時の呼吸障害は、生涯にわたる身体的・精神的な傷を赤ちゃんにあたえてしまいかねません。オステオパシー（手技療法）の専門家は、この事実をいつも目のあたりにしています。

胎脂（胎児のからだをおおっていた白いクリーム）や粘液は、赤ちゃんを保護するためのものです。生まれでてからもその役目にかわりはありません。それをわざわざ拭きとってしまうのは、やはり赤ちゃんにとってとても迷惑です。

胎脂や粘液には、さまざまな効用があります。産児の皮ふを細菌の侵入や乾燥から守ったり、体温の放出をふせいだりします。また、それらのなかには、産児の生理機能の順応を自然に助ける成分もふくまれています。

ヨーロッパの病院には、胎脂を拭きとらない慣習をのこしているところもすくなくありません。チベットでは、拭きとるどころか、べとべとの胎脂をお乳がわりになめさせるのです。そのおかげで、赤ちゃんに新生児黄疸が起きることはないということです[36]。産児のなめた胎脂はまた、胎便の排出をうながすはたらきもするはずです。

誕生直後は、羊水や血液を軽くふきとるくらいでじゅうぶんです。胎脂や粘液は、赤ちゃんになめさせたり、すり込んだりして有効につかうべきでしょう。

けっきょく、病院でおこなわれているような清拭や吸引は、かなり不適切な措置といわねばならないでしょう。

なお、日本では、むかしから産湯をつかう慣習があります。それで現在でも、へその緒を切断したあとで赤ちゃんをお湯につけて洗う病院や助産院がすくなくありません。その目的が赤ちゃんを洗ってよごれを落とすことにあるのなら、それは好ましい措置とはいえないことになります。沐浴は、よごれの代わりに悪質な細菌を付着させるかもしれません。

へその緒の切断

へその緒は、いっぽうは赤ちゃんのへそに、他方は胎盤に、それぞれつながっています。ずっとそのままにしておいても、なんら問題は生じません。けれども、施設では、そのままでは不便なので、ころあいをみはからって切断することになります。問題は、そのころあいにあります。

病院では、なるべく早くへその緒を切断しようとします。そのほうが産児をあつかうのに便利だからです。

へその緒の切断の好適な時期についても諸説あります。が、どれにもたしかな「科学的」根拠はありません。それで、医療者がわの都合にあわせて、早期に切断するようになっているのです。多くのばあい、赤ちゃんをとりあげたらすぐに切断してしまいます。生まれでてしまえばへその緒は不要、というのが基本認識になっているのです。（へその緒の切断が遅いと新生児黄疸がひどくなる、という研究もあります。が、しょせん病院という特殊な場にかぎっての研究にすぎません。分娩台の下で産児を受けとめて処置をするから、早く切断しないと胎盤の血液が必要以上に産児にながれくだるのです[37]。）

それでいて、いったん産声をあげた赤ちゃんがへその緒を切断したあとに呼吸をとめていると、医師や助産婦はあわてふためいて赤ちゃんをひっぱたいたりして乱暴します。

もとより、胎児のからだは、へその緒をながれる血液を通じて成長し維持されるしくみになっています。胎児の肺（肺胞）は、海綿かスポンジを圧縮したようになっていて、羊水もはねのけてしまいます。他方、肺を経由しないで心臓や肝臓に血液を循環させる、特別なシステムがそなわっていて、巧妙に機能しています。

そのような状態から、産児は肺呼吸による循環システムへの切り換えをおこなわなければなりません。肺の動脈に大量の血液を流動させ、肺胞を血液で満たし、ガスの交換を円滑にとりおこなわなければなりません。呼吸をはじめたとたんに、一挙にこうした切り換えがなされうるでしょうか。切り換えは、徐々にしかなされえないでしょう。

肺呼吸による血液循環の経路が完全に確立するまでには、生後一週間から数週間もかかります。通常、産児の呼吸が規則正しくなるまでには数日を要します。ガス交換の円滑な運営が可能となるまでにも、相応の時間、おそらく数十分はかかるものと思われます。

呼吸をはじめるまで絶対的に必要だったへその緒が、呼吸をはじめたとたんに絶対的に不要になる――そんなことがありうるでしょうか。ありえないでしょう。へその緒は、徐々にその必要性を減らしてゆくのだと考えられます。

赤ちゃんがためらいがちに呼吸をはじめたあとも、へその緒はしばらく拍動をつづけます。すくなくとも五分くらいはつづきます。これは呼吸がはじまっても、へその緒を通じての血液の交換が依然として必要であることを意味しています。

へその緒の拍動は、ばあいによっては何十分もつづくことがあります。バースエデュケーターのジャネット・バラスカスは、ある助産婦から聞いたつぎのような事例を記しています(38)。「あるお産で、一時間半も新生児の呼吸が不規則な状態が続きました。彼女は臍帯を切らずに、呼吸が正常になるまで赤ちゃんに時々酸素吸入をさせました。観察していると、臍帯は一時間半機能し続け、赤ちゃんが胎盤から呼吸する必要がなくなったときにやっと搏動が停止しました。そして、胎盤がはがれて娩出されてからは赤ちゃんはまったく正常な状態になったといいます。」

脈打つへその緒を切断してしまったら、赤ちゃんはどうなるでしょうか。――赤ちゃんは、突発的な酸欠状態におちいるでしょう。肺呼吸へのスムーズな移行がさまたげられ、ばあいによっては呼吸不全（新生児呼吸窮迫症候群）をひきおこします。赤ちゃんの受ける精神的なショックも、はかりしれません。

フレデリック・ルボワイエ（前出）はつぎのように書いています(39)。

分娩の直後にへその緒を切るのは、ひどく残酷な行為です。それが赤ちゃんにどれほど破壊的な影響をおよぼすか、想像もつかないほどです。

へその緒がただちに切断されると、脳から急に酸素が奪われます。生き物がそのような暴力行為にいかに激しく反応するか知っていますか。その反応は、パニック、たけり狂った興奮、けたたましい叫び声、それに不安です。

わたしたちは死と呼吸、不安と生とを、分かち難く結びつけてしまったのです。

わたしたちは神経症の芽を植えつけたのです。

へその緒の早期切断は、赤ちゃんにとって肉体的・精神的に大きなダメージとなる可能性が高いのです。とりわけ生涯にわたる精神・神経的なダメージを赤ちゃんにあたえてしまいかねないのです。

お産の体験記などに、「へその緒が切られた瞬間に、はじめて赤ちゃんが産声をあげた」などと書かれているのを目にすることがあります。この「産声」は、じつは「悲鳴」なのだと考えられます。赤ちゃんはショックを受けて悲鳴をあげたのにちがいありません。

お産の研究家でもある加藤晴之は、次女の出生に立ち会い、自分でへその緒を切ったのですが、まさにその瞬間に赤ちゃんが泣いたそうです。「偶然とは思えないタイミングで泣いた」というのです。後年、話せるようになった次女は、そのときのことをみずからつぎのように語ったということです(40)。「あれ、へその緒っていうんでしょ？　ひもみたいなやつ。あたしが産まれて出てきたあと、あれをお父さんが切ったでしょ？　あのとき、痛かったんだよ。痛くて泣いたんだよ。」

精神科医のR・D・レインは、みずからの出生体験をつぎのように語っています(41)。

無防備のままに臍帯が切断されたことを、私は肉体的な打撃として思い出すことができます。焼かれるような痛みが走り、全器官は反応しました。そしてそれは呼吸開始前のことなので、呼吸もできず、感情や身体、そして精神は、危険を告げる赤ランプがつけられたような状態に陥ってしまったのです。この体験は出生直後に生じ、ちょうどフライパンから飛び出て炎の中に逃れようとするようなことに見えました。私にとって出産は、二度と繰り返したくない体験でした。

この「二度と繰り返したくない体験」は、精神的な外傷（トラウマ）としてこころにふかく刻み込まれます。レインは「私たちは無意識のうちに大人としての人間関係の中で何度も悲劇を繰り返している」と言います。へその緒が早期に切断されると、赤ちゃんはいわばせっぱ詰まった状況で呼吸を学ばなければなりません。これがトラウマにならないはずはありません。

へその緒の早期切断は、産婦にとっても危険があります。へその緒の締めつけと切断が胎盤の生理に影響をあたえ、胎盤剥離の自然なプロセスをみだしてしまうからです。その結果、大量出血や胎盤の一部残留をまねくおそれが生じてくるのです。

また、胎盤娩出前のへその緒の切断は、産児の血液を母体に逆流させる可能性があります。これによって、次回の妊娠で血液型不適合の問題を起こす危険が生じます。

へその緒の切断時期は、産科医療の能率化（経済効率上の）にともなって早期化してきました。むかしは病院でものんびり構えていました。大正時代に産科医の書いた本には、娩出後「約十五分許《ばか》りを過ぎて、臍帯の搏動が止んだならば」切断する、とあります(42)。

現在でも、古風な助産婦や自然なお産をめざす助産婦のなかには、「臍帯の切断は、拍動がとまってから」を原則としているひとがすくなくありません。とうぜんの配慮というべきでしょう。

では、拍動がとまりさえすれば、もう切断してもよいのでしょうか。かならずしもそうはいえません。

へその緒の拍動がとまったということは、産児の肺呼吸によるガス交換が軌道にのりはじめたことを意味するでしょう。この時点で切断しても、もう赤ちゃんが酸欠パニックにおちいることはないでしょう。けれども、それだけでこと足りるわけではありません。生まれたばかりの赤ちゃんは、肺呼吸への転換にともなって、血液循環の状況が微妙に変化しつづけます。その変化に呼応して、血液の必要量にも微妙な変動が生じます。ところが赤ちゃんのからだは、まだその変動に即応しうるだけの能力をじゅうぶんに発揮できません。へその緒の拍動がとまったからといって、血液のながれまで完全にとだえてしまうわけではありません。わずかずつですが、へその緒を通じて血液の流入と流出がつづくのです。なんのためでしょうか。赤ちゃんに必要な血液の量を微妙に調節するためです。拍動を終えたへその緒と胎盤は、血液の貯蔵庫として機能するわけです。

ということになると、拍動がとまったからといって、ただちにへその緒を切ってしまってよいとはいえなくなります。へその緒の切断は、遅ければ遅いほど無難なのです。もっといえば、へその緒はじつはそのままにしておくのがいちばんよいとさえいえるのです。胎盤とつながったまま、乾いてとれるのを待つのです。赤ちゃんのためにはそれがもっともよい選択でしょう。じっさい、へその緒を切る慣習のない社会もすくなからず存在していました。

ＷＨＯの『実践ガイド』も、こう指摘しています[43]。「遅く留めること（またはまったく留めないこと）こそ、へその緒の生理学的に正当な処置法である。早期の結紮《けっさつ》は、特別な理由づけを必要とする介入である。へその緒が遅く留められたときの、胎盤から産児への〝輸血〟は、生理学上合理的であり、少なくとも通常のケースではその悪影響は考えられない。」

結論としていえば、へその緒の切断は必要なことではありません。切断するとすれば、出生後数時間が経過してからにするべきです。数時間経ってもまだ胎盤がでていないばあいは、胎盤がでるまで待ちます。へその緒の切断は、実施するのなら、お産の最後の仕上げとしておこなうべきものといえるでしょう。

胎盤の娩出

病院のお産では、胎盤はなるべく早く出すべきものであるとされています。分娩の済んだ患者には分娩室からさっさとでていってほしいからです。そのために、赤ちゃんがでてきたすぐあとに、あるいは赤ちゃんがでてくる直前に、しばしば子宮収縮剤を投与します。それでも胎盤がすみやかにでてこなければ、へその緒をひっぱったり、下腹部を圧迫したりします。子宮の洗浄をすることもあります。それでもでなければ、医師が手を子宮にいれてつかみ出します（用手剥離）。一定時間がすぎたらいきなり用手剥離、というところもめずらしくありません。

助産所でも、へその緒をひっぱったり腹部を手荒らにマッサージしたり冷やしたりします。それでもでてこないとすぐ病院送りにしてしまいます。

いったい、胎盤というものは、だすものなのでしょうか、それともでるものなのでしょうか。

もちろん、でるものです。役割を終えた胎盤は、子宮の収縮にともなって、子宮壁からおのずから剥がれ、おのずから排出されます。ただ、それがいつになるかは、だれにもわからないのです。

赤ちゃんの娩出とおなじです。一回一回、予測できない経過で胎盤は娩出されます。産科学では、胎盤は産児娩出のあと五分～一五分くらいで剥離し、排出されるとしています。けれども、この数字も病院医療の過干渉に影響されています。医療者が性急に手出ししなければ、胎盤の娩出にはもっとずっと時間のかかることがすくなくないはずです。大正九年に出版された産婆学の教科書には、「後産期に三十分及至二時間を要す」とあります(44)。

じっさいのところ、胎盤は赤ちゃんの誕生直後に排出されるばあいもあるし、何時間、何十時間もたってから排出されるばあいもあります。赤ちゃんの状態にもよるし、産婦の姿勢や子宮の収縮状況によっても左右されます。

江戸時代の産育書にも、胎盤の娩出がずいぶん遅くなりうることが記述されています。香月牛山の『小児必用養育草』には、「産後に胎盤がなかなか降りてこないことがある。半日とか一、二日経ってから出てくることもある」とあります(45)。また稲生恒軒は、つぎのように述べています(46)。

「胎盤は、たとえ何日も出てこなくても、問題はない」と、あらかじめ産婦に教えておくのが良い。そうでないと、娩出が遅くなったときに、産婦が心配して動揺する。するとますます遅くなってしまう。

胎盤の娩出がいつになるかわからないというのは、病院にとってはたいへん不都合なことです。経営上の問題があるからです。病院としては、赤ちゃんが生まれたあとは、胎盤もてっとりばやく始末してしまうほうが優利なわけです。まして、会陰切開などで出血がつづいているばあいには、その処置をするために、なおさら早く後産をすませてしまわねばなりません。それで、人為的な手段で強引に胎盤を出してしまおうとするのです。

ある出産体験記から(47)。――「切開したところからはダーダー出血しているのに出てこない。もう仕方ないので先生がお股に手をつっこんで手で胎盤をはがすことになった。……胎盤はなかなかはがれず、生肉をはがすのはこんなに痛いものか！　というくらい、陣痛より痛くて大叫びをしてしまいました。出血もひどくて、もう少しで輸血をしなければならないところでした。」

この産婦がきわめて危険な状態に追い込まれたことはあきらかです。会陰の切開や胎盤の用手剥離などの強引な産科的処置がこのような事態をまねいたわけです。

胎盤の強引な剥離には、かならずそれなりの危険がともないます。

右の例のように胎盤を手で取り出したり、へその緒をひっぱったり、下腹部を圧迫したりするのは、たいへん危険です。無理に胎盤を剥がすことで、胎盤をちぎって子宮内にのこしてしまったり、剥離中および剥離後に大量の出血をきたす危険が生じるのです。子宮が内反してひっぱりだされるなどということもあります。

子宮収縮剤による不自然な子宮収縮も、胎盤を子宮壁から無理に剥がそうとするものです。その結果、胎盤の一部が裂けてのこってしまう確率が高くなります。また、子宮の急激な収縮によって、剥離した胎盤が子宮内にとじこめられてしまう危険も高くなります。胎盤遺残（残留胎盤）です。

また、不自然な子宮収縮は、産児への血液の供給を過剰にします。これは、産児の血液循環システムに大きなダメージをあたえてしまいます。この弊害を避けるためには、一刻も早くへその緒を切断しなければなりません。そして、へその緒の早期切断は、前項でみたような弊害を母児にあたえてしまうのです。

産科では、分娩後の出血の予防に、子宮収縮剤が有効だと考えられています。しかしその証拠はありません。ただし、陣痛誘発剤や陣痛促進剤がつかわれたばあいには、その〝後遺症〟で、子宮収縮の自然な機序が多少ともくるってしまっているはずです。そのばあいには子宮の収縮をうながすための投薬もやむをえないところといえるかもしれません。

いっぽう、子宮収縮剤が産婦の血圧を上昇させることは明白です。子宮収縮剤の投与が、脳や心臓にかかわる重大な副作用をまねくこともあるのです。産後のホルモン異常をまねくことは、むろん避けられません。

無理に胎盤を剥離させれば、かならずといってよいほど、出血が多くなります。ばあいによっては輸血が必要とされます。輸血には肝炎などの重大な後遺症の危険があること、いうまでもありません。

出血にたいしては、もちろん止血剤が処方されます。けれども、血は止めればよいというものではありません。必要な出血というものもあるのです。(自然なりゆきのお産ではとくにそうです)。子宮を洗いながすための出血を止めてしまえば、その処置の影響はやがて重い後遺症となってあらわれてくるかもしれません。

自然なりゆきのお産では、胎盤の残留(稽留《けいりゅう》)や大量出血はまず起こりません。アフリカのバンツー族の出産に長期間立ち会って調査した産科医によると、異常出産はあっても「稽留胎盤だけはとてもまれ」で、分娩後の出血で「輸血した例は一つもなかった」ということです(48)。ちなみに、バンツー族はしゃがんでお産し、しゃがんで後産をすませるということです。

後産にかかわる異常は、病院の産科医療そのものが生みだしているといえるでしょう。あおむけの姿勢、陣痛誘発剤や陣痛促進剤の使用による自然な分娩態勢の破壊、分娩後の子宮収縮剤の使用による不自然な子宮収縮、医師や助産婦による強引な手わざ……。

病院での後産は、病院出産のミニチュア版というべきでしょう。自然のなりゆきに背をむけた医療的介入が、さまざまな問題をまねきよせます。それらの問題に対処するために、さらに強引な医療的介入を加えなければならなくなるのです。

日本における妊産婦死亡の症例をながめてみると、肥満をふくむ生活習慣病の徴候（その典型が妊娠中毒症）をみとめている例が目立ちます[49]。妊産婦死亡の最大の原因である出血も例外ではありません。検査値のうえで生活習慣病の徴候がみられなかったケースでも、じっさいにはその多くが生活習慣病体質であったと推測されます。大出血等が起きるのは、体質（つまりは血液性状）が悪化しているからです。体質の悪化した産婦が帝王切開や分娩誘発・陣痛促進などの処置を受けたときに、致命的な出血やその他の合併症がもっとも起こりやすくなるのです。

生活習慣病体質は、生活習慣の改善によって是正されます。とくに食生活の根本的な改善によって確実に是正されます。ところが産科医たちの多くは、誤った栄養学的知識しかもっていないので、的はずれな食事指導しかできません。薬剤で検査値をコントロールしても、体質はますます悪化するばかりです。それゆえ、産科にかかっていれば悪質な体質のままお産にのぞむことになりがちであり、ときとして致死的な出血や合併症にいたるというわけです。

身体検査

病院で生まれた赤ちゃんは、誕生の直後から、さまざまな測定や検査の対象となります。

心拍数が計測され、呼吸、筋緊張、反射性、皮ふの色が観察されます。これらは「アプガースコア」として採点、記録されます。（通常、生後一分と五分に実施されます）。点数のひくい赤ちゃんは〝新生児仮死〟と評価され、特別なケアをほどこされます。

点数化されると、いかにも客観的な評価のようにみえます。が、じつは採点じたいに客観性や厳密性があるわけではありません。たとえば呼吸や反射性の採点基準として、泣いたり咳をしたりといった反応が目安とされます。けれども、こうした反応は、赤ちゃんのおかれた環境や精神状態によって大きく左右されます。おだやかな心境の赤ちゃんは、おだやかな反応を示します。ところがそのおだやかさは、スコアのうえではむしろマイナスの要素となってしまうのです。

なかには、見た目の印象だけでいきなり10点満点とか8点とかと、いいかげんに採点してしまうズボラな医者もいるようです。しかしじっさいには、そのような直観的な採点のほうが、よほど正確な判定となっているでしょう。赤ちゃんのためにもなります。

ともかく点数に一喜一憂する必要はありません。というより、もとより点数などつける必要はないのです。生まれたばかりの赤ちゃんをつつきまわしたりするよりも、やさしく見守ってあげるべきでしょう。赤ちゃんが安らかに新しい生活をはじめられているかどうか、やさしく見守ってあげるべきです。（もちろん、赤ちゃんの呼吸に異常があるようなばあいはそれなりの措置を講じる必要はありますが。）

病院ではまた、体重や身長、頭囲、胸囲などを計測し、口や関節や性器などの異常の有無を検査します。

これらの測定・検査も、赤ちゃんにはいい迷惑です。身長ひとつ測るにしても、赤ちゃんは脚を伸ばせないのです。それを無理に伸ばして測ってみたところで、いったいどれだけのメリットがあるというのでしょう。身長が○○センチ、胸囲が○○センチなどと正確に知ってどうするというのでしょう。みた目に異常でなければ、それでよしとするべきです。

体重も同様です。体重は赤ちゃんを専用の体重計に乗せて計ります。赤ちゃんはいやがって泣こうとしますが、泣いてはいけないのです。泣くと数字が変動するので……。そこまで正確な数字にこだわって、いったいなんの意味があるでしょう。

医師や助産婦が赤ちゃんのグラム数にこだわるのには、ひとつのわけがあります。それは、グラム数によって新生児をつぎのように分類するからです。

一〇〇〇グラム未満……超低出生体重児
一五〇〇グラム未満……極低出生体重児
二五〇〇グラム未満……低出生体重児
四〇〇〇グラム以上……巨大児
四五〇〇グラム以上……超巨大児

このうち、一般に問題となるのは、「二五〇〇グラム未満」という数字です。この数字はＷＨＯ（世界保健機構）が定めたものです。「二五〇〇グラム未満」ですから、二五〇〇グラムぴったりであれば該当しませんが、一グラムでもたりなければ、「低出生体重児」の烙印を押されることになります。低出生体重児（「未熟児」とはちがいます）は特別なケアと監視が必要とされます。誕生七日以内に、「低体重児出生届」を居住地の保健所へ届け出なければなりません。

なぜ「二五〇〇グラム」なのでしょう。それはもちろん、ＷＨＯが欧米のデータをもとに機械的に決め、日本の病院医学が無批判に採用した数字だからです。もとより、これはあくまで欧米を基準とした便宜的な数字にすぎません。（しかも、まっとうな食生活をしてきた産婦が産んだ子どもの数字ではないのです）。はやい話、からだの小さな日本人にはふさわしくない数字です。（ちなみに、アメリカの赤ちゃんの出生時体重の平均は三四〇〇グラムほど、日本の赤ちゃんは三一〇〇グラムほどです）。男女差もあり、何番めの子であるかによっても差がでます。

だいいち、体重などは個々人の問題です。小柄な母親のもとに生まれた赤ちゃんは、たいてい標準より小さめでしょう（父親の大きさはあまり関係ありません）。まっとうな食事を通してきた産婦の赤ちゃんは、さらに軽量となるでしょう。軽量であっても、その赤ちゃんは標準よりずっと健康なはずです。

マクロビオティックという養生法にもとづいて多くの妊産婦を指導した桜沢如一は、産児の体重について、「目方は五、六百匁《もんめ》（二〇〇〇グラム前後）がよろしい」と指摘していました(50)。

病院によっては、二五〇〇グラムに足りないというだけで、赤ちゃんを保育器にいれてしまいます。するとどうなるでしょう。――ある母親の体験記から(51)。

> 生まれた子どもは、二四六〇グラムで少々体重が足りませんでした。そのため、二日間ほど、保育器に入っていたのですが、なかなか体重が増えないので、結局、三週間も子どもだけが入院する始末でした。その間、はじめの一週間は、手でしぼった母乳を三〇〜五〇ccほど哺乳びんに入れて、夫に病院まで運んでもらいました。あまり母乳の出がよくなかったのでそのくらいしぼるのが精一杯でミルクに六割ちかくたよっていました。その後の二週間は、私が母乳を与えるために通院する毎日で、とにかく、体重のことばかり心配でたまりませんでした。
>
> 三週間して、ようやく二七〇〇グラムになり退院できたのですが、それからもしばらくは、体重のことにかなり気をつかっていました。

グラム数にふりまわされて赤ちゃんを母親から隔離するなど、まったくばかげています。

問題は体重ではなく、健康です。すこやかでありさえすれば、体重などどうでもいいのです。わざわざ計量などする必要もありません。

体温も同様です。体温は、おしりの穴に肛門計を差し込んで計ります。赤ちゃんがそんなことを喜ぶはずはありません。体温がどのくらいあろうと、問題ではありません。みた目に不快そうでなければ、それでよしとするべきです。

その後も測定や検査はつづけられます。何日かあとには、「ガスリー検査」（ガスリー法）のために、赤ちゃんのかかとに針を刺して血液を採取します。もちろん赤ちゃんは大泣きします。残酷で、ほとんど無益な検査です。（病原菌を植えつける危険もあります）。この検査でテストするのは、無数に（何千もの）種類のある先天性の代謝異常のうちの、比較的対処しやすいとされる七種類ばかりにすぎません。（そのほかの異常の大部分は、発見しても打つ手がありません）。しかも、いずれもきわめてまれな異常です。したがって、この検査でひっかかる赤ちゃんはきわめて少数です。

先天性の代謝異常の多くは遺伝性（ほとんどが劣性遺伝）とされています。けれども、他の遺伝病とおなじく、こうした〝遺伝子決定論〟には大いに疑問があります。近年は遺伝子と病気を直結させる研究がはやっていますが、病気の発症はそれほど単純なものではないでしょう。先天性の代謝異常も、その発症は両親や子どもの生活の質にふかくかかわっていると考えられます。まっとうな生活をしていれば、発症の確率はさらにずっと小さくなるでしょう。

何万人にひとりといった稀有な病気のことを、赤ちゃん全部に懸念するのは、得策とはいえません。異常な徴候でもあらわれないかぎり、ゆったりと構え、おおらかに赤ちゃんに接するべきでしょう。

こうしてみると、病院で実施されている計測や検査は、ほとんど無意味なものばかりだといわねばなりません。むやみに「異常」を懸念するよりも、赤ちゃんをやさしく見守ってあげていれば、それでじゅうぶんといえるでしょう。

点眼

生まれたての赤ちゃん全員にたいする医療処置のひとつとして、目薬の点眼があります。

点眼をするのは、産道を通るときに赤ちゃんの眼が細菌に感染して失明する危険があるから、とされてきました。細菌として想定されていたのは、淋菌です。淋病は、売春禁止法が制定されるまえの時代に、その時代環境のなかで問題となっていた性感染症です。現在でも無くなったわけではありませんが、膣内保菌者はごくまれにしかいなくなっています。しかも、点眼が淋菌による失明を防ぐ効果があるかどうかさえ定かではありません。

点眼の薬品には、以前は硝酸銀が用いられていました。硝酸銀は、眼を焼くので、眼に直接的なダメージをあたえます。翌日には、赤ちゃんの眼は結膜炎になっています。このため、近年はほとんどの病院で薬を抗生物質に切り換えています。あらたにクラミジアなどへの感染の予防に目的を変更して、抗生物質を点眼しているのです。しかし抗生物質は、点眼といえども、さきにみたような全身的なダメージをあたえかねません。もちろん点眼という行為じたい、赤ちゃんにはとても迷惑です。むりやりまぶたをひらかされたと思ったら、まったく予期せぬ薬物が両眼を襲ってくるのですから。「証拠にもとづく医学」を標榜する国際的な産科学書『妊娠・出産における効果的なケアガイド』（以下『ケアガイド』と略称）には、つぎのようにあります(51)。「新生児の眼に使用される点眼薬は、眼の開き具合を低下させ、視覚の反応を抑制してしまう。これは出生後の最初の母親と子どもの視覚的な交流を障害するかもしれない。」

もともと産児への点眼は淋菌による失明を防止するためでした。点眼の続行は理不尽といわねばならないでしょう。

シロップ

多くの病院で、生まれてまもない赤ちゃんに、糖水を飲ませます。水分と栄養の補給のためとされますが、その必要性はまったくありません。

もとより、生まれてきた赤ちゃんは、当分のあいだ、水分や栄養の補給を必要としません。むかしから、「赤ちゃんは三日ぶんの弁当を持って生まれてくる」といわれているとおりです。あたえるのなら、母乳以外に適切なものはありません。糖水のようなかたよった成分の飲みものは、百害あって一利なしです。糖水は、不用意に赤ちゃんの血糖値を上げてしまいます。赤ちゃんは代謝異常を起こしかねません。さらに糖水は、その成分のかたよりのために、体内のミネラルなどのバランスをくずしてしまいます。

糖水の甘味刺激も大きな問題です。人工的な甘味刺激は、赤ちゃんの味覚を異常にし、母乳への欲求を減退させてしまうでしょう。

それに、生まれでた産児には、なにをおいてもやりとげるべき重要な仕事があります。胎便の排出です。腸にたまっていた胎便を排出し終えるまで、産児の消化器官はその仕事に専念するほうがよいのです。糖水などをあたえて余分な仕事をさせて、益するものはなにもありません。胎脂や母乳（初乳）のように胎便の排出をうながすもの以外、赤ちゃんにあたえるべきではありません。赤ちゃんも要求しないものです。

その他の飲みものも不要です。母乳以外の飲みものはいっさい不要です。WHOとユニセフは、すでに一九八九年に発表した共同声明のなかで、「医学的に必要な場合を除いて、母乳以外の栄養や水分を新生児に与えてはならない」と勧告しています。

糖水のほかに、病院では、ビタミンKをまぜたシロップ（もしくはミルク）をも飲ませます。あるいは、ビタミンKの筋肉注射をします。これは、ビタミンKの欠乏によって頭蓋内や腸管に出血が起きる危険があるから、とされています。ビタミンKは、血液凝固に関係していて、欠乏すると出血傾向を生じることがあるのです。産児にビタミンKをあたえるのは、母乳にビタミンKがほとんどふくまれていないとされるからです。（したがって、母乳育児のばあいには、一ヵ月健診のときにもビタミンKを補給することになっています。）

ここにも、医学上の大きな問題があります。ほんらい、母乳をあたえられている新生児に、特定の栄養素が不足するなどということはありえません。ビタミンKは、脂溶性（あぶらに溶ける性質のもの）なので、肝臓に蓄積されます。赤ちゃんは、子宮のなかにいるあいだに、へその緒を通じてビタミンKを摂取し、肝臓にたくわえておきます。これで赤ちゃんは、生まれでてからも、当分のあいだビタミンKを摂取しなくてもよいことになります。母乳にビタミンKがほとんどふくまれていないという認識もおかしなものです。母親の血液中のビタミンKは、おのずから母乳へと移行します。こうして、必要とされるじゅうぶんな量のビタミンKが赤ちゃんに供給されるのです。

ところが、母親が世間なみの劣悪な食生活をしていたり、妊娠・出産の過程で抗生物質を投与されていたりするばあいには、また事情がちがってきます。そうしたばあいには、母親はビタミンKをなかなか摂取できないし、腸内で合成することも困難になります。そうすると、赤ちゃんの肝臓にも母乳のなかにも、ビタミンKがほとんどふくまれなくなってしまいます。頭蓋内の出血などは、そうしたばあいにのみ危惧されるわけです。したがって、健全な食生活をしていて、抗生物質を投与されていない母親であれば、ビタミンKにかんする心配はまったく不要なのです。

病院医学がビタミンKを新生児にあたえる必要を認識するのは、じつはかなり特殊な背景があってのことでした。つまり、多くの母親のでたらめな食生活と、そして病院自身による抗生物質の乱用という、特殊な背景があってのことだったのです。

ほんらい、ビタミンKの医療的補給などまったく必要のないものです。そのビタミンKを飲ませるための甘いシロップなど、まして不要で有害なものといわねばなりません。もちろん筋肉注射などもってのほかです。ビタミンといえども、新生児への投与には危険がともないます。重症の黄疸のなかにはビタミンKの投与に起因するものもふくまれているでしょう。

といっても、いますぐに病院でビタミンKの投与をやめれば、それはそれで多くの赤ちゃんをビタミンKの欠乏した状態に置くことになるでしょう。げんに、ビタミンKの投与をおこたったことがわざわいして、赤ちゃんが死亡するといった事故も起きているのです。これは〝構造的〟な問題です。妊婦・授乳婦の食生活が破壊されているのです。ビタミンK欠乏症は、現代日本の社会環境を象徴する問題だといえるでしょう。

母子の分離

ほとんどの病院では、赤ちゃんが生まれるとすぐ、へその緒を切断して母体と切り離します。そしてただちに別室へ運び去り、あれこれとつつきまわしたりします。そのあげく、赤ちゃんの行きつくところは「新生児室」という名の隔離病室なのです。

その間、赤ちゃんは、母親にほんのちょっとだけ、近づけられるか胸のうえに置かれるのみです。新生児室は、隔離病室なので、病院のスタッフ以外のひとが勝手に出入りすることはできません。たいていの病院で、家族などの面会は面会時間に、授乳は三時間ごとの授乳時間に、限定されます。面会はガラス越しにという病院もすくなくありません。

赤ちゃんを急いで分離し隔離するのは、もちろんそれなりのメリットを考慮してのことです。母親と赤ちゃんの双方の検査や医療措置がしやすくなること、赤ちゃんたちを一括して保護し管理することができること。主としてそういうメリットが病院がわにあるからです。

病院がわにしてみれば、そういうメリットこそが母子の安全を守ることになるというわけでしょう。母親のほうは、まだ後産がのこっているし、切開した会陰を縫い合わせなければならないし、導尿をしたり血圧を測定したりしなければなりません。一連の処置が済んだら、疲労しきったからだを休ませなければなりません。赤ちゃんと一緒にしておいたのでは、あきらかに支障をきたします。

赤ちゃんのほうも、いろいろな処置をしたり、さまざまな測定や検査をしたりしなければなりません。それに、清潔な新生児室に置くほうが、感染症の予防のためにも得策と考えられるでしょう。疲れきった母親のもとよりも、管理のゆきとどいた新生児室に寝かせておくほうが、なにかと便利で安全とされるのです。

ところが、ひとたび病院という視点を離れてみるならば、様相は一転します。

ほんらい、自然ななりゆきのお産では、母親は生まれたばかりの赤ちゃんを抱いたままでいて、なんの不都合もありません。胎盤は自然にでてくるし、会陰を縫い合わせる必要はないし、導尿の必要もありません。とりたてて検査の必要もないし、すぐにねむる必要もありません。

病院で産婦に不自然な処置をするから、それにひきつづいて、さまざまに余計な処置が必要となってくるのです。

自然のなりゆきでは、赤ちゃんにたいしても、とくにこれといってなすべきことはありません。測定も検査も不要です。感染症への予防策もべつだん必要ありません。することといえばへその緒の処置くらいのものですが、これもかならずしも必要ではないし、切断するにしても急ぐことではなく、母子一体のまま済ますことができます。

けっきょく、母子分離による病院がわのメリットとは、病院という環境に特有のメリットにすぎないわけです。

感染症の危険も、病院という場所に特有の問題です。さまざまな菌の保菌者が集まり、タチのわるい細菌やウイルスの多くが病院を根城にしているのです。したがって、細菌感染の危険にかんしては、新生児室に赤ちゃんを隔離してみても、なんら問題の解決にはなりません。むしろ危険は増すばかりです。新生児室について、産科医の雨森良彦はつぎのように述べています(53)。

いかに消毒や滅菌を厳重にしようと、新生児室勤務者の四六時中の完全な無菌化は不可能である。免疫的に不完全な新生児にとって安全な〝人〟は母親のみである。母親以外はすべて感染源たりうるといっても過言ではない。

新生児を不特定多数の〝見知らぬ人〟にさらすからこそ感染が起きるのであり、多数を一ヵ所に集めるからこそ〈流行感染〉が発生するものである。それぞれの持ち主・母親のそばに置いておけば、少なくとも流行はありえようはずがない。

新生児室が異常な電磁波にさらされていることも指摘しておくべきでしょう。まして保育器のなかともなると、ほとんど電磁波の巣というべきものです。そのうえさらに黄疸治療のために螢光灯の電磁波をあびせられたりするのです。アメリカのロバート・ベッカーはつぎのように警告しています(54)。

新生児の脳は、「プラスチック」であると呼ばれている。この時期の脳は、急速に変化しながら、新しい神経細胞同士の連結や配置ができあがっていくからである。この時期において脳が異常な電磁波にさらされると、神経細胞の異常なつながりができたり、あるいは元に戻るような解剖学的な変化が起きてしまうことがある。

知能の遅れ、そして予想もできないような乳児の突然死という現象などと関連があるおそれがある。いっぽう、母子分離のデメリットも、たいへん大きなものがあります。それは、産科医たちの想像をはるかに超えるものといわねばならないでしょう。

産児は、肺呼吸がうまくできません。リズムがつかめないのです。そこで産児は、みずからの呼吸を母親の呼吸に同調させることによって、呼吸のリズムを確立してゆくのです。したがって、生まれたての赤ちゃんはなるべくながく母親にくっついていることがたいせつになります。母子の分離は赤ちゃんの呼吸を混乱させたままにします。(呼吸の混乱は、精神の混乱にもつながります。将来にわたっての。)

哺乳類や鳥類では、一般に、出産直後の一定の時間が母子のきずなづくりに決定的な意味をもっています。母子を分離させたまま一定の「臨界期」をすぎると、母子の関係は生涯にわたって破綻してしまいます。たとえばヤギやヒツジは、出産直後の数分間を母子分離させただけで、もはや母親はその子を自分の子とはみとめません。

ヒトのばあいはそれほど単純ではありませんが、あるていど類似した傾向が潜在しているはずです。じっさい、ヒトにあっても、出産直後の数分ないし数時間が、母子関係の基盤づくりにきわめて重要な意味をもつことがあきらかになりつつあります。この「臨界期」をあたたかいふところに抱かれてすごさなかった赤ちゃんは、生涯にわたって人間関係の基盤が脆弱なままになってしまうかもしれないのです。

母乳哺育の面でも、誕生直後の授乳をするとしないとでは、たいへん大きな差がでてきます。母親のおなかに乗せられた産児は、みずからのちからでおっぱいをさがしあてて吸いつきます。このときの達成感が生きる自信となります。これは生涯にわたる糧となるでしょう。あとになってとりかえしのつくことではないのです。母乳育児の破綻は、たいていここに端を発しているとみられます。

赤ちゃん自身のこうむる精神的なダメージも、はかりしれないものがあります。

ヒトの赤ちゃんは、肉体的にはきわめて未熟でありながら、すでに高度な知性と感性をそなえて生まれてきます。その精神は、か弱いその肉体以上に、繊細で傷つきやすい状態にあります。もし生まれたての赤ちゃんを（物理的に）乱暴にあつかうならば、それによって赤ちゃんは肉体的なダメージ以上に、精神的なダメージを強く受けてしまうでしょう。

デーヴィッド・チェンバレンの『誕生を記憶する子どもたち』（前出）に収められた催眠状態での再現には、分娩前から出生後にかけての、赤ちゃん自身の思いが語られています。分娩時の乱暴なあつかいにたいしては、つぎのような思いが語られます。

お医者さんがわたしのこめかみに手をかけようとする。手を離してちょうだい！　そんなふうにされたくない。そんなふうにされるなら中へ戻りたい。わたしは自分の力でやりたいの、邪魔しないでほしい。さわってほしくなんかない。第一そこが押されて痛いじゃないの。長引くかもしれないけど、自分でやったほうがずっと気分がいいにきまっている。

お医者さんはいやに乱暴。早く片づけてしまおうとしている。そんなにひっぱらないで、首が痛いじゃないの！　そんなにわたしのからだをこねまわさないで！

こんなふうな手荒な出迎えを受けて、赤ちゃんは素直にこの世を生きてゆこうという気になれるでしょうか。

出生直後の赤ちゃんの思いはつぎのごとくです。

ライトが明るすぎてまぶしい。腕をバタバタさせる。今脚が出てきたところ。泣いている。

お医者さんがわたしをだれか女の人に渡した。とても寒い。

まわりは知らないものばっかりで、すごくこわい。お母さんの声も聞こえないし……。もうお母さんにくっついていられない、だからすごくこわい……。

秤《はかり》に乗せられた。すごく冷たくて泣いてしまった。だけどだれも気にしてくれなかった、みんな自分の仕事にかまけてて。

いろんなことをされて、すっかり混乱してしまって……

みんな不愉快なことばっかり。

またべつの赤ちゃんのばあい。

分娩室はものすごく明るい。ぼくは泣いている、完全におびえてしまって。

すごく寒い。それに足を持ってさかさまにぶらさげられているのが、たまらなく嫌だ。

クソッ、あの医者！　ぼくをぶらさげて叩きやがって！

だけどなにをされたって、くやしいことに、ぼくはただ泣くことしかできない。


さらにべつの赤ちゃんは。

みんながへんなマスクで顔を隠している。いやな感じだ。

さかさまにされた。それからお尻をピシャピシャ叩かれる。ギャーギャー泣いたらちゃんとした向きに戻してくれた。さかさまにされるのなんて大嫌い！

台に乗せられた。見たこともないすごくへんな台。こんなところに来るんじゃなかった。


生まれたての赤ちゃんのこころは、不安でいっぱいで、とても傷つきやすいのです。母親からすこし離されるだけでも、赤ちゃんは恐怖におびえてしまいます。まして、新生児室に隔離されたりした赤ちゃんの不安と孤独はいかばかりでしょうか。

わたしの小さなベッド。寒いし頭のうしろが痛い。さみしい。不安。震えがとまらない。見捨てられたような気がする、新生児室にひとりぼっちなんて……。


またべつの子のばあい。

小さなベッドに寝かされている。おいてけぼりにされたみたい。……とても悲しい、だってひとりぼっちにされて、だれも抱いてくれないんだもの。

わたしはひとりぼっち……。

またべつの子は。

寒い。いったいわたしのなにがいけないというの。いったいどうしたらふり向いてもらえるの。でも無理ね。みんなわたしなんかどうだっていいんだもの。

わたしは余計ものなんだわ（ため息）。

さらにべつの子は。

なんにも見えない。なんにも聞こえない。ただ眼をあけてじっとしているだけ。わたしは長い長い間、こうしてじっと待っている。

待っている……でもなにも起こらない。

新生児室に隔離された赤ちゃんは、永劫《えいごう》の時間を絶対的な孤独と不安のうちに過ごさなければなりません。それはまさに〈絶望〉というにふさわしい心境でしょう。生まれてすぐそんな心境にさせられた赤ちゃんが、無傷でいられるはずはありません。赤ちゃんは生涯癒えることのない傷を負うでしょう。（精神的な傷は、かならず肉体にもダメージをあたえつづけます。〈絶望〉はやがてたとえばガンとなってあらわれるでしょう。）

そうした心理的な外傷（トラウマ）が形成される過程も、催眠状態での再現にあらわれてきます(55)。エミリーは元気に生まれました。ところがすぐに母親からひきはなされてしまいました。

私はひとりぼっちで寂しい。だれも来てくれないのではないかと不安です。私にはどうすることもできません。両親といっしょにいられると思ったのに、みんなどこかに行ってしまいました。不安で、孤独で寂しい。

だんだん腹が立ってきました。じゃ、もう人に頼らない。パパやママに思い知らせてやる。……自分がみじめ。悲しみで胸が張り裂けそう。

パパやママといっしょにいられてうれしい。でも私が喜んでいることを知られないようにしよう。この悲しみをどうしても捨て切れない。悲しさのほうが本物のような気がする。

こうして、両親と一緒になれたときには、新生児の心にはすでに癒やしがたい傷がふかくきざみ込まれてしまっているのです。おとなになっても、エミリーは「ひとりぼっちで、だれともきずなで結ばれていないという悲しみ」をいだきつづけているということです。

大野明子（前出）は、保育器にいれられた赤ちゃんが、けっしてひとと目を合わせようとしないことに気づきました(56)。

最初は大変びっくりしましたし、半信半疑でした。けれども驚いたことに、どの子も同じでした。……目を合わせないのは、はっきりした子どもの意志でした。

そして、もっと切ないことがあるのです。彼らは、けっして目合わせをしないというのに、それでも泣いているのを抱っこしてあげるだけで、必ず泣きやむのです。そして、泣きやんだからとコットに戻すと、また泣き出すのです。

彼らは私が信じられません。私だけではなく、たぶん、自分のまわりの大人が信じられません。でも、そんな私にさえ抱きしめてほしいのです。

とくに出生直後の一時間が母子にとって決定的に重要であることが、多くの観察によって示唆されています。このことは、母子双方におけるホルモンによっても否応なく条件づけられています。この一時間の大部分のあいだ、新生児は静かに覚醒した状態にあります。つまり、「出生後の一時間は、子どもは自分の両親と最初の重要な対面ができるよう、理想的に条件が整えられている」（クラウス、ケネル）というわけです[57]。

J・C・ピアスは、「出生後の一時間は、人生で一番大切な時間である」と言いました[58]。その一時間こそ、母親と赤ちゃんとの、生涯にわたるきずなが確立される時間だからです。

逆にいえば、その一時間のあいだに母親と赤ちゃんがじゅうぶんな接触をもてなければ、母子のきずなづくりは相応に破綻してしまうことになるわけです。（生後まもないほど影響ははかりしれないものがあるはずです。したがって、最初の一分間だけ助産婦や医師が無用の「処置」をするだけでも、その弊害ははかりしれないものがあるはずです。）

母子のきずなづくりの破綻は、〈愛〉の欠如として、母子の将来に暗い影をおとすでしょう。その子は、母親にたいして、人間にたいして、世界にたいして、根づよい不信をもちつづけるでしょう。性格破綻や神経症につながるかもしれません。発育のうえでも、すくなからぬ影響を受けるはずです。（あるていどはその後の育てかたによって挽回できるとしても。）

生まれでた赤ちゃんは、すぐ母親のうえに置くべきです。心臓の鼓動をふたたび耳にして、赤ちゃんはひとまず安心するでしょう。そのあとしばらくのあいだ、母親は赤ちゃんを胸に抱いたまま、胎脂をすり込んだり、全身を愛撫したり、やさしく声をかけたりするべきです。（生まれたての赤ちゃんはことばがわかります）。そうすると赤ちゃんのほうも、母親と目を合わせたり、乳首を吸ってみたりするでしょう。そのようにして、母子のきずなは確立されるのです。

その、人生で一番大切な時間を、病院では赤ちゃんを母親から引き離してつつきまわすのです。赤ちゃんにとって、それは終生とりかえしのつかないつまずきとなるでしょう。そのあげくに、赤ちゃんは新生児室送りとなるのです。（しかも、大きな病院では、もどってきた赤ちゃんがそのおなじ赤ちゃんであるという保証すらありません。）

出生後の一時間が人生でいちばん大切な時間であるとすれば、出生後の一日は人生でいちばん大切な一日であるといえるでしょう。すくなくともこの一日のあいだ、母親は赤ちゃんと片時も離れるべきではないでしょう。赤ちゃんがねむっているあいだも、そのそばを離れるべきではありません。というのは、新生児は、熟睡しているようにみえるときでも、ぬかりなく周囲に（とくに母親の存在に）注意をはらっているからです。新生児は、おとながねむるようにはけっしてねむりません。脳波の状態からみても、二十四時間、新生児の脳は目覚めたままだともいわれています。「新生児にとって眠りは、意識の減少でも変化でもなく、たんに筋肉が弛緩しているだけなのです[59]。」（ダフニ＆チャールズ・マウラ）

そのねむることのない赤ちゃんを、病院は新生児室という隔離病室に幽閉します。それは実質的に、新生児虐待と呼ぶにあたいするでしょう。

人類学者のモンタギューは、ヒトの赤ん坊がハイハイしはじめるまでの期間を「体外妊娠」と名づけました。ヒトの赤ん坊はそれほど未熟であり、子宮と羊水につつまれるように抱かれてそだつことが必要なのです。肉体的な未熟さに反して、精神的・感性的には高度に成熟しているので、赤ちゃんはなおさら傷つきやすいのです。

保育器にいれられっぱなしの未熟児にとっては、母子の分離はいっそう深刻な問題をのこします。ミッシェル・オダン（前出）はつぎのように述べています[60]。「未熟児の赤ちゃんにしばしば見られる代謝性障害の多くは、赤ちゃんの未発達からくるものというよりも、感覚的刺激や人間的愛情の欠如、とりわけ母子分離に起因するのではないかと思います。」

未熟児を母親と分け隔てることのデメリットを、わたしたちは重くみなければならないでしょう。「未熟児のばあいはね、母乳と保温と愛情で育てたの。皆、育ちましたよ」とは、北海道の開拓地で長年活躍してきた、ある助産婦のことばです(61)。(妊娠六ヵ月でもお乳はでます。もちろん超未熟児にはさまざまな援助が必要となりますが)。内地でも、かつては未熟児を母親(もしくは乳母)が胸のなかにいれて育てたものです。肌のふれあいが大切なのです。こうした未熟児のケアが機械化された母子分離医療より劣っているという証拠は、なにもありません。(近年、母子の肌のふれあいを取りいれた未熟児医療もこころみられ、成果をあげています。目新しく「カンガルーケア」などと称していますが、要するに原始的なケアにもどしはじめているということです。)

母子の分離は、おそらくすべての赤ちゃんの生きる気力と生命力を喪失させてしまうでしょう。

いっぽう、母子の分離は、母親のほうにもダメージをあたえます。赤ちゃんと引き離された母親は、さまざまな生理的・心理的ハンディを負うことになるでしょう。ただちにあらわれる〝症状〟として、産後の出血が多くなる、母乳の出がわるくなる、といったことが指摘されています。のちの育児放棄や幼児虐待につながるかもしれません。

母子の分離じたいが母親にとってもストレスになります。母子別室の病院出産と母子同室の助産院出産の両方を体験したTさんは、つぎのように記しています(62)。

自分の子どもなのに、決められた時間にガラス越しにしか会えないのは大きなストレスになります。だって、生まれたばかりの赤ちゃんがすぐ隣でスヤスヤ寝てるのってどんなに幸福を感じるか、自分の想像をはるかに超えていました。一日目から母子同室で赤ちゃんと一緒にいるのは母親の回復が遅くなるなどとよく言われますが、はっきり言ってそんなこと皆無と思われます。会えないストレスのほうがずっと大きいです。

母子の分離はまた、自然な授乳を不可能にします。ほんらい、授乳は母親と赤ちゃんの生理的リズムの協和として進行してゆくはずのものです。そこには、新生児医学や病院の都合などの介入する余地はまったくありません。「授乳時間」などというつくりごとは、授乳の自然なリズムをくるわせ、母子のあいだに不協和を生じさせるだけです。その不協和が、やがて母乳育児の挫折や子どもの対人関係の不協和へとつながってゆくのです。授乳の時間や量は、当事者たる母子以外の者が勝手に決めるすじあいのものではないはずです。新生児室への隔離は、母子の生理と赤ちゃんの〝人格〟をまったく無視したものというべきでしょう。ともあれ、新生児をさんざん虐待したあとで「母子同室」にもどしても、〝失われた時〟はもはや永久にもどってはこないのです。

ついでながら、病室じたいの問題にもふれておきましょう。病院内が細菌やウイルスの巣窟であることはすでに指摘しました。問題はそればかりではありません。病室の物理的な環境にもいろいろと問題があります。あかるすぎる照明や強い電磁波も問題です。意外と気づかれない問題に、湿度や温度などの室内環境がありま す。湿度についていえば、病室は乾燥のしすぎであることが多いものです。これは赤ちゃんの粘膜のはたらきを抑制してしまいます。〝人工的な空気〟について、小児科医の真弓定夫はつぎのように語っています(63)。

病院で出産する今の赤ちゃんは、生まれてから約一週間前後、エアコンのきいた病室で過ごすために、汗腺の機能が八割位停止してしまいます。つまり二割の汗腺で体温調節を行なっているわけで、そうなると一生、汗を出す力が弱いまま生きていかなければならないわけですね。

このように、冷暖房完備によって、基本的な皮膚の働きが落ちてしまって、アレルギーばかりでなく、低体温の子どもが増えているのも、一つには汗腺がないために体温調節がきかなくなっているからなんです。そうすると、感染症にもなりやすくなってきます。

人工乳

糖水やビタミンKシロップにつづいて赤ちゃんの口にいれられるのが、人工ミルクです。人工ミルクというのは、人間の思いあがりを象徴する、きわめて粗悪な飲みものです。それは、乳業などの企業が厚生労働省の認可を受けて製造・販売しているもので、つねに流行の栄養学的成分の配合につとめています。そして「母乳に匹敵する」との誇大なふれこみで、医療者や一般のひとたちをお得意様にせしめています。

しかししょせん、いくら成分に工夫をこらしたところで、母乳に匹敵する飲みものが人間につくれるわけがありません。(だいいちわたしたちは母乳の成分を知りつくしているわけではないのです)。むしろ粉乳に手を加えれば加えるほど奇怪な添加料のかたまりができあがってしまいます。

母乳と人工乳のあいだには雲泥の差があります。母乳は生きています。人工乳は死んでいます。母乳は個々の赤ちゃんの状態に合わせて調合されています。人工乳は個別性を無視します。母乳には、消化・吸収に寄与する諸種の菌、消化や代謝を助ける酵素、免疫能を付与する多様な抗体、細菌を貪食する食菌好中球、天然の抗生物質などがたくさんふくまれています。人工乳にはそのような成分はありません。母乳はオーダーメイドの生きた飲みものであり、粉ミルクは死んだまがいものにすぎないのです。

じっさいのところ、人工ミルクの弊害ははかりしれないものがあります。牛乳を主原料として、さまざまな合成物質を配合しているのですから、これはとうぜんのことです。愛育病院で長年指導にあたってきた内藤寿七郎は、「生まれてすぐからは人乳ということが、人間の一生を支配するといってもいいくらい大事なものである」と指摘していました[64]。「生まれてすぐに人乳以外のものを赤ちゃんに与えることは、たいへんに赤ちゃんのからだの調子を壊すということがいえるんじゃないか」「ひじょうに不利な条件の場合においては、母乳栄養児が一死ぬ間に、人工栄養児は二〇倍も死ぬ。」

アレルギーもミルクの弊害のひとつです。とくに生まれたての赤ちゃんには、ほんの少量の一回のミルクでも危険です。やはり内藤寿七郎は指摘しています。「最初ただ一回、三〇ccであっても、赤ちゃんたちの多くのものに影響をあたえる」「初乳の前にたった一回やって、あとは母乳だけでやってても、三〜四か月目に調べるとちゃんと血液の中に抗体ができているのです。」

ミッシェル・オダン（前出）もつぎのように指摘しています[65]。「このほんの「少量」のミルク、母親の母乳を与える以前に赤ん坊に与えたミルク、赤ん坊の腸管粘膜が最も透過性の高い状態の時に与えられたミルクこそが、赤ん坊を異物タンパクに対し敏感にする原因なのです。」

アレルギー・アトピーとともに増加してきた病気に、若年型糖尿病があります。このタイプの糖尿病は、妊娠中に母親が飲んだ牛乳とともに、新生児期・乳児期にあたえられた人工乳が、大きな原因をなしているとみられます。長寿郷・棡原の研究で知られる医師の古守豊甫によれば、若年型糖尿病は「赤ちゃんの時、母乳が与えられず、人工栄養のため免疫力に乏しく、ためにウイルスなどの感染症に弱く、膵臓がやられてインシュリンの枯渇して起こる」病気だということです[66]。

なお、赤ちゃんに飲ませるのに母乳でありさえすればよいというものではありません。お乳は直接乳首から飲むべきものです。

授乳のかけがえのない利点のひとつは、母子のスキンシップにあります。直接乳首から飲ませるのでなければ、授乳の価値は半減してしまいます。

直接授乳による母子の一体感は、母子双方にとってまったくかけがえのないものです。この一体感をぬきにしては、まっとうな母子関係の醸成はきわめて困難です。

母親は、赤ちゃんに直接乳首を吸われることによって、ホルモンの分泌を活発にします。このホルモンは、後産や子宮の回復にかかわるばかりでなく、母乳の生産や母性の開発にもふかくかかわるものです。哺乳類の母子関係は、直接の哺乳を土台としてこそまっとうに築きあげられるのです。

直接の授乳には、心理的・感覚的な面とはべつに、ひとつの重要な側面があります。それは細菌の授受という側面です。無菌室で無菌ミルクでそだてられたネズミはやがてみな死んでしまうそうです。アメリカで自然出産を指導してきた産科医のロバート・ブラッドレイは、授乳時に母親の手や乳房から赤ちゃんに細菌がつたえられることを、授乳のもっとも重大な価値のひとつとみています。細菌の授受が赤ちゃんの免疫能を育てるからです。母乳を直接あたえられてそだった子どもが生涯にわたって感染症にかかりにくいのはそのためではないか、とブラッドレイは指摘しています[67]。

また、母乳は空気にふれるとたちまち変質してしまいます。特別な事情がないかぎり、哺乳瓶にいれたり冷凍したりするべきではありません。それに、早くから哺乳瓶を吸わせていると、赤ちゃんは哺乳瓶に慣れ親しみ、ほんものの乳首を吸わなくなってしまう傾向があります。

「ぐるーぷ・きりん」のアンケート（前出）でも、病院で哺乳瓶をつかったために母乳育児に障害をきたした、とする回答がすくなからずありました。ある母親はつぎのように記しています。

病院ではもっぱら器機や搾乳器を使って出始めの母乳をしぼり、新生児室に運ばされた（夜間別室）。今思うとそれが、退院後の母乳育児を難しいものにする最大の原因だったと確信している。病院でやってくれることって何なの？　と、おっぱいのことでもつくづく感じた。

ついでにいえば、人工乳による育児は環境破壊・環境汚染の一大部門をなしています。人工栄養は地球環境を汚し、枯渇させるのです。もちろんこの資源の無駄づかいは母乳よりずっと大きな出費を要求します。

◇

以上、病院出産におけるもろもろの主だった処置について、その問題点を検討してみました。結果はどうだったでしょう。病院で常套的におこなわれている処置の多くは、不要で有害なものと判断されるのです。つまり、産科の処置の多くは不適切といわねばならないのです。

このことは、現場ではたらく医療者たちには理解できないことかもしれません。その有効性を日々実感している処置もすくなくないでしょうから。けれども、よりひろい視野に立ってみようとすれば、その実感は根本的に修正されなければなりません。

たとえば分娩監視装置の使用。医師や助産婦にとっては、この装置の便利さはかけがえのないものでしょう。しかし、重要なのは便利さではなく、あくまで母児にとっての有益さです。ミッシェル・オダン（前出）はつぎのように指摘しています(68)。

基本的事実として大事なのは、分娩監視装置というのは胎児仮死に結びつくケースを瞬時に検出する優れたものですが、それ自体もまた胎児仮死の一因となるので、結果としてこの装置の使用はリスクの方が利益を上回ってしまうということです。

これは産科医療全体の（というより病院医療全体の）縮図といってもよいでしょう。もろもろの医療処置は、一見有効なようにみえても、じつは結果的には「リスクの方が利益を上回ってしまう」のです。

産科の処置の大部分が非「科学」的であることは、WHO（世界保健機構）も認めています。WHO顧問のM・ワグナー（前出）の言いかたによれば、事実はつぎのごとくだということです(69)。

産科診療で有効だと科学的に立証されているものは、全体の一〇％に過ぎません。九〇％は有効かどうかわからないのです。

ここに示されている見解は、一般のひとびとにとっては、かなりショッキングなものであるでしょう。けれども、わたしたちはむしろこれはずいぶん甘いものと考えるべきです。というのは、一〇％もの処置の「有効」性が科学的に「立証」されていると言いきることは、きわめて困難だからです。科学上の証明などそう簡単にできるものではありません（厳密にいえば完全な証明は不可能といえます）。とりわけ医学における「立証」など、方法論的にもかなりいいかげんなものといわねばなりません。また、医学上の「有効」という概念も、きわめて短絡的であって、ほんとうに患者のためになっているかどうかは、はなはだ疑問といわねばなりません。

ほんとうに患者のためになっているかどうかを判定するためには、病院のなかだけでの研究ではじゅうぶんではありません。病院以外の場所でのお産の実態をも視野にいれなければならないはずです。ところがじっさいには、そのような厳密な研究は世界じゅうで一件もなされていないのです。（もっとも、そんな研究をしても、病院医療の無力さが明確になるだけで、医学者は自分で自分の首をしめてしまうことになるわけですが。）

そのうえ、かりに一〇%が正解だとしても、それはあくまで論文のうえでのことにすぎません。どの処置も、現実には、それぞれの処置に完全にふさわしいTPO（時と場と目的）を得て、はじめて有効性をもちうるものです。TPOを外れた処置はすべて、効能よりも被害のほうがまさってしまうでしょう。

じっさい、産科医療の大部分は、ほんらいは、異常出産における救急処置として導入されたものです。それを通常の産婦や赤ちゃんに常習的に適用するから、結果的に被害を多くあたえてしまうことになるのです。

そうしてみると、右のワグナー博士のことばは、「産科診療の九〇%以上は不適切と考えられる」と言いかえたほうが現実的でしょう。

病院は、不適切である可能性の高い処置を安易にほどこすことによって、産婦と赤ちゃんにダメージをあたえてしまいます。そのダメージに対処するために、さらに不適切である可能性の高い処置をほどこし、それによってさらにダメージを大きくしてゆくのです。

たとえば前期破水→分娩誘発というお定まりのコースが、毎日いたるところの病院で展開されています。その一般的な風景（といっていいでしょう）はつぎのごとくです。一体験者の声です(70)。

ひとりめのお産は、総合病院の分娩台の上だった。前期破水ということから、白い小さな薬を飲まされ、点滴を打たれてベッドで横になったまま痛みに耐え、分娩台に移ると激痛がつぎからつぎへとやってきて、それはもう気絶寸前の痛みであった。あれは、陣痛なんかじゃない。薬によって起こされた、自然を破壊する痛み。幸い、子宮破裂こそ免れたものの、おなかの子は自分の生まれて来ようという意思ではない陣痛のためか少しも降りて来ず、子宮のなかで苦しめられたあげく、心音低下のため吸引をかけられ、さらに鉗子で引っ張り出された。その痛々しい頭の形と傷をわたしも夫も生涯忘れはしない。それから、分娩台の上で受けた一連の処置も、二度と思い出したくないほど、悲痛なものだった。ひどい傷のため、その日の夜は寝返りさえも打てず、それでも唯一わが子の誕生したことが心の支えだった。はたして子どもを産むということは、こんなことなのだろうか。息子は難産のせいか黄疸が強く、一緒に退院できないかもしれないと言われ、わたしは毎日息子を抱き締め、顔中ぐしゃぐしゃにして泣いた。……まだまだ細かなことをあげたら切りがないほど、とにかく、病院でのお産は、わたしと息子の心とからだをズタズタにしたのだ。

ちかいうちに、医師も病院も現状のままではやってゆけなくなるでしょう。すでに、たとえば病院勤めの助産婦や看護婦には、自分のお産のときには病院を避けるという傾向がでてきています。ちょうど、農家のひとたちが自分たちのつくった農薬づけの農産物を食べなくなっているように。

第3章

CHAPTER 3

出産場所と安全性

前章では、病院でのお産のありかたを検討してみました。その結果、病院での通常のお産はかなり不適切な方式でなされているらしいことがわかりました。病院は、通常のお産をする場としてはあまりふさわしくないようです。すくなくとも、現在の一般的な病院は自然なお産をさせてくれるところとはいえないようです。

病院が自然なお産をさせてくれるところでないらしいことは、近年、すこしずつ気づかれるようになってきました。それでも依然、圧倒的に多数の妊産婦が病院に身をまかせています。

なぜ病院に身をまかせるのでしょうか。それは、病院にまかせておけば、身の安全が保証されると思うからです。

病院のなかでも、規模の大きい病院ほど安全性が高いと思われています。また、小さな個人病院は大病院ほど安全ではないにしても、助産院よりははるかに安全だと思われています。その助産院よりもさらに安全性に問題のあるのが自宅ということになります。

ほんとうにそうなのでしょうか。本章では、病院―助産院―自宅という安全順位が真実なのかどうかを、検討してみることにしましょう。

1　助産院の安全性

ここでいう「病院」とは、産科の専門医がいて、さまざまな医療機器が完備している施設のことです。これにたいして、おなじく施設であっても、産科医がおらず、助産婦だけで営業しているのが、助産院です。

病院と助産院のちがいは、つまるところ産科医がいるかいないかのちがいです。病院にも助産婦はいますが、病院のお産と助産院のお産とはまったく異なったものになります。

病院は医療行為を無制限に実施するところです。たいして助産院では、助産婦のおこなえる医療行為はいちじるしく限定されています。それで結果として、病院では薬物の投与や手術が常套的におこなわれ、助産院ではるかに自然なお産がおこなわれているわけです。

では、そのように医療技術を駆使する病院と、医療的な手だてをあまり用いない助産院とでは、どちらのほうが母児にとって安全なのでしょうか。

常識的に考えれば、病院のほうが安全性が高いと判断されるでしょう。なにかトラブルが生じたときに、即座に医学的な措置がとれるからです。

ところが、そのような考えかたは、じつはまったく現実にそぐわないようです。

たとえば、陣痛がはじまって破水し入院したところ、陣痛が弱くなってしまったとします。この事態における、病院と助産院の典型的な対応と経過を比較してみましょう。

〔病院〕

陣痛微弱――(陣痛異常)――陣痛促進剤投与――過強陣痛――(胎児仮死)――帝王切開

産科医は、陣痛の弱まりという事態を、「陣痛異常」(続発微弱陣痛)ととらえます。分娩の遅滞や細菌への感染を恐れ、またひとりの分娩に時間をとられすぎることを懸念して、陣痛促進剤を投与します。促進剤による陣痛は、適量であっても、かならずどこかに無理がかかります。たとえば胎児心拍に異常が生じたりします。すると、これは「胎児仮死」だということで、急拠、帝王切開をおこなうことになります。このようにして、ちょっとした陣痛の弱まりが帝王切開へとつながってゆくのです。最悪のばあいは、死産や子宮破裂にもつながりかねません。

〔助産院〕

陣痛微弱――(陣痛休息期)――待機――陣痛再開――自然分娩

開業助産婦は、陣痛の弱まりをありふれた通常の現象としてとらえます。待つことがいちばんの対処法だということもあるていど承知しています。それゆえ、当分のあいだ、そのまま様子をみるでしょう。するとそのうちに、休息期が終わって、陣痛は再開されるはずです。分娩は問題なく遂行されます。

――もちろん、いつもこうだとはかぎりません。しかしこのような過程を経て、おなじ陣痛微弱から、いっぽうは帝王切開や死産へ、他方は自然分娩へとつながってゆく。そういうパターンがあきらかに存在するのです。

病院では、たしかに「トラブルが生じたときに即座に医学的な措置がとれる」。ところがまさにその「医学的な措置」こそが、事態をますます悪化させてしまいがちなのです。

そもそも、トラブルの発生する率そのものが、病院ではたいへん高くなります。病院の環境じたいが緊張とストレスを高めます。さまざまな手順がそれに追い打ちをかけ、感染の危険をも高めます。分娩台は母児に余計な負担をかけます。いずれも分娩の自然ながれをはばみ、ひずませ、さまざまなトラブルの原因をつくってしまうのです。

トラブルの発生率じたいがたいへんに高いとすれば、すでにそれだけで病院はあまり安全なところとはいえなくなります。そのうえ、トラブルへの対処法がさらなるトラブルを誘発するのです。

むろん、即座に帝王切開しなければ仮死状態の胎児を救えない、といった窮極の事態もありうるでしょう。たしかにそのばあいは、病院でなければ胎児が救われる可能性はないでしょう。けれども、そういうことがあるからといって、病院のほうが安全だということにはならないのです。

たとえ話をしましょう（日本の実情にちかいたとえ話です）。病院では一〇〇〇例のうち一〇例がそのような窮極の事態におちいるとします。その一〇例のうち七例までが緊急帝王切開によって救われます。三例は死産ないし早期新生児死亡です。いっぽう、助産院では一〇〇〇例のうち一例がそのような窮極の事態におちいります。この一例は死産ないし早期新生児死亡となります。

そうすると、病院での救命率はじつに七〇%、助産院での救命率は〇%です。圧倒的に病院のほうが高い救命率になります。ところが、全体のなかでの同事態による死産ないし新生児死亡の率は、病院の〇・三%にたいして、助産院は〇・一%なのです。病院のほうが三倍の死亡率になるわけです。

このように、病院がいくらすぐれた医療技術をそなえていても、異質な環境と不自然な出産方式がトラブルを増大させ、結果的に死亡率を高めてしまうのです。助産院のほうが圧倒的にトラブルの発生がすくなく、それゆえ死亡率もひくくなるのです。

松岡悦子（前出）は、病院と助産院の実態を克明な調査にもとづいて比較研究しています[1]。一四ヵ所の助産院で集めた一一〇七件のデータと、五ヵ所の病院で集めた一三二〇件のデータとを、比較対照したものです。妊娠初期にローリスクだった者のみを対象とし、産後六日めまでを追っています。（この調査では、途中からハイリスクになって助産院から病院へ転送された者も、助産院グループにふくまれます）。その結果、すべての異常において病院のほうが高い率を示していました。松岡の論文から引用してみます[2]。

例えば帝王切開になる率は、助産所だと百人のうちほぼ一人だけれども、病院だと百人のうち約七人である。五百cc以上の出血をする確率は、助産所だと百人に四人か五人だけれども、病院だと十六人である。会陰切開をされる率は助産所では、初産の人で百人のうち五人（経産では一人）だが、病院では八十八人（同四十一人）である。このように百人のうち、何人が母児とも正常に出産を終えるかで考えると、助産所の方が安全だということになる。

トラブルの発生じたいが助産院よりも病院のほうがずっと多い、ということなのです。

一九六五年以降、厚生省は出産場所別にみた周産期死亡率（妊娠二二週から生後一週間までの児の死亡率）を公表しています。それによると、とうぜんのことですが、病院出産群のほうが助産院出産群よりもつねに高い死亡率を記録しています（左図）。なお、病院出産のなかでも、診療所よりも一般病院のほうがつねに高い死亡率を示しています。

　周産期死亡率じたいはそれ以前から公表されています。総体的には、周産期死亡率は一貫してさがりつづけてきました。自宅出産が圧倒的に多かった時代から、一貫してさがりつづけてきたのです。ところが病院分娩が急上昇した一九五〇年代には、周産期死亡率はほとんどさがらなかったのです（次頁図）。

　これらの統計を比較検討してみると、周産期死亡率の推移と出生場所とのかかわりが浮かびあがってきます。やはり松岡悦子は、たとえば一九五〇年から六七年までは、「病院と診療所はむしろ死亡率を押し上げていた」と指摘しています(3)。また一九五〇年から五七年のあいだに「助産所や自宅・その他の出産の割合が減らないでいたならば、全体としての周産期

●出生場所別・周産期死亡率

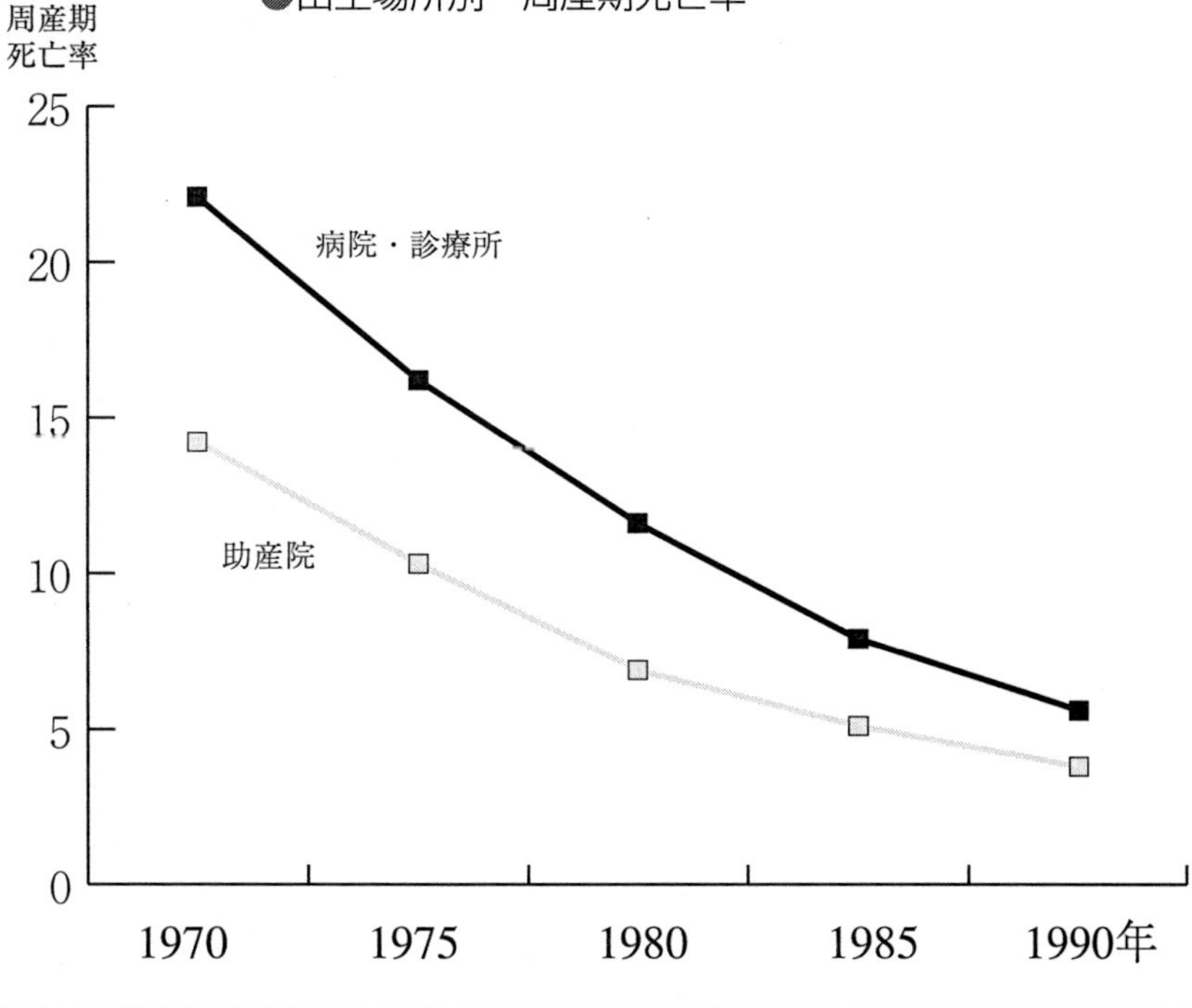

死亡率はもっと下がっていただろう」とも指摘しています。総じていえば、病院出産の増加は周産期死亡率の低下を抑制する役割を果たしてきた、といわねばならないのです。

妊産婦死亡率にしても同様です。病院出産の増加は、妊産婦死亡率の低下をやはり抑制する役割しか果たしていないのです。地域的にみても、病院出産の普及していない地域のほうが妊産婦死亡率もひくくなっていました。

理由は明白でしょう。病院の不自然な医療が母児をいためつけてしまうからです。こうしてみると、病院出産よりも助産院出産のほうが無難であることはあきらかです。病院がもっとも安全だというのは迷信にすぎないということになるでしょう。

では、周産期死亡率や妊産婦死亡率の減少が医療の功績でないとしたら、それらはいったいどのような理由で減少してきたのでしょうか。

百年まえ、嫁いだ女性たちは過酷な生活状況におかれていました。過労と栄養不良は慢性化していました。そのうえ、多くのひとはつづけてたくさんの子どもを産んでいました（一〇人くらいはざらでした）。五〇歳を超えて十何人めかの子を宿す

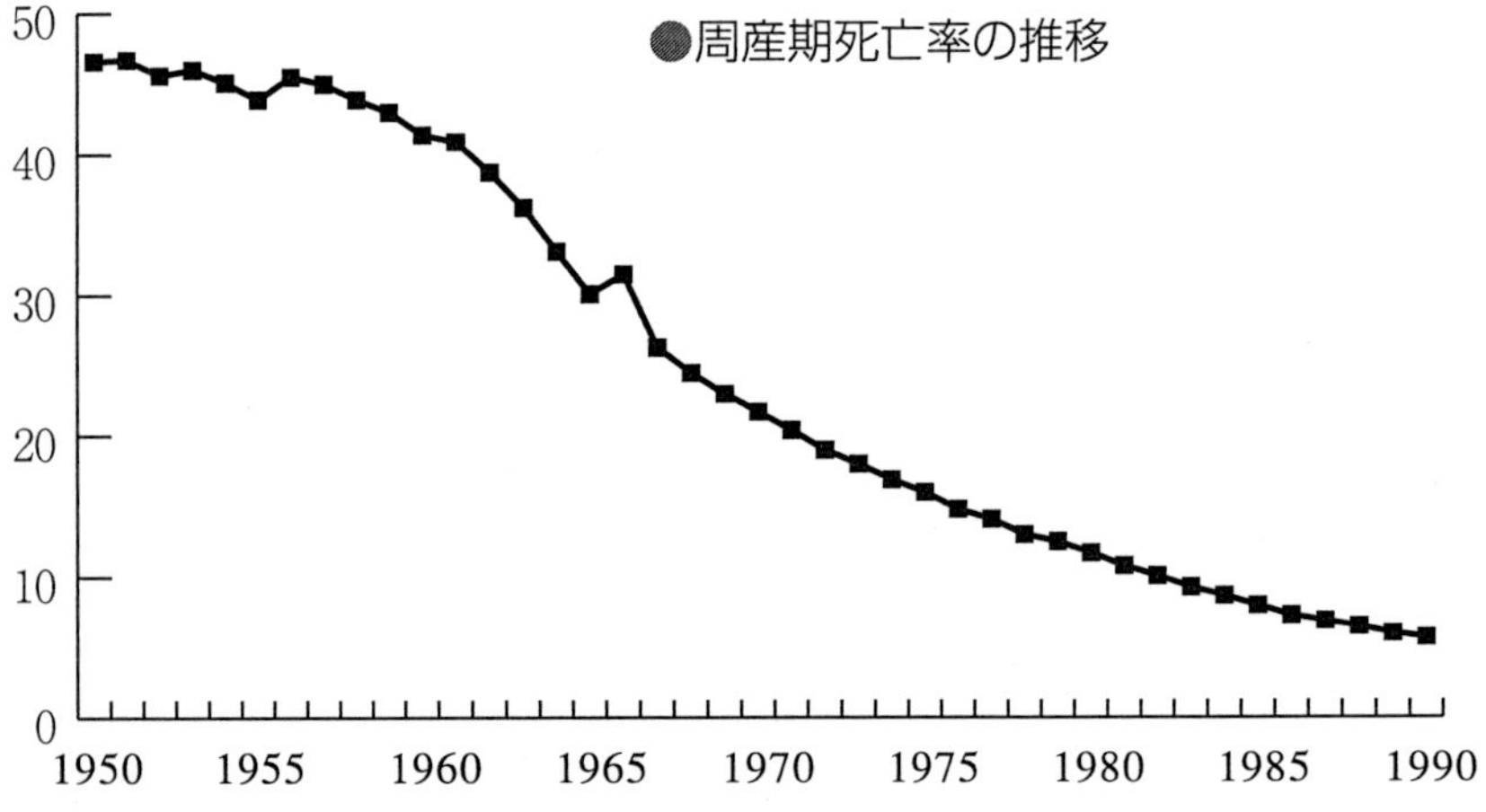

ひともすくなくありませんでした。そうした悪条件の産婦はいまではほとんど皆無です。

赤ちゃんたちも、とうぜんながら過酷な状況下におかれていました。多くの家では、何人もの子どもを育てる余裕はありませんでした。赤ちゃんが無事に生まれても、親たちには育てる意志のないことが多かったのです。ひとりおきに間引き、あるいは四人め以降はすべて間引き、といったことがごくあたりまえにおこなわれていました。新生児がひとり死亡したとして、それはそだたなかったのかそだてなかったのか、第三者にはわかりません。

（アフリカのアシャンティ族では、新生児は最初の八日間はいいかげんにあつかわれ、その間に死ねば家族は喜びます。その子は〝幽霊の子〟であったからです(4)。安土桃山時代に日本に滞在した宣教師ルイス・フロイスは、その著『日本史』のなかで、「出生のときに殺してしまう子どもの数はかぎりなく、なかには十五人、二十人を殺した婦人もいる」と記しています。世界の多くの部族社会でも、「嬰児殺し」はきわめて一般的でした。理由はさまざまです。子育ての間隔を考えてのこともあったし、夫婦関係を優先してのこともありました。インドのコンド族では、女児はすぐに殺しました。だからといって彼らが残酷な人種だということにはなりません。新生児はまだ誕生が完了せず、「殆《ほとん》ど生きているとは云えない」状態にあると彼らは考えていたからです(5)。なお、嬰児殺しが人口抑制法として効果的であることは自明のことです。）

昨今ではとても考えられないようなことが、かつてはあたりまえに起こっていました。身重のからだで一日じゅう農作業に追われて早産、早期新生児死亡。六〇歳台で一五人めの子どもを出産後、衰弱死。暖房のない部屋で新生児が凍死。……

戦中から戦後にかけて、さまざまな面でお産にかかわる大きな変化がありました。昭和二三年には「優生保護法」が公布されました。コンドームなどを用いる効果的な避妊法が普及しはじめました。夫婦当たりの子ども の数が急激に減少しました（昭和二五年に五・〇人だったのが四五年には二・七人に減っています）。家族制度がかわり、核家族化しました。〝専業主婦〟が一般化しました。経済成長にともなって衣・食・住が大きく変貌しました。暖房などの設備が格段に充実しました。

こうした医療以前の要因が、出産関係の死亡者数の推移に大きく影響してきているのです。日本における周産期死亡率・妊産婦死亡率の低下について、WHO顧問のM・ワグナー（前出）はつぎのように指摘しています(6)。

貴国のマタニティケア・システムによる優れた成績は、主に社会状況の改善、貧困の根絶、より良い栄養、より良い住環境そして最も重要なこととして、女性一人あたりの出産を少なくし、最適な出産年齢に出産を集中させ、そして望まない出産を少なくする受胎調節法の普及によるものである。

こうした事情は、もちろん日本だけにかぎったことではありません。イギリスでは、お産の安全性をめぐって政府レベルで調査がおこなわれてきています。近年になって、お産の安全性の向上が病院医療の功績でなかったことが明白にされました。ロンドン在住の助産婦・高橋浩美の解説を引用しておきましょう(7)。

九三年に出されたイギリスのレポートでは、それまで信じられてきた出産の安全性と高度医療技術や病院出産との関連性は否定されました。統計学的な見地から両者の相関関係は否定され、出産の安全性が高まった理由は公衆衛生の発達、生活水準の向上、家族計画の普及などによると考えられるようになりました。要するに健康体で妊娠し、正常な妊娠出産経過をたどる女性が圧倒的に増え、その人達が小人数の子どもしか産まないという現実が死亡率の低下の大きな理由であるとわかってきました。

日本でもイギリスでも、もし病院医療が普及しなかったとしたら、周産期死亡率や妊産婦死亡率はもっと急速に低下していたはずです。他の死亡率と同様に。

産婦は、そもそも病人ではありません。ところが病院は病人をあつかうところです。産婦を「患者」あつかいする病院という場じたいが、まさに〝場ちがい〟なのでしょう。病院という場所じたいがすでにお産のじゃまをしてしまいます。

病院という場所は、まったく家庭的なごやかさを欠いています。殺風景な床や壁、冷たい機械や器具、明るく冷ややかなライト、消毒液の臭い、白衣やマスクをつけたひとたち、無機的な物音……。すべてが異質で、なじみのない環境です。いくらずぶといひとでも、お産をしようというときにそのような場所でリラックスすることは不可能でしょう。無用な研修医や学生に囲まれてのお産もめずらしくありません。

入院したとたんに、陣痛がとまってしまったり微弱になったりすることがすくなくありません。医療統計学者のデイビッド・スチュワートはつぎのように述べています(8)。

家では調子よく陣痛が来ていたのに、病院に入ったら止まってしまった、という話を、いったい何度耳にしてきたことでしょう。家に帰されたら、とたんに陣痛が再開するのに、病院に戻ってくると、また止まってしまうというケースがよくあります。これはお産の話に登場する典型的なエピソードですが、まったく不思議な現象です。

この「不思議な現象」は、病院という場所が産婦に不安と緊張をあたえてしまうことによるものです。子宮の収縮が抑圧されるのも、一種の動物的な本能によります。お産にふさわしくない状況になると、動物はお産

第3章

の進行をみずからとめてしまうのです。ヒトでも同様です。〝自然出産〟はそこで早くも挫折してしまいます。産婦がリラックスできないという事態は、お産をあらゆる面において妨害してしまいます。子宮も産道も柔軟性をうしないます。柔軟性をうしなうとお産は困難になります。

会陰ひとつとってみても、産婦がリラックスしていないとじゅうぶんに伸びません。ある産科医はみずからこう語っています[9]。「初産はほぼ全例切開を入れ、経産でも大半が裂傷と切開で、無傷はほとんどいない。助産所では会陰切開なしで生まれるということは、助産所では女性がリラックスできるということでしょう。病院では会陰がそこまで伸びないですよ。ぼくたちだって病院の仮眠室で安眠できないのに、患者さんが病院でリラックスできるわけがない。」

病院のこうした異質な（悪質な）環境のなかで、産婦は厳重に拘束されます。そうして医療スタッフによるさまざまな介入がおこなわれるのです。通常、これらの医療的介入はすべてお産にとって不自然なものです。それらは多かれすくなかれ、お産の自然なながれをさまたげてしまいます。そこにトラブルが発生します。そしてそのトラブルに対処するために、さらに不自然な医療処置が加えられます。するとその処置によって、トラブルはいっそうやっかいなものになってしまいます。

このような悪循環のはてに、胎児仮死、子宮破裂、弛緩出血などの重大なトラブルが誘発されます。それらは母児にさまざまな障害をのこします。そして最悪のばあい、母児の死亡という結末にいたるのです。

病院がかならずしも安全でないことにはうすうす気づいていても、「万一のことがあったら」と思うと、やはり病院を選択せざるをえない――そういうひともすくなくないでしょう。けれども、その発想は現実的なものとはいえません。

「万一」という事態そのものが病院によってもっとも多くつくりだされているのです。「万一」のなかには病院へ行きさえしなければ起きなかった事故が多いということなのです。難産は余計な医療的介入の結果であるばあいが多いのです。「医療が介入すればするほど分娩経過は複雑になり、困難の度を深めてしまう」とミッシェル・オダン（前出）が指摘するとおりです[10]。

サルの産婦たちにたいして、ヒトの産科でふつうにほどこされている分娩介助をほどこす、という実験がこころみられました。サルの産児たちは、みな重度の仮死状態で生まれました。なんとか生存させることのできた子ザルも、修復不可能な傷を脳に負っていました。この実験に言及しながら、J・C・ピアス（前出）はつぎのように述べています[11]。

　自然界では、死産児を除いて、呼吸困難に陥るような事態は起こらない。そして技術と薬物を駆使した病院分娩以外には、こういった致命的症候群が見られることはない。

◇

お産にかんして、一般に、つぎのような法則がなりたつでしょう。

〔法則A－1〕

医療的介入が多いほどトラブルも増える

〔法則A－2〕

トラブルが増えるほど死亡率も高くなる

病院同士をくらべてみても、医療テクニックを行使する度合いの高い病院ほど、トラブルも多く、したがって死亡率も高くなっているはずです。その逆も真です。じっさい、産婦を放任していることの多いフランスのピティビエ病院や日本の吉村医院などでは、トラブルの発生も母児の死亡も相当にすくなくなっているのです。(ピティビエ病院には分娩室らしくない分娩室「野生の部屋」があり、吉村医院には古風な「お産の家」があります。残念ながら、こうした病院はきわめてまれです。)

それでも、ピティビエ病院ではあれこれの医療装置をかなりひんぱんにつかうし、帝王切開率もけっして格段にひくいとはいえません。やはり待ちきれないのです。このあたりに大きな病院の限界といったものが感じられます。

ともかく、こうしてみると、概して病院より助産院のほうが安全であることは自明といわねばならないでしょう。病院にくらべて助産院ははるかにアット・ホームな環境であるし、強引な医療的介入の多くはあらかじめ法的に封じられているからです。

ほかにも、病院とくらべての助産院の利点はたくさんあります。たとえば、

・診察のための待ち時間がない
・いつもおなじ助産婦とゆっくり話ができる
・年中いつでも何時でもお産を受けいれてくれる
・同性のスタッフばかりで気を許せる
・夫などが立ち会ってサポートすることができる
・お産のあともずっと母子が一緒にいられる

などなど。これらの利点もまた、とうぜんながら妊産婦と赤ちゃんの安全性をいっそう高めるものです。

病院でのお産と助産院でのお産のちがいは、体験者自身がもっとも痛切に実感するところです。助産院でお

産するひとの多くは、そのまえに病院でお産した体験をもっています。病院での非情なお産にこりて、助産院に救いを求めたひとたちです。その実例をすこしみてみましょう(12)。

たとえばKさんは、第一子を国立の総合病院で産みました。「近代設備が整い、ここなら安心して産めるとおもったのです」。ところがそこは計画分娩のメッカ。ちからずくで産ませられてしまいました。「この計画分娩のつらさは経験しなくてはわからないと思います」。その後、自分なりにラマーズ法などを勉強して、第二子を近くの総合病院でお産。第一子よりは楽でしたが、「今思えばリラックスとは程遠いお産でした」。そして第三子のとき、助産院を選びました。

薄紫色のいま出てきたばかりのわが子。喜びでいっぱい。それからお父さんによる、へその緒カットの儀式。胸に抱かれ、おっぱいを吸う。産湯につかり、お父さんに抱かれる。しみじみとわが子を見つめる父の目。

産まれてすぐ横に寝ているわが子。母親にとっても、子どもにとっても、いいことだなと思う。すきなだけ寝て、おなかがすいたときにオッパイがもらえる。あたり前のようだけど、病院の都合に合わせた管理下で育てるのと比べると夢のよう。

Mさんも第一子を病院でお産しました。そのときは、「予定日を五日過ぎただけで、おしるしも破水もないのに、何の説明もなく、いきなり点滴をうたれてひっぱり出されました」。この体験が、「〝子どもが自分で出てくるときまで待つ〟ことへの強いこだわりとなっていました」。そこで第二子は助産院へ行ってお産しました。

みんなが自分を大切にし、自分のやり方を大切にしてゆこうとするから、ここに人が集まってくるんですね。こころよく手を貸してくださるスタッフの方々。本当の援助、の素晴らしさ。お産には、その人がいて、その生き方があるのだと思い至りました。

みんながこのように、その人らしさを受け入れ、認めあい、豊かにふくらんでゆけばいいな。

なお、性的プライバシーの侵害という面でも、病院と助産院の差は歴然としています。矢島助産院（矢島床子院長）では、前回のお産が病院で今回（一九九六年九月〜九七年八月）助産院でお産したひとを対象に、アンケート調査を実施しました。六五の有効回答から、つぎのような結果が得られました(13)。

「恥ずかしい、または嫌だと思った処置」（複数回答可）について。〈病院〉では、「妊娠中、医師による内診台での内診」―五二、「会陰切開」―四七、「剃毛、浣腸、導尿」―四三、「分娩台での仰向け出産」―三六、その他、総計二一八の指摘がありました。

これにたいして、〈助産院〉では、「排泄の処理」―九、「悪露交換」―七、その他、総計二三にすぎませんでした。

また、今回助産院を選んだ理由のひとつとして「性的プライバシーが守られる」ということを考慮したひとは、四三名（六六％）にのぼりました。そのほか、つぎのような意見の記述もみられます。

▽お産は我慢という図式があるような気がしていたが、許される中で少しでも楽にお産ができることを女性はもっと知るべき。

▽性的プライバシーは、私たちだけでなく、夫にとっても大事なことです。

▽私の今までの屈辱的な気持ちは何だったのか、分娩台も会陰切開も剃毛も内診もなくなれー。

▽食べる、排泄する、眠る、性生活、出産することは基本的なことで、安心して営める世の中になって欲しい。医療行為の名の下に自分の会陰を勝手に切られるような人権無視は許せない。

もちろん助産院にもさまざまあるでしょう。けれどもおしなべていえば、病院よりも助産院のほうが優しく安全であるということです。

２　自宅の安全性

病院が母児にとってかならずしも安全な場所でないのは、要約すればつぎのようなことからです。産婦が異質な環境のなかに拘束されることでストレスを受け、さらに不自然な医療的介入が加えられることでお産の自然なながれが連鎖的に妨害される——。

助産院とくらべると、病院でこのような事態の発生が断然多くなるのは白明でしょう。では、助産院には、このような事態の生じる懸念はないのでしょうか。

助産院のほとんどは小規模で、家庭的な雰囲気をもっています。けれども、助産院もまた一種の医療施設です。診察台をそなえた診察室があり、それなりの設備をそなえた分娩室があります。そこには螢光灯がこうこうとかがやいています。

最近は分娩監視装置はもちろん、超音波診断装置まで完備した助産院がすでに三分の二を超えてきています。助産院も現代産科学の傘下にある以上、それもとうぜんのなりゆきというものでしょう。

助産院がどれほど「家庭的」な環境であっても、「家庭」そのものではありえません。助産院では、産婦はあくまで〝お客さん〟でしかありません。どこになにがあるかもわかりません。スタッフから指示され、教えられなければ、なにもできません。

助産院も、産婦にとってやはり異質な環境といわざるをえないのです。じっさい、助産院に入院したとたんに陣痛がとまってしまったというケースもめずらしくないようです。やはり緊張してしまうのです。異質な環境は、どうしても産婦に余計な精神的・肉体的負担を強いることになります。

異質な環境はまた、異質な微生物の棲み家です。病院ほどではもちろんありませんが、助産院にもふだん接触のない細菌やウィルスが棲息しているのです。

したがって、一般の病院とは比較にならないにしても、助産院にもそれ相応のデメリットがともなわざるをえないわけです。

それなら、助産院でなくて、ほんとうの「家庭」でお産するほうがいい、ということになってくるでしょう。もとより、助産院では、分娩誘発剤・促進剤をつかうことはめったにないし、会陰切開はまずおこないません。もちろん帝王切開をすることはできません。助産院でできる出産ケアのほとんどは、自宅でもおなじようにできるのです。それなら、産婦にとってはるかになじみのある自宅で出産するほうが、ずっと理にかなっているはずです。

ふだん寝起きしている場所、すみずみまで勝手知った場所、自分のほんらいの居場所、それが自宅です。病院や助産院では、産婦は「客」としてふるまわなければなりません。ところが、自宅では、産婦はみずからが主役となるのです。産婦自身がその場所の「主《ぬし》」だからです。

ひとによって、リラックスできる条件にさまざまなちがいがあります。洋間がいいというひともいれば、和室の畳のうえでないと落ちつかないというひともいます。ベットがいいというひともいれば、ふとんがいいというひともいます。部屋に植物がたくさんあるほうがいいというひともいるし、ステレオでクラシックをながしているのがいいというひともいます。部屋の位置や色あいが気になるひともいます。病院や助産院の部屋を自分の思いどおりにすることはできません。自分の感性に合わせてアレンジできる場所は、やはり自宅だけです。

産婦がリラックスできて快適であればあるほど、お産はスムーズに安全に進行します。シーラ・キッツィンガー（前出）も、「お産は快適ならば安全だという相関関係が成り立つ」と指摘しています[14]。

一般に、お産にかんしてつぎのような法則もなりたつでしょう。

〔法則Ｂ〕

産婦が安楽であるほどお産は無難に推移する

これにつぎのような法則を付け加えてもよいでしょう。

〔法則Ｂ―２〕

産婦が安楽であるほど赤ちゃんも安泰である

産婦が安楽であれば、産道もゆるみ、とうぜん赤ちゃんも楽ちんであるわけです。（ただし麻酔による不自然な安楽さは、さまざまなひずみを生じ、けっきょく赤ちゃんをいためつけることになります。）

こうして、病院よりも助産院のほうが、助産院よりも自宅のほうが、お産はよりスムーズに安全に進行することになる道理です。

ヒトにとって、自宅には特別な意味があります。それは、自宅こそがヒトにとって絶対的な〝テリトリー〟（縄張り）であるということです。そのテリトリーを一歩でれば、ヒトは緊張してしまいます。

人類学者のW・シーヘンヒューベルは、産婦が施設へ行って陣痛が遠のいたりするのは、産婦のテリトリーと関係があると指摘しています[15]。――「それは……自分の家からクリニックに行った、自分のテリトリーが別のテリトリーに変わったことによって、陣痛が遠のいたというふうに考えます。」

自宅でのお産を介助したことのある助産婦は、病院や助産院と自宅とを比較することができます。比較すると、自宅出産がいちばんだという認識を多くの助産婦がもつようになります。「自宅出産ねっとわーく」がおこなったアンケート調査から、自宅出産を手がける助産婦のコメントをいくつか引いてみましょう[16]。

▽自宅出産できたら理想的だと思います。

▽（自宅出産は）清潔で自然で理想的なお産です。

▽今、自宅出産を中心に活動したいと開業しています。それは、自宅出産が一番いいと考えている為です。……自宅出産は安全ですし、一番幸せなことだと思います。

▽自宅出産は何事にもかえがたい素晴らしい事柄です。

▽自宅出産はとてもすばらしいと思います。妊娠中の母児管理をしっかりすることで、安全に出産することができます。是非ひとりでも多くの妊婦さんたちが自宅出産をできるようにと思います。

▽自宅出産された方は皆さん大変満足されています。次回もまたと考えられています。いつもの生活の中、家族の見守る中での出産は、赤ちゃんが大変良い表情で生まれ、異常が大変少ないですよ。

助産院出産と計画的な自宅出産を比較するしっかりしたデータは、残念ながらありません。が、自宅出産の安全性を支持するデータなら、たくさんあります。

たとえば、戦後の妊産婦の死亡率と施設分娩の比率。施設分娩の急激な増加にもかかわらず、妊産婦の死亡率はほとんど横ばい状態でした⒄。ここでいう「施設分娩」の「施設」とは、大部分が一般病院および診療所です。一九四七年から一〇年間に施設分娩は一二倍に増えましたが、妊産婦の死亡率はすこしも減っていません（次頁図）。この時期に一般の死亡率が激減していることを考えあわせれば、施設分娩の増加は妊産婦の死亡率をむしろ増加させていたといわねばなりません。

産科の大家であった木下正一は、一九六二年に雑誌の座談でつぎのように語っていました⒅。

母体死亡の起こる率からいうと、自宅分娩がほとんどないのです。非常に少ないのです。それから助産所、助産婦さんのところでも、非常に少ないですからね。一体そういうことがどうなっているのかと思うのですがね。

岩手県あたりで、その近辺に病院と産院も何もない、どうしてそれが自宅分娩ではあまり死亡がないのか。このことは私にとっては本当に不思議なんです。

施設分娩は昭和二〇年代の後半に急激に増加し、昭和四〇年代の後半に九〇％を越えました。その間の自然死産率（出生一〇〇〇対）をみると、統計のでだした昭和二五年には四一・七でした。その後むしろ増えつづけ、同レベルにもどったのは昭和四五年になってからのことでした。

日本人の全体的な死亡率が急激に低下しつつあったなかでのこの現象は、きわめて異常というべきです。これはつまり、施設分娩の増加が胎児の死亡率を効率的に高めていたということです。自宅出産が大勢でありつづけていたら、死亡率は一貫して急速に減少していたはずです。生まれようとしている胎児にとっても、施設より自宅のほうが安全ということなのです。

こうした現象は、日本だけにみられるものではありません。諸外国の調査でも、施設での分娩のほうが自宅での分娩よりも安全だという調査結果は、まったくでてきません。

松本清一は、すでに一九六九年に、諸外国の統計を検討しながら施設での分娩について批判的に論じています(19)。

諸外国の施設内分娩および病院分娩の率を比較し、これと妊産婦死亡率との関連を調べたが、両者間に相関は全く認められなかった。施設内分娩の率や病院分娩の率がふえたことだけで分娩の安全性が高まり、母性衛生が向上したとは考えられない。むしろ施設内分娩の急増によって生じてきた問題点を充分に把握し、その対策を急速に講じる必要がある。

かつてアメリカの「シカゴ・マタニティセンター」では、一万二〇〇〇の自宅出産をひとりの妊産婦死亡も出さずに介助しました(20)。(当時、全米で病院出産した母親は一〇〇〇人当たり二人以上の割合で死亡していました)。一九五〇年代にも、同センターは妊産婦死亡なしに連続

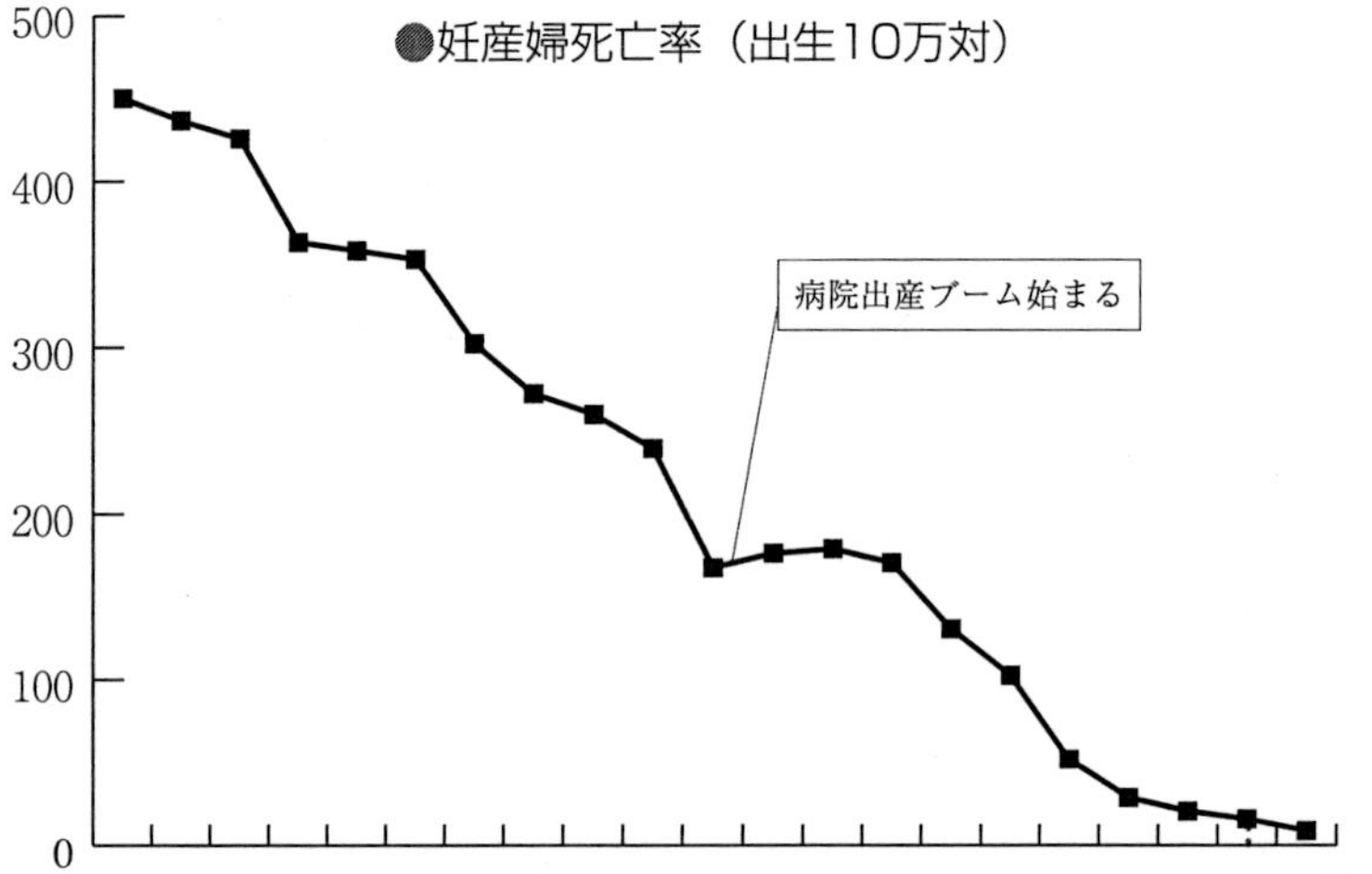

九〇〇〇以上の自宅出産を介助しました。また、アパラチアで自宅出産を介助する助産婦のグループ「フロンティア・ナーシング・サービス」は、一二年間にわたって妊産婦死亡ゼロを記録しました。しかも彼女たちは、水道設備もないような粗末な貧しい家庭で、何千ものお産を介助したのでした。

おなじくアメリカはテネシー州のコミューン「ザ・ファーム」では、大部分の産婦が自宅でお産してきました。そこでは、助産婦アイナ・メイ・ギャスキンや無資格助産婦たちがお産の介助をしてきたのです。一九七〇年から一九九五年までの出産一九四五（過半数は七〇年代の出産）についての調査結果が出されていました(21)。それによると、一九四五のうち自宅出産が一八三九（九五％）を占めています。妊産婦死亡はゼロ。新生児死亡率五・一％、周産期死亡率一〇・八％となっています。ちなみに一九八〇年の全米の周産期死亡率は一八％でした。（ついでに、ファームで六ヶ月以上母乳哺育をした母親の率は九九・五％でした。なお、このコミューンの住人は完全なベジタリアンであることも注記しておくべきでしょう。）

イギリスのサリー・インチ（前出）はつぎのように記していました(22)。

一九七〇年のイングランドとウェールズでは、自宅出産での新生児死亡率が千人比四人でした。当時の全体の新生児死亡率は千人比十七人です。

実際には、計画的に自宅分娩をする場合は、病院に比べて周産期死亡率がずっと低くなります。

一九七〇年に行われた英国の国勢調査では、病院分娩の赤ちゃんの呼吸困難が自宅に比べて五倍も多いという数字が出ています。

さらに一九七四年から七六年にかけて、二四万二〇〇〇例の病院出産と二二〇〇例の病院外出産を比較した米国疾患コントロールセンターの大規模な調査があります(23)。それによると、病院出産での新生児死亡率（出生一〇〇〇比）は一二パーセントであったのにたいして、計画的な自宅出産ではわずか四パーセントにすぎませんでした。

アメリカのメンデルソン（前出）は、自宅出産と比べての、病院出産の危険をつぎのように指摘しています(24)。

赤ん坊に対しては、陣痛と分娩で苦痛に見舞われる確率が六倍、難産になる確率が八倍、蘇生術を必要とする確率が四倍、感染症にかかる確率が四倍、一生の傷を負ってしまう確率が三〇倍と、病院で子どもを産んだ場合、これだけの危険が新生児を襲い、一方母親も三倍の確率で出血多量に陥る。

イギリスでは、現在、国家レベルで自宅出産の安全性をみとめています。それをみとめざるをえないデータが蓄積されてきているからです。ＮＢＴＦ（National Birthday Trust Fand）は、一九四六年以来、出産にかんする大規模な調査を継続的に実施し、六度にわたって詳細な報告書を刊行してきました。それらの報告書は、病院がけっしてお産に好適な場でないことを明らかにしています。とりわけ一九九七年に刊行された報告書は、ずばり『自宅出産』（Home Births）と標題されています(25)。それによれば、分娩そのものはもちろん、産後の状況をもふくめて、自宅出産の優位性が確認されます。

ロンドンで刊行されている一般向けの妊娠・出産ガイドブックにも、病院出産よりも安全性が高いとして、自宅出産を推奨しているものがあります。（一九八〇年代に全英で全出産の一％前後にまで落ち込んでいた自宅出産は、現在二％まで回復してきています）。ある妊娠・出産ガイドブックにはつぎのような記述がみられます(26)。

英国のある研究報告は、つぎのように結論しています。〈全出産の九四％が病院でおこなわれているにもかかわらず、それらの出産はけっして安全ではなく、自宅出産よりもむしろ問題が多い〉オーストラリアでも、三四〇〇例の自宅出産についての研究が、つぎのことを確認しています。〈自宅出産は、病院出産よりも周産期死亡率が低く、帝王切開や鉗子分娩、会陰の切開・裂傷の縫合などの必要性もすくない〉

イギリスやオーストラリアは、けっして自宅出産のさかんな国というわけではありません。こうした国の動向は、今後、各国で自宅出産の安全性への認識が高まり、自宅出産を選択する妊産婦が増えてゆくであろうことを予想させるものです。

近代的な自宅出産の先進国は、オランダです。オランダは、いわゆる先進諸国のなかでもきわめて例外的に、これまでいちども病院出産の独走を許さなかった国です。この国では、自宅分娩の割合が三五％を割ったことはいちどもないのです。一九七〇年には、六〇％以上が自宅出産でした。

では、そのオランダでは、母児は危険にさらされていたでしょうか。アメリカのダナエ・ブルックはつぎのように述べています(27)。

オランダは、一貫した低い乳幼児死亡率と、一貫した高い家庭分娩の率を記録している国です。たとえば一九七一年の乳幼児死亡率は、アメリカ合衆国の一八・五％に対して、一一・一％でした。クルースタマン教授によると、助産婦による二万人の出産例の中で、助産婦より産科医が必要だったケースは一件もなかったということです。

オランダの産婦死亡率は、乳幼児死亡率と同様に、大多数の西欧諸国に比べてたいへん低いのです。一九七四年、英国では六千六百人の産婦のうち一人が死んでいるのに対して、オランダでは一万件の出産について〇・四人の死亡率です。

つまりここに、赤ちゃんの半分が助産婦の介助によって自宅で生まれながら、百%近い病院出産率を示す英国や米国に比べて、母子双方とも低い死亡率を誇る国があるのです。いったい誰が絶対的な権威をもって、健康な女性の病院分娩は家庭分娩より必ず「安全だ」と言えるのでしょう。

このオランダにも、病院出産隆盛の趨勢は波及しました。そしてそれにつれて、母児の死亡率も相対的にやや高くなってしまいました。

もちろんおなじオランダでも、自宅出産のほうが産婦や新生児の死亡率はずっとひくくなります。周産期死亡率については、一九八六年の統計があります[28]。調査対象となった同年の一八万五五七三件のお産の周産期死亡率はつぎのごとくでした。

病院………一三・九

自宅………二・二

なお、オランダでは、助産師は医師と対等の医療者として自立していて、日本のように嘱託医などを必要とはしません。助産師の三%が男性です[29]。

自宅でのお産を危ぶむひとの多くは、万一のときにすみやかな対処ができないことを懸念します。けれども、それでは、病院ならその「万一」のときに確実に患者を救えるのでしょうか。それははなはだ疑問です。というのは、自宅で起きるような「万一」には、病院でも対処できないばあいが多いからです。

一九七六年に出版した本のなかで、アメリカのマリオン・スーザはつぎのように述べています[30]。「一九七一年以降に北カリフォルニアの助産婦たちは約三〇〇の自宅出産を介助しました。そのうち、新生児死亡はわずか一名のみでした。助産婦はその子を救急で医師のもとへ運びましたが、その子は病院で生まれていても助からなかった致命的な先天異常だったのでした。（カリフォルニアの病院では、出産三〇〇件当たり約四名の新生児が死亡しています。）」

サリー・インチ（前出）はつぎのように指摘します(31)。

自宅分娩で起こった死亡は、出産場所がどこであっても同じ結果になると推測されます。オランダで行われた五千件の自宅分娩で死亡のあった少数例を調査したところ、病院で防ぐことのできた死亡例はありませんでした。

そもそも、自宅ではトラブルの発生じたいがきわめてまれです。もっとも親しみのある場所で、余計な医療的介入もなく、安閑としてお産ができるからです。自然なプロセスがさまたげられさえしなければ、致命的なトラブルというのは容易に発生するものではないのです。

致命的なトラブルの発生しにくい自宅でも、まれに悲劇が起こることは避けられません。しかし、自宅にあってさえ発生するそのようなトラブルは、病院であっても効果的な対応が困難なケースが多いのです。つまり、そうしたケースでは、病院でお産したとしてもおなじ結果になる可能性が高いのです。

（ところが、そうしたことは一般にまったく認識されていません。そのため、自宅出産で「万一」のことがあったばあいには、当事者たちが親や世間から強く非難されることになってしまいます。）

けっきょく、自宅出産ゆえに生じる悲劇というのは、ほとんどないということです。他方、病院出産ゆえに生じる悲劇は、確実に一定の割合で生じているわけです。

こうしてみると、自宅出産をこころもとなく思う心理は、現実を正しく反映するものでないことがわかります。医療設備のととのった施設で産むほうが安全だというのは、正しい認識ではないということです。それは病院医学が流布した神話にすぎなかったのです。

ＷＨＯの『実践ガイド』（前出）も、ローリスクの産婦にふさわしい出産場所として、まっさきに自宅をあげています[32]。病院のほうが安全だという根拠はどこからもでてこないのです。（ＷＨＯの基本的な立場は、「産婦自身が安心できる場所でお産するべきだ」というものです。）

救急医療も発達してきています。ミッシェル・オダン（前出）はこう指摘しています[33]。「自宅で子どもを産むことを危ぶむとすれば、その不信感には論理的な根拠などあるはずがありません。このような不信感が芽生えるのは、自宅で子どもを産もうとする意志が欠けているからです。」

メンデルソン（前出）は、「自宅出産の危険性について医者が妊婦に警告をするのは、実は医療機関の利益を確保するためなのだ」と言いきっています[34]。

自宅出産をすすめるアメリカのデイビット・スチュワート（前出）は、つぎのように述べています[35]。

もしあなたのかかっている医者が、すべての、または大多数の女性にとって、病院のほうが安全だと信じているのなら、その根拠となるデータを示すよう要求しよう。かれらはけっしてそれに応じることができないはずだ。なぜなら、そんなデータなど存在しないし、いまだかつてこの世に存在したためしもないからである。つまりそれが自宅出産の立場の強さである。自宅と病院を比較したすべての信頼に足るデータによれば、科学的な判定は一致して自宅出産の優位性を支持しているのである。

自宅はすぐれた出産の場である。出産の本場は自宅である。けっして病院ではない。母親の健康状態やリスク要因や出産経験などにかかわりなく、自宅出産は安全性と出産法の規範をなすのである。

自宅出産は、もっとも安全なお産です。またそれは、もっとも自然な、もっとも安楽なお産です。さきにあげた英国NBTFの調査報告書『自宅出産』の巻頭には、王立助産婦学校長のキャロライン・フリントがメッセージを寄せています(36)。その一節を引用してみましょう。

自宅出産を取り決めた女性は、みずからの状況に対して、はるかに大きな支配力をもっています。彼女はそのまわりで全世界が展開する中心軸です。彼女は、好きなものを食べたり飲んだりすることができます。動き、うめき、うなることができます。お産をより安楽にする姿勢をとることができます。プライバシーは確保されています。――彼女の許可なくしてだれも家へは入れません。彼女は主催者、ボスなのです。

施設にいるより、自宅にいるほうがリラックスできるので、分娩時間もおのずからみじかくなります。すでに子どもが何人かいる家でも、というより子どもがいればなおさら、自宅出産は好適です。バースエデュケーターのレスター・ハーゼルは、著書のなかでこう述べています(37)。

三人めの子どもを妊娠しているあいだ、わたしは多くの自宅出産を指導してきました。上に子どもがいる母親たちにとって、自宅出産はとりわけ有益であるようです。自宅出産は、家族関係にあつれきを生じさせることがほとんどないのです。というのは、小さな子どもたちが母親から離され、新参の赤ちゃんを嫉妬をもって迎えるなどということがないからです。母親がずっと家にいれば、母親が家事から離れたときでも、一家の情緒的な雰囲気は一定に保たれるのです。

日本でも、このところ自宅出産がすこしずつ見直されはじめています。

ふたりの子どもを自宅で産んだAさんは、その経緯や感想をつぎのように記しています(38)。

長男出産の時の分娩室での看護婦さん達の機械的な冷たい対応、その時の会陰切開の傷の治りが悪く、三ヵ月ほどびっこを引いていたことなどを考えると、「もっと家庭的な雰囲気の中で、医療の介入しない自然なお産をしたい」と強く思うようになりました。今思い返せば、その時分娩台に寝かされ、両足を痛いほどに固定され、手にも点滴をつけられました。ほとんど自由のきかない状態で、一人陣痛の苦しみと戦っておりました。

生まれてすぐにほんの一瞬赤ちゃんを見せてくれましたが、それから丸一日近く、私は赤ちゃんと別室で過ごしました。その後も、昼間は同室でしたが、夜は新生児室に連れて行かれ、粉ミルクをたっぷり飲まされていました。……その当時は「それが当然のこと」と思い、何の疑問も抱かなかった自分に対してさえ、腹が立ってきました。

助産院の先生・主人と何度も話し合いをしているうちに、自宅で出産することが、妊婦にとって一番楽で幸せな方法に思えてきました。「陣痛が始まっても、重い荷物を持って助産院に行く必要もなく、『何分間隔の陣痛になったら、助産院に行こうかな』などと心配することもなく、お産の後も、気心知れた家族に世話してもらえるのだから。気を使うこともなく、心身ともに一番休養できるのではないか。」と思うようになりました。

お産の当日。……助産院に電話をし、自宅で産むことに決めました。私自身、その頃にはすっかり自宅出産する心構えができておりました。

病院のように、浣腸をしたり、下の毛を剃ったりということは一切しませんでした。ずっと座った状態で、喉が渇くと麦茶を少しずつ飲んだりしていました。

赤ちゃんの全身が出ると、すぐに私の胸の上に置いてくれて、赤ちゃんに触れることができました。……そのままの状態で、主人がはさみで臍の緒を切ってくれました。その後、また赤ちゃんを胸の上におき、おっぱいを含ませました。産後はとても楽でした。そして、家族の楽しい会話の中で、幸せに過ごすことができました。……やはり、自宅で産むことができて本当に良かったと思っております。

やはりひとりめを病院で産んだＫさん。もう二度と会陰切開はしたくなかったし、赤ちゃんに人工乳をあげたくなかったし、夫や長男とともにお産したかった――ということで、ふたりめは自宅出産を選びました。その体験から、Ｋさんは自宅出産して良かった点をいくつも指摘しています。そのなかから、かいつまんで引用してみましょう[39]。

・薬剤はまったく服薬せずにすみました（長男の時は病院で子宮収縮剤を服薬）。
・産まれてすぐ赤ちゃんを抱くことができました。へその緒を自分で切ることができました。
・長男に出産に立ち会ってもらい、また出産後もいっしょにいるので、兄としての自覚が芽生えてきたと思います。
・いつも赤ちゃんといっしょにいられ、母性が芽生えやすかったと思います。
・母乳を飲ませ続けることができました（病院では、黄疸の時は母乳を飲ませられませんでしたが）。
・病院よりも気楽に過ごせ、自分のペースで生活できました。
・体調に応じて、食べたいものが食べられ、病院食より良かったと思います。
・産前・産後の検診は、自宅に助産婦さんが来てくれるので楽でした。……自宅では検診もリラックスして受けられます。

Yさんは、ひとりめを病院で産み、ふたりめと三人めを同時に自宅で産みました。双子だったのです。助産婦は及び腰でしたが、ふたりとも難なく生まれてきました。そのYさんの手記から[40]。

強いいきみとともに、ツルツルと一人目が出てきました。いきんでないのに、二人目がツルツルと出てきました。

出血がほとんどないお産だったので、産後の経過がとても良く、助産婦さんもビックリしていました。生まれた日から赤ちゃんと一緒にいられ、母乳をあげられ、……とても満足しています。病院で生んでいたら、きっとまず双子ということで、帝王切開・入院・保育器・粉ミルク・紙オムツということになったでしょう。退院すると、上の子のヤキモチに悩まされ……。考えただけでゾッとします。

双子のお産は困難がともなうとされていますが、Yさんはつぎのように語っています[41]。「産むときはひとりだろうがふたりだろうが、ひとり以降の子どもはスルスルと出ちゃうので、あまりそういうのは心配いらないんじゃないかと思います。」

Aさんは三人めを自宅で産みました。ひとりめのときは、妊娠検査で行った病院で「消毒液の臭いと、あまりに実務的な応対、何度にもわたる検査の度に、新しい命への喜びよりも恐怖心だけが深く印象付けられ」、助産院を選びました。その助産院でのお産について、Aさんは記しています。「陣痛の波にのって言われるままに力むのですが、力みかたが悪いのか、二人の先生がお腹の上から乗って押さえたり、酸素マスクを使ったりしながらのお産でした。今考えると、やっぱり不自然だったのですが、私にはすべてが初めてのこと、可愛い女の子に大満足でした。」

ふたりめもその助産院を予定していましたが、散歩中に産気づき、もよりの病院で分娩台に仰向けに固定されて産ませられました。そこでは、「命の営みとは程遠い病院の世界をしっかりと見届けることができました。」

そして三人め、自宅までできてくれる助産婦とめぐりあったこともあって、自宅出産を決めました。お産のさい、助産婦の到着が間に合わず、結果的に家族だけのお産になりました。

本当に満たされた気持ちで赤ちゃんを待つことができました。

主人に支えられながら、義母の手を借りながら、私は自分に楽な姿勢をとりました。そして、回転しながら、きれいに包まっていたものを静かに破りながら、血一つ付いていないきれいな赤ちゃんが義母の手の中に産まれてきたのです。

その日から義母は忘れられない大事な人となりましたし、夫にとっても（望みながらできなかったが）初めて立ち会った、それも自分の母親と妻と三人で乗り越えたわが子のお産となりました。

結婚以来自然食を食べ、もちろん薬も一切使わない私なりのお産をすることができ、本当に幸せです。

このような体験をふまえて、これから産もうとするひとにAさんはつぎのようにアドバイスしています。「もし、これから命を頂こうとする方がいらっしゃいましたら、私のように遠回りをせず、人間らしい当り前のお産をなさって欲しいと思います。」

「遠回りをせず」というところに、病院や助産院でのお産を経てきた心情がよくあらわれています。

こうしてみると、自宅出産は安全――というにとどまらず、自宅出産こそお産の本道をゆくものであると言うことができるでしょう。

なお、お産のあとの母子の状態も、出産の場所が病院より助産院であったほうが、助産院よりも自宅であったほうが、格段に良好のようです。たとえばお乳のでかたがちがいます。東京都で出産した三八五人のアンケートによれば、母乳哺育の割合はつぎのごとくでした[42]。

	（退院時）	（六ヶ月後）
病　院………	六八・四％	四四・一％
助産院………	八六・三％	七三・二％
自　宅………	一〇〇・〇％	一〇〇・〇％

お乳がでない、足りないといった問題も、自宅出産によって根本的に解決されるということです。（ただし、右のような結果には、授乳意識（知識）の問題がずいぶん影響しているはずです。医師や助産婦の不適切な指導にしたがわないようにすれば、施設でお産しても長期の授乳をまっとうしうる可能性は大きくなるでしょう。）

3　助産婦の現状

ここまでの検討によって、病院よりも助産院と自宅のほうが安全性の高いことが明らかになりました。とりわけ自宅出産は、お産の本道をゆくものとみとめることができます。

じっさい、産婦自身の満足度という点でも、病院よりも助産院、助産院よりも自宅のほうがはっきりと高くなっています。第一子を病院で、第二子を助産院で、第三子を自宅でという推移をたどったひとは、口をそろえて自宅出産のよさをたたえます。（その逆の推移を自主的に選択するひとはまずいません。）

そういうことであれば、はじめから病院でなくて助産院なり自宅なりでお産したほうが賢明ということになるでしょう。

ところが現実には、日本ではこの十五年間、病院でのお産が全体の約九九％までを占めつづけています。助産院でのお産はわずか一％です。自宅でのお産は〇・一〜〇・二％です（ここ数年、やや増加のきざしがみられます）。計画的な自宅出産となるとさらにすくなくなります。

どうしてこのような現状になっているのでしょう。

その最大の原因は、「病院がいちばん安全」という迷信がひろくゆきわたっていることにあります。この迷信が世間の常識となっているかぎり、現状は維持されてゆくでしょう。

病院医学は、国家の保護のもとに、社会の医療の体制を支配しています。お産も、その医療の一部門とされているので、制度的に病院医学主導の体制のもとに組み込まれています。とうぜんながら、助産婦もまたその体制に組み込まれています。

助産院でのお産と自宅でのお産は、ともに助産婦のみの介助によるお産という点で共通しています。この両者を合わせても、全出産の一％あまりにしかなりません。それもそのはずです。日本国じゅうで、病院外においてお産にたずさわっている助産婦はわずか数百名しかいないのです。

助産院というのは、こんにち、かならずしもお産をさせてくれるところではありません。むしろ母乳育児や母子保健の指導を営業の主体としているところが多いのです。『全国助産院マップ』などをみても、たとえばわたしの住む山梨県には、入院分娩をあつかっている日本助産婦会所属の助産院は一件もありません[43]。おとなりの群馬県でも、助産院・開業助産婦は四〇件ありますが、そのうち入院分娩をあつかうところは三件にすぎません。

自宅でのお産を介助してくれる助産婦も、むろんごく少数です。地方では、さがしだすことじたいが相当むずかしくなります。「自宅出産ねっとわーく」は、アンケート調査にもとづいて、自宅でのお産を介助する助産婦を全国で百名弱リストアップしています[44]。これがすべてではありませんが、助産婦さがしの困難さはあきらかです。

そのいっぽうでは、病院（診療所をふくむ）に勤務する助産婦は二万名以上にのぼっています。

病院は病院医学の牙城です。それゆえ病院では、助産婦は病院方式の産科医療の手先きとしての役割を割当てられます。妊産婦は「患者」としてあつかわねばなりません。そこでは、助産婦としての独自性を発揮する余地はほとんどありません。患者からみれば助産婦と一般の看護婦の区別さえつかないほどです。なかには、産科とかかわりのないところに看護婦として配属される助産婦もすくなくないのです。

病院で助産婦が独自性を発揮できないのはとうぜんです。なぜなら、がんらい病院は異常出産をあつかう施設であり、助産婦は正常出産をあつかう専門家であるからです。つねに臨戦態勢をとり、正常出産をも異常出産としてあつかう病院では、助産婦はその本領を発揮しえない道理です。

もっとも、見方を変えれば、助産婦の本領とやらもあやしくなります。助産婦という資格じたいが、すでに病院医学の支配下にあるからです。

助産婦はまず、看護師としての資格をもたなければなりません。看護師は、敬虔なる病院医学の徒として病院に仕えるよう、徹底して教育されています。わたしはいくつかの看護学校で教鞭をとったことがありますが、そこでは病院医学やその基礎科目が過密スケジュールで教育され、医学と医師への忠誠がたたきこまれていました。そうして看護師の資格を取得したうえで、助産師としての資格が加えられます。助産婦を有資格者たらしめているものもまた、主として産科学であり、小児科学であり、公衆衛生学であるのです。助産婦たるもの、病院医学の教義に忠実であるようにとの教えを金科玉条としなければなりません。助産師の資格を取得して病院に勤務した助産婦にとって、産科医療の手先きになりきってしまう以外に、どんな道があるというのでしょう。

病院医療にとって助産婦は、病院方式の産科医療を推進するための小道具にすぎません。してみれば、助産婦にははじめから本領などというものはないというべきなのかもしれません。

こうして助産婦を配下にしたがえることによって、病院はお産そのものを医療のなかにとりこんでいるわけです。

全出産の九九％がそのような病院でおこなわれているというのは、まことに憂うべき事態です。もちろんこれは、病院勤めの助産婦自身にとっても憂うべき事態です。助産婦たちは、好むと好まざるとにかかわらず、かなり不自然な病院出産の一翼をになっていることになるからです。

おなじ助産婦でも、助産院や産婦の家庭で介助をする助産婦のばあいは、おのずから事情が異なります。助産院や家庭までは、病院の支配力は直接にはとどきません。医療的な臨戦態勢をとるスタッフも機材もありません。助産婦は、病院医療のしきたりや医師の指図にあまりしばられずにお産の介助をすることができます。助産院や家庭では、助産婦はみずからの裁量によって、理想とする助産婦業をあるていど実践することが

第3章

できるわけです。

みずからの裁量によってということは、助産婦自身の助産観や介助法が大きな意味をもってくるということです。すなわち、当の助産婦がどのような出産観や助産の基本姿勢、介助の流儀や技術をもっているかによって、お産のありかたにかなりの差異が生じてくるのです。それゆえ、助産婦とひとくちにいっても、その実態は相当に多様だということになります。

もっとも、開業助産婦には開業助産婦なりのしきたり（ならわし）のようなものがあります。それで多くの助産婦はある一定のワクのなかにおさまる傾向があります。それもそのはずで、開業助産婦は、たいていどこかの助産院に所属して〝見習い修行〟を経験しているのです。助産婦学校や病院でいくら学んでも、それだけではつかいものにならないからです。

病院医学では学べないもの、それが自然分娩です。開業助産婦が身につけなければならないのは、なによりも自然分娩の介助法なのです。それを身につけてはじめて、助産婦はその（もつべき）本領を発揮しうるのです。

病院では、つねに最悪の事態を想定して、先手先手と医療的措置をとってゆきます。攻撃は最大の防衛なりといわんばかりです。それでは自然分娩は困難です。助産院や家庭では、助産婦はむしろ守りを重視します。守りに徹することができてはじめて、自然分娩は可能となるのです。

守りを重視するということは、よく観察し、必要最小限のことだけをするということです。助産院や家庭でのお産が高い安全性を保ってきたのも、そうした助産婦の基本姿勢によるところが大きいはずです。

自宅出産は、もっともあたりまえのお産です。今後、自宅でお産をするひとがどんどん増えてゆくことがのぞまれます。

しかし実際問題として、自宅でのお産を介助してくれる助産婦をみつけることはたいへん困難です。地域的なかたよりもあって、みつけるのが不可能なばあいもすくなくありません。

運よくみつけられたとしても、そのままお産にまでもちこめるとはかぎりません。自宅出産の介助にはなにかと条件がつけられるものです。妊婦が自分の要望をあれこれ言いだしたりすれば、その助産婦にも断られてしまうかもしれません。それに、助産婦との相性という問題もついてまわります。相性がわるければさんざんな結果にもなりかねません。（わたしのまわりにも、助産院での不満足なお産の体験から、「助産婦の介助はもうこりごり」と言うひとが何人かいます。）

ともあれ、一般的にいって、助産婦にきてもらって自宅でお産するのが最善であると考えられます。今後、自宅出産を介助する助産婦がどんどん増えてゆくことを願わずにはいられません。また、質のうえでも、病院医療のしきたりや栄養学の迷信にとらわれない助産婦が輩出することを、願わずにはいられません。（医療者でない助産婦の復活ものぞまれます。）

第4章

CHAPTER 4

プライベート出産の道

前章で検討したところによれば、お産にかんして、一般につぎのような法則がなりたつと考えられます。

〔法則A－1〕
医療的介入が多いほどトラブルも増える
〔法則A－2〕
トラブルが増えるほど死亡率も高くなる
〔法則B－1〕
産婦が安楽であるほどお産は無難に推移する
〔法則B－2〕
産婦が安楽であるほど赤ちゃんも安泰である

これらの法則からだけでも、お産の場所としての適性は、病院→助産院→自宅の順に高くなることがみとめられます。お産の場所としてもっとも好適なのは自宅だということです。

ところが、その自宅でのお産を介助してくれる助産婦をみつけるのは、容易なことではないのです。それでも運よくみつかったとしましょう。それで、助産婦に介助される自宅出産は、最高のものになるでしょうか。

右の四法則からすれば、助産婦の存在とその医療的介入にも、マイナス面のあることが考えられてきます。おなじ自宅出産でも、助産婦の介入さえもないほうが、いっそう好適である可能性も考えられてくるのです。

助産婦による介入もない自宅出産――それこそがプライベート出産です。

病院医学が国定医学として社会をリードしている現在、お産には医療の介入が絶対に必要だとされています。そういう社会にあっては、医療者の立ち会わないお産はたいへん危険なことのように思われがちです。医療者の立ち会いのないお産は、この社会では、一種反社会的な性格をもたざるをえません。現状では、それは信条的にも制度的にも異端者の行為なのです。それゆえ出生届も容易には受理されないならわしになっているわけです。

そのような特異性が、無介助のお産をことさら孤立無援の危険な行為のように感じさせているところがあります。わたしたちは、そのような感覚をとりはらって、助産婦の問題点や無介助出産の実態を冷静にみきわめる必要があるでしょう。

1　助産婦の問題点

わたしたちは「助産」とか「介助」とかと言いならわしていますが、いったい、お産にどんな「助け」が必要なのでしょうか。

じっさいのところ、助産婦の介助による分娩でも、助産婦が手ずから介助する場面というのは案外すくないものです。

むかしの民間の産婆である〝とりあげ婆さん〟は介助らしいことはほとんどなにもしていませんでした。瀬戸内の離島を調査した吉村典子はつぎのように述べています(1)。

とりあげ婆さんがどのような助産をしたかといえば、「とりあげる」とか「助産する」とかは、言葉としてあまり似つかわしくないと思えるほど、産婦に対しては何も行なっていない。産婦自身が産みやすい方法で産み、それを見守っているだけである。しいていえば、彼女たちの役目は、通常生まれ落ちた子のへその緒を切って「その子をこの世にとりあげてあげる」ことであると言える。

アフリカやオランダでは、いまでも、助産婦はほとんどなにもしないでただ見ているだけです。こうしたすがたこそ、助産婦の理想的なありかただといえるでしょう。助産婦によるへその緒の切断さえ、〝余計なお世話〟というべきでしょう。

では、このような観点からみて、現代の日本の助産婦たちの介助に、なにか問題があるでしょうか。問題は、おおいにあります。

助産婦は病院医学の医療者です。病院勤務でない助産婦も、病院医学の教義にしたがうのがつとめなのです。ここに問題の根があります。

開業助産婦の主要な任務のひとつ（というより最大の任務というべきでしょう）は、妊産婦や胎児・産児の異常をすみやかに発見して病院へ送ることです。問題なのは、その「異常」の判断が病院医療に特有の猜疑心にもとづいているという点にあります。

松岡悦子の調査（前出）によれば(2)、妊娠中に調査対象の助産院から病院へ転医となった三一件中に、「予定日超過」という理由が五件ありました。「超過」といっても、四〇週で一件、四一週で四件です。このていどはほんらい超過のうちにはいりません。待てない助産婦が多いのです。「骨盤位」という理由も五件ありました。それも二九週で三件、三一週と三二週がそれぞれ一件です。これから自然に反転するだろうという時期です。あまりにせっかちすぎるといわねばなりません。産科学の教えが、待つことを困難にしているわけです。助産婦のほうにも、もちろん言いぶんはあるでしょう。せっかちすぎるくらいにしないと、嘱託医にとやかく文句をいわれてしまいます。また、現実に危なかったケースに遭遇したりすれば、警戒を強めざるをえなくなります。斎藤助産院では、四二週になって陣痛発来し入院した産婦で、微弱陣痛気味のまま児心音が低下し、病院に送ったケースがありました。帝王切開によって母子とも無事でしたが、「これ以来予定日超過には慎重になった」（斎藤悦子）ということです(3)。せっかちになる助産婦の心理がここにみてとれます。けれども、このケースにしても、ほんとうに帝王切開が必要だったかどうかは疑問です。児心音が一時的に低下しても、産婦が歩きまわるだけで回復することもよくあるからです。

青柳かくい助産婦（前出）はつぎのように語っていました(4)。

うちあたりでは二週間遅れても、三週間遅れても待ちます。

一ヵ月遅れても、それで赤ちゃんがだめになったということは一つもないし、私の経験では、一ヵ月早く生まれても老化している人があるんです。それは胎盤の異常ですよね。

胎盤の異常ということはたしかにあるでしょう。それは妊婦の体質の極度の劣悪さからくるものです。そういう異常を全妊産婦にたいして等しく警戒するというのは、あきらかにゆきすぎです。全員をおなじ異常の確率でみるのではなく、個人別にその体質の良し悪しをみるべきなのです。（もちろんそれには体質と食生活等についてのふかい理解が必要ですから、病院の健診などでは不可能なことですが。）

助産婦による助産行為じたいにも、過剰な介入といわねばならないものがすくなくありません。

助産婦の過剰な介入は、さまざまな面で指摘されます。お産の当日だけにかぎってみても、たちどころにいくつかの問題点が浮かびあがります。

まず、内診の問題。多くの助産婦が産婦にひんぱんに内診を実施します。この内診に問題があることは第二章でも指摘したとおりです。

いちいち内診をされて、「〇センチ開大」などと実況を報告してもらうことに、いったいどんな意味があるでしょうか。内診は、産婦に余計なストレスをあたえます。のみならず、しばしばそれで卵膜を破ったり腟などに傷をつくります。さらに、細菌感染の危険性を飛躍的に高めます。内診は余計なことです。

陣痛の発来以前に破水があると、助産婦は細菌感染を心配します。それで病院送りにしたり、抗生物質を投与したりします。抗生物質のこのような投与は薬物の乱用というしかありません。(助産婦による薬物の投与は、原則として禁止されていますが、医師の指示があるばあいや「臨時応急」のばあいは許容されているのです。)

分娩がいっこうに進行しなかったり、陣痛が途中で弱まってしまったりすると、助産婦はあせってきます。それで病院送りにしたり、時として陣痛促進剤を投与したりします。開業助産婦ならけっして促進剤はつかわないだろうという推測は安易にすぎます。(「微弱陣痛」で促進剤を常習的に投与する助産院もあるようです。病院並みです。これでは助産院を選択する意味がありません。)

産婦が助産院や自宅から病院へ運ばれるケースでいちばん多いのが、こうした分娩の進行にかかわる「異常」によるものです。松岡悦子の調査(前出)でも、分娩中に調査対象の助産所から病院へ転送された産婦の半数は、分娩の進行状況を理由とするものでした。三〇件中、「微弱陣痛」が一〇件、「前期破水後分娩始まらない」が四件、「分娩停止」が一件でした。

イギリスのＮＢＴＦの調査（前出）でも、自宅出産から病院出産へ転移となった理由として、もっとも多かったのが「分娩が進行しない」というものでした(5)。二番めに多かったのは「前期破水」で、このふたつを合わせると全体の六二％にもなります。分娩中の転送だけにかぎってみても、圧倒的に多かったのが「分娩遷延」という理由でした。

ほとんどのばあい、分娩がながびいているのは、ただながびいているだけです。それは「異常」でもなんでもありません。せっかく助産院や自宅を選んだのに、そんなことで病院へ送られては元も子もありません。病院では薬物とメスが待ちかまえています。

分娩がながびく理由のひとつとして、産婦があおむけに寝かされているということがあります。仰臥位だと、胎児がおりてきにくく、そのうち産婦は疲れはててしまいます。産婦が苦しいと、胎児も苦しくなります。胎児の心音も低下してきます。そうなるともう病院送りは避けられません。

分娩が進行してくると、たいていの助産婦は、呼吸のしかたやいきみのタイミングを指示します。これも多くのばあい、余計なことです。というのは、産婦のそのときの状況にもっともふさわしい呼吸やいきみは、その産婦自身にしかわからないからです。

ミッシェル・オダン（前出）はつぎのように述べています(6)。

「はい、いきんで！」「今、いきんではだめ！」などという指示が、産婦の感覚とぴったり合っていることはほとんどありません。

お産はリズムです。そのリズムは、産婦自身の内部からおのずからに脈動するものであって、他人がとやかく干渉するべきものではありません。他人の干渉はほとんどすべて、産婦の自然なリズムをくるわせてしまうだけでしょう。

ニュージーランドでの自宅出産で、初産婦のエリカ夫人は、出産用プールにはいって陣痛をしずかにやりすごしていました。そこに助産婦が駆けつけてきて、まず彼女の体勢を変えさせました。そのときから、なにかと思わしくない推移をたどりはじめました。――彼女は、ふたりめの子どもの出産には助産婦を呼ばないことに決めました。(無介助出産のメーリングリストによる)

胎児がなかなかでてこないと、多くの助産婦は下腹部を強く圧迫したり、産道をゆびでひろげたりします。わたしの知人のなかにも、助産院でのお産で、おなかのうえに馬乗りになって押されたひとがいます。とても苦しかったそうで、娩出後の出血もひどかったということです。そうした強引な助産婦はけっしてめずらしくないようです。それほどでなくても、かなりせっかちな助産婦というのはたくさんいるようです。以前は、「早く産ませてやるのがいい分娩」と考えられていて、「分娩の早さを実習生のあいだで競い合う」などということもあったそうです(7)。そうした時代のなごりがまだ尾を引いているのでしょう。

いよいよ娩出となると、多くの助産婦は会陰を保護しようとします。会陰の保護は、とくに日本の助産婦の得意ワザです。会陰を保護するというと聞こえはいいですが、これも余計な行為です。

そもそも会陰がふかく切れるのは、分娩の体位に問題があるからです。仰臥位という不自然な姿勢が会陰に不自然な圧力をあたえてしまうのです。助産婦が産婦をあおむけに寝かせるのは、そうしたほうが陰部がよく見え、会陰保護がやりやすいからです。

つまり、産婦は助産婦のために仰臥させられるのです。助産婦は、わざわざ会陰の切れやすい体位をとらせておいて、会陰保護の得意技を披露する――ということになります。してみると、会陰の保護には、助産婦自身の存在意義を顕示するという目的もふくまれているのかもしれません。ちょうど、産科医がみずからの存在意義を顕示するために会陰を切開するように。

ともあれ、会陰の保護は不要であり、まして助産婦のための仰臥位など論外です。

（伝統的な助産術のほかにも、病院で実施されてきたようなテクニックをいろいろと導入している助産院もあります。。近年の助産学の教科書にはつぎのように記されています(8)。「助産婦業務に当然付随する行為の範囲や種類についての解釈も変わりつつある。例えば、機械器具の使用についても、超音波ドプラー心拍数計の使用などは開業助産婦にとっては必須であり、会陰切開や裂傷部の縫合なども、当然付随する行為とみなす傾向もある。」）

仰臥位とも関連して、多くの助産婦は（医師と同様に）明るさを要求します。産婦の局部をよく観察するためです。「助産学」のテキストには、自宅出産の産室について「南または東南を向いた部屋で、日光が入る明るい部屋が望ましい（分娩後褥室として使用する）」などとあり、また部屋全体と部分の照明に注文をつけたりしています(9)。ここには、母子の心理や眼の保護への配慮はみじんもみられません。

助産婦の多くはまた、すみやかに娩出させるために、胎児をつかんで誘導しようとします。なかにはすこしひっぱる助産婦もいます。余計なことです。こうした介助も、仰臥位と関連しています。仰臥位にさせるから、胎児がなかなかでてこられないのです。それと、やはり助産婦のせっかちさがそうした介助をうながしているでしょう。また、これはうがった見方かもしれませんが、「助産婦＝とりあげるひと」という通念が、そうした余計な介助をさせているという面もあるのではないでしょうか。

赤ちゃんが娩出されると、助産婦は吸引器で羊水や粘液を吸引したり、全身のよごれを拭きとったりします。

やはり余計なことです。

赤ちゃんをあおむけにしなければ、気道の羊水や粘液はおのずからながれでたり吸収されたりします。もし赤ちゃんが血液や胎便でよごれているのなら、それを拭きとるのはかまいません。けれども、粘液や胎脂まで拭きとる必要は、まったくありません。

生まれでて最初に経験するのが助産婦にいじくりまわされることというのは、いかにも情けない話です。母親自身の手でとりあげられ、だれよりも母親とまっさきに目を合わせることができたら、赤ちゃんはどんなに安心するでしょう。出生後に母親以外のひとたちに取りあつかわれることが、子どもの精神の発達に悪影響をおよぼす——という指摘もあります。赤ちゃんはまず母親と対面したいのです。生まれてはじめて目を合わせる相手が母親でないというのは、子どもにたいする裏切りの洗礼というべきでしょう。

助産婦はへその緒をすぐに切ります。このへその緒の早期切断が暴力的な行為であることも、すでにみたとおりです。

助産婦はまた、生まれたての赤ちゃんをあちこち点検したり計測したりします。無用の行為です。点検や計測など、生まれてすぐやるべきことではありません。ところが助産婦は数値にこだわり、赤ちゃんの体重がたとえば二三〇〇グラムしかないと、あわてて救急車を呼んだりするのです。

さらに助産婦は、赤ちゃんに早めに産湯をつかわせたり、抗生物質か硝酸銀の点眼をしたり、ビタミンKのシロップを飲ませたりします。(投薬は血液検査などとともに病院に依頼する助産婦もすくなくありません)。いずれも無用の、というより、むしろ赤ちゃんにすくなからず害をおよぼす行為といわねばなりません。

後産のために、助産婦はしばしばアイスノンなどで産婦のおなかを冷やしたり、へその緒をひっぱったり、下腹部を圧迫したりします。やはり余計なことです。

助産婦は後産も早くすませてしまおうとします。それで余計なことをするのです。また、産婦を仰臥位にさせたままでいるから、余計に胎盤がおりてきにくいのです。胎盤がなかなかでてこないと、助産婦はあせって病院送りにしてしまいます。腕におぼえのある助産婦は、腕を子宮のなかにいれて胎盤を強引につかみだします。この行為はきわめて危険です。大出血をおこしかねません。胎盤遺残の危険もあります。出血が多いと、今度は子宮収縮剤や止血剤の投与です。

こうしてみると、助産婦に介助されているからといって、かならずしも安心していられるものでないことがわかります。もちろん、すべての助産婦が右のようなもろもろの行為を平気で実施するわけではありません。けれどもまた、右のような行為をぜんぜんしないという助産婦も、ほとんどいないでしょう。国家が公認する助産婦であるかぎり、産科学のおきてからのがれるすべはないからです。

助産婦による介助にも利点と欠点があるということを、わたしたちはしっかり認識しなければなりません。とうぜん、利点は安全性につながるし、欠点は危険性につながります。

助産婦の弊害については、助産婦（産婆）という専門家が活躍しはじめたころから、すでに指摘されていました。江戸時代中期の山辺文伯は、「分娩は天地自然の 理《ことわり》 に従う」として、つぎのように述べています(10)。

いなかのひとは、産帯（腹帯）もしないし整胎の術（胎児の位置を修正する手わざ）もほどこさない。産婆の介助もなしに、自然に安産する。それに反し、都会のひとは、産帯をし、産婆の手をかりて整胎の術をほどこしたりする。そうしたことがみな自然に反するからこそ、かえって難産となるのである。

文伯はまた、逆子などの分娩にかかわって、つぎのようにも述べています。

難産の原因は、自然に反することにある。そしてその難産は、産婆がやたらあわてふためき、適切な方法を知らず、露出した胎児の四肢をむやみに引っぱったりすることによって生じるのである。自然の経過を待ってさえいれば、よほど困難な分娩でも、順当に生まれるものである。

現代の助産婦は、はるかに進んだ衛生観念とはるかに豊富な生理学的知識を身につけています。しかしまた同時に、その助産観は豊富な産科学的迷信によってゆがめられてもいるのです。

しかも現代の助産婦は、病院医療のしきたりによって制度的にも条件づけられています。助産婦はつねに病院・医師と連係を保っていなければなりません。(出張専門の助産婦は嘱託医を定める義務は法的にはありませんが、事実上、病院・医師との連係なしに業務することはかないません)。開業助産婦もあくまで病院医療の体系のなかの一部門であるからです。

したがって妊産婦にとって、助産婦にかかりながら病院医療のしきたりから自由であろうとすることは、まずもって不可能なことです。

ほとんどすべての助産婦が、医師による妊婦健診を不可欠と考えています。すくなくとも数回は病院で診てもらうことが、助産院や自宅でお産する条件となっています。それを拒めば、助産婦からも拒まれるでしょう。助産婦には、医師によるお墨つき(〝正常〟の保証)が必要なのです。

病院へ行けば、もうそこは病院医学の牙城です。患者となった妊婦には、文明の利器を用いたもろもろの検査がなされ、医師による内診がなされます。すこしでも標準から外れていれば〝異常〟の烙印を押されかねません。理想的な食生活をしていると、血液性状が標準からズレてくることがあります。そうすると、ときとして「異常」の診断がくだされることにもなります。からだが浄化されつつあるときには、GPTやGOTの数値が上昇するので、肝臓の障害を言いわたされることにもなります。病院で緊張するだけでも、「高血圧」と診断されかねません。〝異常〟の烙印を押されれば、とうぜんながら助産院や自宅でのお産は拒絶されます。そしてそのままずるずると病院医療の中枢にとりこまれてゆくのです。

あるていどの検査や内診は、助産婦自身も実施します。また、医師と同様に、というよりむしろ医師以上に、さまざまな忠告を妊産婦にあたえます。正当な忠告もありますが、不当な忠告もすくなくありません。

たとえば妊婦にたいして、水分や塩分の摂取をひかえめにするように、といった忠告があたえられます。妊娠中の水分摂取は一日に一・五リットル以内などとされます。腎臓に負担がかからないようにという配慮からです。が、これはひどく不当な忠告といわねばなりません。

人体にとって水分はもっとも重要な養分です。とくに妊娠中は、良質の水分をたっぷり摂取することこそが、健全な妊娠生活のかなめとなるはずです。水分が不足すると、腎臓は順調に機能しなくなり、水はけがわるくなって、かえってむくんだり尿にタンパクがでたりするようになるのです。羊水も濁ります。

塩分の制限もあまり意味がありません。塩分が貴重なミネラル源となっているばあいもすくなくないからです。（むろん化学塩の摂取はゼロにするべきですが）。塩分の過剰を気にするより、飲みものやくだものをたっぷりとることのほうがたいせつです。ちなみにアメリカなどでは、一般に妊娠中毒症にたいして塩分を制限するようなことはありません。『ケアガイド』（前出）も、「ここまでのところ、妊娠中に塩分摂取を制限することを正当化する理由はないように思われる」としています[11]。

レバーを食べ牛乳を飲むように、といった忠告も困ったものです。それは栄養学の短絡思考による迷信の受

第４章

け売りでしかないからです。貧血を助長し体液をよごす傾向のあるレバーや牛乳は、妊婦がけっして口にしてはいけないものというべきでしょう。(レバーの化学物質汚染は最悪です。)

——こうしてみると、助産婦にまかせて安心していられるというものでもないことがわかります。助産婦は妊産婦に不当に介入しすぎるのです。

お産への不当な介入は、すでにみてきたように、お産のトラブルを増やすことを意味します。助産婦による“余計なおせっかい”は、おのずからトラブルの発生をうながしているにちがいありません。

しかし助産婦には、介入する義務があります。ただ見ているというわけにはゆかないのです。ある助産婦は、自宅出産の介助をことわるケースのひとつとして、つぎのように明記しています(12)。——「助産婦や医療の介入のすべてを拒否して、出産の立ち会いのみを望む場合」

助産婦の介入がトラブルの発生をうながすとすれば、その点にかぎっていえば、助産婦の介在しないお産のほうがより楽で安全ということになります。原理的に、そういうことになります。

分娩の介助についていえば、助産婦はただ見ているだけというのが上等といえるでしょう。ただし、ただ見ているだけというのも、けっして理想的とはいえません。というのも、そのただ見ていることじたいが、やはりお産のさまたげになってしまいがちであるからです。バースエデュケーターのジャネット・バラスカス(前出)はこう指摘しています(13)。

> じっと見られているという感覚が、ホルモンの分泌を止め、緊張を高めてしまうこともあるのです。部屋の中に、余計な人がいたり、リラックスの邪魔になる人がいたりすることによっても、お産のプロセスが妨げられてしまいます。

ミッシェル・オダン（前出）は、自宅出産にたずさわることによって得られた理解を、つぎのように述べています[14]。

私が今更ながら発見したのは、われわれが哺乳動物であるということであり、分娩プロセスには、だれからも見られていないという感覚「プライバシー」の守られた環境が何より大切だということです。ほんとうにプライバシーの守られた環境とは、どういう環境でしょうか。それは、そこでセックスができるかどうかを考えてみればよくわかります。プライバシーがほんとうに守られているのなら、そこで平気でセックスすることもできるはずです。バースエデュケーターのカール・ジョーンズは、つぎのように指摘しています[15]。

陣痛は一つのセクシュアルな体験であり、愛をかわすときに影響するようなことはやはり出産の生理にも影響します。

助産婦がきているときに平気でセックスできるひとがいるでしょうか？

アメリカでは、実際に、お産の最中に愛を交わす夫婦が増えてきています。『出産と愛の対話』という本のなかで、マリリン・モランはつぎのように述べています[16]。「自宅出産する現代のカップルによって用いられる道具は、愛を交わすテクニックです。そしてそれは、お産をしとげるうえですばらしい効果を発揮するのです。最小限の不快と最大限の満足を夫婦双方にもたらしながら。」

加えていえば、立ち会うひとの数がすくないほど、産婦はくつろげるはずです。オダンは、いみじくも、「分娩時間の長さは、出産に立ち会う人の数に比例する」と指摘しています[17]。

立ち会うひとの数がすくないほど、細菌感染の危険性も減少します。助産婦（たいていふたりで来る）は他人であり、しかも直接手をくだすのですから、それだけ感染の危険性も高くなります。（むかし多かった「産褥熱《さんじょくねつ》」のおもな感染源は、助産婦の手でした。）

出産直後の赤ちゃんと母親の精神衛生にとっても、他人の存在はじゃま以外のなにものでもありません。母子のきずなづくりには、ほんもののプライバシーがぜひとも必要とされるのです。

後産においても、プライバシーの確保はきわめて重要です。母子のプライバシーが母体の安全をささえるのです。助産婦はもちろん、ときには夫さえもじゃまになります。やはりオダンはつぎのように指摘しています(18)。

誕生しても、直後の母子相互作用が第三者に阻まれてしまうと、その母親からは十分なレベルのオキシトシンが放出されず、胎盤が出てこなくなる場合があります。

産後出血を起こしたり胎盤が出ないという事態になるのは、母親が赤ちゃんを見つめ肌で感じていなければならないというときに邪魔が入ったからだと確信しています。

プライベート出産なら、いっさいの余計な立ち会い、介入、感染源を避けることができます。この点において、プライベート出産の優位性は明白です。

翻訳などを通じて「アクティブ・バース」や「水中出産」を日本に紹介してきた佐藤由美子は、一九九二年に第三子を自宅でお産しました。三人の助産婦がその介助にあたりました。彼女たちは、「自然なお産に意欲的」な助産婦でした。入念な打ち合わせをおこない、つぎのような要求も助産婦たちにつたえ、受け入れられていました(19)。「浣腸、剃毛、会陰切開をしないのは当然のことで、娩出時まで姿勢は自由。内診は最小限に。夫や子どもの出入り、立ち会いは自由に。会陰保護もできるだけせず、臍帯は拍動停止後に切断する。胎盤は自然な娩出を待つ。娩出直後の母子の出会いを大切にしたい。後は当日の様子で臨機応変に。」

お産は一八時間におよんだものの、無事に終了しました。ところが、お産した本人には、さまざまな不満や疑問がのこりました。半年後、彼女は三人の助産婦にあてて長文の手紙を書き送りました。その手紙の一部をかいつまんで引用してみます(20)。

結構回りに気をつかっていた自分の姿を思い出します。……助産婦さんたちに対して、そういうことは止めてほしいという要求が特に出しにくかった覚えがあります。

熱心な（私の側から言うと「しつこい」と言い換えることができる）提案に影響されて自分の感覚と違う動きを取っているうちに、自分の内面の感じを見失って混乱、動揺してしまう場面もありました。

私はお風呂に入る時点で重大な間違いを犯したと思います。それは入りたいから入ったのではなく、逃げ込んだことです。……「私は静かにしていたいのでそのように協力してほしい」あるいは「一人にしてほしい」というふうに本当の気持ちを伝えることができていたら、その後あんなにいらいらしたり、内面的に苦しんだりすることはなかったでしょうに。

助産婦さんも「午前中に済むと思ったから、午後には用事を予定していたんだけど……」と言われる方があったり、そう言われると、長時間拘束していることを申し訳なく感じたりしました。

私は自分の「プライバシー」を確保するために皆さんに背中を向け、その空間の中でできるだけ一人に、自分自身になろうとしていたのではないかということです。

私の側からすると、自分のペースでいろいろ試みていることに対し、繰り返しストップがかかって来るのです。そのたびに、なんとか自分でやれるという自信がどんどんしぼんでいきました。（夫は）少なくとも時々は自由に産室に入って私の様子を見たり、そばについていたりしたい気持ちもあったのでしょうが、気後れして、心配しながらドアの外側の階段の所に長く座っていたようです。……夫はいざという時には体を触れ合わせて支えてほしい存在であることも事実です。この時期に何のためであったか、どなたかが何度かお尻の辺りに手を当てられました。その度にそれが猛烈に不快に感じられ、私は「触らないで！」と叫びました。

汗と羊水と胎脂にまみれた分娩直後の時間も、母子だけで、あるいは家族で、もう少しじっくりと静かに味わいたかったような気がします。

お互いの感性の違い、性格の違い、経験の違い、認識の違い、イメージの違いが複雑に入り組んで、お産開始後の余裕のない私には、乗り越えにくい高い壁になってしまいました。

分娩時における助産婦の問題点が、ここに浮き彫りにされています。佐藤由美子自身は、産婦と助産婦がもっとよく理解しあおうとすれば好ましいお産ができるのではないかと考えているようです。しかし、はたしてそうでしょうか。理解しあおうとするくらいで、「乗り越えにくい高い壁」を乗り越えることが、はたしてできるでしょうか。彼女が好ましいお産をするためにとるべき選択肢は、じつはべつのところにあるのではないでしょうか。——その選択肢こそ、まさしく、助産婦も呼ばないお産、プライベート出産なのです。

助産婦は専門家です。専門家には専門家としてのやりかたがあります。専門家に介助を依頼しておきながら、制約のないお産を望むのは、すじちがいというものではないでしょうか。

アメリカでプライベート出産にかかわる出版活動をおこなっているリン・M・グリースマーは、つぎのように述べています(21)。

専門的な介助者のいるばあいもいないばあいもふくめて、わたしは数多くの美しいお産の体験談に接してきました。一見おなじように満足しているようにみえても、助産婦の介助したお産と無介助のお産とのあいだには明白なちがいがあります。夫婦はたいてい、病院においてお産の体験を開始し、やがて無介助の自宅出産にたどりつきます。他人のいないお産をしたカップルの満足度は格段に高いので、かれらがつぎのお産で助産婦を頼んだりその他の立ち会いを求めたりすることはまずありません。助産婦に来てもらって満足したお産をしたという多くのひとたちの話を聞くと、かれらは（満足してはいるものの）お産そのものは自分たちだけでできたと感じているのでした。助産婦は、しばしば遅れて現れたり、ことのすべてをとりしきろうとしたりします。無介助の自宅出産なら、人間関係のトラブルや医療的な介入の機会を回避することができます。無介助の自宅出産をしたカップルに、お産の体験はどのようだったか尋ねてみてください。一般の出産体験談ではまず聞けないような、すばらしい満足が本当に得られるのだという証言を耳にすることになるはずです。それというのも、無介助の自宅出産では他人のスケジュールに左右されることもないし、他人の同意を求める必要もないし、他人の押しつけに屈することもないからです。

女性がお産のために必要とするのは、愛と優しさです。そして愛と優しさの得られる最高の状況は、愛するひとたちと共にいることであって、助産婦や医師などと共にいることではありません。セックスと愛とお産は愛する者たちのものです。わたしたちは、神聖さやつつましさや親密さに反する社会の圧力をあまりにも多く受けています。専門家の立場に固執する助産婦たちにまどわされないよう、注意したいものです。

二回めの出産から自宅でお産をしてきたシェーラ・スタッブスは、五回めにして初めてプライベート出産をしました。彼女はつぎのようにその感想を語っています(22)。

プライバシーこそ、以前のお産に欠けていた要素でした。今回のお産では、娩出へ向けてとても美しい流れがありました。そこでは気を散らすものもなく、邪魔するものもなく、人の到来を待つ必要もありませんでした。進行をチェックしようと指を入れてくる人もいないし、いきむ時だと指示してくる人もいませんでした。実際のところ、わたしはすこしもいきみを感じませんでした。わたしはただ、自分のからだを解放し、赤ちゃんにでてこさせただけなのです。

ここにみられる、「すこしもいきみを感じませんでした」「ただ、自分のからだを解放し、赤ちゃんにでてこさせただけ」という境地こそ、分娩のもっとも理想的なありかたです。そしてそのような境地は、心身ともにふかくリラックスした状態でのみ実現しうるのです。

2 「近代化」以前のお産

お産の九九％が医師の介在する病院出産である昨今、助産婦さえいない医療者不在のお産は、きわめて特殊で異例なこととみなされています。けれども、ひろく世界を、また歴史をみわたしてみるとどうでしょう。むしろ医療者の立ち会うお産のほうこそきわめて特異なものであることが、一目瞭然となります。

そもそも、お産に介助が必要だというのは、西洋医学がつくりだした幻想にすぎません。野生の動物たちはみな、同類からも離れて、独力でお産します。（ゾウのなかには、ときとして〝産婦〟につきそうメスもいるようですが）。ヒトだけが例外などということはありえません。

自然界には、《お産は独力でなすべし》というおきてがあるというべきでしょう。

多くの哺乳動物は、他のものにお産を介助されると、子育てに消極的になってしまいます。これにはホルモンも関係しているようです。イヌなどでは、頑として授乳をこばむ母親もでてきます。自力でお産してはじめて、子育ての本能がじゅうぶんにはたらくのです。お産のさいに、自力で分娩しているという意識をもつこともたいせつなのでしょう。エチオピアの遊牧民は、ヤギのお産と授乳をわざと手伝います。この余計なおせっかいによって、母ヤギは授乳への執着をなくしてしまうのです。それで搾乳の仕事が容易になるというわけです。

ヒトも動物の一種である以上、ほんらい独力でお産するのがあたりまえです。介助など受けないのが正統なのです。（この点からすれば、へその緒を切るのも、母親自身がみずからおこなうべきものといえるでしょう。）

じっさい、人類は、介助なしのプライベートなお産をくりかえして地上に繁栄してきました。産科医など、もちろんいませんでした。助産婦などという専門家もいませんでした。

ふるく、お産はごく自然におこなわれていました。身ぢかなお産の経験者がつきそうこともあったでしょうが、多くの産婦はひとりで産んできたはずです。なぜなら、お産は産婦ひとりでできるものであって、なんら特別なことではなかったからです。

妊娠して一定の時間がたつと、子宮の収縮が起きて赤ちゃんが自然に降りてくる——ただそれだけのことです。それは日常のさりげないひとコマにすぎません。

「出産予定日」などもありません。森などですごしているうちに産気づくと、近くの木陰に身を寄せて子どもを産んだでしょう。ねぐらで産気づくと、産婦は人目につかないところへ、ひとりで、もしくは母親などをともなって、出かけたでしょう。ほかのひとのいるなかでは、プライバシーが保てなかったからです。動物がそうであるように、お産にさいして必要なのは、まず同類から身をかくすことだったはずです。

原始時代のお産のありかたを、ハッガードはつぎのように描いています(23)。

> 原始時代の女性は、丁度《ちょうど》動物と同じ様に直覚に依つて自分の若い生命を護《まも》る様に導いた。
> 原始婦人は分娩に於ては殆《ほとん》ど苦痛を知らなかつた。と云ふのは彼女達は文明病に禍《わざわ》ひされてゐなかつたからである。
> 原始時代の女は労働的な生活をしてゐた。そのために、その赤坊は小柄であつた。彼女達は出産の当日まで毎日精出して働いてゐたから胎児は文字通り普通の頭位をなしてゐたので分娩も非常に楽で安

全であつた。
原始人の間には出産の日が切迫して来ると、仲間の部落から離れる風習があつた。大抵の原始人の間では、子どもが産れると、母親は冷水を浴び、そして直ぐに仕事に取り懸るか又は一定の間独居をして神聖な清浄法を受けた。

このようなお産を、人類はずっとつづけてきたのです。

近代になっても、伝統を守っている社会にあっては、こうしたむかしながらの風習を根づよくのこしていました。たとえばジプシーでは、つぎのようなお産がみられたということです(24)。――「お産真近い女性は、あらかじめお産に適当な場所を探しておく。そこはテントや馬車から少しはなれた、人に見られない場所である。陣痛がはじまるころ、彼女はひとりでそこに行って、ひとりで産んだ。」

比較的新しい時代になって、一部の都市にお産を介助する産婆があらわれました。けれども、その介助を受けたのは、ごく一部の貴族階級の産婦にかぎられていました。ついこのあいだまで、地球上の圧倒的多数の産婦は、ひとりだけで、もしくは身ぢかなひとの立ち会いだけで、子どもを産んできたのです。とくに〝文明〟に影響されない地域の産婦たちは、原始時代そのままの伝統的なお産を連綿とくりかえしてきました。

ふるい探検記などには、そうした伝統的なお産の模様が記されているものがあります。十八世紀末に南アメリカのギアナを旅行した探検家は、つぎのように書いています(25)。

一行が歩いていると、一人のインディアンが産気づき、道をそれて出産をすませると、赤ちゃんと胎盤をくるんで、急いで一行の列に走って戻った。

北アメリカを最初に旅行した一団のなかの司祭たちは、先住民のお産について、つぎのように記しています

(26)。

薪《たきぎ》を集めに一人で森に出かけたところで陣痛が始まったら、茂みに入り、しばらくすると背中に薪を、腕には赤ちゃんを抱えて、家に戻ってくる。もしカヌーで移動中なら、岸につけてもらい、自分だけ森に入り、やがて赤ちゃんとともに戻ってきて、旅の終わりまで同様にカヌーを漕ぐ。

極寒の地においてさえ、屋外で独力でお産する産婦たちがいました。ユーロシアのニキーチン夫妻によれば、ツングースではつぎのごとくでした(27)。

ツングースでは、遊牧の途中、野天で、しかも零下四〇度もの寒さの中で分娩することもめずらしくなかったのです。ツングース族は、出産を特別なこととはみなさず、単なる生理現象の一つと考えていましたから、前もって準備することもなく、出産のとき介助する人もいなかったのです。

日本の産育学者・兒島尚善は、天明元年（一七八一年）に著わした『保産道志類辺』のなかで、つぎのように書いています(28)。

樵《きこり》や漁師の妻などは、山で木を切ったり海で漁をしたりして、お産の当日にいたるまで、生活のためにけわしい山河をわたり歩くことをもいとわない。それゆえに、かえって安産をするのである。以前、京都に行ったおりに、ある老人がつぎのような話をしていた。――「ある日鴨川べりを通っていたら、柴をかついだ三十歳くらいの婦人がいた。元気そうで、すこしも苦しそうな様子はなかったけれど、もう臨月かなと思われた。見ているうちに、むこうの薮かげに行って柴をおろしていたが、しばらくして、いとも簡単にお産してしまった。」

また、私が近隣の村の小高い坂道の下を通りがかったときのことである。二十一、二歳の女性が、風呂敷包みを背負って、私の二百メートルほど先を歩いていた。坂のふもとでしばらく立ちどまり、そのまま地面に座った。二、三度声を上げたと思ったら、もう普通にお産してしまっていた。あとで村人に聞いたところ、夕方になって赤ん坊を風呂敷に包み入れ、産前と同様に背負って坂道を越えて行ったということであった。

山間僻地の婦人は、多くはこれに類したもので、みな無智無巧だから、余計な思慮による悩みも当然ないし、妊娠してもいつもとかわらぬ立ち居振舞をする。それで母胎のはたらきも良好だから、お産もたいへん楽なものになるのである。

近代になると、〝文明〟国では職業的な介助者の存在が一般化しはじめました。それでもなお、多くの産婦はひとりで、または家族だけで、お産していました。たとえば十九世紀のフランスの農村社会では、産婆はいわばハイリスクのお産に対応するものだったようです。民俗学者のフランソワーズ・ルークスはこう記しています(29)。「『産婆さん』を迎えにゆくのは、ある程度いやいやながらのものでした。『調子のよいときゃ産婆は不要』、といわれていました。産婆はある程度の危険を代表して表わすものだっただけに、いっそういやがられたわけです。」

こうして、圧倒的に多数の産婦は、つい近年にいたるまで、専門的な介助者のいないお産をしてきたのです。多くの部族社会では、二十世紀後半になっても、依然として伝統的なお産をつづけていました。部族社会に生きるひとたちにとっては、お産など大げさに騒ぐほどのことではなかったからです。

オーストラリアのアボリジニにあっては、お産はつぎのごとくです(30)。

オーストラリア原住民の母親は、分娩間際になると部族から離れて一人になる。砂に穴を掘って、その上にしゃがみこみ、子どもを産む。胎盤が自然に排出されるまで待ち、それをとって食べる。……その後、子どもを胸に抱いて、部族の集落へと走って戻る。以上を大体二十分でやってのける。

一九五〇年代にアフリカに滞在した産科医のディック・リードは、あるアフリカ駐在のイギリス人領事の体験談を記しています(31)。

アフリカ人の夫婦をボートに乗せて運んでいたときのことである。航行中に婦人が産気づいたので、ボートを停めた。婦人はヤブに入って行き、夫は近くで待った。ほんのしばらくして、婦人は赤ちゃんを抱いて現われ、旅行は続けられた。

アラスカにおけるお産についても、つぎのような報告があります(32)。

ここの女性のお産は三時間以下というのがよくある。逆子や正常でないお産も時にはあるが、それも難産ではない。わりと年配の女性だったが、お腹もかなり大きくなっていて、ジャバータウンからホープ岬まで動物の皮で作った船で向かっていた。「用を足したいから」と船を岸につけてもらうと、赤ちゃんが誕生し、船は彼女をおいて出発した。彼女はへその緒を切り、胎盤に砂をかけると、赤ちゃんを布にくるんで浜辺を急ぎ船においついたのである。

部族社会では、産婦がひとりだけでお産をすることはごく普通のことです。たとえば南アフリカのクン族のお産について、マージョリー・ショスタックはつぎのように述べています(33)。

単独出産は未開社会の文化的通念である。ただし、とくに初産のばあいにはだれかが介助することもめずらしくない。若い産婦は、母親か他の近親の女性がいてくれることを望むかもしれない。ただし夫の家族と同居しているばあいは、夫の親族の女性の介助を受けるだろう。もっとも、だれかがそばにいるとしても、産婦自身は陣痛・娩出の過程でしっかりと自己管理をする――神が気まぐれに邪魔をするまれな例をのぞいて。

順調な分娩では、産婦はお産への完全な受容態勢にあるという。すなわち、産婦は静かに座り、わめいたり大声をだしたりせず、分娩のあいだずっと自己を律しつづける。

クン族の女性は、一生に平均五人の子どもを産む。お産のたびに、単独でお産するという通念を実行に移す。だれにも告げずに、村から数百メートルほど歩いてゆき、そこで木の葉のクッションをしつらえ、子どもを産む。

また民族学者のジュディス・ゴールドスミスはこう述べています[34]。

たとえばシベリアのチェクチ族は、軽いお産で赤ちゃんが生まれますが、産婦は自分と新生児に何が必要かちゃんと心得ています。お臍も自分で処理します。出産の付き添いは年配の女性一人で、それもどうしても必要な時のみです。

アフリカ・セネガルのフラニ族の女性も、一人でお産をすることに慣れていて、生まれてくる赤ちゃんを自分の手で取り上げました。

ブッシュマンのお産はつぎのごとくです[35]。

母親が子どもを産むときは、一人で安全な野営地を離れ、夜は、うろつきまわるライオンや死者の霊の危険に満ちたやぶの中で産む。第一子のとき以外、そしてまた長く困難な産みの苦しみがあるとき以外は、彼女はだれにも告げずまた助けをこわない。赤ん坊は草の寝床の上に産みおとされ、へその緒は棒によって切断され、後産といっしょに木の枝や石でかくされる。

ボリビアのアイマラ語族でも「仕事中に畑の中で、また歩いて旅している途中で出産するというケースがまだある」し、バリ島の女性は「お産は軽く、林で一人で出産し、子どもを家に連れて帰り、二日後にはもう市場で商売をしている」ということです[36]。

かぎられた親族のいるなかでのお産も一般的です。ただし、そのことは、親族がお産の手助けをするということをかならずしも意味しません。お産じたいはやはり産婦がひとりでするばあいもすくなくないのです。たとえばアマゾンのシリオノ族のお産はこうです[37]。——「出産は、家のなかで、女や子どもたちのいる前で行なう。だれも母親に手を貸す者はいない。」

アジアの諸地域でも、つい近年まで、右のようなお産がいたるところでおこなわれていました。あるアメリカ人は、一九六〇年代の韓国で、つぎのような光景を目撃しています[38]。

ある日、妊娠中の韓国女性が田畑で作業をしていました。彼女は田畑の端のほうへ歩いてゆき、腰をおろし、赤ちゃんを手に受けました。そして数分後、赤ちゃんを背にしばって、農作業にもどりました。

何人ものひとがお産の様子を離れて見ていました。手助けしたり干渉したりするひとはだれもいませんでした。

チベットなどでも同様です。かれらは、《お産は独力でなすべし》という自然界のおきてを忠実に守っているのでしょう。

では、こうした〝未開〟な社会の原始的なお産は、母児にとって危険に満ちたものだったのでしょうか。ゴールドスミス（前出）はつぎのように述べています[39]。

部族社会の出産を早くに調査した報告によると、安産であることに加えて、異常出産がほとんどないことが特徴としてあげられています。

一六四一年、北アメリカの先住民を訪ねたエイドリアン・ファン・デル・ドンクは次のように報告しています。「出産が原因の病気というのはまれで、また妊娠の苦痛で悩むことも、お産で死ぬということも全くない」

こうした状況は世界中の部族民の間で同じだったようです。

単独出産を基本とするクン族のお産について、マージョリー・ショスタック（前出）はつぎのように指摘しています(40)。

「妊娠した女性は、医療施設もないし伝統的な助産婦や他の専門的な介助者も呼べないというお産に直面することになる。

ところが、出産の全体的な死亡率（出産五〇〇につき妊産婦死亡二名）は、かなり低いのである。

ディック・リード（前出）もこう指摘しています(41)。「自然の世界では、どこでも、どんなかたちの出産にあっても、異常は存在する。しかし、都市化された国ぐにでは、初歩の生理学的機構とそれが要求するものについての誤認のせいで、人工的な異常が多発する。これに比して、アフリカの村では、異常出産の合併症はまれである。」

民族学者や医師による同様の報告がたくさんあります(42)。「お産の事故の発生はおろか、産後の肥立ちが悪くて死ぬということも聞いたことがない」（カナダ・インディアン）、「胎位の異常もほとんどない」（フィジー）、「未熟児出産は全くないし、死産も皆無に近い」（アルゼンチン・アラウカノ族）、「子宮外妊娠、胎盤剥離、敗血症、けいれん等いずれの発症例もなく、また未熟児出産は何か突発的な事故が起きた時のみで、静脈炎もない」(ノースダコタ・アリーカラ族)、「自分の見た妊婦の誰一人として、死んだことはないし、産褥熱に苦しむこともない」(ペルー・モチェ族)。

要するに、部族社会での伝統的なお産は、楽で安全だったということです。お産が母児にとって危険なものになったのは、主として西洋文明の影響で伝統的な生活がみだれてしまってからのことです。たとえばおなじアフリカでも、ふるくからの森の生活を守っている部族と、森をでて文明に汚染された部族とでは、母児の死亡率にずいぶん差がでてきます。

人類学者のコリン・ターンブルはピグミーにかんしてつぎのように述べています(43)。

森はかれらにありあまるほどの獲物、野菜、根菜、漿果《しょうか》類、キノコなどをあたえてくれるので、食物のために森を切りたおす必要はない。作物を植える必要すらない。ただ歩きながら取ればいいのだから。

心配せずに水がのめる新鮮な泉と、きらきら光った小川が森にはたくさんある。

森のほうが他の場所よりも健康にいいし早死の危険はずっとすくない。アフリカでは、子どもふたりのうち、ひとりは成人するまえに死んでしまうところもあるが、ピグミーにおいては、現在、六、七人の子もちで、亡くした子どもはたったひとりという女がざらにいる。もちろんこのことは、子どもの出産にかんしてピグミーが他の諸地方のように心配することもいらず、いろんな予防措置を講じる必要もないことを意味している。だれにとってもそうだが、かれらにとっても、出産はたいへん重大な瞬間である。しかしその瞬間はおそれではなく喜びとともに近づいてくるのだ。

女たちは毎日、出産の近いことを承知していても、仕事の手を休めることはない。……女たちは、どこそこの場所で分娩しなければならないなどとはおもっていない。狩りに出かけた途中で出産しても、ひとりの女がそばについて手をかすだけでよい。二、三時間もしたら、彼女らは生まれたばかりの赤ん坊を誇らしげにだいて、うれしそうにキャンプにもどってくる。

文明が危険をもたらすという事実は、野生動物にも観察されます。たとえば動物の子どもの死亡率について、つぎのような事実を指摘することができます(44)。――「野生動物は、正常な条件では、幼獣死亡率は特に高いものではない。実際は、たいてい低いのである。幼獣死亡率がきびしいものになるのは、環境がひどく変えられた時だけである。」（クロフォード）

◇

日本でも、かつて右のようなお産があたりまえにおこなわれていました。その辺鱗を近年までとどめていたのが、山の民〝サンカ〟です。

サンカは昭和三十年代まで実在していました。野山を移動しながら生活し、「セブリ」と称する天幕を張って住居としていました。サンカには産婆はいませんでした。サンカを実地に調査した三角寛は、つぎのように述べています(45)。――「『産婆』を必要としないセブリ社会だから、産婦人科医にも用がなく、すべてが自己処理である。これらは一般人社会では想像もできない徹底した慣行である。」

お産は「クソをするのと同じ」といわれていました。妊娠しても、お産のときまで平然としてはたらいていました。産婦ひとりで、あるいは夫婦だけでお産をしました。移動中に産気づくこともめずらしくありませんでした。そのときは、「肩に背負つてゐる天幕をおろすと、その場で産む」のです。それも「極めて健《すこや》かに産み、曾《か》つて異常産の実例を聞かない」というのです。

徒歩中などに陣痛がくれば、そこに踞《かが》んで、いはゆる跪坐《きざ》（蹲踞《そんきょ》）産をする。幸《さいわい》に夫と同道であれば、夫に助産してもらふこともできるが、単身のときには、跪坐産をして、おちついて後産を待つ。この間の時間も、極めて短いのが特徴である。したがつて臍帯裁断は後産のあとに行ふ。それが終ると、産婦は立つて川や池にゆき、冷水で胎児を洗ふ。

このようなお産が可能なのは、日ごろまっとうな生活を送っていたからでしょう。サンカのひとたちは、山野を歩きまわり、麦を主食とし、豊富な山の幸を常食していました。心身ともに健康であれば、ひとりでも、やすやすとお産をすることができるのです。

日本の封建社会では、近代化以前からすでに多くの女性たちはまっとうな生活を送ることができなくなっていました。それでも、つい百年ほどまえまでは、女性はひとりだけでもあたりまえにお産していました。都市部では、すでに江戸時代から、専門的な産婆の介助を受ける産婦もいました。しかしそれは全体からみればほんのわずかな例外というべき部類にすぎませんでした。ほとんどの産婦は専門的な介助者なしでお産していたのです。

むかしの日本のお産について、民俗採集家の斉藤たまはこう述べています(46)。「子産みは昔はひっそりと秘密のうちになされたのであろう。女は人にも語らず家を出、ありそうもないところに小屋をしつらえ、危険な日を過ごし、そして終った後、小屋はこわされてしまったのだろう。」

昭和五七年に和歌山県の一〇四歳のおばあちゃんは、つぎのように語っていました(47)。「お産は四回、全部自分で始末した。手伝ってもらったのは産湯をわかしてもらっただけ。そのころ産婆は少なかった。」

長寿郷の椚原に生まれそだったあるおばあちゃん（明治二〇年生まれ）も、初産のときから自宅の納戸でひとりでお産をしました[48]。

お他人さまに頼むのはやだったかんねえ、赤んぼのへそは（あたしが）裁縫ばさみでチョイッと切って、後産だけお旦那さまに始末してもらっただよー。

（産み方は）だれからも習わねぇさー、お年寄り衆の話でも聞いて自然に覚えたんべなあ。

こう正座していてな、いよいよむかさる（出てくる）となったら、立ち膝して腰さ浮かすのよ。こう後ろに両手ついて、のけぞった姿していりゃあ、あとは自然に産まれちまうようになってんのよー。

そのころのお産は、しゃがんだり、ひざをついたり、ときには四つんばいになったりして産んだようです。つまり座産（坐産）ということになります。また、天井から吊した綱（ちから綱）などにしがみついて、立ったまま産むことも一般的でした。

おなじ県でも、地区によって多少異なった慣習があったようです。たとえば岡山県内で昭和一〇年におこなわれた調査によれば、つぎのような様子でした[49]。

和気郡山田村では、妊婦の母親が世話をした。

上房郡水田村では、時にはトリァゲババをたのむこともあつたが、多くは近所の者同志でやつた。

阿哲郡刑部町では、出産の際産婆の代りを家族の者がやつてゐたが、時にはトリヤゲババー（経験者）を頼むこともあつた。

久米郡龍川村では産の時は、里から産婦の母親が来て世話をした。

御津郡横井村では、時にウマシババーを頼んだ事もあるが、多くは家族か近所の人々で処理した。

とくに山間僻地では、専門家の介助するお産はほとんど考えられませんでした。そういう状態がすくなくとも昭和二十年代までつづいていました。

江馬三枝子は、戦時中に出版した本のなかで、岐阜県の山村の様子をつぎのように記しています(50)。

村には職業的な産婆のゐないのが普通である。それではお産の時はどうするのかと云ふと、子どもを沢山産んだ事のあるさかしい老女がたのまれて産婆役をするのである。そんな有様であるから産婦は子どもを産む日まで、胎児の位置を調べて貰ふ事もないし、自分の健康状態を診てもらひもしない。しかも、年よりを産婆の代用品にでも頼める村は、まだしも良い方だと云はねばならない。……ではどうするのか。最初の出産の時に限つて、村の経験あるお婆さんが世話をしてやる。そして世話をしながら出産の際の心得を教へてやるのである。二回目からは産婦は自分で赤ん坊を取りあげ、自分で始末をしてしまふ。

かういふ状態が、過去数百年、いや数千年をとほして行はれて来たのである。この事実は、彼女たちの間には難産といふやうな場合が比較的少ないこと、従つて人々は妊娠と出産とを、今日の我々のやうに恐れてゐないと云ふ事を示してゐよう。

地域によっては、つい近年まで、ひとに介助してもらうことを恥とする風もあったようです。民俗研究家の西山やよいは、若狭の風習を調査して、つぎのように書いています(51)。

妊娠をして、自分一人で出産することは手柄であって、しかもそれは、当り前のこととして考えられたのである。だから、もし自分で生むことが出来ずに、誰かに頼んで生むのを手伝ってもらったとなると、村では「あの人は、産は重いそうな」と言われ、良く思われずに嘲笑されたほどであった。与論島では、だれにも知られずにひとりでお産するのが、かしこい女のすることだとされていました。お産を家族に知られることさえ恥だとされていました。姫田忠義の調査によれば、その模様はつぎのごとくでした(52)。

各地でみられる妊娠中の腹帯祝いなどなかったし、腹帯を巻くこともありません。そして家族も他人も、本人が生み落とすまで知らん顔をしていました。

ただ、家族は、本人がいつでも出産できるように準備をしておいてやります。ふだんは壷類やザル類、脱穀用具などを置いているジュウ（家の隅の半坪ほどの土間で、出産後の母親と赤ちゃんの体を暖めるために火を焚く場所）を片づけたり、陣痛直前に産婦が食べる卵（産婦に力をつけるためで、産婦自身が食べられるようにする）を二つ三つ用意したり、ジュウで焚く焚木（ガジュマル）や水を用意したぐらいです。

そして産婦は、昼間の畑でひとりで生み落とし、自分の下着にくるんで帰ったり、夜であれば、主人にも知られないように奥の間でひとりで生み落とし、生み落とした後主人を起こしたりしました。ヘソの緒は、ひとりでヤンバルダイ（琉球竹）で切り、マフウ（麻）でしばりました。そして一週間ほど、火の燃えるジュウの横で休ませてもらった後、体をならしながらふだんの生活に戻っていったといいます。

この島に産婆さんが登場したのは昭和十五年ごろ。けれど、人々は、昭和二十二年ごろから二十五年ごろまで、産婆さんにかかろうとせず、昔ながらの自力分娩をつづけていたといいます。

夫婦だけのお産も各地でおこなわれていました。たとえば岩手県の遠野では、伝統的なお産はつぎのごとくでした(53)。

本来は夫も産婦と一緒に産屋に入り、背後《うしろ》から産婦の腹を抱きしめるのが本統であった。かくする事が産婦にとり一番心強さを感じさせる。今日は産婆が室に入っているので男はきまりがわるいか多く寄りつかない。

愛媛県の山村で夫婦出産をしてきたおばあさんたちは、「お父さん（夫のこと）さえいてくれたら、産婆さんがおらんでも、心配ない」と言いきっていました(54)。

一般に、ベテランの女性がつきそうばあいでも、かならずしもお産の介助というほどのことはしなかったようです。〝とりあげ婆さん〟と呼ばれる特別なひとも似たり寄ったりでした。吉村典子（前出）の著書からまた引用してみましょう(55)。

とりあげ婆さんがとりあげるといっても、とりあげ婆さんは産婦が産み落した赤ん坊の世話をしてあげるといったほうが適当で、その主な仕事はへその緒の始末や産湯の世話くらいだ。

じつは〝とりあげ婆さん〟は、結婚における媒酌人のような存在でした。赤ちゃんをあの世からこの世に引き受けて祝福するという、呪術的な職能を主としていたと考えられます。

呪術的な儀式は、お産のときよりも、むしろお産のあとで必要とされました。すなわち、へその緒を切ったり産湯をつかわせたりするさいにこそ、とりあげ婆さんの出番があったのです。それゆえ、お産が終わってからとりあげ婆さんを呼ぶということも、ありふれたことだったようです。（へその緒を切ったり産湯をつかわせたりすることじたい、だれにでもできましたが、呪術的にはそれなりの特別な作法が必要とされたわけです。）

民俗学者の柳田國男は、とりあげ婆さんにかかわって、つぎのように述べていました(56)。

或はコヤスと謂《い》つた例も岡山県にはあり、またアラヒアゲバアといふ例が山口県にはある。洗つたり臍緒を切つたりするのも、もとは三日目の行事であつて、産む介抱までは頼まなかつたのではないかと思ふ。

産湯はもともと、生後三日め（あるいはもうすこしあと）におこなうみそぎの儀式だったようです。そのさいにへその緒を切る儀式もあわせておこなっていたというわけでしょう。（へその緒を何日も切らないでおくのは別段めずらしいことではありません。）

こうした助産婦の呪術的な役割は、世界の部族社会でも共通してみられることです。たとえばスーダンのディンカ族ではつぎのごとくです(57)。

ディンカ文化では、出産は、子どもとその誕生を助ける助産婦とのあいだに霊的なきずなをつくり出す。この助産婦は geem と呼ばれるが、それは「受領者・受諾者」、すなわち、人間に対する神の贈り物（子ども）を受け取る人という意味である。

インドネシアはジャワの伝統的な助産婦は、ドゥクンと呼ばれます。ドゥクンは現在もなお当地の助産婦の大勢を占めています。そのおもな専門知識は、へその緒を切るときに唱える祈りのことばとか、へその緒に塗るもののつくりかたとか、お産のあとの儀式の方法などです。それゆえ、「ジャワの人々にとって出産とはまず何よりも儀礼のときであり、ドゥクンはそのような儀礼の知識を有する者、滞《とどこお》りなく儀礼を執《と》り行うことのできる者である」ということになります(58)。

ともかく、介添え人がいたとしても、基本的には産婦がひとりで産むというのが原則でした。座産はそのための分娩姿勢であったのです。右の吉村典子は、日本の各地にのこる伝統的なお産を調査した結果、「坐産は一人で産むためのもの」と確信します(59)。――「自力で産むためなら、産み手にとって一番都合のよい方法がとられるのは当然で、坐産は、まさにそんな姿勢であった。」

座位分娩には、「力が入りやすいし、産み落とす子を受け止めるのにも都合のよい姿勢であり、踵《かかと》で止血もできる。あと産の娩出も早く、お産も短時間ですむ」といった利点がありました(60)。

この座産がすたれてきたのは、大正時代から昭和のはじめにかけてです。この時期に、西洋医学の教育を受けた有資格の助産婦、〝新産婆〟たちが、こぞって仰臥位の分娩をおしすすめたからです。

それでもなおしばらくは、〝新産婆〟と〝旧産婆〟が共存していました。ところが戦争が膠着状態にはいっていた昭和一七年に、戦争遂行策の一環として、「妊産婦手帳」の制度が公布されました。この制度において、〝新産婆〟の権威と権限が決定的に公認されたのです。座産は追放されました。矢島床子(前出)はつぎのように指摘しています(61)。

免状持ち=新産婆の出現で、「自分で産む」お産から、ほぼ全面的に「産婆が指導する」お産に変わりました。いま反省の声が上がっている「お任せお産」も、もとをただせばここにあるのではないでしょうか。日本のお産の長い歴史における大きな転換点だったといえますが、これも戦争という時代背景があったことを忘れてはなりません。

さらにその後、昭和二〇年から進駐軍(GHQ)公衆衛生福祉局の命令によって、不潔な自宅出産から近代的な施設出産(とうぜんながら仰臥位)に切り換えるよう指導がなされました。(アメリカでは、一九二〇年代以降、医師の介助によって病院でお産する方向へ大きく移行していました。そのアメリカの妊産婦死亡率は、日本の倍以上でした。)

つまり日本人のお産は、

〔ひとりで産む ― 座位分娩〕

というかたちから、

〔医療者に介助されて産む ― 仰臥位分娩〕

というかたちへと、政策的に転換させられてきたわけです。

ちなみに、西洋でも、仰臥位の分娩が一般的になったのは、一九世紀にはいってからのことでした。それ以前は、産婦の多くはやはり自宅で特別な介助なしにお産していたのです。

戦後の政策転換後も、へき地では依然として無介助のお産が一般的でした。たとえば、奄美大島に移住した浦島悦子は、昭和五十年代後半につぎのように記しています(62)。「村内には、産科医はもちろん、一人の産婆さんもいない。道路が開通する十数年前までは、シマの女たちはみな、出産ギリギリまで畑や山で働き、夫にとりあげてもらって出産したのである(「山から降りてくる途中でお産が始まり、家の門口で生まれてしまった」と語るのは、五十歳ぐらいの女である)」。(「シマ」とは集落のことです。この筆者ご本人も、昭和五七年にシマで無介助のお産をしています。)

専門家の介助なしで分娩する無介助出産は、なんら特別なことではありません。むしろ産科医や助産婦のような出産のプロが介助するお産こそ、人類史的にみれば例外中の例外にすぎないのです。

3　プライベート出産と医療

ふつうの病院でお産した感想を「良かった」と表現するひともすくなくありません。けれども、その「良かった」は比較の対象を欠いています。五回めのお産で初めてプライベート出産を体験したリン・グリースマー（前出）は、つぎのように述べています(63)。

多くの女性が、初めての出産において、〝女であること〟の大いなる感覚を体験します。わたしもそれをあるていど体験しました。けれども、九年の年月がすぎるまで、そこに何が欠けていたのかを知ることはなかったのです。そこに欠けていたのは、親密さ、愛情、夫婦のきずなの強化、信頼と信念の増大、自身の女性性の拡張、そして夫の積極的な参加と真の感動の表出でした。

リンはまたこうも述べています。

もし子どもを産むみずからの能力を信じることができるなら、またもし自然が自分に味方してくれると感じるなら――どうして病院へなど行く必要があるでしょう。どうして自宅に助産婦を呼ぶ必要があるでしょう。

産科医や助産婦は、無介助のお産に反対します。それというのも、お産は産科医や助産婦の独占市場となっているからです。医療者は既得権をうしないたくないのです。

もちろん産科医や助産婦はもっともらしい理由をつけて反対します。医療者不在のお産は危険である、と。しかし、そのような断定をみちびく根拠がどこにあるでしょう。

医療者たちは、妊産婦死亡率や周産期死亡率の低下を医療の功績だと思い込んでいます。けれども、さきにみたように、お産にかかわる死亡率の低下は、じつは医療とはあまりかかわりのないことです。特別な異常産をべつとすれば、病院医療はむしろトラブルの増加にこそ貢献してきているとさえいえるのです。したがって、医療者には、無介助のお産について否定的なコメントをする資格はないといってよいでしょう。

アメリカのデイビット・スチュワート（前出）はつぎのように述べています(64)。

無介助自宅出産の安全性はどうなのか？　それは「帝王切開手術の安全性はどうなのか？」と問うのに似ている。その答えはつねに個々の状況にかかっている。すべては相対的なのである。どんな状況でもつねに安全だという出産介助法も出産場所もありえない。ひとはただ適切な選択を期しうるのみである。こんにちの、機械に囲まれたクスリづけの病院ではたらく外科的な気質の産科医たち——彼らがいるかぎり、無介助自宅出産が病院出産よりも安全な選択であることは疑う余地がない。

一九七八年以降アメリカで無介助出産にかかわってきたローラ・シャンレイは、つぎのように述べています(65)。

現在のところ、計画的な無介助自宅出産についての信頼にあたいする研究はひとつもありません。けれども、わたしは多年にわたって、医療的な介助なしに無事にお産した女性やカップルから数多くの体験記を受けとってきました。それらの体験記がおのずから真相を語っています。もちろん、かれらの〝専門性〟をもってしても、子どもが安全に生まれるという保証はありません。不可抗力というものがあるからです。

州立南西オクラホマ大学社会学部のフィリップ・ホリーは、無介助出産にかかわる論文のなかで、つぎのように指摘しています(66)。

無介助自宅出産の結果に関しては、科学的なデータが不足している。データが利用できるとしても、助産婦によって介助された分娩を含む、あらゆるタイプの自宅出産と切り離すことは困難である。印象にもとづく知見では、母子双方にとって良好な結果が示唆される。たとえばそのなかには膣裂傷の危険性の減少が含まれる。自宅での出産体験の満足度は、これ以上はないというレベルに達しているようである。不満足な無介助自宅出産のあとで医師や助産婦のところへ行くといった女性がみあたらないのは、注目に値する。

最近、アメリカのジュディ・ロール(バースエデュケーター)は、無介助出産の事例を調査収集し、統計をとりはじめています。二〇〇〇年一一月の時点で、五九件のデータを得ています。その内容は以下のごとくです(67)。

母体の平均年齢……………………二七・七歳
(最年少一九歳/最年長四二歳)
妊娠中に検診を受けなかった者………三二(五四%)
病院へ移送された者(出産前)………一(一・七%)
病院へ移送された者(出産後)………四(六・八%)
帝王切開を要した者…………………一(一・七%)
無介助出産にならなかった者…………一(一・七%)
新生児を医師にみせた者……………二三(三九%)

母体死亡……………………〇（〇％）
新生児死亡…………………〇（〇％）
新生児の合併症……………〇（〇％）

これとはべつに、キンバリー・ボブローは、一九九九年一月以降の事例を独自に収集しています。二〇〇二年一月二日付けの発表（無介助出産のメーリングリスト）によれば、一八九の事例のうち母体死亡・児死亡ともにゼロとなっています。この統計を受けて、キンバリーはつぎのように述べています。

無介助出産は安全である。赤ちゃんも母親も自宅がいちばん安全である。医療者の立ち会いなしにお産したことで妊婦が自身や赤ちゃんを危険にさらした例はひとつもない。無介助出産をする妊婦は赤ちゃんの安全に大いに留意するし、それが無介助出産を選択する動機のひとつにもなっているのである。

お産の安全性は、お産じたいを自然のなりゆきにまかせることによって確保されます。これがほんとうの安全性です。ほんとうの安全性は、医術をもって異常に対処することによってではなく、異常を起こさないことによって達成されるのです。

お産じたいを自然のなりゆきにまかせるのに必要なのは、医療者の助けではありません。それはまったく余計なものです。必要なのは、だれにもじゃまされないプライベートな場、それだけです。

プライベート出産は、人類にとってもっとも普遍的なお産のありかたです。人類は、営々としてプライベート出産をくりかえして繁栄してきました。プライベート出産を否定することは、人類のはぐくんできた文化を否定することです。それは病院医学のおごり以外のなにものでもないでしょう。

さらにいえば、プライベート出産は、すべての動物に普遍的なお産のありかたです。したがってプライベート出産を否定することは、生物の本性そのものを否定することになるでしょう。それはヒトが自分たちの成立基盤をみずから否定することを意味するでしょう。

プライベート出産こそお産の本道です。このことを、わたしたちははっきりと認識するべきでしょう。

◇

プライベート出産は、医療者の介在しないお産です。医療者の立ち会いを求めないのは、もともとお産には医療的な介入の必要がないからです。

医療者の立ち会いを求めないのは、ことさら医療を拒否しているからではありません。医療の必要性がないから求めないだけです。カゼをひいても医者のところへ行かないのは、行く必要がない（行かないほうがよい）からであって、ことさら医者を拒絶しているからではありません。

プライベート出産は、けっして医療に背をむけた行為ではありません。お産は病理ではないので、医療との直接のかかわりをもたない——というだけのことなのです。

プライベート出産は、お産する当人がみずから主体的に選びとるべきものです。第三者の許可を求める必要などまったくありません。もちろん夫など特別なひとと相談するのはおおいに結構なことです。けれども、医療者に相談をもちかけたり判断をあおいだりするのは筋ちがいというものです（すくなくとも現状では）。

産科学は、主として産科的異常の生理とその対処法を集成したものです。（この産科学が「科学」的なものとはいえないことはさきにみたとおりです）。医療者は、あたまのなかにこの産科学をつめこんでいて、それに照らして妊産婦や胎児の異常をつねに監視するのです。そういう産科医療者の習性からして、無介助のお産にたいしてつぎのように感じざるをえないはずです。――医療の眼のとどかないところでしろうとが勝手なことをするのはとても放任できない、と。

加えて、医療者は、責任を問われるということにたいへん敏感です。無介助のお産を軽々しく容認して、もしものことがあったら責任を問われかねない――そう感じざるをえないはずです。

したがって医療者は、無介助のお産にたいしてＧＯサインをだしたりはけっしてしないはずです。医療者に意見を聞きにゆくのは無意味なことです。プライベート出産を選択する者は、医療者のお墨つきをもらおうなどと考えるべきではない、ということです。

医療者は、自分たちの判断には科学的な裏づけがあると思っています。そういう観点からみれば、しろうとが勝手なことをするのは危険きわまりないようにみえてしまいます。「しろうと判断は禁物」というのが、専門家の常套句です。

この、専門家の考えている〝しろうと〟というのは、とてつもなくひくいレベルの人種です。しろうととは、無能にして無知蒙昧のヤカラなのです。しろうとには、へその緒ひとつ切ることさえできないというわけです。ところがじっさいには、へその緒くらいだれにでもちゃんと切ることができます。産婦が自分で切ることもたやすいことです。サルでさえ、（切るとすれば）自分で噛み切ったり石でたたき切ったりします。

それに、専門家の判断のほうが正しいという道理はありません。二十世紀最大の化学者であったライナス・ポーリングは、心臓疾患にたいするビタミンＣの効果にかかわって、自著のなかでつぎのように述べています(68)。――「幸いにして、ビタミンＣは薬物ではない――人体に正常に存在し、生命に必要な分子矯正物質であり、安全である。医師の処方箋や医療当局の承認がなくても、それを利用して健康を増進させ、心臓疾患を

第４章

防ぐことができる。読者諸君は、彼らより多くの知識をもち、より賢明な判断ができるだろう。」

ガンをわずらっても、わたしなら治療法は自分で決めるでしょう。医師の多くはごくかぎられた、きまりきった手だてしかもちあわせていないからです。たいていの病気の治療は、自宅で独力でできます。病院の不自然な療法よりもずっと安全で快適で効果的な治療法が、いくらでもあるのです。だれでもそうした知識を手にいれることができます。権威にまどわされないようにするだけで。

さきにみたように、産科の専門的な処置も、その多くが不適切である可能性が高いのです。わたしたちは病院医学よりもむしろ、日本の伝統的なお産や世界の部族民たちの知恵にこそ、多くを学ぶべきでしょう。そのほうがよほど安全で合理的であるはずです。

異常は早くみつけて早く医療処置を講じたほうがよい、ということにはかならずしもなりません。軽度の異常であれば、自然のなりゆきにまかせたり民間療法的な処置をほどこすだけにとどめたほうが、多くのばあいむしろ好ましい結果をもたらすでしょう。(その民間療法的な処置のいくつかは後の章で紹介しておくことにします。)

産科学では、なんでも数量的に標準化しています。その標準から外れると「異常」とされ、それに見合った処置がほどこされます。そうしないとたいへん危険であるという観念が定着しているのです。しかしじつはその「異常」は架空の異常にすぎない可能性が小さくないのです。架空の異常にたいして実効的な処置をほどこすのですから、ほどこされる〝患者〟のほうはたまったものではありません。

産科学の「標準」や固定観念の代わりに、わたしたちははるかにひろい視野に立った知識をもつことができます。人類学的な視野に立った知識です。そうした知識をもてば、たとえばお産に何日かかろうと、産児がいくら小さかろうと、胎盤がでるまで何時間かかろうと、とりたてて心配することはなくなります。そうした知識をもてば、それだけで、いちいちあわてずに自然の経過を待つことができるのです。あわてずに待つことができれば、総じて、せっかちで強引な医療に身をゆだねるよりもずっとよい結果が得られることでしょう。

プライベート出産を選択するということは、すなわち、みずからを信頼するということです。みずからを信頼するということは、みずからの〈自然〉を信頼するということです。みずからが大自然の摂理そのものであることを自覚するということです。

この、自己への信頼は、妊産婦自身のなかに実質的なエネルギーを呼びおこさずにはおきません。自己への信頼――自信は、生理的なちからとなって妊産婦を支援します。「万事うまくゆく」という信念をもてば、その信念そのものがちからとなって万事うまく推移してゆくのです。〈気はちからなり〉です。

いっぽう、医療者は、異常の発生をみのがすまいと、つねに監視の眼をこらします。それは本質的にネガティブな姿勢です。そのネガティブな姿勢は、妊産婦に伝染し、妊産婦のなかにマイナスのエネルギーを呼びおこさずにはおきません。疑念は現実のものとなるかもしれません。〈やまいは気から〉です。

吉村正（前出）はつぎのように述べています[69]。「たとえば、非常に稀なことではあるが、分娩中に急に赤ちゃんの状態が悪くなり、ただちに急速遂娩を行なっても、赤ちゃんに異常が生じて後遺症を残す場合も絶対ないとはいえない。しかし、これは不可抗力であって、人間の能力を超えた運命であるともいえる。そんな稀なことをくよくよ取り越し苦労していると、本来、無事に済むべきはずの出産が、かえって大きな問題を起こしてしまうこともあり得るのだ。それよりも自然の偉大な力を信じて、おおらかな気分でお産に望んでほしい。」

プライベート出産を選択したひとが、自身と赤ちゃんを信頼し、ゆるぎない自信をもってお産にのぞむ――そうすれば、万事うまくゆく確率はきわめて高いといってよいでしょう。

むろん、プライベート出産にも、不測の事態が生じないとはいえません。自分たちのちからでは対処できそうにない状況になることもありうるでしょう。そのときには、救急医療に助けを求めることも、選択肢のなかにはいってきます。

プライベート出産は、医療とは一線を画しておこなわれます。しかしだからといって、医療を拒む理由はありません。むかしの（あるいは部族社会の）無介助のお産では、どんなことがあっても自分たちの手で処理するしかありませんでした。それにくらべて、救急医療体制がともかくも整備された現代社会では、最悪の事態での選択肢が確実にひとつ増えているわけです。

役立つものは利用するべきです。医師のなかには、開業助産婦にたいしてさえ、「手に負えなくなったときだけ自分たちに尻ぬぐいをさせる」と不平を言うひともいるようです。しかしそもそも、医師でなければ手に負えないような患者をみるのが、医師のつとめであったのではないでしょうか。医師はサービス業です。利用されるためにのみ医師は存在しているのです。医療の助けを求めたいときには、ためらわずそうするべきです。そしてその求めに医療者はよろこんで応じるべきです。

医療は、プライベート出産にとっても、あるていど重要な位置を占めることができます。しかしそのためには、産科医や助産婦がプライベート出産を好意的に理解し、積極的に後援する姿勢をもたなければなりません。産科医や助産婦が妊産婦の主体的な注文にこころよく応じるようになったとき、無介助出産にとって医療はたのもしい味方となるでしょう。

現状では、医療者は患者に利用されることを極度に嫌っています。こういう状況では、主体性をもつ妊産婦は産科医や助産婦に近づきにくいし、また近づくべきではないでしょう。医療へのSOSは最終的な手段です。はじめから安易に医療を頼りに思うべきではありません。安易に頼って助けを求めると、それがかえって裏目にでてしまう可能性もあります。救急医療じたい、産科的異常に機敏に対応する態勢がととのっていないので、あまりあてにできません。

4　プライベート出産の選択

こんにち、いわゆる〝先進国〟では、（病院医学を学んだ）専門家の立ち会うお産が常識となっています。プライベートなお産は、例外的であり、それゆえにことさら奇異な目でみられがちです。

けれども、ほんらい、プライベート出産はお産の本道です。プライベート出産が例外的であるというのは、歴史・社会的にはきわめて例外的な状況です。いつまでもこのような状況がつづくはずもありません。

アメリカでは、一九二〇年代以降、病院医学の覇権にともなって、専門家不在の自宅出産はもう過去のものと思われてきました。

一九五七年に、一主婦パトリシア・カーターが、みずからの体験をもとに無介助自宅出産についての本を出版しました(70)。（これがアメリカにおける無介助出産本の第一号となりました）。そして一九五九年に、彼女は「解放された女の同盟」を結成しました。〝解放された女〟とは、「ひろく社会にゆきわたっている〈産科学的〉迷信から解放された女」という意味で、「医師・看護婦・助産婦の介助なしに子どもを産むことを選択し実行した」ひとのみがこれに該当します。

パトリシア自身は、病院でのひどい分娩でふたりの子どもを産んだあと、自宅で七人の子どもをひとりで（夫の助けもことわって）産んだのでした。最後の出産のさいには、ひとりの新聞記者がカメラをもって同室しました。パトリシアの本の序文のなかで、彼はつぎのように記しています(71)。

彼女は、たいていの女性のように出産中にうめいたり叫んだり悲鳴をあげたりわなないしたりすることは、いっさいなかった。怖れたり心配したりする様子も、まったくみられなかった。それどころか、子どもが生まれる一〇分ほどまえには、顔に化粧し直すために、イタリア風スパゲティの最高の調理法についての会話を中断したのである。娩出の前後も、娩出中も、カーター夫人には痛みの気配すらまったくなかった。彼女は、寝椅子の上で完全にリラックスして子どもを産んだのだった。

赤ちゃんが生まれるまでの彼女のからだは、その一貫した食養法によって、妊娠の徴候をほとんどみせない。しかも、妊婦につきもののぎこちなさのかけらもなく、ダンサーのように軽々と立ち歩く。四十代の彼女は、九人の子どもを産んだにもかかわらず、少女のようなういういしいからだをしている。

ちなみに、パトリシアはベジタリアンでした。彼女がスリムで強靭なのはそのせいだとのことです。なお、彼女の娘も、一七歳にしてただひとりで闇中出産をしました。

モーガウアー夫妻は、一九六六年に夫婦出産をしました。夫のカールはつぎのように記しています(72)。

妻のアンカが私の最初の子どもリラーナを宿したのは、一九六六年のことだった。いうまでもなく、その当時は自宅出産はアメリカでは実質的に知られていなかった。かぎられた少数の人たちが病院出産の危険性と問題点に個々に気づいてはいたものの、ほとんどの人たちは他の選択肢について怖れを抱くよう洗脳されていた。助産婦は、ごく少数しかいず、理解のある医者はまれであった。けれども私は、自分が病院出産を望まないということが分かっていた。私にとっては、子どもを病院で出生させることは、子ども自身の生得権への背信と、父親としての責任の放棄と、子どもの健康・福利や親子関係の断念を意味していた。子どもが自宅で生まれることは、鳥が巣のなかで生まれるのと同じくらい正当なことだと、私は認識していた。

人里離れたコミューンなどは、医療者がひとりもいないところもあります。もともと管理されることを好まないひとたちばかりなので、ごく自然にプライベート出産をすることになるばあいもすくなくないようです。カリフォルニアのコミューンで暮らすアリシア・Ｂ・ローレルが書いた生活術の本（一九七〇年刊）のなかには、「赤ちゃんもひとりで産まなきゃ……」と題する一節があって、単独出産の方法が簡単に記されています(73)。（コミューンといえば、伊豆の山中で自給自足の生活をしながら三人の子どもをプライベート出産した佐藤晴志・恵美夫妻の夫君も、コミューンの残党でした。）

ウーマンリブの全盛期には、アメリカでは女性解放運動の一環としてもプライベート出産が志向されました。（ウーマンリブも、その一部は、女性が腹を痛めて子どもを産むことを否定する方向へむかいましたが）。カナダに在住していた船川玲子は、一九八〇年代のはじめにつぎのように記しています(74)。

ウーマンリブのゴールの一つは、女性が自分の体を自分でコントロールできるようにすること、であり、もう一つのゴールは、女性がみずからの人間としての可能性に気づき、それを女性自身が意識できるようにすることであるという。

自宅で分娩をし、なるべく第三者の手を借りずに、全て自分の意思のおもむくところに従って全てのステップを踏み、子どもを産むのが理想であるという。そうすることによって自分の体、自分の能力に対する自信がつき、その自信が育児に大いに役立つ。それればかりか、ある意味では、個々の命をコントロールできたというこの大きな自信が社会の民主々義形成につながっていくと主張する。また自宅分娩では夫の協力が不可欠になるが、第三者の介入しない分娩を夫と二人でやることによって、二人の人生の中の大きな出来事として出産をとらえることができるというわけである。

同時期に、不自然で暴力的な病院出産を嫌って自宅出産をする産婦たちも、すこしずつ増えはじめました。マリオン・スーザは、一九七六年に出版した『自宅出産』という本の序文につぎのように記しています(75)。

「自宅で子どもを産むですって？　それはカリフォルニアのヒッピーたちのやることじゃないの？」たしかにヒッピーたちもそうします。けれども、アメリカの上流・中流階級のなかにもそうする女性たちが増えてきています。私もその一人です。空軍士官の妻として、また五人の子どもの母として、私は反体制文化の一員とはとうてい言えません。それでも、私たちは下の二人の子どもを自宅で産みました。――たまたまそうなったのではなく、自主的にそうしたのです。しかも、赤ちゃんが生まれるときに立ち会っていたのは、夫だけでした。お産は家庭の行事だと私たちは考えているのです。

一九七七年には、夫婦出産のための交流と支援を目的としたニュースレター『ザ・ニュー・ナティビティ』がアメリカで創刊されました。編集者のマリリン・モラン（前出）は、同誌掲載の体験記を集めた単行本のなかで、一九八六年につぎのように書いています(76)。

お産がセクシュアルなものであることは、一世代まえの産婦たちをひろく洗脳した強引な薬物療法によって、きわめて巧妙に隠蔽されました。この隠蔽は、近年のハイテク産科学の発達をともなって現在もなお維持されつづけています。それでも、一部の女性たちはだまされませんでした。彼女たちは、お産の迷妄をはぎとり、真実を開示しました。

お産はまことにセクシュアルな行為であり、したがって純粋に夫婦だけの体験であるべきであること――過去二〇年のあいだに、このことに気づく女性たちがだんだんと増えてきています。

第一子産を病院でお産したアメリカのエレイン・デービスは、第二子を自宅で無介助出産しました(77)。

最初の子どもベンジャミンを病院出産してから、もっと良いやりかたがあるはずだとわたしたちは考えていました。自宅出産について調べはじめ、それこそが自分たちの希求するものであることが分かったとき、わたしたちはたいへん興奮しました。わたしたちは万事に自然志向なので、自宅出産はまさしく自分たちのライフスタイルにぴったりだったのです。

わたしたちが主に準備したことは、本を読み、お産の過程で自分たちにできることを何でもみつけだすことでした。その一方で、わたしは健康的な食事をつづけ、ビタミンCとEをプラスした栄養補助剤を摂るようにしました。

ザチャリー・マック・デービスは午前六時二四分、美しいあけぼののうちに生まれました。しばらくしてから、夫のティムがへその緒を切って赤ちゃんを抱き上げました。四〇〇〇グラムの赤ちゃんを会陰裂傷もなしに産んだとティムから告げられたときの、わたしの感動を想像してみてください！

第一子を助産婦つきの自宅出産で産んだハワイのジェニファー・ラーネンスミットは、第二子をプライベート出産しました[78]。

息子は助産婦の介助を受けて自宅で生まれました。その助産婦は仲のよい友人で、やさしいひとです。けれども、こんどは無介助でお産することにしました。お産に干渉したり邪魔をしたりするひとがだれもいないというのは、とても素晴らしいことでした。話をするだけでもさまたげになるのです。分娩中、無言でいることがわたしには必要なのです。

わたしは無介助自宅出産を遂げました。なんの怖れもなく、リラックスできました。このお産にとても満足しています。自分自身に誇りを感じます。お産は無介助自宅出産にかぎります。

プライベート出産を果たしたひとは、女性としての誇りをもつようになります。また、家族が強いきずなで結ばれるようになります。とくにアメリカ人にとっては、夫婦生活がたいへん重要な意味をもちます。マリリン・モラン（前出）は、病院でお産した夫婦と自宅で無介助のお産をした夫婦の、その後の夫婦生活を比較調査してみました。論文のなかでマリリンはこう指摘しています[79]。「無介助自宅出産をした夫婦たちは、病院で出産した夫婦たちよりも、夫婦生活においてはるかに高い親密性を示しているのである。」

このアメリカでも、無介助出産にたいする医師や助産婦の偏見は根強いものがあります。ふたりめの子どもを無介助出産したケイト・コンウェイは、やがてみずから助産婦（いわゆる看護婦助産婦ではありません）となりました。その体験から、彼女はつぎのように述べています[80]。

ライアムを産んだ経験は、女性としての強さと力の大いなる感覚をわたしに与えました。わたしは自宅出産を望むひとびとを援助しようと決心するようになりました。たくさんの勉強と多少の実地訓練を経て、六年前に仲間とともに自宅出産の立ち会いをはじめました。現在までこの立ち会いを正規に続けています。

わたしにはジレンマがあります。四年前に、わたしたちは三人めの息子を自宅出産しました。仲間の助産婦が立ち会いました。ところが、わたしたちは無介助出産を選ぶべきだったと思い返しているのです。彼女の立ち会いは、夫から気力をうばいました。さらに彼女は、夫がとりあげようと思っていた赤ちゃんまでとりあげてしまったのです。あのお産では彼女の行為に裏切られたという思いを、わたしはけっしてぬぐいさることができませんでした。お産の立ち会いを続けるにあたって、無介助の自宅出産へ向けてひとびとを勇気づけることに、ふたたび仕事の焦点をしぼるべきだと考えるにいたりました。

それというのも、最近休暇中に夫と話し合っていて、もう一度子どもを産むとしたら自分たちだけのプライベートな自宅出産にするだろう、という自覚を得たからでもあります。わたしが無介助出産を支援する付随的な理由もあります。それは、公認助産学の政治的影響力が増大してきたこと、また赤ちゃんを「とりあげる」プロだとかエキスパートだとますます自任する助産婦たちが増えてきたことです。わたしは、やがてわたしたちも助産婦ぬきの自宅出産を非合法とするイギリスのような状況におちいることを心配しているのです。多くの助産婦はイギリス方式を支持するでしょう。彼女たちは無介助出産を危険とみなし、女性に帰属するすべての危険因子を無介助のせいにしてしまいます。最近、わたしはお産に助産にただひとつの正当な道があるなどということをわたしは信じません。

産婦と友人の助けを求める四人の未婚の母親たちの世話をしています。またすべての女性が出産中に夫からの性器への刺激を望んだり楽しんだりするわけではありません。けれども、すべての可能な選択がひとびとに開かれているべきであり、ひとびとのあらゆる選択に支援の手がさしのべられるべきなのです。助産婦として、わたしは無介助出産をする人やしたいと思っているひとをはげまさずにはおられません。そしてみなにこう言わずにはおられません。――「みずからを、そして神を、信じなさい」と。

アメリカでは近年、無介助出産についての発言が目立ちはじめています。(アメリカでは無介助出産のことを unassisted childbirth とか do-it-yourself birth とか free birth などと呼んでいます)。無介助出産関係の本も相次いで出版されています。無介助出産の体験記などを掲載するニュースレターもいくつか発行されています。ローラ・シャンレイ(前出)の「Born free!」をはじめとする無介助出産のホームページも充実してきています。無介助出産のメーリングリストもいくつか開設され、活発なやりとりがなされています。無介助出産のクラスも開かれています。

一九九八年四月には、リン・グリースマー(前出)をオルガナイザーとして、第一回の「夫婦自宅出産全国会議」がチャールストンで二日間にわたって開催されました。この分野の大先輩マリリン・モラン(前出)は、「十五年間待ち望んでいた」この会議でスピーチをおこない、その六週間後に自宅でやすらかに息をひきとりました。

イギリスでは、医療者以外のひとにお産の介助を依頼することが法律で禁じられています。このことをもって無介助出産は不法なのだと誤解するむきもありますが、けっしてそういうことではありません。お産の介助をだれにも依頼しなければ、法律に反することにはならないのです。したがって、無介助出産はイギリスでも合法的です。

　では、そのイギリスでは、無介助出産はどれほど実践されているのでしょうか。一九九四年の英国ＮＢＴＦ（前出）の調査によれば、資料の得られた計画的な自宅出産三九二二件のうち、医療者の立ち会いのなかったものは八四件（二・一％）でした。介助者別の内訳はつぎのごとくです[81]。

家族または友人 …………… 五四件
なし ……………………… 七件
不明 ……………………… 二三件
（計）…………………… 八四件

「なし」とは、産婦がひとりでお産したということです。なお、右の数字のなかには、急な事情で結果的に医療者不在のお産になってしまったもの

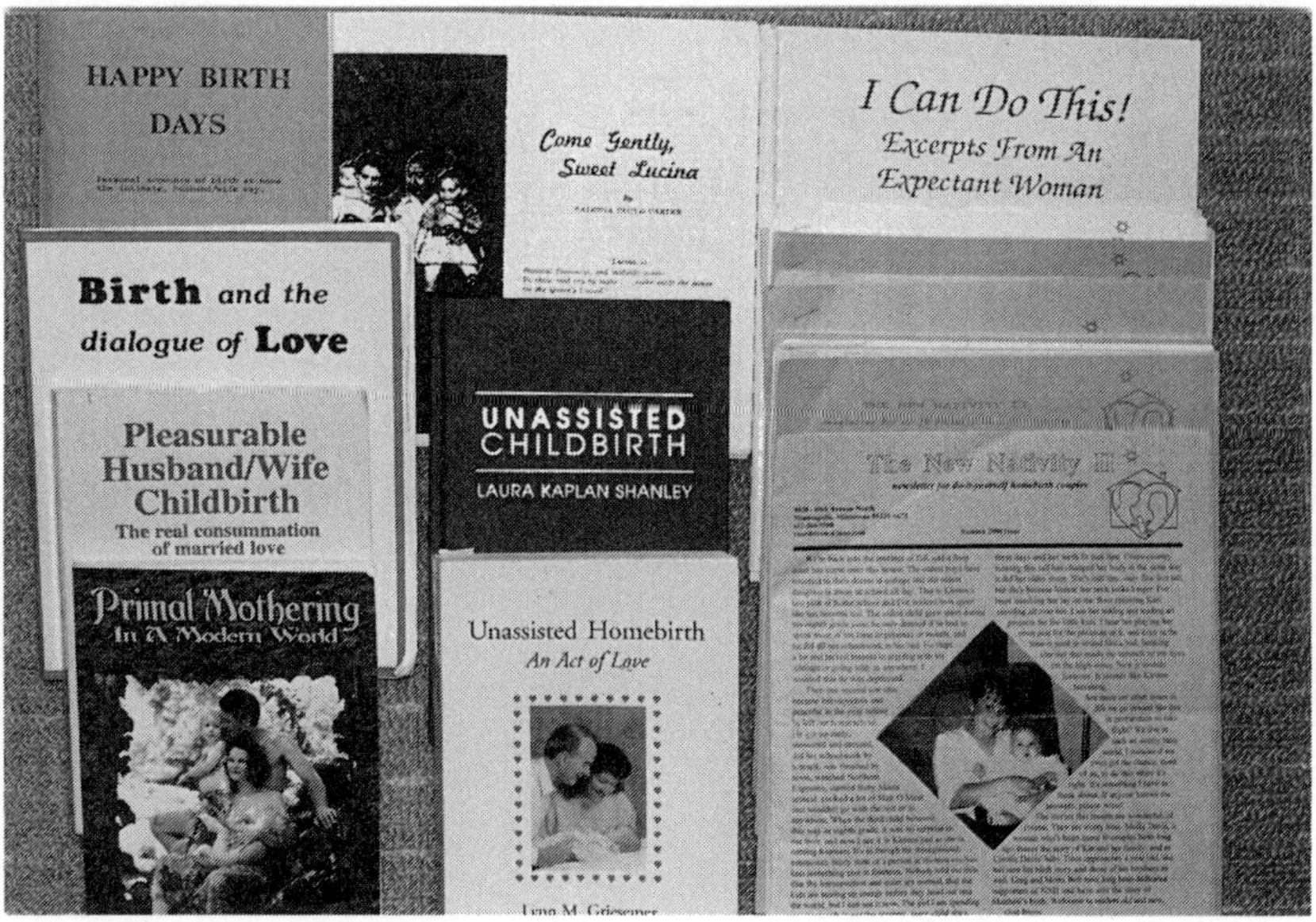

無介助出産関係の出版物（アメリカ）

もふくまれています。

ちなみに、助産婦らの到着が遅れて結果的にプライベートなお産になってしまったという例は、つねに無介助出産の一部分をなしています。シカゴに住むキルコイン夫妻のばあいも、マタニティ・センターのスタッフの到着が間に合いませんでした。ところがそのことはすこしもマイナスにはなりませんでした。それどころか、「むしろ幸いだったのは、妻と赤ちゃんと私だけしかいなかったことです」と夫のパットは誇らしげに語っています。期せずして、夫婦出産に特有の感動的な体験をすることができたというわけです。

さて、日本でも、毎年ある人数の産婦が計画的な無介助の自宅出産によって子どもを産んでいます。厚生労働省の人口動態統計の「出生証明書による、平成一一年出生数」によれば、自宅出産が一九七四件（全体の〇・一七％）。うち医師・助産婦の立ち会いのなかったものが二六八件（全体の〇・〇二％）でした。このなかに計画的な無介助出産がどれだけふくまれていたのかは不明です。

プライベート出産の実例をすこしみてみましょう。

Cさんは、ラマーズ法を習得して、ひとりめを助産院で産み、ふたりめは助産婦を頼んで自宅で産みました（連絡が遅れて助産婦の到着は第三期になってしまいましたが）。そして三人め。「こんどは夫婦だけで産める。救急車を呼ぶ確率は助産婦がいてもおなじだ」——ということで、夫婦だけのプライベート出産を選択しました[82]。

Cさんは、「二人で産むと決心したからには、出来るだけの事、自分で出来る範囲で全部やった」「食べ物も気を付けるし、妊婦体操もするし、お灸も毎日すえた」ということです。陣痛がはじまって三時間ほどで赤ちゃん誕生。

すべてが終わったのが明方四時、夜がしらじらと明け始める。お茶を飲みながら、彼と話す。〝よいお産だったな、よくがんばったな〟と。からだ中手足の先までホッとする。セックスのあとのような解放感。悦び、それに充分ひたった。

Hさんは、第一子を自宅でひとりで出産しました。病院で健診を受けることもありませんでした(83)。妊娠してから誕生の瞬間まで、病院へは一度も行きませんでした。(もちろん生まれてからも一度も行っていませんが、生後七ヵ月の今まで元気いっぱいです。)

私も「病院は嫌だけれども、産後のケアのことを考えて、生む時だけ助産院にしようかな」と考えたこともありました。でも、最後まで行く気がしなかったのです。「家で生まれたい」と赤ちゃんが強く希望するのです。……私は赤ちゃんの意思に従って行動しただけにすぎません。

お産は超安産。「生まれた赤ちゃんは本当に肌がきれいで、黄疸もなく元気です」「母体の回復もとても早く、本当に助かりました」とのことです。

マクロビオティックの実践者など、いわゆる〝自然食〟をしているひとたちのなかからも、プライベート出産を選択するひとがでています。

自然食者は、からだにとって自然なもののみを飲食しようとします。できるだけ自然なかたちで栽培された農作物を、できるだけ余計な工程を加えずに食します。そうした食生活をはじめると、食品以外にもからだにとって不自然なものが身のまわりにたくさんあることに注意が向いてきます。医薬品の大部分もまたからだにとって不自然なものであることにも注意が向きます。自分のからだは自分で管理しようとするようになります。

こうして、自然食を実行しているひとたちは、おのずから、からだにとってより自然な生活のスタイルを志向するようになります。そういうひとたちが妊娠という現実に直面したら、どういうことになるでしょうか。とうぜん、お産もなるべく自然なかたちで、と希望するはずです。病院で産むことに抵抗を感じるひともすくなくないでしょう。薬品はつかわれたくないし、もちろん切開などされたくないはずです。病院食は不自然なものばかりです。

その点、助産院のほうがはるかに自然らしさがあると感じるでしょう。食事なども多少は融通がきくかもしれません。玄米菜食の助産院もあります。けれども、助産院でのお産も、しょせん他人によって管理されたお産であることにかわりはありません。

もっと主体的に、自然な生活の延長としてお産することができたら——そう望むことも、一部のひとにとっては自然のなりゆきでしょう。そしてそう望むとすれば、そこに自宅出産があり、そのさきにプライベート出産があることもまた、自然のなりゆきというものでしょう。

もとより自然食をすることは、この社会では、すでにそれだけで非体制的な営為です。(最近は〝体制〟のほうがすこしずつ変化してきていますが)。スーパーへ行ってもほとんど買えるものがありません。〝ふつうのひと〟と一緒に食事もできません。子どもに給食は食べさせられません。

したがって、しっかりと自然食をしているひとたちは、非体制的であること、異端であることに、ふだんからあるていど慣れているわけです。それゆえ、みなが病院で産むから自分もそうする、といった発想ははじめからしないひとがすくなくないのです。

さらに、自然食をしているひとたちの多くは、身体の自然の摂理をよくわきまえていて、みずからの健康管理にも自信をもっています。自然な生活をしてさえいれば、からだはみずから歪みを正してゆく、ということを実感しているのです。このことが妊娠・出産に応用できないと考える理由はなにもありません。自然食を中心とした自然な生活をしてさえいれば、自然の摂理がおのずから健康なお産へとみちびいてくれるはず。――そういう信念をもつひとがプライベート出産を選択するのは、やはりごく自然なことであるといえるでしょう。

このようにして、しっかりと自然食をしているひとたちには、プライベート出産の素地があらかじめ用意されているわけです。

ブラジルを拠点にマクロビオティックを広めている菊地富美雄は、お産についてつぎのように語っています[84]。

私には五人の子どもがいますが、全員私がとりあげました。生まれてくる子どもには私が責任を負わないといけないのです。医者に任せるような無責任な父親になってはいけません。病院に入ってお産をするんじゃない。お産というのは自然な生理現象であって、病理現象ではないのです。お産というのは生理現象で、うんこをするようなものです。うんこをするのに病院に入る人間がどこにいますか。私の学校にはたくさんの弟子がいますが、みんな自分で自分の子どもをとりあげていますよ。

（やはり医療者にたよらないことをモットーとした一九世紀アメリカの薬草療法家サミュエル・トムプソンも、夫婦のみのお産を推奨・指導していました[85]。）

大谷ゆみこ（「未来食アトリエ・風」主宰）は、「快医学」を学ぶことで「医者にも薬にも頼らない心構えとそれを裏づける技術」を身につけ、三人の子どもを自宅で産みました[86]。瓜生良介の提唱する「快医学」は、

「いのち本然の自由な欲求を徹底的に認め、それをサポートする」というものです(87)。そこでは、こころとからだの欲しているいちばん気持のよいことをすることこそ、「健康自立の原理」であるとみなします。快方向へ生活を変えることで、どんな病気も自分のちからで快方にむかうということです。食生活については、穀菜食こそがこの原理に合致するとしています。大谷は、この「快医学」に出会って自然な生活へ転換したのです。

彼女は、夫・郷田和夫とのプライベートな出産について、つぎのように記しています(88)。

私は四人子どもがいますが、食事を変えてから三人産みました。郷田と二人で自宅で産みました。生まれるその日まで、料理したり、ふつうに動けるのですね。

赤ちゃんは自分で右回りにぐるぐる回転して、ふっと出てくるのです。膝を着いて産むと、へその緒の長さがちょうどいいので、赤ちゃんが下に降りて、ふっと「そこにいる」感じで、生まれるのです。本来、出産は新しいいのちの誕生を迎える聖なる営みなので、病人のための施設である病院での出産は変だなとは思っていました。実際に、自宅で家族に囲まれたふつうの暮らしの中でのお産は、本当に気持ちのよいものでした。

マクロビオティックの実践者で、ふたりの子どもを夫婦だけで産んだTさんは、つぎのように語っています(89)。「この食事をしていることで、健康には人一倍気を使っていますし、病気になっても薬や医療に頼ることはありません。体の中に人工的な物質を入れないというのが基本です。マクロビオティックをやっている人の中には、自宅で夫婦ふたりで出産している人たちもいて、この食事を厳格に守っていれば安産になると信じていました。」

この系列の象徴的な存在が橋本知亜季です。彼女は、五人の子どもをすべて無介助でお産しました。第二子と第五子のときは、子どもとふたりきりのお産でした。彼女もまたマクロビオティックの実践者でした。その五回のお産を、彼女はみずからつぎのように総括しています(90)。


一度目は、だれの手も借りずに夫婦だけでの自然出産が可能だということ、そしてそれは大きな喜びであることを経験。

二度目は、妊娠の途中の経過から出産までのいっさいを、一度も医師や助産婦に見てもらわず自己管理することができるし、介助者がいなくてもひとりで産めることを体験。

三度目は、日常生活の流れと同じ波長の中で家族と共に安定したお産を体験。

四度目は、お産は最高のエクスタシー、神秘的な宇宙体験であることを実感。

そして五度目は、もう〝お産をする〟という言葉自体が、粉々にくだけて空に吸い込まれてしまったような感じだ。至福を感じる贅沢な経験だった。


近年は、この橋本知亜季の著書『自然に産みたい』に勇気づけられてプライベート出産を決断したひともすくなくないようです。

◇

こうしてみると、プライベート出産への入口はいくつもあることが知られます。ほんとうに自然なお産を追い求めてゆくと、そのゆきつくさきにはプライベート出産があるのです。

ほんらい、女性はだれでもプライベート出産を望んでいるはずです。ただそれが可能だと思えないだけなのです。

バースエデュケーターのジュディー・ロール（前出）は、つぎのように述べています。（無介助出産のメーリングリストより）

わたしたちは、講座を始めるときには、無介助出産については言及しません。自分がどのようなお産を望んでいるのかを受講生たちにたずねることから始めるのです。

彼女たちは、自分たちの思い描く理想のお産を書き記します。それから彼女たちはこう言うのです。「でも、こんなふうにはできっこないわ」と。

そこでわたしは問いかけます。「どうしてできっこないの？」と。

――彼女たちは、自分たちの望むお産がまさしく〈無介助出産〉にほかならないことを知らないだけなのです。

検診を受けることもなく、他人に介入されることもなくお産することができる――そういう道がひらかれているのならば、その道をこそ多くの女性は望むはずです。

プライベート出産はお産の本道です。しかしそれはいまのところ、日本では一般にお産の通常の選択肢のなかにはふくまれていません。無介助出産は病院医学の信条に反するからです。

プライベート出産が目立ちはじめてくると、医療者やお役所は黙ってはいないでしょう。プライベート出産による事故が、プライベート出産を非難するきっかけとなるでしょう。

すでにそれは現実のものとなっています。「育児文化研究所」の会員に起きた七件の事故を、日本助産婦会が問題にしました。助産婦がトラブルにまきこまれるケースが目立つという理由によります。日本助産婦会は、とくに自宅出産をあつかう助産婦にたいして、「妊娠中から継続的にフォローしているケース以外の分娩は断る」などの呼びかけをおこないました。

さらに、日本助産婦会のはたらきかけに応じて、育児文化研究所関係の事故を（旧）厚生省が問題にしました。厚生省は、一歩進んで、無介助出産そのものを「危険」「不適切」として警告するおふれを全国に公示しました（平成一一年一二月二八日付け「通知」および「緊急母子情報」）。「緊急母子情報」は、「自宅などでの医師や助産婦が介助しない出産等は危険‼」と題して、つぎのように呼びかけています。「安全に出産するため、医師、助産婦等の指導にしたがい、健康診断を受診するとともに医師又は助産婦の介助のもとで、出産しましょう。」（傍線原文）

厚生省は無介助出産そのものを公式に非難したわけです。もちろん、この非難にはじゅうぶんな根拠がありません。医師や助産婦の介助のみがお産を安全にするという証拠はどこにもないのです。むろん無介助出産にもいろいろあって、なかには安全対策の不十分なケースもでてきます。しかしだからといって、無介助出産そのものが本質的に危険だということにはなりません。

日本助産婦会の調査によると、「育児文化研究所」関係の七件の事故はいずれも赤ちゃんが死亡したもので、そのうち五件は逆子分娩での事故でした。経緯のはっきりしている例をみると、どうやら事故は夫が赤ちゃんの足を強引にひっぱるなど、基本原則を逸脱した行為に起因するようです。また、他の二件は水中出産によるものでした。この二件の事故の原因は、レジオネラ菌の繁殖した〝二十四時間風呂〟で分娩したことにあるということです。するとここで問題なのは、二十四時間風呂での分娩であって、自宅での水中出産そのものではないわけです。つまり、問題なのは、あくまで安全対策の不十分な無介助出産であって、プライベート出産そのものではないのです。

逆子のばあい、自信のある助産婦の助けが得られれば安心です。が、無介助であっても、基本的な原則をふまえさえすれば、安全に分娩することはかならずしも困難とはいえません。

Nさんは、ひとりめの子どもを病院で促進剤によってむりやり出されました。そしてふたりめの子どもを自宅で独力で産みました。逆子でした。(逆子であることは、当日の助産院での検診ですでにわかっていました)。お産は難なく終わりました。その模様をNさん自身、つぎのように記しています[91]。

何か小さな丸い物が出てきました。「ん!??」という感じで右手で触ってみると、赤ちゃんのかかと。やはり首のところでひっかかってしまいましたが、四つん這いという姿勢のため、焦って足を引っ張らずにすみました。

指を膣に突っ込むようにして(実際には入らなかったように思います)いきむと、赤ちゃんの全身が出てきました。後で考えると、子どもが自分で頭の向きをうまく変えて、するっと出てきてくれたようです。

産声は、……「元気だよ!」の一声っきり。後はおとなしくしていてくれました。促進剤で出された長兄がずーっと泣き続けていたのとは対照的です。

四つんばいの姿勢をとっていたところ、赤ちゃんの足をひっぱらなかったところなど、基本原則にのっとって産んでいたことがうかがわれます。これなら逆子のお産もけっしてむずかしくありません。

双子のばあいも同様のことがいえます。(ふたりを産むといっても、ふたりめは産道がひろがっているので比較的楽に生まれてきます。）

アメリカのジュディーは、夫のピーターと夫婦出産しました。双子で、しかも双方とも逆子でした。産婦は立ったままで、いきむこともなく、ふたりの逆子を産みおとしました(92)。

午前三時五二分、急に尿意をもよおしました。……バスルームにたどりついたとき、排尿をおさえることができない状態でした。とぎれなくしたたるので、やっと気がつきました。――破水したのでした。

シャワーを浴びにバスルームにもどりました。膣から何か気泡のようなものが下りてきている感じがしました。……泡がはじけると圧迫感が強くなり、はらはらしました。床はびちょびちょです。ピーターは寝室へせきたてますが、わたしはシャワーを浴びていたいと思いました。シャワーを浴びていると、内部のすべてが落ちつきました。

コンピューターデスクのところに立って、「もうすぐ赤ちゃんができそうだから準備して」とピーターに言いました。……彼はひざまずき、赤ちゃん〝その一〟がでてきているのを見ました。夫はビニール手袋をはめようとしましたが、なんともおかしな光景でした。彼は赤ちゃんを受けとるために手袋を引き裂いて脇へ投げ捨てました。赤ちゃんはお尻から先にでようとしていました。ピーターはちょっとのあいだ黙っていましたが、やがていきむようにと静かに言いました。わたしはいきみを感じないと言いました。それからすぐに、胸郭のところでひっかかっていた赤ちゃんがみずからすべりでてきました。つづいてでてきたのは羊膜でした。ピーターはすばやくタオルをとってディランの鼻を拭き、からだを包みました。

わたしは夫に急ぐように言いました。赤ちゃん〝その二〟がでてこようとしていたからです。「赤ちゃんを床の上に着陸させたくないから早くして」とピーターに頼みながら、コンピューターデスクに寄りかかって立ちました。ピーターは、ディランを左腕にかかえて這ってきて、二番目の息子が羊膜に包まれたままでてきているのを見ました。ピーターが膜をはぎとると、こんども殿位の逆子がおりてきているのが見えました。彼は赤ちゃんの小さなお尻を持って安全な方へみちびきました。ルークのへその緒はわたしとつながっていたので、ピーターはベッドにもどるように言いました。わたしはルークの鼻を拭いて、からだを包みました。

一〇分後にルークの胎盤をバケツの中に排出しました。わたしはベッドに起き上がり、夫とともに新参のふたりをほれぼれと眺めました。

ついでに、へその緒が赤ちゃんの首に巻きついた「臍帯巻絡《さいたいけんらく》」なども、基本的な対処法をふまえてさえいれば、とりたてて危険なものではありません。一般に臍帯巻絡が危険視されるのは、病院出産の不自然さに由来するのです。

メンデルソン（前出）もこう指摘しています[93]。「へその緒を首に巻き付けた状態で赤ん坊が生まれてくるのはごく普通のことであり、へその緒が一回、二回、時には数回首に巻き付いた状態であっても、本来は危険ではないということである。しかし、病院出産では、臍帯巻絡は重篤な合併症にまで発展することがある。分娩誘発や麻酔分娩などの医療処置が行われるため、へその緒が過度に圧迫されるからだ。この点からも、病院ではなく自宅で出産をした方が安全だといえる。」

プライベート出産のための最低限のノウハウは、むかしはあるていど世代間で受けつたえられていました。

そうした民間伝承がプライベート出産の安全性を保証していたのです。ところがいまでは、そうした伝承は完全に断絶してしまっています。わたしたちは、これからあらたに基本的なマニュアルづくりをしてゆかなければなりません。現代の環境のなかで、どのようにしたら安全なプライベート出産ができるか——産科医や助産婦も一緒に考えてゆくべきでしょう。

日本助産婦会や（旧）厚生省の動きは、時代に逆行するものです。これからは、無介助出産を追放しようとするのではなく、むしろ無介助出産を安全なものにするための対策をこそ積極的に考えるべきでしょう。そうしなければ、今後、自然出産への志向の高まりとともに、安易な無介助出産による事故はますます増えてゆくことになるでしょう。

産科医や助産婦はプライベート出産に奉仕するべきでしょう。要請があればいつでもこころよく手をさしのべるべきでしょう。

アメリカなどでは、ごくまれにですが、医師や助産婦の理解と協力を得て無介助出産するひともでてきています。K・ダンク夫人は記しています(94)。

今回、わたしたちは無介助出産することを選択しました。わずか二分のところに病院があることを知りながら。助産婦はこの地域にはいません。かかりつけの医者からは、疑問や問題が生じたときはいつでも対応する、との承諾を得ました。彼は、「わたしたちは十年先を行っている」と言っていました。また、「この十年のうちに自宅出産への志望があたりまえのものになるから、医療的な支援をきちんと整えてゆく必要がある」とも言っていました。

第5章

CHAPTER 5

プライベート出産の条件

本書ではあれこれとプライベート出産の利点を指摘しているので、みなにプライベート出産をすすめているように受けとられるかもしれません。けれども、そういうことではけっしてありません。むしろ、わたしはほとんどの産婦には助産婦か医師がつきそってお産するのが妥当だと考えているのです。

現実に、いろいろな状態の産婦がいます。いろいろな事情の産婦がいます。それぞれの産婦にはそれぞれにふさわしいお産のありかたがあるはずです。

子宮の開腹手術をして日のあさい産婦には、むろん、病院がベストです。施設で産みたいけれど手術や投薬はされたくないというひとには、一般に助産院が好適です。

自宅出産にも、とうぜんのことながら、よく適合するひととそうでないひとがいます。

一般に、助産婦の介助する自宅出産では、妊産婦につぎのような問題があるばあいに、不適合とされます。

- 妊婦健診を受けていない
- 前回のお産で異常があった
- 妊娠中毒症などの疾患がある
- 双子・逆子・前置胎盤などである
- 高年初産である

産科学の教義にのっとったお産では、このような条項があげられるのはもっともなことです。といっても、じつはこうした「問題」のある産婦にとって自宅出産より病院出産のほうが安全だという証拠は、ほとんどありません。問題があるからこそ、そのリスクに追い打ちをかけないように自宅でお産するほうが安全だ——という道理もなりたつのです。

プライベート出産となると、それはもはや基本的に産科学の教義の埒外にあります。プライベート出産を選択することは、病院医学の教義のそとに身を置くことです。そこには、病院医学とおのずから異なった信念があります。そこには、産科学よりも自然で合理的な教えが存在します。

それゆえ、プライベート出産への適合性は、産科学の教義とはべつの基準において考えられなければなりません。

以下、プライベート出産の条件と考えられるものをみてゆきましょう。

生活状況

プライベート出産をする産婦として、もっとも重大な要件は、医療者のいないお産へ向けての健全な体質を保持しているということです。

もとより、健全な体質を保持しているかどうかは、プライベート出産にかぎらず、どのようなかたちのお産においても最重要の問題です。また、健全な体質であろうとなかろうと、プライベート出産は可能であるし、そのメリットにもかわりありません。けれども、体質の劣悪な産婦にあっては、それなりの特別なこころがまえやバックアップ体制がととのえられるほうが、お産をより安全なものにするでしょう。（そうしたところまで範囲をひろげてプライベート出産を云々するのは時期尚早というものです。〝ハイリスク・プライベート出産〟は本書の埒外なのです。）

健全な体質を保持しているかどうかは、病院の検査によって判定しきれるものではありません。病院の検査は、数値化の可能な要素についてのみ、それぞれの標準値との偏差を判定するだけです。それは体質とはかならずしも関係がありません。病院の検査でなにか問題があるといわれても、体質的に問題があるとはかぎりません。逆に、病院でまったく問題がないといわれても、じっさいにはかなり劣悪な体質であるかもしれません。

体質はなにによって決まるのでしょうか。体質を決めるのは、主としてそのひとの生活状況です。衣・食・住のすべてが体質に関与しています。まっとうな生活をしているかどうかが、体質の良し悪しを左右するのです。とくに食生活の良し悪しが、体質の良し悪しに直結します。なぜなら、からだの細胞・組織はおもに食べものによってつくられているからです。

一般のひとたちは、有害なもの、不自然なものを、日々大量に体内にとりこんで生活しています。それゆえ、ごくふつうの生活をしているひとたちは、たいてい、かなり劣悪な体質になっているはずです。

お産の異常は、確率で生じるのではありません。劣悪な体質やストレス、不適切な処置が異常を発生させるのです。妊娠中毒症はもちろんのこと、胎盤の異常や大量出血なども、体質の劣悪さに根本的な原因があります。したがって、ふつうの生活をしているひとたちにかぎっていえば、たしかに相当ていどの確率で異常が生じるといってもよいわけです。そういうひとたちがプライベート出産をすることは、すくなからぬ危険をおかすことを意味するでしょう。

悪質な生活をしてきたひとは、多種多様の化学物質や重金属を多量に体内にためこんでいます。いったん蓄積された汚染物質は、一朝一夕に排出されるものではありません。蓄積された汚染物質はからだの自然能をガタガタにしてしまっています。汚染物質によってひどく劣悪化した細胞も、生命力そのものを弱めてしまっています。

それゆえ、とくに悪質な生活をしてきたひとは、まっとうな生活に切りかえても、体質の改善にはなかなかいたらないはずです。「とくに悪質な生活をしてきたひと」とは、たとえばファーストフードやコンビニ弁当やスナック菓子や清涼飲料などをながく常食してきたようなひとです。そういうひとは、プライベート出産はあきらめるべきでしょう。あるいは、すくなくともむこう何年間かは、プライベート出産を見合わせるべきです。（というより、妊娠・出産そのものを見合わせたほうがよいでしょう）。断食でもして、有害物質を排出するようにつとめることから出直すべきです。そうしなければ、ためこんだ有害物質を小さな赤ちゃんにふんだんにそそぎこんでしまうことになります。

たばこを吸っているひとやたばこの煙のたちこめる職場で働いているひとも、プライベート出産はとりあえず断念するべきです。

月づきの生理が不順であるようなひとも、ホルモンのバランスがくずれているわけですから、プライベート出産には適合しません。生理の異常は一種の生活習慣病です。それはおもに食生活の誤りに起因します。産婦人科医として食生活の大切さを説いてきた伊藤慶二（現在は八ヶ岳で麓友養生舎を開設）は、つぎのように述べています(1)。

女性の月経は、狂ったり、多すぎたり、苦痛を伴うものではありません。月経に異常が現れたり卵巣機能に異常が起きるのは、ほとんど全部、気づかない間にとんでもないものを食べ続けているか、正しい食生活をしているつもりで在来の栄養学の誤った常識や固定観念にとらわれた結果か、どちらかです。偶然になるということは絶対にありません。

生理に異常のあるひとは、生活を改善して身体のバランスをととのえることが先決ということになるでしょう。

前回の妊娠が流産で終わったひとも、体質的に問題のある可能性があります。流産じたいにも浄化のはたらきがありますが、あるていどの期間避妊と生活改善をしたほうがよいでしょう。

ついでに、帝王切開の経験者は、プライベート出産を断念したほうが無難でしょう。からだを立てて分娩すればまず大丈夫なのですが、それでも傷あとにそって子宮が破ける可能性を無視することはできません。（施設でのお産を選択するばあい、帝王切開の経験者でも通常の分娩をさせてくれるところを慎重に選ぶことが必要となるでしょう。）

ひとなみの生活をしてきたひと、すなわち、かなり悪質な生活をしてきたひと（たいていの女性がこの部類）も、相当に劣悪な体質になっています。そのまま妊娠生活にはいって無介助のお産をめざすのは、無計画すぎるでしょう。妊娠するまでにからだを浄化しておく必要があります。できるだけ早く生活の根本的な改善をするべきです。この部類のひとで、生活習慣病やそれに類した異常のない健康なひとなら、遠からずプライベート出産をめざすことができるでしょう。

生活改善後に体内の毒素や化学物質があるていど排出されて体質が好転するのに、半年以上を要します。また、体細胞が相当ていどに更新されるまでにも、やはり半年以上を要します。そこで、申しぶんなく健康なひとは、遅くともお産の一年半まえまでには、生活をできるだけ改善しておくべきでしょう。

したがって、ごく健康なひとでも、妊娠に気づいてからこの本を読んでプライベート出産をしたいと望んでも、いささか手遅れの感があります。（経産婦などで自信のあるひとはこのかぎりではありませんが。）

まっとうな生活のなかでも、とりわけ重要なのが食生活です。食生活を正せば、他の生活もおのずから正されます。食べものだけを自然に、というわけにはゆかなくなるからです。その意味で、「まっとうな生活」をここでは「まっとうな食生活」に代表させることができるでしょう。現代における「まっとうな食生活」とは、最低限、化学物質による汚染のすくない食物のみを食べることです。（とくに避けたいのは脂肪分の多い動物性食品と添加物の多い加工食品。もっとも好ましいのは自然栽培された植物です。）

まっとうな食生活をしてきてさえいれば、異常妊娠にはまずなりません。妊娠中毒症や貧血などにもけっしてならないでしょう。前置胎盤などにもけっしてならないでしょう。難産にもならないでしょう。

高齢出産も問題ではありません。長寿村のビルカバンバ（もちろん植物食が伝統）では、「六〇歳で出産するケースも珍しくない。そして何の障害もおこっていない。むしろ、四五歳以上のほうが、二五～三四歳より正常分娩率が二倍ぐらい高い[2]。」（森下敬一）――四五歳以上のほうが云々というのは、若い女性たちの食生活が変化してきていることを反映するものです。

現代の日本人にとって、食生活の改善は一種の革命です。ふつうのひとから、一転して異端者のようになるのです。本人に強い覚悟と意志がなければなかなか持続できません。本人にその覚悟と意志があっても、家族の協力が得られなければ、持続することは困難になります。それを乗り越えることができてはじめて、プライベート出産をする〝資格〟が得られるといってよいでしょう。

ごくあたりまえにプライベート出産を選択するひとの多くは、妊娠前から自然食の実践者です。このことは、自然食とプライベート出産がもともと切り離せないものであることに由来します。自然な生活の延長線上にこそ、自然なお産があるのです。

こうしてみると、出産まで一年半以上、まっとうな食生活をしてきていることが、プライベート出産をする基本条件といえるでしょう。

ただし、「一年半」というのはあくまで最小限の楽観的な見積りにすぎません。加工食品への依存や外食が多かったようなひとは三年間以上は必要でしょう。いっぽう、食品産業や栄養学にまどわされずにできるだけ自然な生活をこころがけてきたというひとなら、一年半でよいかもしれません。

もちろん、胎児のことも考えるなら、生活の改善は早ければ早いにこしたことはありません。妊娠のはるか以前から、まっとうな生活をしてきていることがのぞましいわけです。夫婦ともにです。もし夫に喫煙の習慣があるのなら、できるだけ早く断煙してもらわなければなりません。

基礎知識

ほんらい動物は、とくべつに勉強しなくても子どもを産みそだてる能力をもっています。動物のメスは、〝母親教室〟を受講しなくても、単独で平然として子どもを産みます。

ところが人間は、動物的な本能を抑圧する脳神経を過剰に発達させてきています。そのため、とくに文明社会に住むわたしたちは、本能的な能力を自然に発揮することが困難になってしまっています。そこでわたしたちには、本能的な能力を補完する意味で、お産の方法についての基礎的な知識を身につけておく必要が生じてきているのです。

文明はまた、生活に便利な道具をたくさんつくりだし利用してきました。たとえば金属製のハサミは、ものを切るのにたいへん便利です。お産にさいして、わたしたちはこのハサミをへその緒の切断に利用するようになりました。するとそこにひとつ問題が生じてきます。

へその緒は、サルのように歯で噛み切ったり石でたたき切ったりするばあいには、血管の切り口がつぶれて出血しません。古来の日本人のように竹のヘラ、葦、貝殻、茶わんのかけらなどで切るばあいも同様です。

多くの部族社会で、へその緒の切断に金属製の刃物を用いることを禁じています。江戸時代の産育書にも、「へその緒を断つには、竹へらを用いるべきである。鉄の刃物を用いるべきではない」とあります[3]。金属製の鋭利なハサミで切断すると、血管が輪切りにされ、切り口から出血するのです。それに、波動や磁気にかかわる問題も、べつにあります。（そもそも、「切れる」というのは波動的な現象です。物質の分子の振動に鋭利な物質の振動が作用することによって「切れる」のです。そのさいに、鋭利な物質の振動が切れるがわの物質に波動的な影響をおよぼします。）

現代の医療者は、専用の鉗子やクリップ、ゴムバンドや綿テープを用いてへその緒をあらかじめ締めつけ、それから金属のハサミで切断します。締めつけないでいきなりハサミでへその緒を切断すると、血液がほとばしりでることがあります。（最近日本でじっさいにそういう事故があったそうです）。ですから、鋭利なハサミをつかうばあいには、「へその緒を二ヵ所でくくってから、そのあいだのところを切る」という予備知識をもっていることが必要となるのです。

もっとも、それはあくまでへその緒を早期に切断するばあいのことです。すでにみたように、へその緒は拍動が完全にとまってへなへなになってから切るべきです。もっとよいのは、胎盤がでてから切ることです。部族社会では、一般に、胎盤がでるまえにへその緒を切ることはありません。多くの部族民は、胎盤がでるまえにへその緒を切ると赤ちゃん（もしくは産婦）が死ぬと信じています。また、胎盤がでたからといって、急いでへその緒を切る必要はありません。出生後一時間も経たないうちに切るのは早すぎるでしょう。

そもそも、へその緒を切る必要さえありません。へその緒を切らなければ、へその緒から血液がほとばしりでるなどという事故は起こりようもないわけです。野生のチンパンジーは、へその緒を切りません。赤ちゃんは胎盤を引きずったままです。(ゴリラは母親が胎盤を食べてしまいます)。ヒトにあっても、へその緒を切らずに胎盤といっしょに赤ちゃんをくるんでおく部族がすくなくありません。ゴールドスミス(前出)はこう指摘しています(4)。

世の中には胎盤と赤ちゃんのお臍を切り離さないところも多くあるのです。タンザニアのサガラ族とカラハリのブッシュマンでは、胎盤の先は乾いて落ちるまでそのままでした。南アフリカのホッテントット族でも臍帯は切らず、しっかりと結ばれ、やがて自然にとれました。このような方法で病気の報告はありません。

アメリカの無介助出産でも、胎盤を切り離さないでおくことがめずらしくありません。(ハスに似たその形状から、「lotus birth」と呼ばれています)。胎盤とつながっているほうが赤ちゃんは心身ともに安らかでいられるということです。胎盤には塩やハーブをまぶしたりすることがあります。日を経ても、胎盤は芳香をはなっているそうです。

へその緒は、切らないでおくか、切るのなら胎盤がでてからゆっくりと切ればよいのです。このことを知ってさえいれば、へその緒を切るときの事故は起こりえません。

このように、人為的なミスを予防するためにも、自然出産にかかわる基礎的な知識をあたまにいれておく必要があるわけです。プライベート出産は、異常を起こさないことによって安全性を確保するのですから、これはたいへん重要な要件といえるでしょう。

事前に基礎知識が必要なのは、〝プライベート断食〟のばあいも同様です。一般に、しろうとが勝手に断食するのはきわめて危険とされています。それもそのはずで、もしなんの予備知識もなしに自宅で断食を決行しようものなら、一週間で死んでしまうかもしれません。断食中に便通をつけていなかったり、断食あけにいきなりカツ丼を食べたりすれば、それは死んでもおかしくありません。けれども、基本的な手順や注意事項をきちんとわきまえてさえいれば、無介助で断食することはすこしも危険なことではないのです。

自然出産にかかわる基礎的な知識は、一般向けの妊娠・出産ガイドブックを読んでも得られません。医学の専門書を読んでも、実践的な知識はなかなか得られません。

あらかじめ知っておくべきことがらは、さほど多くはないでしょう。ごく基本的なことがらだけでよいのです。本書も、あるていど基本的な注意事項は押さえておくようこころがけています。が、もとより本書はマニュアル本ではないので、けっして十全とはいえません。現状では、当事者自身がおのおのの事情に即して、経験者や書物から主体的に学ぶようにする必要があります。

基本的なことがらを知っているのは産婦自身でなくてもかまいません。夫（パートナー）などが確実に立ち会えるなら、そのひとが知っていればじゅうぶんです。

アメリカのバースエデュケーター、レスター・ハーゼル（前出）は、つぎのように述べています(5)。

私は確信しています。お産は、その成果に家族全員がふかく感動する、家庭の行事だということを。母親が幸せであれば、家族みんなが幸せになります。

私はまた確信しています。妊娠と出産を通じて、介助の主要な役は夫に帰する、と。子どもたちの父親として、夫が妻との連帯のために全精力を注ぎ込むのは、まさにこのときです。彼はまた、みずからの役割を賢明に立派に果たすために必要な情報を獲得しようとつとめるでしょう。
このアメリカで、二十年来しばしば無介助出産のマニュアルとして活用されてきたのが、グレゴリー・ホワイト（M・D）の『Emergency Childbirth』です(6)。もともとこの本は、無介助出産用のマニュアルではなく、警察官や救急隊員のためのテキストとして書かれたものです。それゆえ、記述はもっぱら母子を医師に引きわたすまでのつなぎといったおもむきを呈しています。それでも、専門の介助者のいない諸状況に対応しているだけに、無介助出産のマニュアルとしても流用しえたわけです。プライベート出産用としては記述がネガティブすぎるという不評もありますが。（わたしはこの本を和訳し、私家版『応急出産介助マニュアル』としてプリントしています。——巻末参照）

産科学や助産学のガイドブックも、まったく役に立たないというわけではありません。進純郎・荒木勤著『基本分娩介助学』（医学書院）や島田信宏著『イラストでみる分娩介助』（メディカ出版）などは、わかりやすくて参考になるところもすくなくありません。しかし、しょせんは産科的処置を解説したものであって、プライベート出産のマニュアルにはとうてい流用できません。

将来的には、『プライベート出産ハンドブック』といった本や『実践・プライベート出産』といったビデオテープが何種類か制作されることがのぞまれます。また、「プライベート出産教室」のような講習会が定期的に開かれるようになるとなおよいでしょう。

ともあれ、産婦本人か立ち会いのひとが自然出産について基本的な知識をもっていることも、プライベート出産の基本条件ということになります。

住宅事情

プライベート出産には、プライベートな場が不可欠です。ふかくリラックスできる場が確保されないのなら、もうそれだけで無介助出産のメリットは半減してしまいます。

通常、産婦の自宅がプライベート出産の場となります。住み慣れた自宅であることが、産婦を落ち着かせ、安心させるのです。

もちろん、自宅であるというだけではじゅうぶんといえません。話し声が両どなりにつつぬけとなる安アパートでは、リラックスしてお産することは困難かもしれません。声を押し殺さねばならないような状況はストレスを生じさせてしまいます。また、かりに豪壮な一戸建てであっても、気がねせざるをえない姑などと同居しているばあいは、やはりリラックスできないかもしれません。心配性の親のいる実家も同様です。

問題は産婦自身がリラックスできるかどうかにかかっているので、適・不適はいちがいに判別できません。本人がみずからの感受性にもとづいて判断し工夫するほかないでしょう。工夫の余地はあるものです。たとえば、部屋の機密性が保てないようなら、浴室を産室とすることも可能です。

水中出産したいが浴室がないとか浴槽がせますぎるといったばあいは、組み立て式の出産用プールを借りることもできます。専用のプールでなくても水中出産は可能です。音楽家の吉本有里は、北カリフォルニアの人里離れた山中の家で、子ども用のビニールプールに温水をいれて水中出産しました。満月の夜に、夫とふたりだけで。

自宅も実家も適当でないということになると、プライベート出産は断念しなければならないかもしれません。ただし、あきらめるまえに、自宅以外の場所を考えてみることもできます。自宅でなくても、じゃまがはいらず、安心できる場所であれば、プライベート出産することは可能なのです。

友だちの別荘や貸別荘などを当たってみてはどうでしょう。南海のリゾートのコテージで夫婦出産するというのも素敵です。自然食料理研究家の中島デコは、暑くて狭い東京の自宅をのがれ、子どもたちをつれてバリ島へ行きました。島のバンガローに宿泊し、満月の夜にそこでひとりでお産しました。また、森野夏海は、家族とともに南海の島のビーチに大きなテントを張り、雨あがりの夜にそこでお産しました。

そういう自宅以外の場所もふくめて、くつろげる住居が確保されていることをも、プライベート出産の基本条件としておきます。

心身の状態

お産には、産婦自身の心理的な情況が大きく影響します。だからこそプライベートなお産に大きなメリットがあるのです。プライベート出産には、産婦は安定した、おだやかな心境でのぞみたいものです。

住宅事情とも関連することですが、プライベート出産でとかく問題となるのが、家庭環境です。たとえば同居家族がプライベート出産に反対しているようなばあい、妊産婦がおだやかな心境でいられるはずはありません。反対する家族の否定的な波動も妊産婦に波及します。妊産婦のこころが動揺すれば、それはただちに身体上に反映されます。お産は難行するかもしれません。

とりわけ夫の賛同が得られていないばあいには、さまざまな困難が予想されます。妊産婦の気苦労もなみたいていではないでしょう。そのような状況では、プライベート出産はけっして安楽でも安全でもありません。

もっとも、家族関係とその心理面の問題は当事者にしかわからないことです。家族がいくら反対しようとも、妊産婦自身が超然として平静を保っていられるのなら、なにも問題はないわけです。（そういうひとはめったにいないでしょうけれど。）

家庭内の人間関係は、胎児にも大きな影響をおよぼさずにはおきません。できるだけ早くに調整しておくべきです。その結果しだいでは、プライベート出産を断念せざるをえなくなることも覚悟しなければなりません。

お産そのものにも、いろいろと不安があるでしょう。無事に産めるだろうか、赤ちゃんは五体満足だろうか、胎盤はちゃんとでてくるだろうか……。大きな不安をかかえたまま無介助出産に踏みきるべきではありません。助産婦にいてもらうほうが安心だと感じるなら、助産婦にきてもらうべきです。

妊産婦本人よりも、家族（とくに妊産婦の母親）のほうがひどく心配するものです。家族が妊産婦の不安をあおりたてることが多いようです。実家と離れて住んでいるばあいには、親にはほんとうのことは告げず、適当にごまかしておくのもひとつの手です。たいていの親は無介助出産には同意しませんから。もちろんなかには殊勝な親もいるでしょう。理解力のある親なら、この本を読んでもらうだけでも同意してくれるかもしれません。（自然菜食の正当性を理解できるかどうかが、ひとつのバロメーターになるでしょう。）

だれにでも多少の懸念や不安はあるものです。問題は、妊産婦自身の、その程度です。不安になったり平静になったりするというくらいなら、GOサインでしょう。

もともとが不安性のひとは、どうしてもあれこれ不安をいだいてしまうことでしょう。三人めの子どもを無介助出産したハイジア・ハーフムーンは、お産までのこころの揺れを日記に赤裸々に書き記しています(7)。彼女はひとりでお産する道を選びましたが、お産の三週間まえになっても、「不安と信念とがこころの中で闘っている」と記しています。お産の一週間まえには、すでに前駆陣痛がはじまっていましたが、「わたしはこの妊娠を完遂するうえで正しい決断をしたのだろうか？」と懐疑的になったりしています。それでも、娩出の直前には、つぎのような心境にいたっていました。――「どのようにであれ、自分がこの状況とたたかっているという感じはない。完全にリラックスしているのを、からだで感じている。」

もし、お産にたいする懸念や不安が四六時中あたまを悩ませているようなら、すでにそれだけで母児ともにダメージを受けています。そうした精神状態はお産そのものの障害ともなるでしょう。ただちにプライベート出産を断念し、他の方策を検討するべきでしょう。プライベート出産への固執はけっして好ましいことではありません。

なお、できればプライベート出産の経験者か志望者と交流をもつとよいでしょう。アドバイスを受けたり情報交換をしたりするうちに、しっかりした信念をもつことができるようになります。近隣にそうした相手がみつからなくても、インターネットなどを通じて同志と交流することも可能でしょう。

リン・グリースマー（前出）はこう言っています(8)。

疑問や怖れをいだくことはまったく自然なことです。一〇〇%自信があって何の疑問も心配もないなどという人がいるとは私には思えません。無介助自宅出産の経験者と話をしましょう。経験者はなかなかいませんが、みつけだすように努力するべきでしょう。

ところで、精神に異常がなくても、身体のほうに異常があれば、お産に支障をきたします。

「生活状況」のところで体質を問題にしました。が、体質はあくまで基礎的な条件であって、それだけでお産にのぞめるわけではありません。健全な体質の妊婦が良好な体調を維持してこそ、お産の安全が確保されるのです。良好な体調を維持するよう、つとめなければなりません。

もし臨月にもなってひどく体調をくずしてしまっていたら、プライベート出産は考えものです。たとえば重度の貧血で起きあがれないとか、歩くだけで息切れがするといった状態では、相当に困難なお産が予想されます。つぎつぎに苦しい状況に遭遇することになるでしょう。もちろん、病院に入院したからといって安全が保障されるわけではありません。体調のわるい産婦にとっても、病院のほうが安全とはかならずしもいえないのです。が、苦境にたいしてプライベートに立ち向かうには、よほどの気丈さが要求されます。即効的な対症療法の技術をもつ病院に入院したほうが、すくなくとも気分的には楽になるでしょう。また、ひどく苦しくなってしまってから医療に助けを求めても、なかなか適当な治療は受けられません。陣痛がはじまるまえに、プライベート出産を断念するのが無難といえるでしょう。

こうして、心身の状態が安定していることもまた、プライベート出産の基本条件としなければなりません。

世話人

分娩じたいは単独でできます。けれども、夫などがひかえていてくれたほうがなにかと安心で便利でしょう。立ち会うのは、産婦がストレスを感じないひとでなければなりません。

また、問題はお産だけにかぎられるわけではありません。むしろ、お産は導入部にすぎません。「お産なんかより、お産してからのほうがずっとたいへん」とは、体験者がしばしば口にするセリフです。それもそのはずで、お産をした本人は、産後の休息もろくにとれないうちから、早くも育児をはじめなければならないのです。

林野を歩きまわる部族民ならともかく、文明の利器にかこまれて不自然な生活をいとなむわたしたちにとって、お産は大仕事です。その大仕事のあとには、じゅうぶんに休養をとる必要があります。

お産で骨盤がひらききります。そのままで台所に立ったりすれば、骨盤は中途半端にひらいたままで固定されてしまいます。その結果、腰太になったり、左右のバランスがくずれてからだがひずんでしまったりします。骨盤があるていど締まるまでに四日ほどかかります。産後一週間ちかくはできるだけ立たないようにするべきでしょう。骨盤がいちおう締まるまでには二ヵ月くらいかかります。その間はできるだけからだに負担をかけないようにするべきです。

日本ではむかしから、すくなくとも産後の三週間は、ひたすら養生するべき期間とされていました。家事労働はもちろん、つくろいものや読み書きもせず、髪にクシをいれることもなくすごすのです。洗髪は百日後ともいわれていました。

産後のからだは貧血状態で弱っています。とくに眼はたいへんデリケートな状態になっています。貧血状態というだけではありません。子宮と眼においては、ルテインというカロチノイドが重要な役割を果たしています。お産という非常時にあっては、眼のルテインも子宮のために動員されます。それで、産後の眼はルテインの欠乏した状態になっているのです。そうしたときに明るい光にさらされたりすると、眼は容易にいたんでしまいます。

インドで開業するチベット医学僧の大工原彌太郎は、つぎのように忠告しています(9)。――「室内でも、産後二、三週間は光を強めないほうがいいし、本を読んだり、テレビを見るのも、二ヵ月くらいは避けたほうがよい」。産後いく日も経たないうちから日なたで洗濯物を干すなど、とんでもないということになるでしょう。

かつて日本の各地では、伝統的に産屋《うぶや》でお産がおこなわれてきました。家のちかくに粗末な小屋（産小屋）を建てるか、離れや土間や納戸を産室にしつらえました。静かで、日のささない暗い小部屋になります。そこに一定期間こもって産中・産後をすごしたのです。

産後しばらくは、産屋には絶対に他人をいれません。（これによって母子は細菌感染から守られます）。母子が産屋をでるのは、「産屋明け」といって、二一日めとか三三日め、あるいは七五日めになります。それまでは母子ともにけっして外出しません。つまり、母子は産後の三週間以上を暗い部屋にこもって静養していたことになります。（もちろんこれはあるていど以上にめぐまれたひとたちのばあいですが。）

陣痛がはじまるまで海にもぐっているという海女でさえ、産後は何十日も産屋等にこもって静養しました。岩手県の遠野では、赤ちゃんの生後一一〇日めにおこなわれる「食《く》い初《ぞ》め」を終えてはじめて日中に外出することが許されました⒇。インドなどでも、産後すくなくとも三週間、母子は暗い部屋にこもったままでした。とくにトダ族は、三ヵ月ものあいだ、新生児の顔におおいをかけて光を避けました⑾。中国の辺境では、母子は五六日のあいだ、戸や窓を閉めきった部屋にとじこもっていました⑿。アラビアでも、産後四〇日間はそとにでないようにといわれていました⒀。南米の奥地には、現在でも産後二ヶ月間は母子ともに屋内にとじこもっているところが散在します。インドでは現代にあってもなお、産後一ヶ月半のあいだ母子を一緒に隔離することがすすめられ、赤ちゃんが初めて外出するのは生後四ヶ月間になってからとされたりします⒁。バングラディシュの村落では、ムスリムは産後四〇日間を住居のなかに、ヒンズーは三〇日間産小屋のなかにこもります⒂。

こうした慣習は、赤ちゃんの眼を保護するうえでも合理的です。さきにもみたように、生まれたての赤ちゃんには日光や螢光灯は刺激が強すぎるからです。右の大工原彌太郎によれば、「だいたい三週間あれば目の機能は完成し、外光に当てても大丈夫」になるということです。

日本の伝統でも、たいてい、うす暗いところを産屋にしました。それは母子の眼を保護するためでもありました。『日本産育習俗資料集成』にはつぎのような記述がみられます(16)。

・一家のうち、納戸と称し一家中最も暗い一室を選ぶ風習は今なお現存するという。(滋賀県)
・多くは昔の居間でことさらに暗い部屋を充《あ》てた。これは産婦および出生児が目を使わないようにするためである。一般の農家は土間をこれに充てる。(新潟県)
・妊婦の居住する部屋はなるべく暗い部屋を望む。明るい部屋は嬰児の目を悪くする。(三重県)
・精神の安静を望むために明るい部屋は使用しない。(鳥取県)

ともかく、産後しばらくは、母子ともに暗い部屋にこもっていたほうがよいわけです。お産をした本人は、炊事・そうじ・洗濯など家事労働はできるだけしないようにするべきなのです。ということは、食事をつくったり洗濯をしたりするひとがだれかそばにいてくれることがのぞましい、ということです。うえに幼い子がいるばあいはなおさらです。

中国人系の社会では、「乳母」(産褥レディー)と呼ばれるプロのお手伝いさんがいて、産後のまる一ヵ月間を住み込みで母子の世話をします。お産をした本人はいっさいの家事や育児をしてはいけないとされているからです。

(ただし、右のような産後の生活は、穀物食をつづけたりして虚弱になった女性たちの養生法であって、ジャングルで果実食をしてきたような強健な女性にふさわしいものではありません。)

夫（パートナー）が協力的であれば、産前・産中・産後を通してめんどうをみてもらえて好都合です。アメリカのプライベート出産では、たいてい夫が大活躍します。大活躍して、大感激するのです。もちろんその他の家族や友人でもいいのですが、なるべくならふだんから生活をともにしているひとのほうが好適でしょう。自然食の料理をつくってくれるひとであることも必要なことです。

この世話人の件も、プライベート出産にとってたいへん重要な問題です。なかには、お産の立ち会いも産後の世話も必要ないというひともいるでしょう。けれども一般的には、すべてをひとりでというのは相当にきつい難行となるでしょう。産後の〝肥《ひ》立《だ》ち〟にも影響するかもしれません。そうした意味で、ここでは産後すくなくとも一週間、世話をしてくれるひとがいることをも、プライベート出産の基本条件に加えておくことにします。

以上で、プライベート出産をするために必要な基本条件を五つあげたことになります。この五つの条件をクリアできれば、あとは自信をもって思いのままお産にのぞむだけです。

といっても、じっさいのところ、それぞれの条件をクリアしているかどうかの判断は、かならずしも明確にはならないでしょう。条件そのものが相対的なものであるからです。どこまでが「まっとうな」食生活なのか、どこまでが「基本的な」知識なのか、確定することは困難です。

また、双子や逆子などのケースは条件にはいっていません。双子や逆子がお産をあるていど困難にすることはたしかでしょう。一般的には、双子や逆子のばあいは助産婦のもとでお産するのが無難といえるでしょう。とはいえ、双子や逆子のお産の困難さは、プライベート出産を断念するほどに決定的なものだとは考えられません。基本的な対処法をわきまえてさえいれば、双子や逆子でも、問題なく無介助出産することは可能なのです。したがって、双子や逆子のケースは、お産の方法にかんする知識やお産への自信といった問題にかかわってくるわけです。

条件がクリアできているかどうかの判断は、最終的には当事者の「主観」にゆだねられているということになるでしょう。

プライベート出産のための五つの基本条件を、あらためて箇条書きにしておきましょう。判断の主体は産婦自身です。

〈プライベート出産の条件〉

一、出産まで一年半以上、まっとうな食生活をしてきていること。
二、本人か立ち会いのひとが自然出産について基本的な知識をもっていること。
三、くつろげる住居が確保されていること。
四、心身の状態が安定していること。
五、産後すくなくとも一週間、世話をしてくれるひとがいること。

加えていえば、お産や育児について豊かな知識をもっているひとにいつでも気軽に相談できるような態勢をとっておくと、さらに理想的でしょう。

いうまでもなく、以上はあくまで本書独自の〝私案〟であって、ひとつの目安として示したものにすぎません。その意味では、右の諸条件をあまり固定的に考えるべきではありません。それに、諸条件を百パーセントクリアしているといえなくても、妊産婦本人に強い熱意と自信があるのなら、あるていどカバーすることが可能でしょう。けれども、そうした融通性も程度問題です。はっきりと落第している条件がひとつふたつあるといったばあいには、いくら熱意と自信があっても、楽観視はできません。すくなくともわたしとしては、プライベート出産に賛同できません。

プライベート出産に固執するのは禁物です。自分がプライベート出産に適していないと思ったら、いさぎよく断念するべきです。プライベート出産をすることじたいに価値があるわけでは全然ないのですから。重要なのはあくまで当人にもっともふさわしいお産のありかたを選択することです。

現実に、右の諸条件をなんとか満たしているという妊産婦は、ほとんどいないでしょう。したがって、実際上、ほとんどの妊産婦にプライベート出産はすすめられないのです。現状では、自宅でお産するとしても、助産婦に妊娠の管理やお産の介助をしてもらうのが、大部分の妊産婦にとって無難なありかたといえるでしょう。なお、右の諸条件は、社会的な状況の推移にともなって、おのずからかわってゆくべきものです。自然菜食を中心とする「まっとうな食生活」などは、ほんらい、老若男女だれもが実践するべきものです。この条件を多くの妊産婦があたりまえに満たすようになる社会の到来が待たれます。

また、プライベート出産にかかわる社会的な諸制度の整備ものぞまれます。

たとえば、妊娠・出産・育児にかんして二四時間いつでもだれでも相談することのできる機関が設置されること。現在、日本助産婦会では全国二八ヵ所の支部で平日の日中に無料の電話相談を受け付けています。各地の助産院のなかにも相談に応じるところがあります。助産婦がグループを組んで電話やＦＡＸでの相談を受け付けているところもあります。母子愛育会などで電話相談に応じているところもあります。このような活動がもっと大規模に、公費の支援のもとになされることがのぞまれます。インターネットやテレビ電話の利用も考えられます。ただし現状では、医療者はみな無介助出産に反対なので、親身になって相談に応じてはくれません。医療者のほうの認識がかわらなければいずれもあまり役には立たないわけです。

またたとえば、出産専用の緊急自動車が全国配備されること。これはオランダやイギリスではすでに実施されています。こうしたバックアップ体制がととのえられるならば、プライベート出産の条件もずいぶん緩和されることになるでしょう。

第6章

CHAPTER 6

深層をひらく

プライベート出産にはさまざまな利点があります。

いつ病院や助産院に電話しようかなどと迷うこともないし、夜なかの交通手段について心配することもありません。なにしろ外出する必要も帰宅する必要もないのですから。また、出張助産婦の都合はどうか、いつ来てもらえるかなどと懸念することもありません。

部屋をよそゆきの分娩室にすることもなく、好きなようにアレンジすることができます。産婦自身にとってもっとも快適なように室温等を設定することができます。なにがどこにあるかすべて知っており、慣れ親しんだところで用を足すことができます。

細菌感染の危険がずっとすくなくなります。太陽や螢光灯のひかりを完全に避けることもできます。

誕生直後から家族水入らずでいられ、家族のきずなをごく自然にきずきあげることができます。

医療者に介助されるお産より、格段に安あがりです。

——こうした利点はそれぞれにかけがえのないものです。が、プライベート出産にはさらに重要な、さらに本質的な利点があります。

それは、リラクセーションということです。

リラックスできることこそ、プライベート出産のもっとも重要な、もっとも本質的な長所です。リラクセーションは、産道をゆるめます。そのうえ、女性がもって生まれたお産の能力を自然に引きだします。

このリラクセーションの効果をさらに増強させる手だても、プライベート出産に利用することができます。

本章では、そうしたプライベート出産の本質的な利点とそれを増強する手だてについてみてみることにしましょう。

1　リラクセーション

お産は、がんらい、本能的な行為です。野生の動物はみな、ほかの者のちからを借りずに、ごくあたりまえに子どもを産みます。ヒトという哺乳動物もまた、ほんらい独力でお産する能力をもっているはずです。

お産のマニュアルは、すべての女性が先天的に身につけています。女性の脳のなかには、「自然出産プログラム」が生まれつき組み込まれているのです。すべての女性が、子どもの適切な産みかたをこころえているはずなのです。

ところが、現実には、この社会の女性たちは、「自然出産プログラム」をみずから作動させる能力をすっかり退化させてしまっています。どの病院で産ませてもらおうか、どの助産婦に介助してもらおうか、というふうにしか思わなくなっているのです。

なぜ、女性たちは「自然出産プログラム」をみずから作動させることができなくなってしまったのでしょうか。

それはひとつには、この社会に生きるための脳のつかいかたに起因します。

わたしたちはふだん、会話をしたり、ものを考えたり、対人関係に気をつかったり、時間を気にしたりします。こうしたこまごまとした認識活動は、概して表層の意識のレベルでおこなわれます。主として脳の表層（大脳生理学が「新皮質」と呼ぶ部分に相当）がこれらの認識活動を担当します。とくに「左脳」（言語脳）と呼ばれる部位が、こうした活動を先導します。

これにたいして、呼吸したり、飲み食いしたり、性行為をしたりするのは、主として脳の深層（大脳生理学が「古皮質」と呼ぶ部分に相当）が担当します。また、記憶を保管（中継）したり、情動を誘発したり、霊感をよびおこしたりするのも、主として脳の深層の部分です。そして、お産をつかさどるのも、この部分なのです。

ヒトという種の特徴は、脳の表層が特異的に発達しているところにあります。その肥大した表層の脳（とくに言語中枢のある左脳）が、往々にして深層の脳をもコントロールしようとします。ほんらい、脳の表層と深層とは、たがいに協力してそれぞれの本領を発揮しあうべきものです。ところが、現代の競争社会で生活をいとなむわたしたちは、どうしても過度に緊張し、左脳を主体とした表層意識を前面に押し立てるようになります。そうしなければ、学校でも社会でも落ちこぼれてしまうからです。前面に押し立てられた表層意識は、やがて深層の領域を抑圧するようになります。

わたしたちは慢性的に深層の領域を抑圧しています。その結果、わたしたちはいつもせかせかと時間に追われ、緊張し、不安にかられてしまいます。行動も制限され、衝動はおし殺されます。自然な情念の発露も抑制されます。霊的な感性にもおおいがかけられます。こうしてわたしたちは、宇宙との調和をうしなってしまうのです。

左脳的な表層意識が支配する意識の態勢では、「自然出産プログラム」はねむったままです。なぜなら、「自然出産プログラム」は、無意識的な活動をつかさどる、脳の深層に組み込まれているからです。――これが、「自然出産プログラム」をうまく作動させることができなくなっている基本的な原因です。

それに追い打ちをかけているのが、「自分で産む能力などもっているはずがない」という、女性自身の思い込みです。

家族だけでお産をするなど、はじめから思いもよりません。家にいて急に子どもが生まれそうになったりしようものなら、あわてふためいて救急車を呼ぶしかありません。子どもの産みかたなんて〝教わっていない〟からです。

わたしたちは、マスコミを通じて、役所を通じて、病院を通じて、妊娠・出産ガイドブックを通じて、「産婦＝無能力」説をくりかえしインプットされつづけています。この洗脳によって、女性たちはみずからお産において無能力者であると思い込むようになっているのです。

思い込みは表層意識の次元ですが、それは深層の次元にたいしてもちからを発揮します。「医療の助けなしにお産はできない」との思い込みは、脳の深層にたいして「〝自然出産プログラム〟なんか組み込まれていない」と言い聞かせ、プログラムの作動を抑圧してしまうのです。

自力で産む能力などもっていないとの思い込みが先導しているかぎり、「自然出産プログラム」が活発に作動することはないでしょう。

「自然出産プログラム」の作動をさらに抑制するのが、お産のための不自然な〈場〉です。

蛍光灯のかがやく無機質な陣痛室や手術室のような分娩室。ユニホームを着てマスクをつけた医療者たち。執拗に異常をさぐりだそうとする電子機器。全体に満ちる病院医学由来の猜疑心……。

このような場では、「自然出産プログラム」はスムーズに作動しません。緊張していたり気が散っていたりすると、表層の意識ばかりが活発にはたらいてしまうからです。

助産院は、病院にくらべればずっとアト・ホームな感じです。しかし、産婦にとっては助産院も異質な場であることにかわりはありません。どこであれ、場所というものは、そこに固有の波動（あるいはエネルギー）を発散しています。慣れない異質な場所にいるだけで、ひとは波動の不調和によるストレスを受けてしまいます。

異質な場所は、リラクセーションや催眠などにも微妙な影響をもたらします。長年にわたって退行催眠療法をおこなってきたグレン・ウィリストンは、こう言っています(1)。「慣れない場所では、催眠を行ってはならない。自分がよく知っている場所、安心できる場所で、過去を探求するべきである。場所によって、エネルギーは変化するからだ。」

これにのっとって言えば、「慣れない場所では、出産を行ってはならない。自分がよく知っている場所、安心できる場所で、お産をするべきである。場所によって、エネルギーは変化するからだ」ということになるでしょう。「自分がよく知っている場所、安心できる場所」とは、もちろん自宅です。

ただし、自宅というだけでは、じゅうぶんとはいえません。自宅であっても、そこにひとり他人がはいるだけで、気をつかってしまい、やはり深層のはたらきは抑制されることになります。助産婦がなにかを指示すれば、その指示は産婦の表層の脳を刺激し、深層の脳の活性をさまたげてしまいます。場所と同様に、ひとはそれぞれ固有の波動を発散しています。他人の存在は、すでにそれだけでその場に不調和をもたらし、ストレスを産婦にあたえてしまいます。

このように、通常のお産にあっては、「自然出産プログラム」の作動は幾重にも抑圧されてしまっているのです。

こうした抑圧を一挙に解消するのが、プライベート出産であり、なかんずく、そのリラクセーション効果なのです。

お産におけるリラクセーションの重要性は、どんなに強調してもしすぎることはありません。アメリカにおける自然出産の先導者であったディック・リード（前出）は、つぎのように述べています(2)。

　自然出産とは、生理的なお産のことである。そして、お産が怖れや緊張、その他の異常な状態をともなわない時には、産婦がこうありたいと望む以上の不快が生じることはめったにないものである。問題は、完全にくつろぎ、平静で、しっかりした好適な状態で女性を分娩にのぞませることが、かならずしもつねに容易ではないことである。

　リラクセーションは、分娩中の産婦にも絶大な効能を発揮する。第Ｉ期の陣痛のあいだ、および第Ⅱ期の陣痛のあいまに、完全にリラックスすることができるなら、その産婦は正常なお産にはひどい不快など終始まったくともなわないことを知るだろう。

プライベート出産の決定的な長所は、完全にプライベートな〈場〉でお産ができるということです。余計な介入をする医療者はいません。気をつかわなければならないような他人はひとりもいません。住み慣れた家にそまままいるだけです。まわりのすべては日ごろ慣れ親しんだものばかりです。表層の脳を刺激することばのやりとりも不要です。産婦はこころから、くつろぐことができます。

このくつろぎこそ、プライベート出産の神髄です。こころからくつろいだ状態、ふかくリラックスした状態こそが、「自然出産プログラム」をスムーズに作動させるために不可欠の、絶対的な条件となるからです。

動物は、お産の場所をきわめて慎重に、注意ぶかくさがします。お産する場所は、なによりもまず、同類をふくめて他の動物が侵入してこないところでなければなりません。また、日中でも暗く、静かなところでなければなりません。つまり動物たちは、もっともふかくリラックスできるプライベートな〈場〉を、お産の場所に選ぶのです。

ヒトも、そうした選択をこころざすべきです。ふかくリラックスするためには、ふかくリラックスできる場所に身を置かなければなりません。じっさい、ヒトはかつてそうしてきました。部族社会には、そうした選択が慣習としてのこっていました。多くの部族民にとって、もっともリラックスできる場所は、人家から離れた戸外でした。家のなかでは、ひとの出入りがあってリラックスできなかったからです。

ローラ・シャンレイ（前出）は、部族民のお産にかかわってつぎのように述べています(3)。

部族の女性のお産が安泰であることには、いくつかの理由があります。彼女たちは恐怖や恥辱や罪悪感を発達させていません。それゆえに、思わしくない結果をまねくことがないのです。そのうえ彼女たちは、押入れのなかの猫のように、たいてい一人きりになります。このプライバシーが他者の妨害から身を守るので、産婦のからだはなすべきことを容易に達成することができるのです。

さらにこのプライバシーは、心理的に、内なる自己との結びつきをもたらします。内なる自己は、夢や衝動や直感を通じて語りかけてきます。これはわたしたち西洋の女性でも同様ですが、わたしたちとちがうところは、部族の女性はその語りかけをまともに聞くという点です。

西洋の女性は、この内なる自己の存在をほとんど信じていません。内なる自己の語りかけがあっても、お産を助けるはずのその能力をすこしも信じようとしないのです。そのため、わたしたちは医療者にみずからをあずけ渡してしまいます。そこからあれこれの問題が生じてくるのです。

では、現代のこの社会に生きる産婦にとって、ほんとうにリラックスできる〈場〉はどこでしょうか。——他人のいない自宅です。

慣れ親しんだ部屋、慣れ親しんだ寝具、慣れ親しんだトイレ、そして慣れ親しんだ家族たち……。この、他人のいない自宅以上に、産婦が心底くつろげる〈場〉はありません。

ふかくリラックスすると、脳の態勢に変化が起こります。脳全体をコントロールしていた左脳的な意識のレベルがさがってきます。それにつれて、表層意識による深層の脳への抑圧が緩和されます。そうなると、それまで抑圧され萎縮していた深層の脳は、のびのびと活動することができるようになります。

抑圧を解かれた深層の領域は、そのほんらいの能力を発揮しはじめます。深層の領域のひとつ、「自然出産プログラム」も同様です。

抑圧を解かれた「自然出産プログラム」は、自動的に作動しはじめます。これによって産婦は、首尾よくお産するためのあらゆる態勢を無意識のうちにととのえることになります。そのなかには、絶妙なタイミングで適量のホルモンを分泌する態勢もふくまれます。胎児の状況と意向を刻々に感知し適切に反応する態勢もふくまれます。分娩にもっともふさわしい体位を適宜にとる態勢もふくまれます。

もし「自然出産プログラム」のほんらいの機能を十全に発揮しうるとしたら、産婦は苦もなく完璧にお産をやりとげるでしょう。野生動物のように。そこにはお産についての予備知識などの介入する余地はまったくありません。

お産にとってもっとも重要なことは、産婦がみずからを〈自然〉にゆだねることです。大自然のなかに生きる生物として、すべてを自然の摂理にゆだねることです。そうすれば、自然の摂理そのものが、母児にとってもっともふさわしい方向へとお産をみちびいてくれるはずです。

とはいえ、この社会に生きる女性がそのような理想的な状態を実現することは、きわめて困難です。わたしたちはあまりに多くのストレスや拘束をためこんでしまっているからです。そうしたストレスや拘束をできるだけきれいにクリアするためには、できるだけふかくリラックスすることが必要となります。プライベートな〈場〉の確保は、そのための基本条件といってよいでしょう。

できるだけふかくリラックスするためには、プライベートな〈場〉の確保に加えて、さまざまな手だてを利用するのが賢明です。

からだのちからをぬくことも、たいへん重要な手だてです。この点でヨガの弛緩法はおおいに役立つでしょう。基礎的なヨガの弛緩法と呼吸法を身につけておけば、分娩の要所要所で重宝するはずです。

顔の筋肉をゆるめる練習をしておくのも役立つでしょう。ディック・リード（前出）はこう指摘しています(4)。

> 顔をゆるめることがきわめて重要である。分娩中に顔をしかめる産婦は、からだの他の部分も十分にリラックスできていない。顔には緊張させうる約六〇もの筋肉がある。女性はこの緊張を〝解放〟させる訓練をする必要がある。……顔こそ、女性にとってもっともリラックスさせにくい部分なのである。……顔の筋肉をゆるめることのできる産婦なら、緊張の解放によってこのうえなく安楽にお産を終えることができるだろう。
>
> 脚、腕、顔の、したがって心の、完全なリラクセーションこそが、平穏ですみやかな分娩の秘訣である。銘記すべきポイントは、リラクセーションを促進させて子宮の活動性を高めるために、ふかくゆ

っくりと呼吸することである。そして目は開けておき、顔をゆるめること――すなわち、顔をしかめたりまゆをひそめたり目をすぼめたり口をすぼめたり歯ぎしりをしたりしないことである。

瞑想に慣れ親しむこともよい結果をもたらすでしょう。アロマテラピーやフラワーエッセンスなどをとりいれるのもよいでしょう。

さらに、数ある手だてのなかでも、もっとも一般的でもっとも快適でもっとも効果的といえるのが、入浴です。お風呂にはいることです。

2　入浴（水中出産）

風呂にはいることは、わたしたち日本人一般にとって、かけがえのないリラックス法となっています。それは日本人にとってくつろぎの象徴でさえあります。適度な湯かげんの湯にひたるとき、わたしたちはつかのまの解放感にひたるのです。

ひとが家の風呂にひたっているすがたは、なにかに似ていないでしょうか。――からだこそずいぶん大きくなっていますが、かつて母親の胎内にいたころ、ひとはいつも温水にひたっていたはずです。風呂にはいることは、子宮内で羊水にひたることの追体験ともいえるのです。

じっさい、胎児であったころの記憶を子どもたちに語らせると、入浴を連想させるような表現がしばしばできます。日本人のある男児（二歳）は、母親とつぎのような問答をかわしています(5)。

母「竜ちゃん、お母さんのおなかにいたでしょ?」
子（ウン、とうなずく。）
母「どんなだった?」
子「フロ。」

同様に、べつの子たちはそれぞれに、「ぷかぷか浮いていたよ、きもちよかった」「ちょっと寒かった。それであつかった。ぬるいくらい。おふろだった」といった表現をしています。

外国人のばあいも、お風呂という比喩こそでてきませんが、表現は似たり寄ったりです。あるアメリカ人女性は、催眠状態でつぎのように語っています(6)。「[子宮の]内側は、静かで、温かくて、気持ちがいい。そして暗い。だれにも邪魔されない。そこにいるのはとても幸せだった。」

入浴によって、わたしたちは胎児のころの状況を疑似的に再現することができます。この疑似体験は、脳の態勢に相応の変化をもたらさずにはおかないでしょう。湯ぶねのなかでゆったりとくつろぐとき、わたしたちの脳の表層は休眠態勢にはいるでしょう。それはまさに、表層の脳が未発達であった胎児のころの脳に、近似した態勢なのです。

羊水にひたる胎児の状況にもっともよく似た状況をつくりだすのが、アイソレーション・タンク（隔離水槽）です。アイソレーション・タンクは、リラクセーションのための装置として、日本でも一時流行したことがあります。もともと、これは脳科学者のジョン・リリーが脳と意識の研究のために考案したものです。リリーは、外的な感覚刺激から人体を隔離する方法として、温水を満たしたタンクのなかに裸で浮遊するというこころみをおこなったのです。光と音を完全に遮断し、水温を三四度に保ちました。三四度というのは、熱くも寒くもない、水の存在を感じなくなる温度です。その温水のなかに、呼吸のためのマスクをして浮遊するのです。

タンクのなかでは、「人はほとんど重力のない空間に浮いているような気分になる」ということです(7)。リリーは、「こういった環境が、これまでに体験したことのない深い弛緩《リラクセーション》と休息を与えてくれる」ことを発見しました(8)。「それは一日のストレスを回復するためにベッドで休むより、はるかにすぐれていた。タンクでの二時間が、ベッドで八時間寝るのに相当する休息をもたらしてくれる。」

さらにリリーは、「日常の刺激源から解放されたこの独得な環境の中では、心や中枢神経系が、いまだかつて覚えのない方法で機能することが判明した」と述べています(9)。すなわち、内的現実がきわめて鮮烈になったり、超感覚的な知覚や霊的な感知が発現したりするというのです。

つまりタンク内では、重力その他のストレスから身体が解放されることによって、脳がその原初的な機能を発揮するようになるというわけです。

心理療法のひとつにリバーシングというのがあります。リバーシングとは「再誕生」という意味です。その初期のころの方法は、お風呂のなかにからだを浮かせ、シュノーケルで呼吸するというものでした。呼吸しているうちに、誕生時の記憶がよみがえるのです(10)。これもやはり、重力などのストレスからの解放によって深層の脳がひらき、ふるい記憶がよみがえるわけです。

胎児もまた、母体の暗い羊水のなかを裸で浮遊しています。そして超感覚的な知覚力や霊的な感知力をはたらかせています。三歳くらいの子どもたちは、胎児時代を回想して、そうした体験についても語ります。

ある女児は、「ママのおなかのなかにはパソコンの画面があって外のことが見えたんだよ。だからおなかにいたときからパパとママの顔は知っていたんだ。ときどき光の友達が遊びに来てくれたんで、とっても楽しかったよ」などと話しています[11]。またある男児は、「おなかの中で何か見えた?」という母親の質問にたいして、「東京の高層ビル、ライトがきれいだったね」と答えています[12]。

さて、温水環境という点において、アイソレーション・タンクと子宮と風呂とは共通しています。

わたしたちは、風呂の湯にひたることによって、ふかくリラックスすることができます。ふかくリラックスすれば、脳の原初的な機能を発揚させることができます。「自然出産プログラム」は、まさにその原初的な機能のひとつなのです。

ところで、お風呂というとき、わたしたち日本人は、通常かなり熱いお湯を適温としています。地域や年齢や個人によって多少の差はありますが、概して日本人は熱い湯に好んではいります。たいていの外国人がびっくりしてしまうほどです。

それというのも、日本人にとっては、風呂はたんにからだのよごれを落とすためのものではないからです。風呂にはいるのは、あたたまってリフレッシュするためでもあるのです。もっといえば、風呂は日本人にとって基本的な快楽のひとつなのです。

入浴の快楽は、お湯のあたたかさ、あるいは熱さを、肌で実感することなしには得られません。お湯のあたたかさを体感するためには、その温度は最低でも三八度は必要でしょう。日本人の多くは、もっと熱い湯にはいります。これが快感をもたらすのです。(外国人も、いったんこの快感を覚えると病みつきになるひとがすくなくないようです。)

ここちよい湯かげんの風呂にはいると、血行が促進され、組織が弛緩します。心地よさそのものがそれに拍車をかけます。組織があたたまって弛緩すると、ますます心地よくなります。

こうして、重力などのストレスの軽減とも相まって、入浴はわたしたちに無上の解放感をもたらしてくれるのです。

このような入浴の効果を、お産に利用しない手はありません。

じっさい、陣痛がいよいよ急迫してきたときに、適当な湯かげんの風呂にはいると、たちまち痛みが緩和します。くつろぎのなかで、分娩じたいもおのずからスムーズに進行してゆきます。

水圧も好影響をあたえてくれます。水圧で腹部は周囲数センチほど圧迫されます。そのぶん、子宮のはたらきが助けられるというわけです。

これが入浴出産（水中出産 water birth）です。

産婦にとって楽であれば、児にとっても楽です。とくに水中で娩出する出産（under water birth）は、赤ちゃんにとってもっとも楽なお産であるはずです。手荒らな扱いも、寒冷も、まぶしさも、ここにはありません。入浴出産こそ、ルボワイエ（前出）のいわゆる「暴力なき出産」の究極のありかたといえるでしょう。オステオパシー医のロバート・フルフォードも、こうした赤ちゃんにやさしい出産方法で生まれた子どもたちが心身ともに「すばらしく健康である」ことに注目しています[13]。

水は、子宮から地上への激烈な環境の変化をゆるやかなものにしてくれます。水中出産は出生時の赤ちゃんの精神的負傷を予防する最良の方法といえるでしょう。浴室の温度と湿度が高いことも、肺呼吸の初心者にとっては好適な条件となります。

へその緒が比較的ながく拍動しつづけることも、赤ちゃんにとって助けになります。アメリカのリマ夫人の水中出産では、赤ちゃんのメーラは水中に七分ほどとどまってから水上にあがりました。そのあとさらに三〇分以上にわたってへその緒の拍動がつづきました。リマ夫人はこう語っています[14]。「へその緒の拍動が長く続いたのは、水中で出産したためだと思われます。拍動が持続していたので、メーラは酸素の補給を生後四五分間も受けていたことになります。部屋の空気はあたたかく、しかも酸素の補給もあったわけですから、あの子はなんらのトラウマも危機感も困難さもなしに呼吸を身につけることができたのです。あの子は呼吸を楽しんでいるようにみえました。」

水中出産を体験したひとの感想を二、三みてみましょう。まず、片桐助産院でお産したひとたちの体験です[15]。

▽それまで、陣痛がドーンときていたのがプールに入った途端に痛みがなくなりました。……トイレに行こうとプールを出るとその途端、ずーんと痛みがきた。それから再びプールに入ると痛みがとれたんです。もう水の効果というしかないですよ。

▽水に入ってから急に進みが早くなりました。リラックスすると早いのでしょうけれど、もう少し楽しみたいと思うくらい。感覚はすごく自然だったし、このお産が特殊とは思えません。自分が動物の仲間だと自覚できたし、何よりも今度のお産はとても気持ちが良かった‼

▽水中を経験すると、分娩台にのっていきむなんて不自然で考えられません。……もしかして古代からあった出産法かもしれないなんて思ったり。一番自然だと思います。

助産婦の鈴木美哉子は、自宅（助産院）の風呂で入浴しながらお産しました[16]。第一子のときは「仰臥位で出産し腰の骨が折れるかと思えるほどの痛さ」を体験したそうです。その反省から、第二子は水中出産にふみきったということです。彼女は自身が助産婦であるだけに、かなり分析的にその模様を回想しています。

わたしは、お湯が汚れるので人工破膜してから浴槽にはいりました。すると、嘘のようにそれまでの床にのめり込みそうな強いいきみが感じられなくなり、「どうやっていきむんだっけ」と思うほど楽になり、普通にただ入浴しているだけという感じになりました。それほど筋肉がリラックスし、もう産んでもいいんだという安堵感に浸ったように覚えています。思い直して、一～二回いきみを加え、短促呼吸を始めると、するりと股間から滑り出るように、第二子、三七〇〇グラムが産まれ出ました。普通ならもっともっと時間がかかるはずですが、入浴後わずか三分足らずで産まれ出てくれたのは、やはりお湯の効果でしょうか。

お湯に入っていると自然に浮力を使って骨盤の角度を微妙に変化させることができ、ベビーが降りてくるのがはっきり感じられました。このことに気づいたことは、大変大きな収穫でした。ベビーが産まれ出てくる時の感覚が心地好く、快感として第一子出産時より鮮明に感じられ、今も思い出されます。

やはり苦痛の緩和とふかいリラックスの効果が顕著です。さらに注目すべきことは、「骨盤の角度を微妙に変化させることができ、ベビーが降りてくるのがはっきり感じられ」たという点です。娩出へ向けて感覚と動作が一体となって状況に即応してゆくのです。この臨機応変な境地が分娩を円滑に遂行させることは明白でしょう。

つぎは、あるイギリス女性による水中出産の感想です(17)。

水の中に入ったとき、事態は一変しました。水はほんとうに陣痛を楽にしてくれたのです。痛みは依然として感じられましたが、もはや異質なものになってしまっていました。痛みは拡散し、集中的なものではなくなって、ずっとしのぎやすくなっていました。わたしは、「これはほんとに効いてる」と思いました。

水は、苦痛から怖れを引き離し、自信をとりもどさせてくれました。バスタブに入るまえは、あたかも怖れと痛みの大ふぶきのなかにいるようで、なにが起きているのかまるでわからない状態でした。水が苦痛から十分に解き放ってくれたおかげで、自分のからだに起きていることを意識できるまでになったのです。

わたしは子宮口のひろがりまで感じることができました。陣痛は実際に必要なはたらきをしているのだと感じられました。そしてそのことが陣痛をいっそううまくやりすごせるよう助けてくれました。終局にちかづいて、子宮口が画期的にひらくのを感じ、赤ちゃんの頭がおりてくるのを感じました。わたしは肉体的にも感性的にも水にささえられていて、じたばたするようなことはすこしもありませんでした。水の中では、より自律的でいられました。娩出期にあっては、みずからいきみたい収縮を選べるようにもなりました。

娩出後、わたしは意気揚々としていました。ちょうど自転車で遠出をしてきたような感じでした。

ここには、温水浴が産婦をいかに肉体的・精神的にリラックスさせ、サポートしているかが、みごとに描かれています。この産婦は、バスタブにはいることによって、パニックから解放されました。のみならず、なすべきことを、なすべきときにするという、理想的な産婦にさえなりえたのです。

なすべきことをなすべきときにするように指令するのは、ほかでもない、あの「自然出産プログラム」です。こうして、入浴は産婦の能力を飛躍的に高めるのです。

アメリカの〝スピリチュアル助産婦〟、ジーンナイン・ベーカーは、みずからのプライベートな水中出産の体験をつぎのように記しています[18]。

経験主義者として、わたしは分娩のさまざまな段階で浴槽に入ったり出たりするこころみをすることになりました。水はほんとうに助けになるのでしょうか？

分娩の初期には、ほとんど違いがないように感じられました。むしろ、狭い浴槽よりも乾いた陸の上のほうが、家族を抱いたりキスしたりしやすいのです。けれども、いったん（第Ⅰ期から第Ⅱ期への）移行期にさしかかると、水の中と外とではいちじるしい変化がみとめられました。水の外では、自然のたまものは産痛となってあらわれてきます。ところが水の中では、それはただ強い圧力としてのみあらわれるのです。

第Ⅱ期に入ってからも、違いを感じとるために出たり入ったりしました。入るときにはいつもていねいに足を洗って水を清潔に保ちました。まぎれもありません。水は確実に痛みを強い圧縮に変質させます。

赤ちゃんが降りてくるのを感じました。その感覚は恍惚としたものでした。前回の（陸上での）お産のような痛みを、あるていど覚悟していました。ところが今回は、陣痛の波は素晴らしいものでした！

九ヵ月の楽しい前戯につづく、お産のクライマックスを成就しつつありました。

一度のいきみで、赤ちゃんは産道を降りてきました。次のいきみが、赤ちゃんをオルガズム寸前の宇宙に押し出しました。

水は産道の出口を守ってくれました。……わたしは大地とつながり、みずからの根源とつながっているのを感じました。赤ちゃんのあたまはすぐに出てきました。ながくつづくオルガズムがどんなにありがたかったことでしょう！　ゆるやかなオルガズムがあり、急迫したオルガズムがありました。それらが盛り上がり、沈降し、ふたたびみたびピークをなすのです。こうした過程は、赤ちゃんが急速に飛び出してしまわないようにして、おだやかな娩出へみちびくのです。

赤ちゃんがわたしたちの手のなかにすべり込んできました。わが子はわたしたちのハートのなかにまっすぐに泳いできたのです。彼は振り向いてわたしと顔を合わせ、目を閉じて言いました。「上げて！」と。わたしは赤ちゃんを水面に引き上げ、タオルであたまをくるみました。彼はゆっくりと片目をあけ、さらにもう一方の目をあけて、感嘆したように見つめました。

ただし入浴も、人目を気にしながらでは効能が発揮されません。助産院でお産した阿部真理子（ぐるーぷ・きりん代表）は、みずからの入浴の状況をこう記しています[19]。「進められてお風呂に入ったが、先生や夫の前で裸でいることがイヤだったし、おなかが固く緊張する苦痛が和らぐとも思えず、湯船で私はあまりリラックスできなかった。早々にお風呂から上がるとその後は分娩台の端につかまり、立ったまま過ごした。」できればお風呂場ではひとりでいるほうがよいでしょう。すくなくとも排臨くらいまでのあいだは。

逆子や双子のばあいはどうなのでしょう。入浴出産することになにか問題があるでしょうか。あるはずがありません。

ロシアにおける水中出産のパイオニアであるI・チャルコフスキーは、「逆子は水中のほうが安楽に生まれる。あたたかい水が子宮のなかの環境に似ているからだ」と主張しています[20]。逆子の分娩の問題点のひとつは、からだのほうがさきにでてきて冷たい空気にあたることです。これによって、赤ちゃんが肺呼吸の態勢を開始してしまい、産道の羊水などを吸いこんでしまう懸念があるのです。（肺呼吸は、空気にふれることによって開始されます）。水中出産なら、そうした危惧はまったくありません。

ただし、水中では重力の援助を受けにくいという問題があります。逆子のばあい、分娩中は立ちあがった状態ですごす時間をなるべく多くとるようにしたほうがよいでしょう。

水中出産を推進しているアメリカの助産婦スザンナ・ナピエラーラは、水中出産が逆子にとってよいのなら、それは双子にとってもよいはずだ、と言います。双子のばあい、いっぽうの子が骨盤位ででてくるケースがすくなくないからです。スザンナはつぎのように述べています[21]。

　水はお産をつねに簡単にします。さまたげることのないその性状は、美しく健康な赤ちゃんを産むべき責任と自覚に満ちるよう母親をサポートし、薬理学的な援助を不要とする情況をつくりだします。

水中出産では、あれこれの助産技術は不要です。赤ちゃんを保護しながら〝とりあげる〟といった介助も不要です。プライベート出産にとって、これはたいへん大きなメリットだといえるでしょう。

水中では、産婦は容易にリラックスし、深層の脳をひらくことができます。生まれてくる赤ちゃんを、ひらかれた本源的な愛をもってむかえることができます。その本源的な愛のなかに生まれてきた赤ちゃんは、愛をうたがうことなくそだってゆくでしょう。

イルカにみちびかれて水中出産にかかわってきたエステル・マイヤース（レインボー・ドルフィン・センター）は、つぎのように語っています[22]。

　私は、長い間水中出産に携わってきましたが、この方法で出産した母子の関係は非常に愛に満ちているんですね。本来の愛の姿が見えてくるのです。

子どもたちも、育っていく過程で恐れや怒り、嫉妬といったマイナスの感情を持たないから、いつも明るく伸びやかにしているのです。こういった子どもたちの周囲には愛が満ち満ちてきます。

◇

水中出産は、この二〇年あまりのあいだに、世界の多くの国ぐにで急速に普及しはじめました。分娩室に出産用のプールを備えた病院も着実に増えつつあります。日本でも、そうした病院や助産院がすこしずつですが増えてきています。

このような情勢だけをみると、水中出産はあたかも現代の流行現象のようにみえます。けれども、じつはそれははるかなむかし——有史以前から、世界の各地でおこなわれてきていたようです。

一般的に、人類のお産には水がつきものです。ヒトのお産と水のかかわりには、たいへんふかい由縁があるようです。

ミッシェル・オダンは、産科医としての体験から、妊産婦と水とのかかわりについて、つぎのように書いています(23)。

妊娠した女性の多くが水を好むということは、とても不思議なことです。彼女たちは、水にひかれ、水中に飛び込みたい強い衝動を感じたり、水の上に長い時間ただよう夢を見たと語る人もいます。妊娠中、そうした思いが強い女性は、出産のときはさらに強く水に魅力を感じるようです。水は嫌いで、泳げないという女性もいますが、いったん出産が始まると、突然プールに近づいていき、水の中に入りたがります。水から出ようとしない産婦もいるほどです。

そもそも、人類の起源には水中生活がふかくかかわっていたと考えられます。

動物学者のアリスター・ハーディは、「人間は海のゆりかごの中で生まれた」と言っています(24)。人類は水辺(海辺)で水中を自在に出入りする類人猿として出発した、というのです。たとえばヒトは「裸のサル」といわれますが、なぜヒトの体毛はかくも薄いのでしょうか。生物学者がこじつけばかりの「サバンナ説」などに固執しているのは、陸地のことしか念頭にないからです。体毛の脱落・退縮は、水中という環境を考慮することによって、はじめて合理的に説明する可能性がひらかれてきます。そのほか直立二足歩行も、厚い皮下脂肪も、汗や涙をながすことも、対面セックスも、手足に水掻きのあるひとがいることも、すべて水中生活の所産であるというわけです。ヒトの発生にかんしては、この水生類人猿起源説(アクア説)以外の説はすべてほとんどおとぎ話にすぎません。(学校の教科書に書いてあるのはもちろんおとぎ話です)。ヒトの身体的特徴をあるていどの合理性をもって説明しうる進化論は、唯一、水生類人猿起源説だけなのです。

けれども、類人猿が水に出入りするようになったからといって、それだけでヒトにまで〝進化〟したというのは飛躍のしすぎです。体毛や二足歩行の問題にしても、アクア説で目からウロコというわけにはゆきません。まして、人間の言語や知性や霊性の問題にいたっては、アクア説によって説明するのはとうてい不可能といわねばなりません。ではヒトはどのように発生したのでしょうか。

ここは人類起源論を展開する場ではないので、くわしくは述べられません。生物学の進化論を信じているひとにはそれこそおとぎ話にしか思われないでしょうが、あえて結論だけ言っておきます。人類は原型としての類人猿にヒューマノイドの遺伝子が組み込まれることによって発生したものと考えられます。ここで「ヒューマノイド」というのは、地球外に存在した既存の人間型生物でしょう。その地球外ヒューマノイドのほうが水生起源であった可能性もあります。いずれにせよ、人類は、水中生活のなごりをとどめたかたちで、かなり短期間のうちに創造（改造）されたのでしょう。

こうして、ヒトはもともと水生生物の祖先をもっていたと考えられます。わたしたちのからだは、水のなかで暮らしていた記憶をもっているらしいのです。

水中生活にあっては、セックスも、お産も、授乳も、水中でおこなっていたでしょう。そのほうが安全で、快適だったからです。（現在でも、ヒトは水面下で楽々と授乳することができます）。子育ての場もおもに水中だったでしょう。（現在でも、ヒトの赤ちゃんは水中ですぐに泳ぎはじめ、また歩きはじめます。水中でねむることさえできます）。エレイン・モーガンは、女性の豊かな髪は海で子どもがつかまるためのものであったと推論しています[25]。

人類がはじめに放たれたのは、熱帯の森林でした。その地こそ、くだものが豊富にみのる楽園――エデンの園でした。シャーリー・マクレーンがサンチャゴ巡礼の途上でみたビジョンでは、そこはレムリアで、当時の人間は霊魂を完全に反映した両性具有者として生活していました。シャーリーは、レムリアにおけるつぎのような出産シーンをみています[26]。

大きなホールのまわりに、クリスタルでできた巨大なタンクが、大理石でできたしきりの中におさまっていた。そのクリスタルのタンクは子宮の形に作られていた。中には金色の液体が入っていた。彼／彼女は金色の液体の中に安心して浮かんでいた。両足が開かれ、子宮が開き、産道を通って、新しい子どもが生まれ始めた。新しい子どもは新しい世界へと生まれ出た。小さな赤ん坊もまた両性具有だった。その性器は小さかった。その子どもは金色の液体の中に浮かんでいた。

水生生物の祖先をもつヒトは、水中でお産するのがもっとも合理的であったのでしょう。

人類は、やがて熱帯の楽園をでて、地球上の各地へとちらばってゆきました。しかしひとびとは、みずからの源泉のひとつである「水」への郷愁を、ずっと保ちつづけてきたようです。そのなごりのひとつが水中出産なのだ、と考えられます。水中出産は、世界中で、連綿と受けつがれてきました。

まず、自然の海や湖や川でのお産が、世界のいたるところでおこなわれていたようです。

日本の古代神話には、伊耶那岐命《いざなきのみこと》が川や海のなかにはいって神々を産んだというくだりがあります。古来の出産習俗を反映したものと思われます。

アメリカ西海岸のインディアンには、部族の男たちがドラムをたたいたり祈りの詠唱をしているあいだに、産婦が潮だまりや入江の浅瀬でお産するという話があります[27]。その部族の老人のひとりは、少年のころ、女たちがよく浜へ行って浅い海水のなかでお産していたのをおぼえているそうです。ちなみに、そのお産の場には、多くのばあい、イルカたちがやってきて、子どもが生まれるまで産婦のそばにつきそっていたそうです。

アメリカのサンドラ・レイは、南米のカイマン諸島の浜辺で生まれた青年から話を聞くことができました[28]。その母親は、海水浴中に産気づきました。祖母らの立ち会いのもと、海水につかってのお産がおこなわれました。興味ぶかいことに、生まれた赤ちゃんは四、五分のあいだ海中にとどめられていたそうです。島ではむかしの海中出産の民間伝承がなごりをとどめていたのでしょう。

陣痛時に海水につかる風習は日本の各地でも受けつがれていました。とくに温暖な沖縄では、ついこのあいだまで、じっさいに海の浅瀬でお産する産婦がいました。斎藤公子（さくら保育園創設者）は、沖縄の離島で目撃したお産の風景を記しています[29]。島の女性が急に産気づいて、本島の産院へ運ぶ時間がなくなってしまいました。お産はちかくの海でおこなわれました。「古いしきたりにしたがって浅い海の中に産婦を立たせて出産をさせていた……海辺ではその島の老婆たちが並び、無事出産するよう祈っていたのであった。」

地上には天然の湯、温泉があります。産婦がこの温泉でお産するというのも自然なことでしょう。ニュージーランドのマオリ族には、先祖代々、温泉でお産をしてきた女性たちがいました。マオリのひとたちは、温泉とその領域を神聖なものとして特別に配慮してきたということです(30)。

さて、浴槽のある風呂も、すでに古代のメソポタミア、エジプト、ギリシャ、ローマ、インドなどにあったことが知られています。古代エジプトの伝説には、聖職者となるべく選ばれた子どもたちを水中でお産したことが語られています。後述するロシアのチャルコフスキー(前出)は、古代エジプトの高級巫女《ふじょ》が王族のお産を水中で介助するというビジョンをみるそうです。クレタ島の古代ミノス人も、聖なる寺院で水中出産をしたといわれています(31)。これらのお産では温水を用いた可能性があります。

日本で一般の家庭に浴室が設けられるようになったのは、比較的新しいことです。明治・大正の時代を通じて、すこしずつ内《うち》風呂が普及してきました。浴室つきの住宅が大衆向けに建てられるようになったのは、昭和三十年代にはいってからです。ちょうど自宅出産といれかわるようにして、一般家庭にひろく風呂が普及しはじめたわけです。

一般家庭では、内風呂が普及するまえは、たらいで行水をしたり湯あみをしたりするのがならわしでした。そのひとつのかたちが、腰湯(座浴)でした。この腰湯は、温水にからだをつけるという点で、現在の入浴と共通しています。かつて日本のいたるところでおこなわれていたこの腰湯が、お産にも利用されていました。下半身をお湯であたためることが、痛みの軽減と、お産のスムーズな進行をもたらすことを、ひとびとは経験的に知っていたのです。

具体的には、腰湯はつぎのようになされたということです[32]。――大きなたらいに湯をくむ。産婦の腰から下を湯につからせる。着物でたらいをおおってあたためる……。着物でたらいをおおうことで保温性をよくしたわけです。腰湯は、入浴出産の原型といってよいでしょう。内風呂があれば、もちろんそれを利用していました。吉村典子（前出）はつぎのように述べています[33]。

伝統的なお産の場における知恵としては、風呂の効用があげられる。私が聞き取りをしたお産体験者は誰もが「陣痛を強め、お産をはやめる方法」として風呂に入ることをすすめているし、実際に活用している。陣痛の始まりの頃にあまりあつすぎない風呂に入れれば、心身ともに暖かくリラックスするし、そうすれば生理的な進行もはやくなる。落ちついてお産に立ち向かう勇気も湧き、安産への効用は高い。

大正生まれの助産婦・前田たまゑは、従弟修行のころに、お師匠さんが分娩の進行の遅い産婦をよく風呂にいれていたことを覚えています[34]。自身も開業してからは産婦を風呂にいれるようになったそうです。それまでは出張助産婦をしていて、風呂のない家が大半だったので入浴させられなかったということです。大正一四年に初版され、以後増補改訂を重ねてきた〃赤本〃、築田多吉著『家庭に於ける実際的看護の秘訣』の新訂版（昭和二一年刊）は、つぎのように入浴を推奨しています[35]。

産婦は時間に余裕《ひま》があれば入浴する方が清潔にもなり、血の循《めぐ》りが良くなつて非常に良いのであります、初産婦は産気付いても十時間も二十時間以上も余裕がありますから可成入浴なさい、自宅に浴室のない方は腰湯でも宜《よろ》しいです。

腰湯の湯に薬草を入れることも一般的でした。むかしの助産婦には、こうした伝統的な知恵を利用するひともいたようです。やはり大正生まれの助産婦・松田シヅエ（松田助産院）は、つぎのように語っています(36)。「むかし母は、微弱陣痛の妊婦さんに、干した大根葉やよもぎを入れた薬湯で腰湯をしてあげていました。当時はお産が近い妊婦さんのいる家庭では、お姑さんが庭先に大根の葉を干していたものです。これらの葉は身体を温める効果があるようで、お産が早く進んだものです。」

松田助産婦自身もお湯の利用をすすめてきました。

子宮口を開かせるのは、第一にリラックスです。恐がったり嫌がったりしているとなかなか開きません。妊婦さんがそういう状態になったときは、破水していない場合なら腰までお風呂に浸かって陣痛を二～三回くらい迎えてもらいます。そうすると、気分が和らいで身体もリラックスし、子宮口が柔らかくなることがあります。特に、半身浴といってぬるめのお湯にゆっくり浸かると、体がとても温まり、子宮口もよく伸びます。

これを言っておいてあげると、お産でこちらに来る前にお風呂に入って温まってくる人もあり、そんなときは陣痛が順調にきます。破水をしていて腰まで浸かれないときは、足をお湯に浸けるだけでも温まります。

欧米でも、家庭における浴槽の普及にともなって、自宅出産に風呂を利用するひとたちがでてきていたようです。アメリカのマリオン・スーザ（前出）の『自宅出産』（一九七六年刊）にも、入浴についてつぎのような言及があります(37)。「あたたかいお風呂に入れば、産婦は大いに楽になるでしょう。お風呂は産婦をリラックスさせ、腹部への血流を促進させ、分娩を円滑に進行させます。」

ところで、「蒸し風呂」ということばがあるように、水につからない風呂もあります。というより、歴史・

社会的にみれば、むしろこのほうが風呂の主流なのです。発生史的にみても、直火《じかび》を利用した熱気浴タイプの風呂が原初的で、そこから蒸気浴タイプの風呂が登場します。部族社会のなかには、産屋を直火でたいへんに熱くする風習をもつものもすくなくなかったようです。

ちなみに、文化人類学者の吉田集而によれば、直火熱気浴を始源とする風呂のそもそもの用途は、「恍惚とした状態」にはいることだったということです(38)。風呂は「シャーマンあるいはシャーマンとともにいた人がトランス状態に入るための技法のひとつとして成立した」というのです。産婦は「恍惚とした状態」にまではなかなかなれないでしょう。が、もしそれにちかい状態になれるとすれば、お産はまことに素晴らしい体験となることでしょう。

なお、かつては蒸気浴も全世界的なひろがりで普及していました。とくにロシアや北欧など寒冷地でさかんに愛好されました。そのひとつのタイプが「サウナ」とよばれるものです。丸太でつくった家の中で火を焚いて石を焼き、それに水をかけて蒸気を出しました。サウナのご本家はフィンランドです。そのフィンランドには、サウナでお産する伝統がありました。

元フィンランド助産婦会会長のリーナ・バルバンヌはつぎのように語っています(39)。

私の父親もサウナで生まれました。昔、特に地方では、家庭の中でサウナが一番清潔な場所だったんですね。冬は寒いですから、保温にもなった。

その頃は、助産婦教育を受けていない産婆が出産を介助していました。出産そのものが、とても神秘的なものとして捉えられていたようです。

当時の産婆は、悪い霊がつかないようにお祈りをしたり、厄払いをしたりしました。

非科学的ですが、サウナでは自由な姿勢で出産していたという点では、評価できますね。

◇

ヨーロッパの正統的なお産の専門家たちも、お湯の効能について知らなかったわけではありません。中世のイギリスで用いられていた手引き書には、難産の処方として薬草をいれた湯に入浴させることが記されています[40]。

十八世紀のイギリスでは、水を病気治療や健康法として利用する「水療法」の一環としても、お産のさいに入浴することがすすめられていました[41]。

ミッシェル・オダン（前出）はつぎのように語っています[42]。「古い産科学の文献を見ていますと、二〇〇～三〇〇年前に、産科学者たちは知っていたんですね。お湯で安産ができるっていうことを。かれらは、産婦の尻をお湯につけて、出産を安易にしたんです。」

一八〇五年には、フランスの開業産科医M・エンブリーが、みずから立ち会った入浴出産について報告しています。

二八～三〇歳くらいの〝貴婦人〟のお産でした。まる二日間も不正な痛みに苦しんだあげく、にっちもさっちもゆかなくなってしまいました。以後の経過はおおよそつぎのごとくです[43]。

確固とした声で、医師は「風呂を試してみなさい」と言いわたした。それはつまり、水のなかで出産させるということである。

こうして、風呂の準備をするようにとの要請があたえられた。そして婦人はけっきょく、先入観念や介助者たちの疑念に抗して、風呂に入る決心をしたのだった。

風呂に入ると、すぐに不正な痛みは消失した。産婦の表情には生気がもどり、おだやかな状態が一五分ばかりつづいた。

急に、産婦はバスから出たいと言いだした。本格的な陣痛がやってきたのだ。バスから出ることを思いとどまってから、彼女は痛みにまだまだ耐えられることが分かり、さらに強くいきんだ。

そこで医師は、風呂のなかで産むように言った。陣痛は持続し、彼女の勇気はよみがえった。陣痛は一回一回、それ以前には生みだせなかった効力をともなって増大した。

ついに起きるべきことが起きていた。……胎児の頭部が産道を通りぬけたのだ！　婦人は平静で、陣痛が赤ちゃんの胴体を押し出すのをしずかに待った。

陣痛はすぐに来た。赤ちゃんは、水から出ると同時に、元気なうぶ声で名のりをあげた。

後産は、あらたな収縮によってまもなく娩出された。……婦人はただちにバスから上がった。

医師が入浴出産を命じたのは、難産に入浴が有効であるという知識をあらかじめもっていたからでしょう。なお、医師はこの報告をつぎのようなことばでしめくくっています。――「この出産の結果に、特別なことはなにもない。婦人と子どもは、現時点で、最高に健康である。」

二十世紀になるころには、ヨーロッパの病院のなかには産婦を常套的に入浴させるところがあったようです。二十世紀のはじめにドイツで出版されてひろく読まれた本では、難産への対策として、体温ていどの湯への入浴が推奨されていました(44)。一九三九年に出版されたコーラ・サンデルの小説には、陣痛のきている女主人公がパリの病院の浴室に押し込まれて入浴するシーンが描かれています(45)。

水中出産がひろく脚光を浴びはじめるのは、一九六〇年代になってからです。旧ソビエト連邦の体育研究所に勤めていたチャルコフスキー（前出）が水中出産を意識的に推進したのです。

チャルコフスキーは、水中出産を手掛けるようになった発端について、みずからつぎのように語っています(46)。

研究中のあるとき、私は一冊の本に出会いました。そこには、客観的で、たいへん詳細な記述が展開されていました。子宮の中の環境が胎児にとっていかにすぐれたものであるかについて。また、脆弱なあたまを圧服させ虚弱児や未熟児を死なしめる重力に抗することが、いかに産児にとって苦痛であるかについて。——このとき私は、その本の余白に「それなら、水の中で産め！」と思わずなぐり書きしたのでした。

その後、彼の長女が早産で生まれました。その子はわずか一一五〇グラムほどの極小未熟児で、極度に虚弱で発育不全でした。医師は匙《さじ》を投げました。チャルコフスキーは、その子を三四、五度の温水を満たしたバスタブにつけて育てました。（そのヒントとなったのは、彼の祖母が胎生七ヵ月の未熟児を、ミルクを満たした羊の膀胱の袋にいれて育てたことだったということです(47)）。彼の娘は順調に成育しました。バスタブでの保育はまる二年におよびました。二歳になったその子は、四歳児のようにみえました。

その一年後、チャルコフスキー夫妻はつぎの子をはじめて水中出産で産んだのでした。

水中出産の実際について、チャルコフスキーはつぎのように語っています(48)。

静けさと落ち着きが部屋を支配しています。仕切られた周囲の影響を防ぐために、照明は落とされています。立ち会う人たち全員がそこで始まろうとしていることに同調することが大切です。

水槽の温水は、痛みの効果的な緩和法として作用します。そのうえ、水中ではエネルギーの消費が減少します。こうして、母親も赤ちゃんも、陣痛と最後の決定的瞬間のために、より大きな力を発揮することができるのです。

痛みの感覚が後退するので、産婦はまた、みずからの動勢を把握し、からだをもっとも効果的なかたちで働かせることに集中することができます。水中では無重力状態なので、思いのままの姿勢を容易にとることができます。……四つん這いの姿勢は、しばしば分娩にふさわしいことが分かっています。不均斉にねじれた姿勢も同様です。ある段階では、産道は実際に不均斉であり、らせん状にねじれているのです。

水中では、赤ちゃんにとって母体から外へ出ることは通常の出産のように衝撃的な事件とはなりません。赤ちゃんは、こん棒を打ちおろされるような重力の一撃をくらう、そんな冷酷な世界へ出てくるのではありません。からだを守ってくれていた温かい液体が、他の液体に変わるだけです。

最初の呼吸は、多くの赤ちゃんにとって、平手打ちによって強引に仕向けられるものです。光や重力にさらされ、持ちあげられ、へその緒を切断される……すべてが一挙に押し寄せる、そんなストレスに満ちた時に。呼吸はなにもそんなふうに始められねばならないものではありません。

新生児は、おとな――肺がおのずからフルに作動するおとなよりも、はるかに酸素の欠乏に耐えることができます。へその緒も出生後かなりのあいだ機能します。それゆえ母親は、水の中でゆっくりと、やさしく赤ちゃんを手にし、水の中で胸のところに移します。おそらく赤ちゃんはすぐに乳首をみつけて吸いつくでしょう。いずれにせよ、赤ちゃんは、九ヵ月のあいだ暮らしてきたのとおなじ物質と重力の場で、安全にやすらぐことができるのです。ころあいだと感じたときに、母親はやさしく、注意ぶかく、水の外へ少しだけ浮き上がります。赤ちゃんは、からだを水中に残したままで、顔に空気が当たるのを感じます。それは試行的な最初の呼吸をみちびくでしょう。肺呼吸への移行、すなわち陸上生活への移行は、ゆっくりと、おだやかに行なわれます。へその緒もまだ切断しません。

——これが、赤ちゃんにとって最良のスタートなのです。

チャルコフスキーの指導による水中出産の特徴は、水中に娩出した産児をそのまましばらく遊泳させておくことです。「水中にとどまる時間は長ければ長いほどよい」と彼は言っています。(空気に触れないかぎり、赤ちゃんは呼吸をはじめません。)

チャルコフスキーは、海中でのお産にもたずさわっています。(彼の娘も黒海でお産しました)。海中出産の模様はつぎのごとくです(49)。

出産しようとしている母親とそのクルーは完全に出産が終わるまで空気を吸いに水面に出てはまた塩水に潜る。何度かこれを繰り返して出産を終える。イルカの群れがいつもやってくる。ただ見ているだけではなく、彼らのできる方法で手伝うためだ。イルカ達は新しい生命に気づき、手を貸そうと進んでやってきたのだ。

今まで問題や予想外の緊急事態も起こったことはない。どの母親も子どもも出産を手伝ったイルカとの間に友情が生まれ強い絆で結ばれている。イルカは赤ちゃんと一対一で接して、彼らの知性を伝えようとしている。

チャルコフスキーは「お産は私的な営為だ」と信じています(50)。「お産のあいだ、母親と父親だけがそこにいるべきだ」と彼は言っています。じっさい、彼は助産婦以外の他人の立ち会いに反対しています。

西欧社会にひろく水中出産を普及させた立役者は、これまでにもしばしば引き合いにだしてきた、フランス人医師ミッシェル・オダンです。

オダンは外科医でした。産科医としての訓練をまったく受けていない医師が、たまたま赴任先の職場（ピティビエ病院）でお産にかかわるようになったのです。そのことが、オダンをして、産科医療のしきたりにとらわれずに体験から学ぶことを可能にしたようです。一連の学びのなかに、温水の利用もふくまれていたのです。

水の利用をうながしたのは産婦たち自身でした。多くの産婦が水にひきつけられることをオダンは察知しました。彼はまず子ども用のビニールプールを病院に持ち込んでみました。その好結果を受けて、病院内に本格的な小型のバース・プールを設置しました。一九七七年のことです。お産がはじまると、多くの産婦が温水のなかにはいりたがりました。そのうちの数パーセントは、温水にひたったまま赤ちゃんを産みました。母子ともにきわめて良好でした。

こうして、ピティビエ病院は水中出産のメッカとなったのです。

入浴の効果について、オダンはつぎのように述べています(51)。

　プールに入ると、痛みは軽減し、収縮の効率もよくなります。水の浮力によって、体がお湯の中で浮かぶので、収縮の間も産婦は自分の体重と戦う必要がなくなります。さらに、あたたかいお湯の温度が、アドレナリンの分泌をおさえ、筋肉をリラックスさせてくれるのです。水にはまた、脳のアルファー波を引き出し、精神的なリラックス状態を生み出す効果があります。リラックスすれば、筋肉の緊張もほぐれ、それにともなって子宮口も開いていくわけです。

オダンはまた、入浴によるリラックス効果から、ふかい「退行現象」が起きることがあることを指摘しています(52)。「抑制がとれて大声で叫ぶかとおもえば、呼吸や姿勢のコントロールもしなくなる」。この状態こそ、深層の脳がひらかれたあかしです。そのような状態にある産婦にたいして、介助者が余計なおせっかいをすることのないよう、オダンはいましめています。

産婦のことを思いやるのなら、彼女の内面への回帰が深くなればなるほど、介助者たちはそれを侵害しないように心がけなくてはならない。そうしたとき、水はあたかも外界の不要な刺激から産婦を守ってくれているかのようだ。

余計なおせっかいといえば、オダンは医師としての自分の存在をも「場違いの侵入者ではないか」とさえ感じ、「男の産科医など必要ないのではないか」と考えるにいたります(53)。——「男性はいさぎよく出産から手を引いて、早く女性の手に出産を返したほうがいいのではないでしょうか。」

オダンは、その後ロンドンで自宅出産専門の〝助産医〟となり、現在は主として研究機関「プライマルヘルス・リサーチ・センター」の主宰者として活動しています。

ピティビエ病院での好成績はひろくつたえられ、水中出産は世界的に注目されることとなりました。各地でいっそう多くの試行がなされることで、その安全生の高さもいっそうはっきりみとめられるようになりました。当初懸念された細菌感染等の問題も、まったく心配無用であることが明白になっています。

現在、西欧諸国をはじめ多くの国ぐにでバース・プールの利用がすすみつつあります。アメリカには水中出産専用のバースセンターもできています。イギリスでは、産科のある病院のすでに半数ちかくがバース・プールを常設しています。バース・プールのない病院や自宅でのお産のためには、貸出し用のポータブル・プールが多数用意されています。オーストラリアのタスマニアのある病院では、じつに九五％の産婦が水中出産をしているということです(54)。

一九九五年には第一回の「国際ウォーターバース会議」がイギリスで開催されました。会議では、「ウォーターバース」（水中出産）をつぎのように定義しています。――「分娩第Ⅰ期・第Ⅱ期の一方か両方で、からだを清潔にするためでなく、水を用いること」。さまざまな発表のなかから、イギリスのレスリー・ページによるしめくくりのことばを引いておきましょう(55)。

こんにち、お産における医療技術の有効性に疑問をもつひとは、あまりにすくなすぎます。いかに多くの女性や赤ちゃんが医療技術によって実際に傷つけられているかを知っているひとは、あまりにすくなすぎます。こうした無知が大きな問題となってきています。

水中出産は歓びにみちた自然なお産の象徴です。浴槽は、水の癒しの効能を利用した自然なお産の道を女性に提供します。水は、陣痛との融和を助けます。そして健全なお産の要件である情熱や源初的な情動を強化するでしょう。

水中出産は、医療とは根本的に異質な出産方法の象徴です。それはまた、社会的かつ精神的なイベントとしてのお産を復活させ豊かにするための、まことに有効な選択の象徴でもあるのです。

こうしたながれのなかでの、日本における水中出産の第一号は、現在バースコーディネーターをしている佐藤恵美です。彼女はみずから診療所に頼み込み、子ども用のガーデンプールを用意して、そのなかでお産しました。一九八四年のことです。

そのつぎが、前節で感想を引用した助産婦の鈴木美哉子でしょうか。一九八五年です。これはしかも自宅(といっても助産院ですが)の風呂でのお産でした。

こうして水中出産への気運は日本でも高まってきました。ところが日本の病院は、その気運になかなか対応できないでいます。

日本の病院は、まだまだ医療者のほうを主体とする分娩管理の体制を堅持しています。そのため、日本の病院は体質的に水中出産とは相容れないところがあるのです。それで日本では、まだほんの少数のかぎられた病院しか分娩用の浴槽を備えていない状況なのです。

それにくらべると、医師のいない助産院では、もともと分娩を管理しようとする志向そのものが弱いだけに、水中出産にもさほど抵抗がないようです。現在、助産院はすこしずつ水中出産をとりいれはじめています。積極的にすすめる助産婦はまだほとんどいませんが、出張助産婦のなかにも「産婦が希望するなら」水中出産もいとわないというひとがでてきています。

いずれにせよ、医師や助産婦の立ち会うお産では、その医師や助産婦の〝守備範囲〟があって、なにをしてもいいというわけにはゆきません。プライベート出産なら、なにをしてもいいのです。そしてその自由な選択肢のなかに、つねに水中出産をふくめることができるわけです。

プライベート出産には、水中出産が、というより入浴出産が、ことさらマッチしています。プライベート出産と入浴出産とは、ともに産婦自身の自主性とくつろぎを本質的な特質としているからです。

とくに日本人にとっては、入浴が日常的な習慣になっていることが重要な意味をもってきます。その日常性を生かして、はいり慣れた風呂にはいるということが大きなメリットをもたらすからです。わたしたちは、風呂にはいることがくつろぎを意味するように条件づけられています。入浴出産は、その条件づけをお産に生かす方法でもあるわけです。

わたしたちにとって最高のくつろぎの場所である風呂こそ、最高の出産場所となるはずです。じっさい、プライベート出産の最近の例では、その多くがごく自然に内風呂をつかってお産しています。その快適さと安全性はまぎれもありません。今後、入浴出産は、ますます普及してゆき、お産の中心的な位置を占めるようになるでしょう。

なお、家庭の浴槽にもいろいろな形状のものがあります。ふつうに風呂としてつかえるものならお産にもつかえるはずです。日本の一般家屋に普及している和風の浴槽は（せまいという点をのぞけば）たいへん好適です。ふかめの浴槽のほうが浮力の利用にすぐれているし、しゃがんだ分娩姿勢をとりやすいという利点もあります。洋式のあさい浴槽には、足をのばしてくつろげるという利点があります。二十四時間風呂も、この数年来に新規設置したものは、各社製品ともレジオネラ菌への対策を講じた改良型となっているので、まず問題ありません。それでも、二十四時間風呂をつかうばあいは、念のため水をあらたにいれかえるべきでしょう。

ついでながら、エステル・マイヤース（前出）は、一九八〇年に、瞑想中に「赤ちゃんを水のなかで産むとよい」というメッセージをイルカから送られたそうです(56)。彼女は現在、オーストラリアの「レインボー・ドルフィン・センター」で、「出産用の小型プールでイルカの音声のテープを聴きながら、イルカのように深い呼吸をして、全身をリラックスさせ、イルカに守られていることを強くイメージして出産する」というお産を指導しているとのことです(57)。

3 音とリズムの効用

さきに風呂の起源がシャーマニズムにあったという説を紹介しました。シャーマン（呪術師）たちが「恍惚とした状態」にはいるための技法のひとつが風呂だった、というのです。シャーマンが「恍惚とした状態」にはいるための、より一般的な方法として、音とリズムの利用があります。

世界じゅうのシャーマンが、単純な楽器音や詠唱や踊りを利用して、みずからの意識の変性をうながしてきました。ベテランのシャーマンなら、ほんの二、三分のあいだドラムやガラガラが鳴らされるだけで、シャーマン的な意識の状態にはいってゆくことができます。

諸部族のシャーマンを研究した人類学者マイケル・ハーナーは、つぎのように述べています(58)。

ドラムの反復的な音は、シャーマン的意識状態において作業を行なうために重要である。シベリア等のシャーマンが時に自分たちのドラムを、地下世界や上方世界へ連れていってくれる「ウマ」ないし「カヌー」と呼んでいるのももっともなことである。ドラムの一定不変の単調な音が耳に届くことによって、シャーマンはシャーマン的意識状態に入り、さらに旅のあいだその音に支えられるのである。

ハーナーは、このようなシャーマン的な意識を体験するためのワークショップを一般向けにひらいています。暗くした静かな部屋で、一定の速いテンポで叩かれるドラムの音を聞かせるというものです。

一定のテンポで単調に鳴りひびく音は、左脳を麻痺させ、右脳を経由して深層の脳を活性化します。

一定の速いテンポで叩かれるドラムの音は、なにかに似ています。——心臓の鼓動です。心臓の鼓動といえば、子宮のなかで胎児がずっと聞きつづけていたものです。（胎児は聴覚の発達以前から全身で振動を感じています）。したがって、ドラムの音もまた、子宮環境の再現ということになるでしょう。

ドラムの単調な打音をいわば原型として、地球上のあらゆるところで多種多様な音楽が展開されてきました。音楽には、多かれすくなかれ、左脳の抑制と右脳の刺激を通じて深層の脳を活性化させる機能があります。古来の宗教はみなこの機能を活用してきました。

音楽はまた、その波動がわたしたちの肉体と精神にダイレクトに作用します。この作用は肉体と精神のひずみをただすちからをもちます。インドの音楽家Ｈ・Ｉ・ハーンはつぎのように述べています(59)。

筋肉、血液循環、神経、どのメカニズムも波動の力によって動かされます。……人体にまさる生きた音の共鳴器はありません。音は人体の個々の原子にも影響をおよぼします。どの原子も音に共鳴するからです。そして音は、あらゆる腺、血液循環や脈拍にも影響をあたえます。

病気をもたらすのは、病気そのものよりも病的な思考です。体内の病気は、人が精神に宿した、真の病気の影とでもよべるでしょう。音楽の力によって精神はつらつとなり、病的な考えを克服し、病気は忘れ去られるのです。

音楽のこのような機能は、とうぜんながら、お産にも生かされてきました。アフリカの部族社会などでは、お産のあいだドラムなどの楽器を演奏して産婦に聞かせるところがあちこちにありました。たとえばリベリアではつぎのごとくです(60)。——「リベリアでは、女性の出産は森の中であり、そのあいだ村では太鼓やラッパで囃《はや》したて、踊りをつづける。音楽が赤ん坊をもたらすと考えるからだ。」

音楽にリラックスと鎮静・鎮痛の効能があることはあきらかです。音楽がながされるだけで、わたしたちはこころをなごませます。近年は、歯科医院などでも治療室に静かな音楽（ＢＧＭ）をながしているところが多くなりました。音楽によって、患者の緊張を解き、痛みをやわらげることができるのです。音楽が産痛を軽減し分娩を円滑にすることは、医学の場でもくりかえし確認されていることです[61]。

こころよい音楽を聴いてリラックスすることは、産婦が分娩の態勢をととのえるうえでたいへん有意義であるはずです。音楽のジャンルや曲目、音量など、すべて産婦自身の感覚にしたがえばよいでしょう。産婦自身がこころよさを感じるということが第一です。もちろん静寂も選択肢のひとつですが。

概して、分娩第一期のころは、ふかくリラックスできる静かな音楽が適しています。クラシックやヒーリングミュージックなどが好適でしょう。第二期もそれで通せれば理想的です。が、産婦の多くは、第二期はもっと活発な音楽のほうがふさわしいと感じるでしょう。活発な音楽のリズムが、娩出へ向けての陣痛と共鳴し、応援歌として作用する――ということもあるでしょう。

受動的に聴くばかりが音楽ではありません。産婦自身が声をだして歌うことでも、音楽の効能を生かすことができます。これは〝歌うお産〟として、すでに一部の助産院でもとりいれられています。とくに急迫期に適しているでしょう。

みずから歌うことで、より積極的になれるし、痛みから気をそらすこともできます。また、歌うことは息を吐くことです。息を吐けば息を吸います。それゆえ歌うことは呼吸法にもなるわけです。

のぞみ助産院（鈴木秀子院長）では、水中出産と歌うお産をセットにして実施しています。体験者のひとりはつぎのように語っています[62]。「歌を歌うのは、それまでは恥ずかしいなと思ってましたけど、その場になって声を出してみると痛みが発散できました。痛みを内に閉じ込めるのではなくて外に出すことは有効でした。」

プライベート出産なら、はじめから、だれに気がねすることもなく歌うことができます。

歌うというのはかなりエネルギーを必要とする活動です。あまりながいあいだ歌っていると疲れてしまうでしょう。それほどエネルギーをつかわなくても、より以上の効果の期待できるものがあります。それは唱えることです。シャーマンの多くは、トランス状態にはいってゆくときにみずから呪文を唱えます。呪文を唱えることによって、呪文じたいの暗示性と単調なリズムとが相まって、深層の脳を活性化させるのです。

唱え言《ごと》の多くは、単純なリズムの持続をもって唱えられます。

たとえば「般若心経」は、日本語音で「カンジーザイボーサーッギョージンハンニャーハーラー……」というふうに、ずっとおなじ調子で持続してゆきます。この持続するリズムは、心臓の鼓動とおなじものです。それは胎児が子宮のなかで聴きつづけていたリズムそのものなのです。他のお経や呪文もみな同様です。インドやチベットのマントラも同様です。

唱えることで、その単調なリズムが左脳を麻痺させ、深層の脳をひらくのです。しかも、お経やマントラには、ふかい啓示と霊力が内在しています。真剣に唱えることで、その聖なる言霊《ことだま》のちから（波動）を全身に浴びることができるでしょう。

もちろん、もっとみじかくてよく知られている念仏やお題目、神さま仏さまの名まえでもよいわけです。まじないことばでもいいでしょう。くりかえし唱えます。

むかしの産婆のなかには、お産のあいだ呪文を唱えつづけるひともすくなくありませんでした。それはそれなりの実効性があったからにちがいありません。産婦自身が唱えるなら、いっそうの効果がもたらされるでしょう。お経でもお題目でも、あるいは意味のない声音でも、とにかく唱えつづけることです。恍惚とした境地へはいってゆけるはずです。それはお産をいっそうスムーズに進行させるでしょう。

福井県の出張助産婦・栢植郁子が立ち会った自宅出産に、つぎのような例がありました(63)。ナバホインディアンの夫をもつ日本人産婦の、アリゾナから里帰りしてのお産でした。電気を消してろうそくだけを灯した部屋のなかで、産婦はひとを寄せつけず、ただひとり、うなりごえともうめきごえともつかないひくい声を、ひたすら呪文を唱えるようにあげつづけていた――というのです。栢植はつぎのように感想を語っています。「本当に母親と赤ちゃんが主役のお産でした。……ホルモンに司《つかさど》られていることをビンビン感じる、犬や猫のような本能的なお産で、これこそ自然な営みだと感じました。」

ポピュラーなお産の技法のひとつに、「ラマーズ法」があります。旧ソ連の精神無痛分娩法が元祖です。フランスの産科医ラマーズによるその応用が欧米各国にひろまったことで、「ラマーズ法」の名がつきました。「陣痛は呼吸法の合図であって痛くないもの」という暗示と一定の呼吸法とをあらかじめ条件反射的に結びつけておく、というのがこの方法のもともとの骨子です。ただし、じっさいの疼痛緩和は、条件反射などより呼吸法じたいの効果によるところが大きいでしょう。

呼吸法そのものは、はるかむかしから工夫され、実践されてきました。呼吸に意識を集中させることは、精神を統一するためのすぐれた方法です。痛みから気をそらせる効果も得られます。とくに息を吐くほうに集中することが重要です。これが心身をリラックスさせる効果をもたらすのです。このような呼吸法を産婦が持続的におこなうことは、分娩をより楽で安全なものにするでしょう。

おなじラマーズ法でも、指導者によってさまざまな呼吸法が工夫されています。一般的には、「フー、フー」とか「ヒ、ヒ、フー」とか「フーウン」といった五～八種類のパターンの呼吸を、分娩の進行状況に応じてつかい分けます。息を吐くときにすこし声をだすことで、調子に乗りやすくなります。一九九〇年代以降は、いくつものパターンをつかい分けるよりも、特定の呼吸法に限定して実践させる傾向になってきているようです(64)。いずれにせよ、一定のパターンの呼吸をつづけて陣痛をやりすごすわけです。

このような呼吸からは、一定のリズムが明瞭に形成されます。このリズムの持続は、呪文に類似した機能をもたらすでしょう。すなわち呼吸法は、左脳を麻痺させ、右脳を通して深層の脳を活性化させるのです。（ブリージング・セラピーなどの心理療法において呼吸法が主要な役割を果たすのも、これと同様の原理によるものです。）

呼吸にちからがはいってしまってテンポが速まると、ときに過換気症状を呈することもあります。過呼吸です。呼吸困難、頻脈《ひんみゃく》、胸痛、手足や顔面のしびれなどの症状があらわれます。（じゅうぶんにリラックスしていればなかなかそのような状態にはなりません。）

副作用として過呼吸ていどならわるくないと思われます。過呼吸には深層の脳の活性化をうながす効能があります。個我を超えるトランスパーソナル・セラピーでは、過呼吸を意識変容のための主要な技法として意図的にとりいれてきました。この意味でも、あるていどの過呼吸はむしろ好ましいこととさえいえるでしょう。（しびれなどの不快な症状がでるようなら、紙袋か両手でつくった袋を口に当てて呼吸すればすぐおさまります。歌をうたったりお題目を唱えたりするのも効果的です。）

産婦に「ハァー、ハァー」といった呼吸をさせることは、ふるくから助産婦の多くが実施してきたことです。

それゆえ、ラマーズ法について、「名前こそ違うが、私たちも同じようなことをやってきた」という感想をもつ助産婦もすくなくなかったようです(65)。今後は、深層への扉をひらくという面からも、あらためてこうした呼吸法に注目してゆくべきでしょう。

なお、ラマーズ法の本場であるフランスなどでは、現在、ソフロロジーのほうが主流となってきています。「ソフロロジー」とは、「精神安定法」といった意味で、リラックスしてお産することを主眼とするものです。呼吸法も、ヨガに学んだ腹式呼吸をとりいれています。もとより、ヨガの呼吸法や弛緩法は、もちろん深層への回帰をめざすものです。ラマーズ法の呼吸法が〝動〟の呼吸法であるとすれば、ソフロロジーのそれは〝静〟の呼吸法であるといえるでしょう。リラックスのレベルからして、〝静〟のほうがのぞましいことはあきらかです。〝静〟を実践できないばあいに、〝動〟で対処するのがよいでしょう。

4　ひとりになる

自然の摂理からして、また「立ち会うひとの数がすくないほどくつろげる」という点からしても、ほんらいは単独か夫婦だけのお産がベストであると考えられます。すくなくとも、分娩の前後に他人の介入を許すような状況は、だれにとっても好ましくないといえるでしょう。

アメリカのダン&ロンダ夫妻は、三歳の子がいたので、お産のおりにベビーシッターとして手伝いの女性を頼みました。その女性は自宅出産の経験者でした。ロンダ夫人は、お産のときの感想をつぎのように記しています[66]。

その女性は、たびたびわたしたちのところに様子をみにきました。それがわたしにはわずらわしかったのです。

その女性は赤ちゃんを手渡してくれながら、赤ちゃんを抱くように言いました。もし赤ちゃんがその父親の手によってとりあげられて手渡されたのだったら、どんなによかったことでしょう。お産のあとも、わたしたち小家族だけですごすべき時間を失なってしまった、と感じています。

夫婦だけの親密な自宅出産は、けっしておとぎ話ではありません。それは生まれてくる赤ちゃんのための、唯一最良の道なのです。

アメリカでは、無介助出産の主流は夫婦出産です。分娩中、夫がつききりでいることが一般的です。無介助出産の分野で先導者的な役割をになってきたマリリン・モラン（前出）は、夫の役割をとくに重視していました。マリリンの主張する夫の役割は、ただたんに産婦につきそって身の回りの世話をするというだけにとどまりません。もっとも重要なのは、夫にしかできないことをすることです。夫にしかできないこと――それは愛を交わすことです。それも肉体的な意味で愛を交わすことなのです。

『妊娠と出産の心理学』誌に寄せた論文のなかで、マリリンはさまざまな事例をあげて論じたうえで、つぎのように結論づけています[67]。「分娩中に愛を交わすことは、分娩の進行において、また出産そのものの結果においてさえ、大いに有益な効果をもたらすといってよいだろう。」

夫婦出産にのぞむ夫にたいして、マリリンはつぎのように具体的にアドバイスしています[68]。

彼女の背なかを上下にしっかりとさすります。肩甲骨も同様にさすります。つねに彼女の反応に合わせるようにします。ことばだけでなく、彼女の発するあらゆるメッセージに注意をはらいます。急ぐことはありません。ゆっくりと、腰のほうへすすめてゆきます。それから、彼女のより秘められた部分へとすすめます。(彼女は股の中までマッサージしてほしいと望むでしょう)。これこそ無介助自宅出産の利点というものです。だれも見ていないのですから、あらかじめすべての抑圧的要素の排除された、すばらしいお産の世界へ、まさに〝入ってゆく〟ことができるのです。

愛を交わすことは、リラックス法としても効果的です。愛を交わすのはもっともプライベートな行為だからです。それはまた、表層の脳の余計なはたらきを抑制するので、深層への扉をひらく鍵としても利用することができます。しかも、入浴が「恍惚とした状態」をもたらすように、セックスもまた「恍惚とした状態」をもたらすのです。

分娩中に愛を交わすことは、まぎれもなく、プライベート出産ならではの価値あるオプションのひとつといえるでしょう。

ただ、はたして日本ではどうでしょうか。アメリカと日本とでは、相当に事情が異なります。アメリカでは、施設出産でも夫立ち会いがあたりまえです。だいたい、夫婦関係じたいが異質なのです。日本では、日ごろ夫婦がべたべたすることもありません。日本人の産婦にとっては、夫の存在じたいが気ざわりになることもすくなくないでしょう。

もちろんアメリカ人女性のなかにも、お産のあいだひとりになりたがるひともめずらしくありません。アメリカにおける無介助出産の教祖的な存在であったパトリシア・カーター(前出)は、三人めから単独で五人の子どもを産みました。彼女は述べています(69)。

なぜ夫を追い出してまで一人きりになろうとするのか、という質問の手紙を何百通も受け取りました。その答えはこうです。まず第一に、主人が子どもたちのくぐりぬけてきたところを発見し、正気にかえり、〝無断外泊〟したまま戻ってこないことを懸念するからです。
第二に、産婦はその配偶者がなすべき本能的な務めをしっかり果たすときに、より安楽になれる――と私は信じている（というより知っている）からです。その本能的な務めとは、より下等な動物の父親たちが実行しているところのものです。すなわち、つれあいが邪魔されないように見張り番に立つことです。歩哨に立ち、おとりになり、必要なら家（巣・穴・洞）をよそ者や敵に侵害されないように戦うことです。

また、あるアメリカ人女性はこう言っています。「わたしは単独出産を望みます。単独出産が自分にとっていちばん快適であることが分かっているからです。……わたしは赤ちゃんを自分でみちびいて誕生させたいし、生まれた赤ちゃんをまっ先に抱きたいのです。」（無介助出産のメーリングリストより）
橋本知亜季（前出）の夫、橋本宙八は、こう回顧しています(70)。
私は当初、お産の介助は何かをすることだと思っていた。しかし実際には、何もしないこと、できるだけ何もしないことだということがわかった。その通り、私が妻から最も離れていた時、彼女は一番素敵なお産をした。皮肉なことだった。しかし、じつはこの時、私たちはそれまでになく、お互いにそれぞれのいのちを、自然の営みというものを最も深く見つめ、信頼していたように思う。だからこそ、一番いいお産だったのだろう。
ふたりの子どもを単独でお産した中島デコ（前出）は、つぎのように述べています(71)。

確かに、夫立ち会い出産は夫の成長のためには必要だけれど、妊婦にとってはどうだろう。私の場合は、たまたま四人目と五人目の出産が一人だったために、誰にもたよったりすがったりせず、誰にも気をつかわず、静かに、本当に静かに、自分の内なる変化に、新しい命に、ゆったりと、そして凛として向き合う事ができ、本当にありがたかったと思っている。

分娩中に本能的にひとりになろうとする産婦もめずらしくありません。たいていの野生動物はそうだし、部族の女性たちの多くもそうです。

日本の古代神話にでてくる豊玉姫《とよたまひめ》は、海辺の未完成の産屋にはいってお産するときに、夫の火遠理命《ほおりのみこと》に「これから、わたしほんらいのすがたになってお産します。ですから、どうかわたしを見ないようにしてください」と言いました。火遠理命が産屋のなかをのぞいてみると、姫は大きなワニ（サメ）となってのたうちまわっていたのでした。

アンヌ・マリは言います(72)。「女性は、平生決して見せることのない自分の野生態、動物性を、出産の際に現わすのであり、ワニの形は同時に『女性のもとの姿』でもある。」

産婦がワニ（サメ）にもどったとき、自然出産プログラムは完全なかたちで作動するでしょう。

セックスはリラックスと変成意識をもたらしますが、それはひとりだけでも可能です。なかには、ひとりだけのほうが容易にオーガズムに達するというひともいるでしょう。そういうひとにとっては、ひとりでいる時間がなおさら重要な意義をもつはずです。ハイジア・ハーフムーン（前出）は、自身の体験をつぎのように記しています(73)。

陣痛は、たいへん心地よくて、肯定的な感じを覚えました。私はまさしく夢にみたお産の悦楽のなかへ突き進んでいました。肉体的な状況への包容力を高める方法として――また今回は会陰を裂傷から守るためにも――、オリーブ油を用いてみずからマッサージをしました。このやさしい刺激を通じて、一日中、すばらしいオーガズムを何度も楽しみました。

娘たちをベッドで就寝させたあと、オーガニックのグレープジュースをグラスに注ぎ、厚く当て物をした揺り椅子に身を投じました。広大な海の景観をながめながら、局部のマッサージを再開しました。そして陣痛のたびにオーガズムに達しました。人生のどんな体験もこのときの体験とはまるで比べようもありません。

……会陰裂傷も、痛みも、わずかな不快さえも、まったくありませんでした。陣痛のあいだも、娩出のあいだも、分娩後も、痛みはまったくなかったのです。

単独といっても、じっさいには、声のとどく範囲にだれかひかえているほうが無難といえるでしょう。だれか親しいひとがちかくにいてくれるほうが安心できる、という産婦も多いはずです。その〝だれか〟にもっともふさわしいのは、たいていのばあい、夫（パートナー）です。〝見張り番〟としても、夫がもっとも適役でしょう。

また、単独といっても、分娩中に産婦がずっとひとりでいるのがよいとはかぎりません。重要な時期に一時的にひとりになることで、集中力を高めることもできるのです。むしろこのほうが多くの産婦にふさわしいありかたであるでしょう。分娩中に愛を交わしたりするとしても、そのことはパートナーがずっとつききりでいることを意味するわけではないのです。

ミッシエル・オダンはこう述べています(74)。

私は文化や環境を異にする数千人の女性たちの出産にかかわってきて、出産がもっともスムーズに起こるには、分娩第Ⅰ期に産婦を独りにする必要があり、娩出のときだけ援助すればよいという結論に達した。

つまるところ、産婦がじゅうぶんなプライバシーを確保するには、時としてひとりになることも必要になる、ということです。夫の存在さえ、えてしてじゃまになるわけです。すくなくとも娩出期になるまでのあるていどの時間、産婦はひとりでいるほうがよいといえるかもしれません。そのほうが分娩に集中できるばあいが多いでしょう。ひとり——というより、胎児とふたりきりでいるほうが、お産の自然なながれに身をまかせきることが容易になるはずです。

あるひとは、「お産婆さんがきても、いざというときには部屋から追い出してしまって、たった一人きりになり、四つん這いで産む」のだそうです[75]。また、ふたりの子どもを自宅出産したイギリス人女性は、お産のとき二度とも「プライバシー確保のため」にドアに鍵をかけました。そしてその二度とも「恍惚感を味わった」ということです[76]。

ひとりきりになれる場所として、もっとも好適なのはおそらく浴室でしょう。ひとりになるきっかけとしても、入浴はまさに好機です。陣痛が高まってきたころに、ひとりになって入浴し、思いのままに「のたうちまわる」。——これこそ現代の日本の産婦にとって、もっともふさわしいお産のありかただといえるでしょう。

もちろん〝プライベート感覚〟はひとそれぞれです。ひとりになるかどうかは、産婦自身がみずからの感性にしたがって決めればよいことです。入浴するかどうかもそうです。ただ概していえば、陣痛が高まってから排臨くらいまでのあいだは、あるていどひとりでいるほうが「ほんらいのすがた」に容易になれるということなのです。そしてその場所としても浴室がふさわしいということなのです。

5　祈る

産婦がひとりでいることを望んだばあい、当面、夫など立ち会いのひとにはなんの貢献もできないのでしょうか。

そうではありません。非常に重要な役割があります。祈ることです。祈りは、ただの「思い」より、何十倍も何百倍も強力です。

アメリカ西海岸のインディアンの海中出産では、男たちが祈りの詠唱をおこなっていました。斎藤公子がみた沖縄の離島での海中出産でも、老婆たちが祈りをささげていました。むかしの産婆たちも、祈ったり呪文をとなえたりすることを重要な任務としていました。あるインド人女性はつぎのように語っています(77)。

　私たちは妊娠して、とくに出産前になると、チャンドラ（月）に向かって、瞑想するのです。
　私は母や祖母たちから、お産は自然の現象だから、あのチャンドラにお祈りをしなさい、そうするとチャンドラがしっかりと見守ってくれ、お産のときに不思議な力が産婦にのり移るのだと聞かされてきました。

祈りには実際的な効力があるようです。

チベットでは、農場がネズミによって食い荒らされるときには、食い荒らさないよう僧たちが祈ります。すると、じっさいにネズミはその農場には近づかなくなるということです[78]。

アメリカの医学者アンドルー・ワイルは、アリゾナ大学医療センターではたらいていた看護婦から聞いた、つぎのような話を紹介しています[79]。頭部傷害による絶望的な極限状態から奇跡的に生還した、一二人の子どもの全員がラテンアメリカ系であったというのです。「同程度の重傷を負ったアングロサクソン系の子どもで、助かったケースは一件もありません。その違いがおわかりになります？　ラテンアメリカ系の子どもが昏睡状態になると、家族全員がベットのまわりに集まるんです。夜も昼もずっとですよ。そして患者に話しかけ、患者のためにお祈りをして、みんなでその子に愛を注ぐんです。アングロサクソン系の子どもはひとりです。集中治療室のベッドにひとりぼっちで、意識を失ったまま横たわっているんです。」

かなり厳密な科学的実験もすでに実施されています。アメリカの医師ラリー・ドッシーは、実験報告を調査してみて、こう語っています[80]。——「自分で掘り出してきた祈りの実験データを前に、思わず言葉を失った。」

アメリカの医学者ランドルフ・ビルドは、つぎのような実験をおこないました[81]。心臓病の入院患者約四〇〇名を無作為に二分し、その一方のグループの患者のためにだけ、教会関係者に各地から祈るよう依頼しました。（どの患者がどちらのグループに属するかは、実験者にも医師たちにも患者たちにもわかりません。）

その結果、祈られたグループは、対照群にくらべて、抗生物質を必要としたひとが五分の一、肺気腫になったひとが三分の一にとどまりました。また、気管内挿管を必要としたひとは、祈られたグループでゼロ、対照群では一二人におよびました。

この種の研究は、ほかにも数多くこころみられています。祈りの効果の度合いはさまざまですが、総じてその効果を肯定せざるをえない結果がでています。

植物を対象とした実験もなされています(82)。「スピンドリフト」と称する研究組織は、ライ麦の種子をふたつのグループに分けてまき、その一方のグループについてのみ祈りました。その結果、祈ったグループのほうがはるかに発芽が多かったのです。この実験は、何度も追試され、他のひとたちによってもくりかえされました。いずれもおなじ結果が確認されています。

とうぜんながら、人間にたいしても、祈りは大きなちからを発揮します。ある老女が病気で死のうとしていました。何度か呼吸停止状態におちいりましたが、そのたびに生きかえりました。家族全員で回復を祈っていたからです。とうとうその老女は言いました。「みんなの祈りのちからが、わたしをこの世に引きとめているのよ。お願いだからもうお祈りはやめてちょうだい」と。家族は祈りをやめました。老女は息をひきとりました(83)。

むかしの日本人は、お産にさいして神様にお祈りをささげました。「人間の出産には神々の協力が必要であり、神々が寄り集って、人間に生きる力を与えてくださる」と考えていたからです(84)。お産はすくなくとも山の神（産神《うぶがみ》）の来臨のもとでおこなわれていました。トリアゲバアサンも、産神様や御先祖様にお祈りをしました。アイヌの産婆は、お産の介助にあたって、「ウワリカムイ」（産婆の神）をはじめとする神々に祈りをささげます。アイヌの産婆・青木愛子には、天上界から神（おもに助産の先祖）が降りてきて助言をするのが見え、聞こえたそうです(85)。

助産婦の矢原綾子は、「お産は神事《かみごと》」と言いきります(86)。自室の神棚に産神様の御神体を祀《まつ》っていて、一日に何度も手を合わせてお祈りするそうです。年のはじめには、安産の神様を七ヵ所もお参りして安産の祈願をするそうです。三万以上の分娩を介助して母体死亡ゼロという偉業は、こうした祈りとともに達成されたのでした。
アメリカでも、クリスチャンの助産婦のなかには、お産のあいだ献身的に祈るひともすくなくありません。千名ちかくの会員を擁する「キリスト教助産婦協会」には、〝祈りのネットワーク〟が組織されています。ひとりが呼びかければ、たちまち百人もの祈りの輪が出現するのです。このネットワークは拡大しつつあり、その有効性が確証されつつあるということです(87)。

妊娠中から夫婦で祈るのも効果的でしょう。

アメリカのジャッキー・マイズは、医師たちから妊娠することも産むこともできないと言われていました(88)。けれども、彼女は神を信じ、子どもを授かるよう夫とともに祈りました。やがて妊娠し、臨月となって入院しました。医師たちは、彼女が妊娠性糖尿病になっていることから、胎児が大きくなりすぎるのを懸念し、計画出産を決めていました。夫婦は祈りました。自然にお産がはじまって、昼まえに、短時間で赤ちゃんが生まれますように、と。すると、やがて自然にお産がはじまって、昼まえに、短時間で男の子が生まれました。

つぎの妊娠から、糖尿病にならないよう、夫婦は祈りました。糖尿病にはなりませんでした。ふたりめのときには、痛みなしに分娩できるように、とも祈りました。子宮の収縮がはじまって病院へ行きました。その平静な様子から、娩出がさしせまっていることを看護婦たちは信じようとしませんでした。痛みなしに、わずか四〇分で、四五〇〇グラムの男の子が誕生しました。

三人めは、カーリーヘアーで大きな青い目の、三六〇〇〜三八〇〇グラムの女の子が生まれるよう、妊娠のまえから祈りました。予定日を二週すぎたため、誘発分娩することになりました。入院して分娩室にはいると、まもなく自然に分娩がはじまりました。そしてまたたくまに、痛みもなく、赤ちゃんは生まれました。そばでみていただけだった麻酔医は、「こんなお産、みたことがない」と驚嘆しました。赤ちゃんは、カーリーヘアーで大きな青い目の、三七〇〇グラムの女の子でした。

お産のあいだ、産婦自身が祈ることも、おおいに結構なことです。その祈りは、宇宙の助力を母児にそそがせるでしょう。

ルドルフ・シュタイナーは、お祈りのことばをいろいろとつくっていました。そのひとつに、「生まれる前の母の祈り」というのがあります。つぎのごとくです(89)。

どうぞ今子どもの魂が
あなたの意志のままに
神さまの世界から
私に授けられますように。

第7章

CHAPTER 7

出生届の方法

出生届は、施設でお産したばあいには、その施設が手はずをととのえてくれます。ところがプライベートなお産をしたばあいには、すべてを自分たちでととのえなければなりません。しかも、ことはスムーズには運びません。そこで本章では、プライベート出産に付随する出生届について説明しておくことにします。

子どもが生まれると、一四日以内に「出生届」を最寄りの市区町村長に提出することになっています。（名前はもっとあとで届け出ることもできます）。出生届の用紙は、左半分が出生届の本欄で、右がわに「出生証明書」の欄がついています。

出生届にかんする法律として、「戸籍法」第四九条に、つぎのような条項があります（第三項）。

医師、助産婦又はその他の者が出産に立ち会つた場合には、医師、助産婦、その他の者の順序に従つてそのうちの一人が命令の定めるところによつて作成する出生証明書を届書に添附しなければならない。但し、やむを得ない事由があるときは、この限りでない。

「医師、助産婦又はその他の者が出産に立ち会つた場合」とあります。「出生証明書」の欄にも、

1 医師　2 助産師　3 その他

とあります。プライベート出産のばあいは、医師や助産婦の立ち会いはないわけですが、夫（パートナー）や親や友人が立ち会うことはふつうです。するとそのひとたちが「その他の者」に該当することになる、のでしょうか。

それがかならずしもそうではないのです。ある助産院の院長は、「出生証明書というのは、この母親から確かにこの子が生まれたという証明書です。これを書くのは医師か助産婦です」と自著に記しています。またあるマタニティ・コーディネーターは、「当事者の両親は〝その他〟の人ではないから、誰か他人が出産に立ち会っていない場合には、出生届を出してもその場で受理してもらうわけにはいかない」と書いています。

役所（役場）の通念でも、出生証明書は医師か助産婦が書くことになっています。（医師・助産婦には高額の証明料を支払わなければなりません。）

役所の窓口へ行って、

――出生届の用紙をください。

と言うと、つぎのようなこたえがかえってくるでしょう。

「出生届の用紙は病院にあります。病院で出生証明書を書いてくれることになっています。」

そのあとは、こういう問答になるでしょう。

――病院へは行きません。

「助産院なら、そこで助産婦さんが書いてくれます。」

――いえ、自宅で産むんです。

「ご自宅に助産婦さんを呼ばれるのですね。」

――いえ、助産婦さんも呼ばないんです。

「えーっと、ちょっ、ちょっとお待ちください。」（ここで担当者は、奥のほうのひとに相談したり、本をひらいたり、どこかに電話したりする）……「それでは、出生証明書なしで届を出してもらうことになりますが、その場では受理できません。」

こういうしだいで、医師も助産婦も立ち会わないばあいには、出生証明書は空欄のまま出生届を提出することになります。この出生届はその場では受理されません。というのは、出生証明のない出生届については、監督局に受理・不受理のお伺いをたてることになっているからです。

受理伺いの件にかんしては、公式な照会の「先例」があって、そのさいの当局の「回答」が法律の条文に準じた効力をもってしまっています。その「回答」とは、「昭和二三年一二月一日民事甲第一九九八号法務庁民事局長回答」というものです。このなかにつぎのように明記されています。

出生証明書を添付できない出生届（中略）の受理については監督司法事務局の長の指示を求める
この「回答」にもとづいて、役所は都道府県の法務局へ「受理伺い」をすることになっているのです。

じっさい、近年にプライベート出産をしたひとたちはみな、出生証明書なしで出生届を提出せざるをえなかったようです。そのあとしばらくたってから法務局の役人に事情を聴取され、さらにかなりの日数をへて、ようやく受理されるのです。受理までに要する日数は当局の対応しだいです。二ヵ月かかる場合もめずらしくありません。

実例をみてみましょう。パートナーとふたりだけのお産をしたひとの手記です(1)。

二週間後に、出生届けをしに区役所へ彼が行く。非婚の父なので、同居者の届出となる。書類をそろえて戸籍係に提出するが、受理出来ないという。出産立会者が、医師でもなく助産婦でもなく、同居者だったからだ。前例がなく法務省に聞いてそれから返事をします、と戸籍係。なぜ二人で産んだのか理由書を区長あてに書かされた。それから一ヶ月後の十月二十五日頃に法務局から電話があった。

出生届けの件について聞きたいので局まで来なさいという内容。医師の証明がない時は、法務局で申し開きをするという事だった。一ヶ月の子をおぶって出かけると、六法と戸籍法のぶ厚い本が机の上にならんでいた。なぜ二人で生んだのかと、又根ほり葉ほり聞かれる。医師法と戸籍法にひっかかるらしい。説明し終わると、〝わかりました。帰ってもよろしい〟と言われ、変な気持ちで帰ったのだ。二ヵ月目にようやく出生を認められる。ほんとうは、このいやな時代の国家に認められないほうが良かったのかもしれない。

工夫しだいでは、法務局への出頭が免除されることもありうるようです。つぎに掲げるのは、夫婦だけで自宅出産したひとの手記です(2)。

戸籍はといいますと、医師または助産婦さんによる出生証明書がないわけですからこれがまた大変で……。

出産後六日で主人が区役所に出生届と、証拠写真（妊娠中、生まれて間もないへその緒のついた時、オッパイを飲ませているところ）を添えて提出しました。窓口の人は、ただただ、驚かれるばかりで、すぐに戸籍の手続きはしてもらえず、あらためて陳情書は、主人が三日かけて一〇ページに渡り、なぜそのような出産を選んだのか、またそうなったいきさつ、そして出産の時に父と母のそれぞれのとった行動、署名、捺印をし、そのまた四日後に提出しました。

それから待つこと、一ヵ月半、やっと法務局から電話連絡がありました。呼び出されて、直接会って事情説明をしなくてはいけないかナと思っていましたが、おもいがけず良い印象で、「これだけ細かく記述してあるので来ていただかなくても大丈夫です。手続きが長くかかってしまい申し訳ありません」と言ってくださいました。

それからさらに半月、昴平はやっと日本国民として認めてもらえることができました。親としてホッと胸をなでおろしました。

これでもけっこうたいへんだし、日数もかかっています。

では、プライベート出産することをあらかじめ役所に申告しておいたら、どうなるでしょうか。わたしの知人がそうしました。——お産のあと、保健婦と助産婦がやってきて視察してゆきました。そのあと、やはり法務局の役人の事情聴取がありました。けっきょく、あらかじめ申告しておいてもしかたがないのです。

出生証明のない届が「受理伺い」となることについては、まがりなりにも明文化されているので、とりあえずはよしとしましょう。腑に落ちないのは、出生証明をするひとの資格です。医師か助産婦にしか出生証明が書けないというのは、お産は原則として医師か助産婦の立ち会いのもとにおこなうべきだということです。そんなことがほんとうに条文の前提とされているのでしょうか。

出生証明書の添付を義務づけた現行の戸籍法が制定されたのは、昭和二二年のことです(「法律第二百二十四号」)。そのころはまだ施設分娩は分娩全体の数パーセントにすぎませんでした。圧倒的に多数の産婦が自宅でお産していました。そしてそのなかには、助産婦も立ち会わないプライベートなお産がなお五%ちかくもふくまれていたのです。

そんな時代に、出生証明が医師か助産婦にしか書けないとしたら、郡部などでは「受理伺い」のケースがぞろぞろとでてきたはずです。しかしじっさいには「受理伺い」はきわめて例外的でした。その当時は、家族の者があたりまえに出生証明を書いていたのです。なかには、助産婦の立ち会いでお産していながら助産婦の証明をもらわないというケースもすくなくありませんでした。鳥取県米子市で開業していたある助産婦は、昭和三七年につぎのように語っています(3)。

せっかくお産についてあげたんですから出生証明書を書いて、その時にお金をもらおうと思っていますと一年でも二年でも書類の請求がありません。そこで市役所で調べてみますと、「その他」という条項でいい加減の人がお産もしないで手続きをすませて知らん顔をしているのです。そんなのが年に一つ二つはあります。

この「その他」が影響して米子市でさえも難産でないと助産婦にかからない傾向があります。当の法律そのものが、もともと医療者以外の者による証明を承認していました。「その他の者」という文言はそのことを明示したものです。「その他の者」でも作成する資格があるとみなしたからこそ、「医師」「助産婦」とならべて「その他の者」という選択肢を用意したわけです。

出生証明書の「記入上の注意」というところにも、

体重及び身長は、立会者が医師又は助産婦以外の者で、わからなければ書かなくてもかまいません。

とあります。この注意書きは、あきらかに一般のしろうとによる、お産の立ち会いと証明書の作成を想定したものです。（出生届の現行の様式は、昭和二七年に「法務厚生省令」によって定められたものを基本としています。ちなみに、「法務」と「厚生」とでは立場がちがいます。法務省は、戸籍法が守られればよいという立場です。ところが厚生省のほうは、出生届をも母子管理の一環としてとらえています。届出の様式は、この両者の折衷というかたちをとっているわけです。）

法律の専門家はどうみているでしょうか。「法律学体系」のなかの一冊に、『戸籍法』（昭和二六年刊）があります。これは当時の法務府総裁官房秘書課長が著述したものです。（ということは、これは当時の公式見解を示したようなものともみられます）。ここにはつぎのようにあります(4)。

出生証明書を作成すべき者は、出産に立ち会つた医師・助産婦またはその他の者であつて、「出産に立ち会う」とは母が出産を催した以後分娩までの間における或る時期に立ち会つたことを要しかつこれで足りる。「その他の者」とは出産に立ち会つた者であれば家族・親戚・隣人など誰でも差し支えない。医師、助産婦またはその他の者が数名で立ち会つたときは、そのうち右の順序による

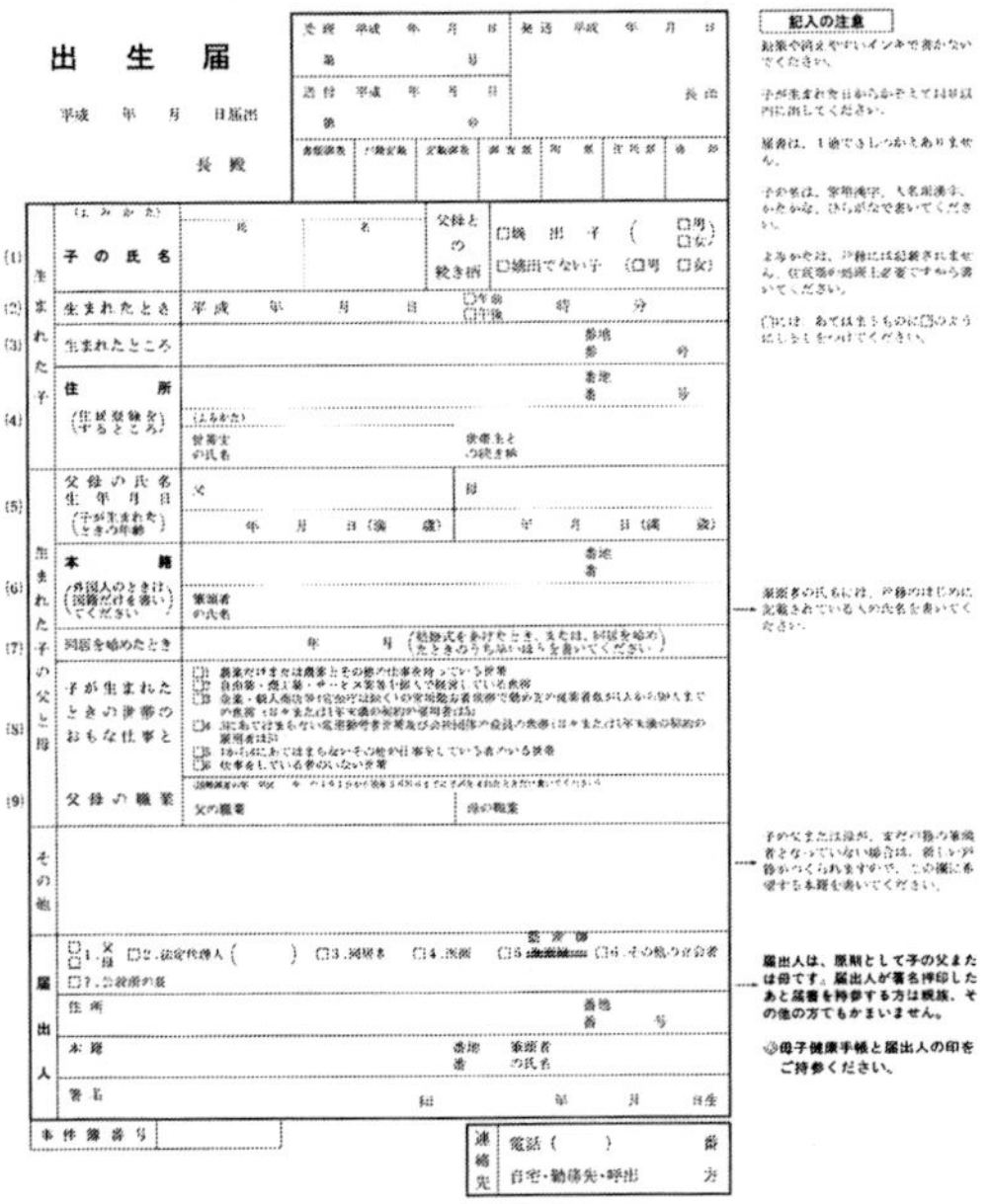

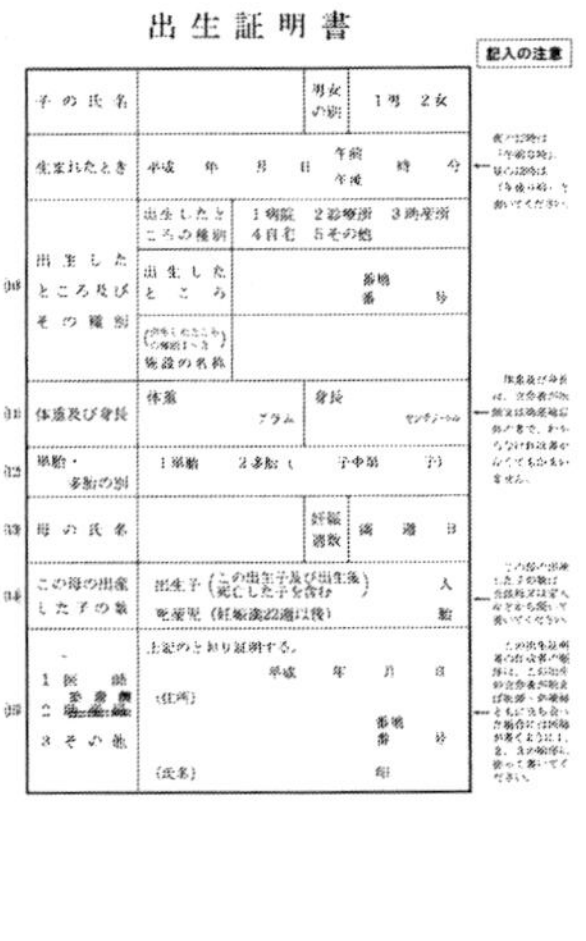

上位の者が作成すべきであり、同位の者が数人あるときはそのうちの一名が作成すればよい。出産に立ち会つた者が全くない場合には、出生証明書の添付を要しないことはいうまでもない。

また「口語六法全書」のなかの一冊、『戸籍法』（昭和四八年刊）にも、つぎのようにあります(5)。

出生証明書の作成者は、出産に立ち会った医師、助産婦、またはその他の者である。「出産に立ち会う」とは胎児が母体から分離する際に立ち会うことを意味する。「その他の者」とは、出産に立ち会った者であれば、家族、隣人などだれでもよい。

やはり専門家からみても、出生証明は医師や助産婦でなくても作成することが可能なのです。

ふるい事例ですが、夫が出生証明書を作成してよいとする確認を、高松法務局管内で決議したこともありです。昭和二五年のことです。その決議報告を掲げておきましょう(6)。

夫婦二人のみ居住する家庭で妻が出産したるも医師産婆又はその他出生に立会つた者がない場合届出人たる夫が出生証明書を作製して差支えないか。

〔決議〕見解の通り。

もう疑う余地はないでしょう。友人・知人であれ、親戚であれ、親兄弟であれ、夫や同居人であれ、お産に立ち会った者はだれでも出生証明書を作成することができるのです。というより、法の規定によれば、作成することができるのではなく、作成しなければならないのです。

じつは、奇妙なことですが（あるいは、とうぜんのことですが）、役所のほうも、このことを知らないというわけではありません。

夫婦出産の届出について各地の法務局に問い合わせてみると、どこでもまず、夫には証明書は「書けません」という返答がかえってきます。そこで、夫も「その他の者」だから証明書は書けるはずだと迫ると、「たしかに書けます」という返答にかわります。ちなみに、おおもとの法務省に同様の問い合わせをしてみたところ、やはり「書けません」という返答、いや書けるはずだと迫ると「書けないとまでは指導していないと思う」にかわりました。——どうもここには、「書けないことにしておこう」といった意図的な操作の臭いが感じられます。

出生証明書の添付された出生届は、完全なものです。完全なものである以上、役所の窓口はその届を機械的に受理するというのが原則です。

専門家（法律学者・谷口知平）もつぎのように指摘しています(7)。

> 新生児の出生届は、正規の出生証明書が付せられている限りは、その出生証明の偽造を疑うことなどは、母が妊娠不可能な年齢の女の場合位にしか合理的でありえないであろうから受理するほかないと考えられる。

ただし、右に「母が妊娠不可能な年齢の女の場合位」とあるように、例外もあります。特定の特殊な性格の出生届については、役所は過去の公式な指示の「先例」にしたがって、監督局に「受理伺い」をすることになっているのです。法務省の認定するその特殊な性格の出生届とは、つぎの四つのケースです。（『戸籍六法』および『戸籍実務六法』による）

① 出生証明書の添付がない出生届

②学齢に達した子の出生届
③五〇歳以上の者を母とする子の出生届
④無国籍者を父とする嫡出子等の出生届

このように、証明書つきの出生届を受理伺いにすることができる先例は、とりあえず右の四つのケースに限定されているのです。もちろんこの四つのケースにかぎってのみ出生届の受理を留保することができるというわけではありません。が、これらのケースがいずれもそれなりの明確な理由をもっていることは、きちんと押さえておくべきでしょう。

つまり、右の四つのケース以外の出生届は、同レベルの明確な理由――重大な疑惑――がないかぎり、窓口で受理するべきものということになります。証明者が「その他の者」であるというだけでは、受理を留保することはできないのです。もし「その他の者」というだけで受理を留保しようとするのなら、戸籍法そのものから「その他の者」という文言を削除しなければならないはずです。

それにしても、夫が証明書の作成者であり、かつ届出人でもあるというばあいには、あるていどの疑惑がもたれても不思議はありません。というより、自分で書いた証明書を本人が届け出るのですから、これは一種の〝自己証明〟ということになって、役所としてはいかにも頼りないわけです。そこで、夫が証明者で届出人でもあるばあいには、監督局に受理伺いをするのが適当である、という見解を高知県の法務局長が示したことがあります。昭和五四年のことです。

もちろんこの局長指示じたいは厳格な法的意義をもつものではありません。あくまでひとつの方向性を示したものにすぎません。しかも、この指示には問題があります。夫にも証明書作成の資格がある以上、その証明書は有効としなければなりません。有効な証明書の添付された届を、証明者と届出人とが同一であるという理由だけで機械的に受理保留にすることは、あまりに強引すぎるといわねばなりません。

法務局の役人のなかには、右の局長指示をタテにして、全国共通の慣例となっているからこれにしたがわざるをえない、と主張するひとがいるかもしれません。けれども、この件にかんするかぎり、全国共通の慣例などというものは存在しません。全国の多くの法務局は、医師も助産婦も立ち会わなかったばあいは証明書は空欄のままにするよう、指導しているのです。（この背景には、医療者による人民管理を徹底させようとする旧・厚生省の意向がはたらいているとみられます）。証明書を欠く出生届を出させれば、受理伺いとする法的な根拠が明白になるから、そういう指導をしているわけでしょう。このような一種のごまかしが公然とおこなわれている現状で、全国共通の慣例などという理屈が通用するはずもありません。

なお、右の局長指示は、高知県連合戸籍事務協議会の決議（昭和五四年九月二七、二八日）を受けてなされたものです。「夫が出生証明書を作成して出生届があればそのまま受理するほかないか」という設問にたいするその決議は、つぎのごとくでした（『全国戸協決議集』）。

〔決議〕多数……受理できる。

少数……監督局に受理伺いをする。

つまり、協議会の決議そのものは「受理できる」のほうだったのです。とうぜんです。そのほうが合法的なのですから。

昭和二五年に高松の連合戸籍協議会が夫に証明資格のあることを確認したさいには、夫の届出については問題になりませんでした。夫自身が届け出るのもごくあたりまえのことと考えられていたからです。その後プライベート出産が異例のことになったからといって、おなじ法律条件のもとに実務慣例だけを強引に変更するなど許されていいはずはありません。

夫の届け出た出生届を受理伺いにするということは、事実上、証明書を無効とするということです。そのような処置を強行するには、それなりの明白な法的根拠がなければなりません。現時点では、そのような明白な法的根拠は存在しないのです。だからこそ、戸籍実務の手引き書も「受否の伺いをすべき場合」のなかにこの件をいれていないのです。

役所の窓口は、夫の届け出た出生届を、以前のように原則としてその場で受理するようにすべきです。プライベート出産の出生届にかんして、日本全国の役所は失策を重ね、その失策を実務慣例としてきたのです。

では、夫婦だけで（またはカップルだけで）お産したばあい、いったいどのように届出をするのがよいのでしょうか。――ひとつだけ、起死回生の、実効的な方法があります。

子の父親が「証明者」となり、子の母親が「届出人」となるのです。（届出人については、「戸籍法」第五一条に「嫡出子出生の届出は、父又は母がこれをし、子の出生前に父母が離婚した場合には、母がこれをしなければならない。」「嫡出でない子の出生の届出は、母がこれをしなければならない。」とあります。）

すなわち、まず、子の母親自身が、出生届の本欄（左がわ）に必要事項を記入し、「届出人」の欄に署名・捺印します。大部分はお産のまえに書いておくことができます。（「同居を始めたとき」や「世帯の仕事」「父母の職業」は、国勢調査関連であって出生届と無関係なので、記入する必要はありません。必要はありませんが、記入したほうが通りはよくなります）。つぎに、「出生証明書」の欄（右がわ）を子の父親が書きます。（子どもの体重・身長など、余計なところまで記入する必要はありません。が、これも適当に記入したほうが心証はよくなります。）

この方法だと、証明者と届出人が別人になるので、〝自己証明〟という欠点は解消されます。法務省も、このような届出をも一律に受理伺いにするようにといった指導はしていないはずです。（法務省としては、実務上の具体策はあるていど所管の役所の裁量にまかせているようです。）

出生届書は、子の父親が役所（役場）に持参します。お産して間もない母親自身が日中に出掛けたりするべきではありません。（通常は、父親の都合がつかなければ、その他の家族なり友人なりが届けます。届書を持参するのはだれでもよいことになっているので、だれでもよいのです。郵送でもＯＫです。）

いきなり窓口に届出書を提出しても、担当者は受理するすべを知らないでしょう。窓口への説得を届出のまえにあらかじめおこなっておくのが得策です。妊娠届をしたり出生届の用紙をもらいに行ったりするさいに、役所のひとにプライベート出産の意思と届出の方法について説明しておくのです。

そのさい、窓口では、たいてい、「夫や同居者の書いた証明書は無効です」といわれるでしょう。そのばあいは、有効であるという法的な根拠を説明しましょう。証明書の有効性がみとめられても、なお受理伺いにするというのなら、こんどは受理伺いにすることの不条理を説明しましょう。納得してくれないようなら、この本のこの章をひらいて見せましょう。

なお、「妊娠届」はほんらい不要ですが、出生届のための〝下工作〟の一環としては、必要な手続きといえるかもしれません。

人口のすくない郡部なら、出生届の下工作は比較的かんたんに運ぶかもしれません。都市の役所に届出をするばあいは、たびたび役所をおとずれて面識をつくったり説得をくりかえしたりしておくべきでしょう。保健婦に妊娠していることの〝証人〟になってもらってもいいでしょう。

わたしは山梨県の大泉村というところに住んでいます。村役場の戸籍係は、監督局の指示のもとに、右のような夫婦出産の届出は窓口でただちに受理することを確約してくれています。監督局の戸籍課からもそのむね直接の確認を得ています。この確約は、現行法と夫婦出産についての正当な理解にもとづいたものです。日本全国の役所は、甲府地方法務局の措置を模範とするべきでしょう。

――以上をふまえて、平成一二年一一月二九日、わたしの知人・竹山武志さんが大分市役所に夫婦出産の届出をしました。まえもって打ち合わせをしていなかったので、手続き・確認に多少の時間がかかりました。が、届出はその場で受理されました。（この竹山さんのばあいは、妊娠中に保健婦たちと顔見知りになっていたそうです。）

こうした「前例」を各地で積みかさねてゆけば、早晩、夫婦出産の届出もその場で機械的に受理されるようになることでしょう。それまでは、めんどうでも、まえもって下工作をしておくほうがよいでしょう。

大泉村のとなりの須玉町（おなじ甲府地方法務局の管轄）に住む知人のばあい、まえもっての打ち合わせもなく、役場に顔なじみもいなかったこともあって、届は留保されました。数週間後、役場から呼び出しがあり、「出生届」（左がわ）の「その他」の欄に「出産に立ち会ったのが夫だけだったので」云々という説明文を書かされたということです。翌々日、届出受理の連絡があったそうです。ところがその後、本籍が東京都にあることから、東京の法務局からの指令で甲府の法務局の取り調べを受けることになってしまいました。現住所と本籍地の管轄が異なるばあいは、本籍地の役所への対策もあわせて必要となるわけです。

なお、アメリカなどでは、夫婦出産の届出はどのようになされているのでしょうか。アメリカでは手続きが州によってまちまちですが、概して届出はかんたんです。期間も、日本のように一四日以内などとせっかちではなく、たいてい一年以内といったふうです。

ペンシルベニア州で当局に問い合わせたところ、無介助出産をしたばあいの手続きはつぎのごとくでした。

(無介助出産のメーリングリストによる)

① 役所に電話をして証明書の用紙を郵送してもらう

② 用紙に二名の証人がサインをして返送する (二名は当の父親と母親でよい)

③「出生証明」が郵送されてくる

役所まで一度も出かけずに済んでしまうところがすすんでいます。

◇

産婦が終始ひとりだけでお産したばあいは、証明書は空欄のままとなります。このばあいの出生届は、受理を留保しての「受領」となります。

出生届書とともに、ひとりでお産するにいたった経緯・理由を記した文書や妊娠中の写真などを、提出するほうがよいでしょう。監督局がそれらの書類だけで受理を裁決する可能性もあるからです。監督局にあっては「心証」だけが判断の基準となります。書類だけで届の真実性について「心証」が得られればそれでじゅうぶんなのです。(書類だけで受理がみとめられるのが、のぞましいありかたです。)

後日、法務局への出頭を命じられるかもしれません。が、出頭する義務はありません。お産して間もないからだでそんなところへ出掛けるべきではありません。役人のほうから自宅まで出向いてくるよう、逆に指示しましょう。

役人からは、妊娠の経過、ひとりで産んだ理由、お産の方法などが質問されます。また証拠物件の提示が求められます。適当に答え、へその緒などをみせればよいでしょう。証拠のためにと分娩直後の赤ちゃんに向けてフラッシュを焚くようなことはけっしてするべきではありません。役所には子どもの出生をみとめる義務がありますお産したひとのほうにはなんの義務もありません。まっとうなことをしただけなのですから、ひけめを感じる必要はもうとうないのです。

ほんらいは、生まれて間もない赤ちゃんのいる家を他人がおとずれるべきではありません。法務局の役人のもってきた細菌が赤ちゃんに感染でもしたらどうするのでしょうか。（多くの前近代社会では、産後はみじかくて四〇日、ながくて一年ものあいだ、母子のもとを他人がおとずれることを禁じていました。）

このさい、役人のかたにもひとこと言っておきましょう。虚偽の出生届を防止したいという管理者としての立場はよくわかります。けれども、だからといって、単独出産や夫婦出産をした善良な市民に必要以上の負担をかけていいということにはならないはずです。また、夫婦出産の届を問題視して特別扱い（受理伺い）にすることは、事実上、夫婦出産そのものに否定的な立場をとることにつながります。（げんに、証明書を書いてもらうためにだけ助産婦を呼ぶひともいるのです）。プライベート出産は、人類にとってきわめてまっとうなお産のありかたです。そのまっとうなお産を問題視するようなあつかいは、国民の福祉にいちじるしく反するものといわねばなりません。

ちなみに、諸外国では、このように母子を疑惑の対象として取り調べるような制度はありません。出生届は一般にきわめてシンプルです。たとえばイギリスでは、出産状況によって届出（出生証明）に問題が生じたりするようなことはありません。どんなかたちのお産でも、出生後四二日以内に役所へ行って書面に子どもや親について記入するだけで、万事ＯＫです。

アメリカでは、「証明者」について、多くの州法はつぎのように規定しています。

以下の順序で選択してサインすること。

①医師　②看護婦または助産婦　③出産に立ち会った者　④子どもの親

これだけ明確であれば混乱は生じません。

ただし、アメリカでも役所の係官のなかにはこうした規定じたいをよく知らないひともいるようです。が、（日本とちがって）係官自身の裁量権が強いので、ちゃんと説明すれば受理してもらうことができます。産婦ひとりだけのお産であっても、赤ちゃんとともに出向けば、その場で受理されます。おもしろいことに、カリフォルニアでは生後一年以上経ってからのほうが届出が簡単になるということです。

アメリカでは出生届（出生登録）をしない親もすくなくありません。出生届をしていないと、パスポートの取得などでは多少手間どりますが、取得できないというわけではありません。（お国がら、洗礼証明書や聖書への書き込みが証拠力をもったりします。）

もっとも、世界には、オーストリアのように計画的な無介助出産そのものを公認していない国もあります。ところがそのオーストリアでも、出生証明をとるのは意外とかんたんなようです。ある女性は、オーストリアでひとりで子どもを産みました。それでも医師によるチェックを受ければ出生証明がとれるのですが、彼女はそれをも拒みました。証明がとれないままだったので、二ヵ月後に彼女の母親が役所に抗議しました。するとその翌日に証明がとれたそうです。彼女はこう言っています。「いまではよく分かっています。オーストリアでも出生証明をとるのはごくかんたんだということが。たとえ盗んだ赤ちゃんのものであってもね。」（無介助

出産のメーリングリストより

ともかく、日本のように出生確認に法務局までもが乗りだすなどというのは、異常というほかはありません。

（日本でも、昭和二二年以前には出生届に証明書をつけることはなかったわけです。）

◇

死産だったばあいは、「死産届」を役所に提出しなければなりません。（また「死体埋葬許可申請書」を提出して「火葬許可証」をもらわなければなりません）。しばらく生きていた赤ちゃんが死亡したばあいは、「出生届」と「死亡届」を同時に提出します。「死産届」にも「死亡届」にも医師の証明が必要です。いずれにせよ、赤ちゃんが手に負えない状態にあるようなら、とにかく一一九番して病院へ連れていってもらうのが得策です。

第8章

CHAPTER 8

プライベート出産の心得（その一）

1　お産の準備品

お産のはじまるまえにそろえておくべきものがいろいろとあります。といっても、そのほとんどは日常の生活でふつうに使用しているものです。

アメリカでは、自宅出産用のキット一式が通信販売で一般向けに売り出されたりしています。が、品目をみたかぎりでは、購入してとくに重宝するとは思えません。（購入したひとの体験記などをみても、じっさいあまり役に立ってはいないようです）。日本でも、簡易な出産用キットはいくつか販売されています。いずれも災害時などでの応急処置用で、医療者が用いるためのものです。これらもやはり計画的な自宅出産に役立つというものではありません。

そろえておくとよいと思われるものを、以下にひとつずつあげてゆきます。○印は、ぜひとも用意しておきたいもの。△印は、おおかたはなくてもすむけれど、あればあったで利用価値があるかもしれないもの。

〔お風呂でつかうもの〕

○ビタミンC原末……一グラムほど。レモンなどの柑橘類があればその果汁を用います。柿茶の出がらしでも可。いずれも塩素を無害化します。

○塩……三キログラムほど。外国産の海塩の再製品で可。保温、水質向上、殺菌、浮力などに効果があります。出血への対策にもなります。

○木炭……五〇〇グラムほど。竹炭・薬石・バイオセラミックスなどでも可。水質の向上、保温、殺菌に効果があります。
△ラベンダーオイル……少量。他のハーブエッセンス・竹酢液・ヒノキ木片などでも可。リラクセーション、殺菌に効果があります。
○湯温計……湯温の高すぎ・低すぎをチェックします。赤ちゃんの沐浴にもつかいます。
○タオル……二、三枚。汗を拭いたり、からだに掛けたり、濡らして額を冷やしたり、用途は多様です。
△風呂ネット……湯のなかの汚れものをすくいとります。
△浴槽手すり……入浴中につかまるものがないばあい、臨時に取手をつけると便利。浴槽にネジで簡単に取り付けられる手すりが一万円くらいで売られています。
○浮き輪……浮き輪の浮力を利用すると、いっそうからだの力を抜くことができます。からだを浮かせるための大きな浮き輪のほか、枕にするための小さなもの（小児用）も用意するとよいでしょう（小さいほうは空気を七分くらいにして使用します）。枕としては、浴槽用のバスクッションも便利です（お尻用のクッションとセットで販売されています）。ビニール枕や旅行用のエア枕でも可。
△エアマット……浴槽からでて娩出するときに、洗い場に敷きます。産婦自身も楽だし、赤ちゃんの安全のためにもなります。浮き輪も利用できます。
○プレーヤー……据え置きのステレオの音が浴室までとどかないばあい、持ち運びのできるプレーヤーを用意しておきます。
○音楽ソフト……おだやかな音楽やリズミカルな音楽、あるいは波の音など、いくつかの種類のＣＤやテープを用意しておきます。

〔寝室でつかうもの〕

○防水シート……分娩や分娩後のおりものでふとんをよごさないようにするために用います。ビニールシート（レジャーシート）で可。

○生理用ナプキン……産後の出血や悪露にそなえて、大きめのものを多数用意します。（布ナプキンが好適ですが、洗濯がたいへん。その点、天然素材の紙ナプキンのほうが便利です。ただしどちらも一般の店ではあつかっていません。）

○ショーツ……ひどくよごれることもあるので、二、三枚用意します。

○パジャマ……やはりよごれることもあるので、二、三着用意します。

○タオル……バスタオルやフェイスタオルを二、三枚ずつ用意します。用途は多様です。

△オリーブオイル……小麦胚芽油も好適。娩出のまえに会陰部に塗る。

○洗面器……胎盤を受けます。料理用のボールでも可。

○ガジュツ末……産児のへその緒につけたり、産後のナプキンにまぶします。ガジュツ製剤（「莪述」「我神散」）は薬局で売られています。ウコンでも可（国産品が無難）。またコパイバやプロポリスでも可。いずれも殺菌に効能があります。

○脱脂綿……産後、局部を拭くときに用います。

○温・湿度計……新生児にとって快適な室温・湿度であるようにチェックします。

○一〇W電球……常夜灯（丸球電球）のほかに、一〇W〜三〇Wの電球をいくつか用意しておきます。

〔へその緒の切断につかうもの〕
○ハサミ……セラミックのハサミが好適。ステンレスの料理バサミなどでも可。
○たこ糸……十数センチのもの三本。綿の靴ヒモなどでも可。（あまり細い糸だと、へその緒を切断してしまう可能性があります。）
○包帯……一メートルほどのもの一本。産児の胴に巻きつけます。
○紙テープ……包帯をとめます。
〔産児につかうもの〕
○産着……もめんのもの数着。
○おむつ……布おむつとネット。四、五十組は必要です。石油製紙おむつは不可（コットンなど天然素材の紙おむつならOKです。これも一般の店ではあつかっていません。）
△ベビー用体温計……みるからにぐあいのわるそうなときに、参考までに計ってみます。
〔その他〕
○お産の参考書……ジャネット・バラスカス『ニュー・アクティブ・バース』（現代書館）、グレゴリー・ホワイト『応急出産介助マニュアル』（プライベート出産情報センター）など。
○ビタミンC剤……なるべく天然粗製のもの。産痛を緩和し、分娩を円滑にします。感染症への対策としては純粋なアスコルビン酸のほうが便利です（五〇〇ミリグラム単位の錠剤が一錠一〇～二〇円ほどで購入できます）。オリーブ葉エキスなどを用意しておくのもよいでしょう。
△レスキュー・レメディ……バッチ・フラワーのレスキュー・レメディやホメオパシーの蘇生レメディ。緊

急時に用います。
△綿棒……新生児の細かな部分の清拭に用います。
△聴診器……産児の心拍を確認するのに便利です。妊娠中にも、胎児心音を聴くのにつかえます。五千円くらいから購入できます。（ホースなどを利用して手づくりすることもできます。）
△酸素吸入器……緊急時に役立ちうるかもしれません。が、そこまで準備する価値があるかどうかは疑問です。携帯用の簡易吸入器なら一万円前後で購入できます。
このほか、季節や住宅事情によっては、
△空気清浄器
△加湿器
△湯たんぽ
なども、あると重宝するかもしれません。

（なお、浴槽手すり、聴診器、酸素吸入器などふだん使用しないものは、「プライベート出産用品」として貸出しがなされるようになるとよいかもしれません。）

2　お産の手順

お産のはじまり

お産がいつはじまるかは、なかなか予測できません。何人も子どもを産んだベテランでも、「あすお産になる」などと正確に予測することは困難なようです。

神秘学では、むかしから月とお産のふかいかかわりを説いてきています。お産は月の影響を受けるので、満月・新月になる日や満潮の時刻を調べておくと、あるていどの予測ができます。多くの部族社会で、満月の夜にお産となることが意識されていました。数学者の藤原正彦は、助産院のデータをもとにして、月のリズムとお産の相関関係を数学的に論じています(1)。また、日本の多くの地域で、出生は満潮時（死亡は干潮時）とされていました。

山田医院（山田哲男院長）では、潮位図にお産の記録を書きいれてきました。院長夫妻はこう記しています(2)。「順調なお産は満潮に向かってある。」「大潮とは干満の差が大きい時で、満月と新月の時である。……お産は大潮の時のほうが安産になる。満潮に向かって陣痛が強くなり、無理なく生まれる。……大潮の時に赤ちゃんは生まれたいのだと思う。」

気圧も無関係ではありません。低気圧がお産をうながすようです。台風の動向などはいちおうチェックしておくとよいでしょう。

もちろんこうしたことは、たんに傾向性を示すだけにすぎません。あまりあてにしすぎないほうがよいでしょう。

胎児とのコミュニケーションがよくとれていれば、出産日を胎児自身にきくのがいちばんたしかかもしれません。

お産が近づいたことを示す徴候は、いくつかあります。

おなかのふくらみがいくぶん下にさがって、下方につきでる感じになってきます。胎児のあたまが骨盤内にはまり込み、胎児の動きがすくなくなってきます。(動かなくなることはありません。モゾモゾと動きます)。膀胱が圧迫され、尿意がひんぱんになります。もものつけ根がつっぱった感じになってきます。おりものが多くなります。

そのうちに下腹部がしばしば張るようになってきます。子宮がかたくなるのを感じることもあります。下腹部の張りが痛みをともなうようになってくれば、いよいよお産が近づいたとみてよいでしょう。このおなかの張りを「前駆陣痛」と称します。(これが何日もつづくことがあります。)

腰のあたりが痛くなることもあります。

こうした徴候がでてくれば、お産に立ち会ってくれる予定のひとに「そろそろはじまるみたい」とつたえてもよいでしょう。

妊婦が家のなかをかたづけはじめたら、それもお産がさし迫ってきたしるしです。(ただし、二、三日まえからそうした兆候を示すひともいます。)

子宮口がひらいてくると、子宮口付近に密着していた卵膜がずれ、そこから出血することがあります。この出血を一般に「おしるし」と呼んでいます。子宮頸管の粘液などと一緒になってでてくるので、ピンク色をしていたり褐色がかっていたりします。一過性のものですが、何回か反復することもあります。おしるしのある時期もひとによってまちまちです（ないひとも多い）。陣痛のはじまるまえにあれば、お産のはじまりを示すサインとなります。ただし、おしるしがあっても、すぐに陣痛がはじまるとはかぎりません。陣痛の発来まで一週間もかかるばあいさえあります。

子宮口があるていどひらいた時点で、卵膜が破れて羊水の一部がながれでることがあります。破水です。本格的な陣痛のはじまるまえであれば（前期破水）、これもお産のはじまりを示すサインとなります。ただし、やはり破水後すぐに陣痛がはじまるとはかぎりません。

（医療者なら、ながれでた羊水の色や濁りを気にかけるところです。が、よほど濃厚な混濁でもないかぎり、ことさら胎児の状態を懸念するにはおよびません。）

早く破水したとしても、とりたてて心配する必要はありません。自宅にいるかぎり感染症にかかることはまずありません。ふだんどおりに動きまわっていれば、遅かれ早かれ陣痛がはじまるはずです。（破水しても陣痛がはじまりそうにないばあいは、羊水の補充を促進させるために水分をたくさん摂取するようにします。）

破水後の細菌感染が心配なら、生理用ナプキンにガジュツ、ウコン、プロポリスなどの粉末をまぶしてあてがっておくとよいでしょう。（さらに天然粗製のビタミンCやオリーブ葉エキスを継続的に摂取すれば、いっそうの予防効果があります。）

前駆陣痛は不規則で、痛む時間もせいぜい十数秒くらいです。それが規則的になり、しかも三〇秒とか四〇秒とつづくようになれば、これは本格的な陣痛になったと考えてよいでしょう。その規則的な間隔が三〇分、二〇分と短縮してくれれば、もう決定的です。

立ち会ってくれる予定のパートナーなどが勤務先にでているようなばあい、なるべく早く馳せ参じるように連絡するべきでしょう。

いずれにせよ、本格的な陣痛がはじまった時点で、お産がはじまるわけです。その時点で、お産へ向けての最終的な準備態勢にはいることになります。

入浴の準備

陣痛がはじまっても、すぐにどうということはないので、あわてる必要はありません。ふだんどおりにしていればよいのです。ただ、いつ娩出となってもいいように、とりあえず寝床の準備だけはしておくとよいでしょう。風呂の使用を考えているばあいは、これをまっさきに準備するのがよいでしょう。

とくに風呂は痛みをやわらげる効能にすぐれているで、いつでもはいれるようにしておくと安心です。じっさい、お湯がはいるかはいらないかのうちに浴槽にとびこんでしまう産婦がすくなくないのです。そうでなくても、風呂の湯は、いれてからあるていど時間をおいたほうが質がよくなります。浴室の有毒ガスも散失します。それゆえ、まず風呂の準備をすることからはじめるべきでしょう。

まず、浴槽をふだんよりも念入りに洗いながします。洗剤はつかいません。(お産の日が迫ってきたと思われるころあいに、浴室・浴槽を一度徹底的に清掃しておくとよいでしょう。とくに浴槽の循環口など入り組んだところは、水圧をかけて念入りに洗っておきます。)

浴槽にお湯をいれます。または、水をいれて、わかします。湯の量は、通常、深さにして四〇センチくらいになるのが適当です。いろんな姿勢をとっても顔までつからない深さです。浮き輪で浮かぶばあいや、冬場で浴室が肌寒いようなばあいは、湯を多めにいれたほうがよいでしょう。

水温は、とりあえず四〇度を目標とします。四〇度というのは、産婦のはいれる湯温の上限です。はいるときに適当に水をいれて調節します。

湯・水の注入と同時に、ビタミンCの粉末を一グラムいれます。（あるいは、レモンなどがあればその果汁をいれます。）

また、塩を相当量いれます。塩の効用について、助産婦スザンナ・ナピエラーラ（前出）はつぎのように述べています(3)。

塩は天然の抗生物質です。風呂の中で母親が排便をしたりするかもしれないのですから、母子の健康を確保するための予防措置を講じておく必要があるのです。塩はまた水に活力を加えます。それは分娩中の動作にいっそうの自由をもたらします。塩はさらに、温水の保温を助けます。

塩は羊水の主要な成分のひとつです。赤ちゃんは、産まれでたとき、温水を味わいます。赤ちゃんが塩味を味覚するとき、その味はまさに九ヵ月のあいだ慣れ親しんできた味そのものであることでしょう。

投入する塩の量は、一般家庭用の浴槽で一・五〜二キログラムといったところでしょう。

あるアメリカ人らの研究によれば、羊水や涙に匹敵する塩水をつくるには、一〇〇ガロン当たり八ポンドの塩（精製塩）が必要、とのことです(4)。（一ガロンは約三・八リットル、一ポンドは約四五〇グラム）

スザンナの書いた本には、塩の投入量を算定する、つぎのような定式が紹介されています。（一インチは約二・

五四センチ）

〔〇・〇〇〇三ポンドの塩〕×〔立方インチの水〕＝〔塩の投入量〕

私案による、塩（粗製塩）の適切な投入量（グラム）は、つぎのごとくです。

水量（立方センチ）×〇・〇〇九

これによると、たとえば長さ九〇センチ、幅六〇センチの浴槽に水深四〇センチまでお湯をいれるとすると、塩の投入量は約二キロということになります。

塩はかなり多めにいれてもかまいません。あまり濃くしすぎると赤ちゃんの眼を刺激してしまうのではないかと心配になるかもしれませんが、そういうことはまずありません。濃いといっても海水の塩分濃度にはほど遠いでしょう。チャルコフスキー（前出）は、海水こそがお産に最適だと考えています。いうまでもなく、塩分濃度が高いほど浮力も増します。（塩以外のものを投入して浮力を高めることもできます。）

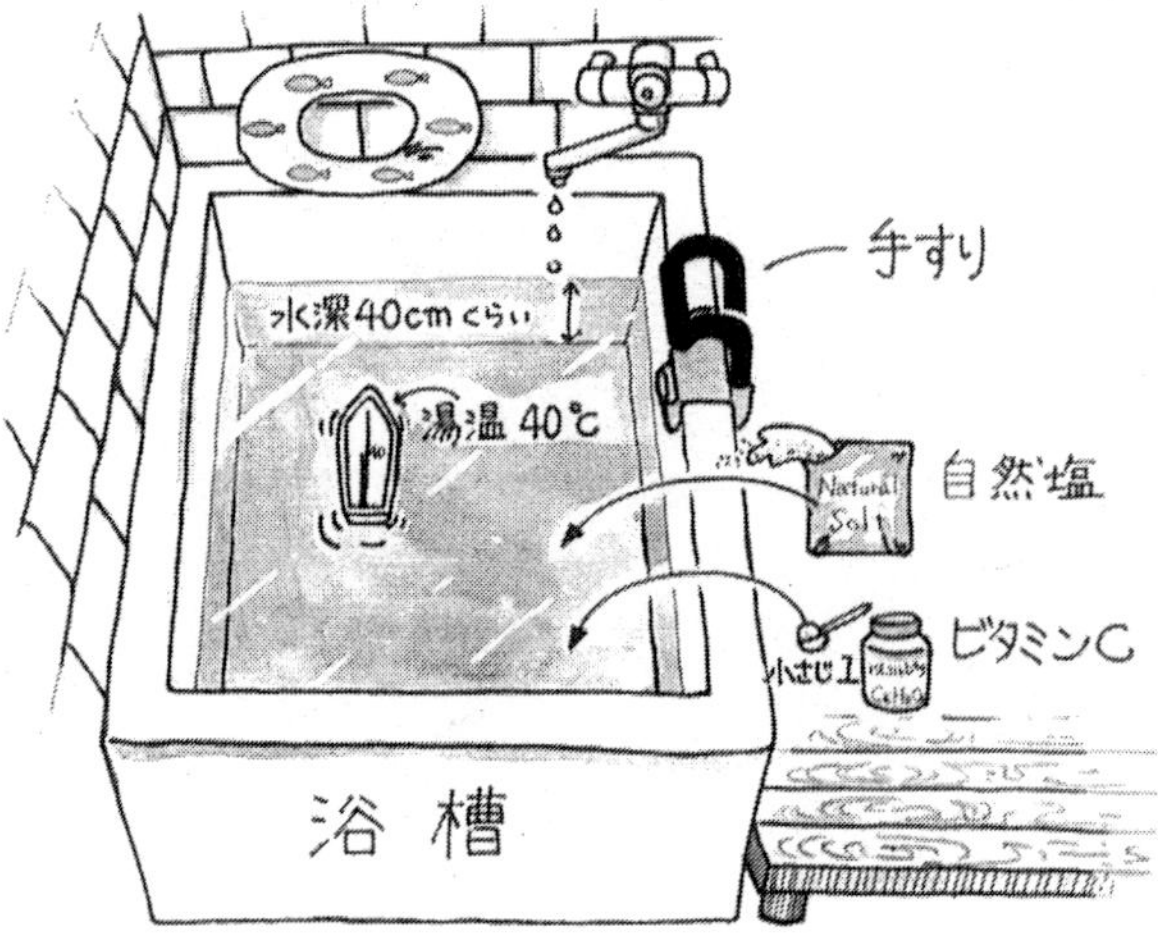

そのほか、消毒した木炭、あるいは麦飯石などの薬石粉、バイオセラミックス、トルマリンの粉末、波動水といったものをいれます。そのほか、好みによって、ラベンダーやカモミールの精油、ヒバやヒノキの精油、

フローラルウォーターなどを加えてもよいでしょう。「万貴」やガジュツ末のような粉末をいれてもよいでしょう。

浴槽手すりの用意があればそれを取りつけます。また、浴槽が洗い場からかなり高くなっているばあいは、スノコを重ねたり、しっかりした台を置くなどして、出はいりしやすいようにしておきます。

洗い場で娩出することも考慮して、エアマットを用意しておくこともすすめられます。

水量と温度が目標に達したら、準備完了です。いつはいってもＯＫです。

なお、浴室の電灯は、あらかじめ常夜灯か五Ｗくらいの電球に換えておきます。（あるいは、脱衣所のあかりだけでもじゅうぶんでしょう）。また、日光がはいらないように、浴室の窓にはダンボールなどでおおいをしておくとよいでしょう。

浴室から寝床までの通路には、ビニールとか新聞紙を敷いておきます。

寝床の準備

寝床は、和室にふとんを敷くのがいちばんでしょう。平面的なひろがりがあってなにかと便利です。もっとも、ふだんベッドで寝ているひとのなかには、ベッドでないとぐあいがわるいというひともいるでしょう。それならそれで、もちろんけっこうです。欧米で自宅出産したひとはみなベッドで寝るわけです。

寝床そのものはふだんどおりでよいでしょう。ただし、特別にしつらえておくものがあります。寝床、または寝床のそばの壁ぎわに、背もたれになるようなものを設けておくのです。敷きぶとんを何枚も余分に積み上げてもいいし、大きなクッションやソファーを置いてもいいでしょう。（むかしはワラを積み上げました）。上半身を楽に起こしていられるようにするのが目的です。

その下のところに、防水シートを敷き、そのうえにバスタオルを敷きます（下図）。こうしておけば、そこに腰かけたり膝をついたりしながら、よりかかったり背をもたせかけたりすることができます。分娩時にも役立つし、分娩後にも役立ちます。江戸時代に香月牛山（前出）の書いた『婦人寿草』にも、これとおなじような図が描かれてあります(5)。

ベッドのばあいは、ベッドによりかかれるように設定するとよいでしょう。

枕もとには、ティッシュペーパーやナプキン、グレープジュースのパック、お茶をいれたポットなどを置きます。

へその緒を切るための道具や産児の産着なども、おなじ部屋にそろえておきます。

部屋のあかりとして、常夜灯のほかに一〇Wくらいの電球がつかえるようにしておきます。

部屋で娩出することを想定して、中腰や膝立ちでつかまれるようなものを用意しておくのもよいでしょう。伝統的なのはじょうぶな綱（ロープ）を上から垂らすことですが、現代家屋では無理かもしれません。幼児向けのブランコの横棒は、もたれたりぶらさがったりするのに便利そうです。ブランコと吊り輪のついたものは、ブランコをはずして吊り輪だけにしておくと、重宝するかもしれません。

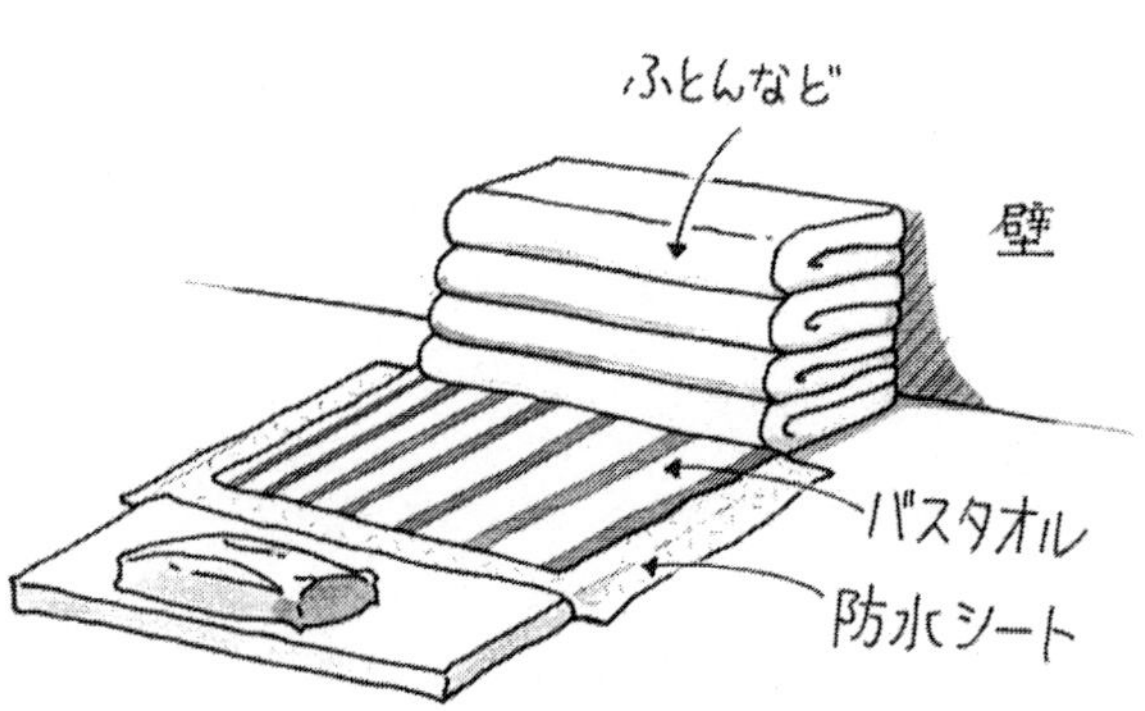

分娩中はからだをあたためることがたいせつです。すこし暑く感じられるくらいの室温にしておきます。なお、呼び鈴やテレフォンコールなどのじゃまがはいらないよう、対策を講じておくとよいでしょう。

陣痛とともに

風呂と寝床のしたくができたら、あとは気の向くままに歩きまわったり、楽な姿勢で陣痛をやりすごしたりします。日中に横になったままでいるようなことは好ましくありません。お産をいたずらにながびかせてしまうからです。

陣痛がきても立ったままでいられるようなら、家のまわりを散歩してもいいでしょう。家のなかにいるのなら、ふだんしているような家事労働をつづけているとよいでしょう。食事なども、ふだんどおりのものを軽めにとるようにします。無理に食べる必要はありませんが、くだものなら適量食べられるでしょう。天然粗製のビタミンCをすこし多めにとっておくとなおよいでしょう。

長丁場になるかもしれないので、疲れたら休み、ねむくなったらねむるようにします。（疲労や睡眠不足が陣痛を弱めてしまうことがすくなくありません）。休むときには、ちょっとした瞑想状態になるとよいでしょう。あぐらをかくと楽になれます。重ねたふとんやベッドにもたれかかって、しばらく休むのもよいでしょう。あおむけに寝るかたちは避けたほうが無難です。寝るのなら、左がわを下にして横になります。そうすれば大動静脈の圧迫がゆるめられ、子宮や胎児に血液がゆきわたります。

この時期には、静かめの音楽をきくだけでも深層の脳がひらかれてきます。音楽には、こころが澄むような波動の高いものが好適です。（宮下富実夫のヒーリング・ミュージック、とくに『誕生』はすでに定番となっています。厳粛な気分にひたりたいときには、スピリチュアル・ミュージック、たとえば「誕生」をふくむ『日出国』(天上昇)など好適でしょう。波動機器を利用した波動ミュージック、クラシックやインドの民族音楽などもよいでしょう)。好みによります。もちろん沈黙を選んでもよいわけです。

ぼおっとして休んでいるのが苦手なひとは、赤ちゃんが楽々と生まれてくるさまをくりかえしイメージしてみるのもよいでしょう。

この時期に「三陰交《さんいんこう》」への施灸か指圧をすると、お産が軽くなるはずです。(三陰交は、足のくるぶしのアキレス腱寄りのとがったところから七センチほど上にあるツボです)。粒鍼を貼るのも効果的でしょう。三陰交への刺激は、分娩第三期の出血(弛緩出血)を予防する効果もあります。

からだが冷えてしまうようなら、足湯をします。

陰部の内外にオリーブ油などを塗ってマッサージしておくこともすすめられます。その気になれば、このマッサージを性的なレベルにまで高めることもできます。それはすばらしい効能をもたらします。パートナーにやってもらってもいいし、自分でしてもよいのです。

パートナーとほんもののセックスをするのもよいでしょう。お産がながびいたり、陣痛が遠のいてしまうようなばあいにも、セックスするとよいかもしれません。オーガズムに達すれば子宮が収縮します。また、膣内への射精によっても、陣痛が促進されます。精液に子宮収縮の作用があるからです。(部族社会には、娩出の直後にセックスをする慣習もあります。やはり精液による子宮の収縮をもくろんでのことでしょう。)

陣痛がきても、なるべくからだにちからをいれないようにこころがけます。両腕を交差しておなかを抱くようにすると、痛みがやわらぐでしょう。

両足のアキレス腱の中央部奥のツボを指圧するのも、痛みの緩和に役立つでしょう。

おなかや腰に手を当てているだけでも、和痛効果があるはずです。これは夫などにやってもらってもよいでしょう。「手あて」療法の富田魁二（前出）はこう指導しています[(6)]。「最初の陣痛時に三十分乃至一時間、子宮の治療をして置くと大抵分娩直前迄痛まないのが普通である。次に来る疼痛は分娩痛と見做して準備するのが宜しい」。これはおもに産婦の腰（腰椎の下部）に手を当てるものです。

手をかざすだけでも、さまざまな効果があります。アメリカの看護婦で大学教授だったドロレス・クリーガーは、ある実例を報告しています[(7)]。――教え子の看護婦が病室へ行ってみると、分娩監視装置がやかましい音をたてていて、産婦のキャロルも苦しがっていました。看護婦は手かざし療法をこころみました。

キャロルの下腹部から七、八センチ離れた空間に手をかざし、こころを静めました。すると、ふたりが驚くようなことが起こりました。手をかざしはじめていくらもしないうちに、やかましく騒ぎたてていた分娩監視装置が静かになり、それっきり正常になってしまったのです。もちろん、キャロルは正常で自然な分娩に成功し、元気な赤ん坊を生みました。

陣痛が強まってきて、不安や緊張にさいなまれることがあるかもしれません。温かいシャワーをあびたりお風呂にはいったりすると心身ともに安らぐでしょう。

バッチのレスキュー・レメディがあれば、服用する好機です。フラワーレメディのセラピストで助産婦でもあるジュディー・ハワードは、こう記しています[(8)]。「陣痛の第一段階がきたら、コップ1杯の水にレスキュー・レメディを4滴入れて、間隔をあけて何度もすすってください。ショックが緩和され、心がたいそう鎮まります。痛みそのものはなくなりませんが、感情を安定させ自制心を保つことができるので、パニックによる緊張を起こすことはありません。」

ホメオパシーを利用してみたいというひとには、アルニカが好適でしょう。アルニカはお産の全般にわたって適応します。『ホメオパシック出産マニュアル』はつぎのように記しています(9)。「アルニカは奇跡的な能力をもっている。それは癒しをうながし、出血を抑制し、はれや傷みを予防・軽減し、裂傷やショックや感染を防ぎ、子宮の収縮と胎盤の排出を助け、産後にありがちな深い傷心を和らげる。」

入浴の時期

お風呂には、「ちょっと、はいってみようかな」くらいの気持ではいることはすすめられません。いったんはいったら最後、二度とでられなくなるひとがすくなくないからです。それに、あまり早くに入浴すると、重力などの負荷がなくなって分娩の進行がかえって遅滞することもあります。

ただし、お産がなかなか進行せず、陣痛も弱まってしまったときはまたべつです。そういうときにすこし熱めのお湯にしばらくつかってあたたまるのはよいことです。あたたまることによってお産の進行がうながされるし、気分転換にもなるからです。

一般的には、陣痛が波にのってじゅうぶんに強まってきてから入浴するべきです。(もちろん、入浴したい気持があってのことですが)。入浴のタイミングとして理想的なのは、

〈陣痛がいよいよきわまってきそうだと感じられるとき〉

です。このあと分娩はきわめてスムーズに展開するでしょう。

また、もうひとつのタイミングとしては、

〈産痛がとてもひどくなってきたとき〉

です。産痛はすみやかに軽減されるはずです。あとはお湯がうまくコトを運んでくれるでしょう。気持よすぎて陣痛じたいが弱まってしまったばあいは、いちどあがって歩きまわってみるとよいでしょう。

入浴のまえに、できれば用を足しておくと好都合です。お湯にはいるまえには、ふだんより念入りにからだのよごれを洗いながします。

浴室はうす暗くしておきます。

バックに、やはり静かめの音楽や環境音などをながしておくと、いっそうリラックスでき、原初的な感覚がよみがえってきます。イルカの声や波の音などを織りまぜた音楽などが好適かもしれません。

湯の温度

入浴中、湯の温度をどれくらいにしたらよいでしょうか。

これはいちがいにはいえません。水中出産を指導している医療者は、三三度くらいがいい、三五度くらいがいい、三七度くらいがいい、などと言っています。けれどもふだん比較的熱い湯にはいっているひとにとっては、三五度くらいではとても冷ややかに感じられるでしょう。まして産痛に耐えかねている状況にあっては、すくなくともはじめのうちはふだんはいっている熱い湯にちかい温度が要求されるでしょう。

助産院もそれぞれに工夫しているようです。助産院の実態調査によれば、湯の設定温度のベストファイブはつぎのごとくでした(10)。

①三八度　②三七度　③三六度　④三九度　⑤四〇度

じっさいのところ、湯の温度の設定をあまり固定的におこなうのは得策とはいえないでしょう。季節や浴室の温度、産婦のそのときどきの体温や温度感覚などによって、好ましい湯温はまちまちであるからです。してみると、適温は産婦自身がそのときの感覚で決めるしかないというべきでしょう。産婦自身が快適に感じる温度、それが適温なのです。産婦自身の快感を基準にしているかぎり、熱すぎたり冷たすぎたりすることはまずないでしょう。

イギリスで出版された『水中出産ハンドブック』（ミッシェル・オダンが「水中出産のバイブルになるだろう」とたたえています）には、つぎのように書かれています[11]。

もし水が冷たすぎるなら、あたたかさを維持しようとして体温をうしなってゆき、ついには震えだしたり力が入ってしまったりするでしょう。逆に、もし水が熱すぎるなら、水の中では発汗によってからだを冷やすことが困難なために、しばらくして眠たくなったりのぼせてしまったりするでしょう。あなたが快適と感じることが重要なのです。娩出時に、水があなたにとって好適な温度であるなら、たぶん赤ちゃんにとってもそれは好適な温度であるはずです。

（ねむたくなるというのは、かならずしも熱すぎるせいではありません。陣痛が強くなると、おのずから脳内に麻酔様の物質が分泌されます。そのために産婦はねむくなることがあり、リラックスするとじっさいにねむってしまうこともめずらしくないのです。）

具体的な温度については、右の本はつぎのように記しています。

調べたかぎり、水温が分娩中の赤ちゃんの状態に一定の影響をあたえるかどうかについて明らかにしてくれる研究はありませんでした。分娩中および誕生直後の数分間の理想的な水温は、三八度前後と考えられます。

水中出産をひろく指導しているスザンナ・ナピエラーラ（前出）は、つぎのように述べています[12]。出産のための理想的な水温は、三五度から三八度弱のあいだの、産婦がもっとも快適に感じられる温度です。

お湯のあたたかさは、生まれてくる赤ちゃんにとっても有益です。赤ちゃんは、三八度弱ほどの世界（子宮の羊水）からやってくるのです。お湯はその流動性とあたたかさによって、産婦をなごませ、かつ、赤ちゃんをもなごませるのです。

娩出期にあっても、産婦の安楽さを基準に水温を調節すればよいでしょう。理想的には、赤ちゃんが生まれるときには三八度弱くらいであるべきです。けれども、娩出中は産婦のためにもっと低い温度にしてもよいでしょう。

（ここに「三八度弱」と訳したのは、華氏一〇〇度のことで、正確に摂氏に換算すると三七・七七度になります。これはほぼ、母胎内の羊水の温度に相当します。）

ミッシェル・オダンも、「適温」について「産婦がきもちよいと感じる体温程度の温度」と言っています[13]。ただし、一九九五年に刊行された『ウォーター・ベイビーズ』のなかでは、胎児の体温が上がりすぎる危険についていて、オダンはつぎのように注意をうながしています[14]。

あるイギリスの研究によれば、赤ちゃんの五％は分娩中に四〇度を超える体温に達しうるということです。このことは、胎児が体温調節に問題をもっているゆえに、心配のタネになります。体温が高くなると、胎児は余計に酸素を必要とするので、いっそう傷つきやすくなります。じつは、そのような高い胎児体温は、母親が熱すぎる風呂にひたっているときにも生じうるのです。湯の温度が胎児に重大な悪影響をおよぼすかどうかは、確認されていません。オダンの心配は医師特有の猜疑心によるものかもしれません。（オダンは以前、「羊水塞栓症《そくせん》」を防ぐために、分娩後すみやかにプールから上がるよう産婦に指導していました。けれども「羊水塞栓症」はまったくの杞憂にすぎませんでした）。とはいえ、熱すぎる湯が胎児を苦しめる可能性のあることはいちおう念頭に置いておくべきでしょう。けっきょくのところ、好ましい湯温とは、母体の体温をあまり上げない範囲内で、心地よく感じられる温度ということになるでしょう。

熱い湯にひたりたければそうしてもかまいません。四〇度ちかくの湯でも、すぐに体内温度が上がるわけではありません。あたたまったと感じたなら適当にぬるめればよいのです。冬場は湯温を高く保ちたくなりますが、それよりできるだけ浴室じたいをあたたかくするようこころがけたほうがよいでしょう。

顔に汗をかいたり心臓が動悸しだしたりすれば、体内温度が上昇してきているしるしです。（みた目にも、顔が紅くほてってきます）。たとえ三七度の湯であっても、そういう状態になれば、湯温を下げるべきです。赤ちゃんが水中にでてくるときに三八度弱よりずっと低温であっても、なんら問題はありません。

要は、産婦が暑さ寒さを感じないていどであればよいということになるでしょう。

なお、脱水をきたさないよう、こまめに水分の補給をするようにします。糖分のある飲み物のほうが元気がでるし、陣痛も順調にすすみます。フレッシュジュースが最高ですが、パックジュースに粗製ビタミンCというのでもよいでしょう。

娩出期

全開大にさしかかるころになると、陣痛も急迫してきます。それに乗じて高揚して急迫期を乗り切るのも、ひとつのありかたです。が、もっと理想的なのは、あくまでリラックスし、弛緩した状態を持続することです。(赤ちゃんにとってもそのほうが好ましいはずです)。そのためには、むしろゆったりとしたふかい呼吸こそが急迫期にもふさわしいのです。

いつ赤ちゃんが生まれてもいいように、部屋のあかりは常夜灯か、せいぜい一〇ワットていどの電球をつけておくだけにします。室温は二五度以上に保ちます。

陣痛の合い間をみはからって、小用を足しておきます。喉がかわいてきたら、適当に水分を補給します。やはり果汁がよいでしょう。

内発的ないきみも加わってきます。この時期になっても、できるだけからだのちからを抜いた状態でいるようにします。それで通せればそれで通します。どうしてもいきみたくなったら、そのときはいきめばよいのです（排臨前から発露まで）。ただし、息をつめて固まってしまわないようにこころがけます。

全身をリラックスさせます。とくに、口をかたく閉じてしまわないようにします。みずからも多様な出産体験をもつバースエデュケーターのバーバラ・デールらは、この時期のすごしかたをつぎのように指導しています(15)。

口はあけたままにします。赤ちゃんに話しかけたり歌ったりしていてもよいのです。口と腟はつながりがあります。ですから口をなんとかしてリラックスさせていてください。あなたの顔の表情もできるだけおだやかに保ちます。

この時期になると、産婦はひとりきりでいるよりも、夫などに立ち会ってもらうほうがなにかとこころづよいでしょう。うえの子どもの立ち会いも、じゃまにさえならなければ、好ましい結果をもたらすことが多いようです。

もちろんこうしたことには個人差があります。自身の気持にしたがうべきです。アメリカのC・Lさんは、うえのふたりの子どもを呼んだとたんに、調子がおかしくなりました[16]。――「何かがまちがっていることはあきらかでした。……子どもたちが行ってしまうと同時に、何がまちがっていたのかが分かりました。わたしは子どもたちのために演じようとしていたのです。子どもたちのために完璧なお産をしてみせようとしたために、リラックスして赤ちゃんを娩出することができなかったのでした。子どもたちが去ったあとでもう一度いきむと、赤ちゃんのあたまがでてきました。」

姿勢は、原則として、産婦の気のむくままのかたちをとります。

原理的に、胎児がもっとも楽におりてこられる姿勢は、しゃがんだかっこうです。また、重力を最大限に利用するには、立っているのがいちばんです。(ただし、立ちあがったときに激痛を感じるようなら、立たないようにします)。その、しゃがんだかっこうと立っているかっこうを合わせたのが、中腰の姿勢です(下図)。

胎児がなかなかおりてこないときや、逆子を娩出するときなどに、この中腰の姿勢をとるとよいでしょう。ただし、この姿勢は、運動選手のトレーニングとしてとりいれられているくらい、筋力をつかいます。そこで、産婦のばあいは、夫(パートナー)にうしろからかかえてもらうか、女のひとふたりに両わきをささえてもら

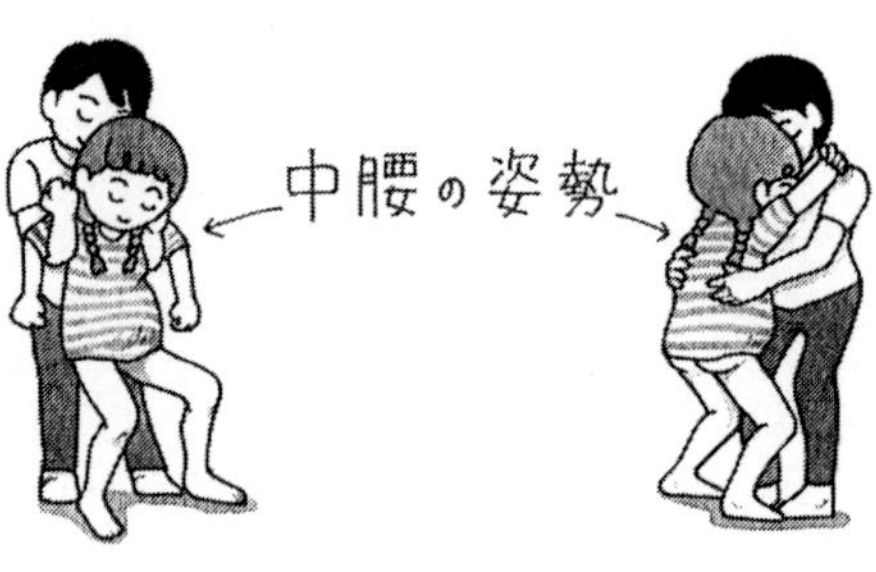

うのがよいでしょう。そうしてちからを抜いていれば、赤ちゃんはどんどんおりてきます。陣痛が激しいときは、腰をまわしたり、四つんばいになったりするとよいでしょう。

立位や中腰のばあい、分娩がむしろ急速にすすみすぎることもあります。あまりに急速な分娩は母児双方にとって好ましくありません。とくに注意すべきなのは、一挙に娩出となって赤ちゃんが床に落ちてしまうことです。墜落分娩です。中腰の姿勢をとるときには、念のためふとんをまたぐようにするのがよいでしょう（その点、膝立ちの姿勢なら安心です）。

分娩は、すこしずつというのがいちばんいいのです。すすみすぎると感じられたなら、四つんばいか膝胸位（膝と腕を床につけて腰を浮かす姿勢）に変えて調節します。（入浴すれば、すすみすぎはおのずから抑制されます。逆に、遅滞しているのはおのずから促進されます。）

そのほか、状況や直感に応じて、重ねたふとんやベッドを利用しながら、たとえば右図のような姿勢をとってみてもよいでしょう。

もっとも重要なことは、大きな収縮のときにもからだをリラックスさせていることです。

アメリカのシェーラ・スタッブスは、さきに引用した一節のなかで、いきみをすこしも感じなかったと言っていました。「わたしはすこしもいきみを感じませんでした。実際のところ、わたしはただ、自分のからだを解放し、赤ちゃんにでてこさせただけなのです。」――これこそ理想的な分

娩のありかたにほかなりません。
息をつめてかたくなってしまうのを避けるためには、息をゆっくりと吐くことに集中するとよいでしょう。第二子をプライベート出産した東山和美は、そうしたコツをみずから体得して実践しました[17]。

いきみたくなったらゆっくり息を吐くようにし、体の力を極力抜くように努めました。赤ちゃんはまったくいきまなくても産めるし、赤ちゃん自身の力だけで生まれてこれると長男の出産をとおして知っていたので、とにかく力を抜くこと、それだけに集中しました。あとは目をしっかり開けて、呼吸を乱さないように、そうすれば痛みに飲み込まれることもありません。

小倉充倭子も、陣痛のたびに全身のちからをぬく出産法を考案し、みずから実践しました。その体験をつぎのように記しています[18]。

陣痛が一回一回強さを増していった。その陣痛の度に、私は、息を吐いて、全身の力を抜いた。何とも、見ている方では頼りない光景であったと思う。これが私の考え出した「新ラマーズ法」なのである。陣痛の波に乗って、「それーっ」と、力を込めて、いきんで、いきみ出す従来の出産法に反し、陣痛によるいきみが来る度に、いきみをリラックス体制で逃がして行くのである。生み出すのではなく、生まれ出づる出産であって欲しいと考えた。主体を、母体の方ではなく、赤ちゃんの方に委ねる、日の出のような出産をイメージしていた。
息を抜き、リラックスする度に、何と、赤ちゃんは、ずーんずーんと、産道を下りてくるのである。だんだんと陣痛の痛みは、その強さを増すに従って快感に変わってくる。ついに、エクスタシーの瞬間がやって来た。一滴の出血もなく、産道で押しつぶされた跡もなく、三男崇義は、悠々と、大きく回転しながら、完熟して、三八〇〇gで、堂々とこの世に誕生して来た。果たして、崇義君は何と、しっかりと首がすわって生まれてきたのであった。期待通り、いや、期待をはるかに超えて、へその緒を切るや、ダルマのような眼光で、そこに居合わせた人に、一人一人、目で挨拶をしたのである。

せまい風呂のなかでは、あまり多様なかっこうはできませんが、それでもできるだけ姿勢を変えてみるほうがよいでしょう。ときには立ちあがってみたり、膝立ちしたり、浴槽に腰かけてみたりしてもよいでしょう。浮き輪やビニール枕も利用できます。アメリカのリマ夫人（前出）は、「わたしは枕のうえに浮かんだり、腕をあずけたり、あたまを乗せて休んだり、そのうえにもたれたりすることができました。それはそれは重宝しました」と自身の体験を語っています[19]。

湯を多くすれば、浮き輪の浮力でプカプカ浮かぶこともできます。（〝水上チェアー〟などというのもあります）。そうして浮いていれば、下半身のちからがぬけて、産道がゆるみます。赤ちゃんも楽にでてこられるはずです。そのまま娩出できたら理想的です。

疲れてきたら、浮き輪を枕にして休みます。血糖値がさがりすぎると陣痛が弱まってしまうこともあるので、やはり果汁のように糖分をふくむ飲みものを飲むのも有益です。浴槽のなかにペパーミントの精油をたらすと元気がでるかもしれません。

なお、入浴中に便意をもよおしたばあい、まだ余裕のあるうちは、トイレへ行ってすませます。小用のほうは、洗い場や洗面器等に放出すればよいでしょう。（尿は、飲みなれているひとなら、飲むほうが得策です。よりリラックスできるし、産痛も緩和されます）。急迫してきてからの小は、お湯のなかに放出します。なんの問題もありません。むしろ水質がいっそう向上するでしょう。いつでもそのまま小用が足せるというのは、入浴出産の大きなメリットです。

赤ちゃんを娩出するときに大のほうも一緒にでてしまうことがまれにあります。それはそれでかまいません。浴中であれば、お風呂ネットですくいとってタオルにつつんで始末します。娩出にさらに時間がかかるようなら、お湯をすこしずついれかえるようにします。

大便どころか肛門まででてしまいそうな感じになるかもしれません。そういうときは、しゃがんだまま、片方の足のかかとを肛門のところに当てているとよいでしょう。

概して、分娩中は赤ちゃんのあたまが床に垂直になるような姿勢をとるのが有利（母児に無理がかからない）といえます。すなわち、おおかたの段階で、母体が腹部を垂直に立てている姿勢が有利ということになります。また、とくに赤ちゃんが産道の出口にさしかかるころからは、まえかがみの姿勢も有利ということになります。（浴中ではそういうことにあまり気を配らなくてもよいのです。）

いよいよ赤ちゃんのあたまがでてきても、とくべつなことはなにもしません。出産ビデオなどをみると、助産婦が赤ちゃんのあたまをもってひっぱり気味に誘導したりしていますが、そのようなことをする必要はありません。娩出中の赤ちゃんのあたまにはさわるべきではありません。そのまま全身がでるのを待ちます。

部屋で娩出するばあい、露出した赤ちゃんの顔がなるべく天上向きにならないようにしたほうがよいでしょう。鼻や口にたまっている粘液等が気道の奥へはいってゆくのを防ぐためです。ただし無理に体位を変える必要はありません。産婦が容易にうごける範囲で調整します。赤ちゃんの顔が天上を向いたままであれば、やわらかいガーゼなどで鼻や口の粘液等をそっとぬぐいます。赤ちゃんの顔がひどくよごれているようであれば、よごれがすでに気道にまでおよんでいる可能性もあります。そのばあいは、立ち会いのひとが鼻にじかに口をつけてよごれものを吸いだすようつとめます。（全身がでたあともさらに同様の措置をとります。）

赤ちゃんのあたまではなく、ぬるぬるした風船のようなものが手にさわることもあります。卵膜です。そのなかに赤ちゃんと羊水がはいっています。卵膜を破くことは簡単ですが、破く必要はありません。そのまま全体がでるのを待ちます。

産婦自身がひどく疲労していたり、ふくらんだ卵膜がつっかえて停滞してしまっているようであれば、その時点で破膜します。江戸時代の産育学者・水原義博の『醇生庵産育全書』にはつぎのようにあります[20]。「中指の爪の甲を深くさし込み、いきみがきて卵膜が張ってきたところを、一気に爪の先で裂く。もし一回で破れなければ、つぎのいきみを待って同じようにする。ただし、順調に生まれそうなときには安易にすべきことではない。」

へその緒を首や胴体に巻いている赤ちゃんもいます。臍帯巻絡です。ほとんどは首に巻いています。二重三重に巻いていることもあります。これではでてこれないのではないかと心配になるでしょうが、そういうことはまずありません。巻絡があっても、たいていはそのままでてくるものです。多重に巻いているばあいは、自然にはずれることもあります。ともかく、あせらずにそのままにしておくと、赤ちゃんはそのうちゆっくりとでてくるはずです。

へその緒を強引にひっぱってはずそうとしてはなりません。かえって赤ちゃんの首をしめてしまったり、へその緒を裂いたり胎盤をはがしてしまったりする危険があります。それに、ちょっと触れるだけでも、へその緒は収縮してしまいます。

へその緒がいかにも赤ちゃんの首をしめつけているようにみえるばあいがあるかもしれません。そのばあいは、へその緒と首のあいだにゆびを差しいれて、すこしゆるめてあげてもよいでしょう。

赤ちゃんが肩のあたりまででてきて、首に巻いているへその緒に多少のゆるみがありそうなときには、そとがわのへその緒をはずすこともできます。へその緒をそっともちあげてあたまのうえをくぐらせるか、肩にそって胴体のほうにずらせるのです。しかし無理は禁物です。多くのばあい、ことさらはずそうとするよりも、赤ちゃんを圧迫しないような体位をとってちからをぬいているほうが有益です。

逆子の分娩は、無理にひっぱりだそうとしないことが肝要です。水中であれば、比較的ゆっくり娩出することができます。陸上のばあい、赤ちゃん自身の重力を効果的に利用するのが原則です。中腰など上体を立てた姿勢か四つんばいの姿勢で、一気に娩出するようにします。一気に娩出できないようなら、先にでてきた足やおしりを、ぬるま湯につけたタオル等でやさしくくるみます。

バース・エデュケーターのレスター・ハーゼル(前出)は、逆子の分娩にかんしてつぎのように述べています(21)。

むかしの助産婦は、あたまが母体にあるうちに赤ちゃんが第一呼吸を始めてしまわないように、先に出てきたからだを温かい毛布でくるんだものでした。この処置は、部屋の冷たい空気が赤ちゃんにショックを与えて産道内の粘液などを吸い込んでしまうのを防ぎます。赤ちゃんや産婦に危害を及ぼさずにできるだけ早くあたまを娩出することが肝要です。そのためには、産婦はできるだけ垂直な姿勢になるよう援助されるべきです。垂直な姿勢をとることこそ産婦にできる最善のつとめなのです。逆子にあっても後頭位(顔が母体の前面を向く状態)にあっても、重力が最大の協力者です。産婦は、安楽にできる範囲で、なるべく垂直に座るべきです。後頭位や逆子の赤ちゃんを分娩する産婦の多くが、上体をまっすぐにし膝と両足を広くひろげて座るのが一番よいことを確認します。

ディック・リード（前出）は、逆子の分娩についてつぎのように記しています[22]。

分娩中に赤ちゃんが依然として向背位か骨盤位である場合には、産婦は四つん這いになって骨盤の揺れを利用しながら分娩するほうがよい。（実際、自宅出産では、赤ちゃんの姿勢にかかわらず、すくなくとも分娩の一時期を安楽のために骨盤の揺れる四つん這いで過ごすと言われていた。）

骨盤位の場合、第Ⅱ期にあっては、四つん這いの姿勢を中腰の姿勢に変えてもよい。上半身をしっかりと支えられて中腰で立っていることによって、あとにつづく肩と頭をより容易に娩出させてくれる。

赤ちゃんの肩がひっかかっているようなばあいも、四つんばいの姿勢をとるのがベストです。

誕生直後

あたま、肩、胸とでてきたら、あとはすぐにつづいて押しだされてでてきます。誕生です。

卵膜につつまれたままでてくる赤ちゃんもいます。医師か助産婦がいれば早くに人工破膜してしまうので、そのような例はほとんどなくなってしまいました。むかしはめずらしくありませんでした。「ふくろ子」（被膜胎）などと呼ばれていました。まっとうな食生活をしてきた産婦の卵膜は、じょうぶにできているので、最後まで破れないことがしばしばあるはずです。袋のままでてきたら、両手のゆびで膜をひっぱって破ります。江戸時代の出産研究家・平野重誠は、「すぐ、子どものあごのしたあたりの膜を爪で破ること。……膜はたちまち縮んで、子どもは産声をあげるはずである」と記しています[23]。

さて、誕生の直後に重要なことは、肺呼吸をスムーズに開始させることです。産児の呼吸器官は水びだしになっているので、その水を排出する必要があります。

赤ちゃんがでてきたら、すぐ、うつぶせのかたちにします。そのまま持ちあげて、そのままのかたちで母親のおなかのうえにのせます。このとき、へその緒をひっぱらないように注意します。顔をすこし横にかたむけます。こうしているうちに、呼吸器官の水はおのずからながれでたり吸収されたりします。赤ちゃんはなんの支障もなく、肺呼吸に移行してゆくでしょう。

浴中で娩出したばあいも、顔を下に向けたかたちで水からあげ、そのまま母親のおなかのうえにのせます。やはり、へその緒をひっぱらないように注意します。

たいていの産児は、娩出の直後にすぐ呼吸を開始します。空気に触れることによって、呼吸中枢が活性化されるからです。(産科学では呼吸開始の機序について定説はありません)。呼吸をはじめるさいに、ちょっと声をだすでしょう。産声です。そのあと、その子なりのペースで呼吸に慣れてゆきます。

産児がすぐに呼吸をはじめなくても、あわてる必要はありません。通常、すくなくとも数分のあいだ、産児はへその緒を通じて呼吸しているからです。余計な手出しは赤ちゃんの自主性をうばってしまいます。赤ちゃん自身が自力で呼吸を開始するよう見守ってあげるのが最善です。うつぶせにしたままでしばらく様子をみます。積極的に声をかけてあげましょう。

元気づける意味で、赤ちゃんの背なかをそっとさすってあげてもよいでしょう。

へその緒の脈動が弱まってきてもなお産声をあげないようなら、すこし強めに背なかをさすったりもんだりしてみてもよいでしょう。

粘液などが気道につまっている可能性もあるので、産児の鼻と口に口を当てて吸ってみます。それでも産声をあげないようなら、ちょっと刺激をあたえてみます。冷たい水を産児の背中や顔にかけてみます。冷水につけてみてもよいでしょう（部族社会ではよくそうします）。これで産児は声をあげるでしょう。――これらは、たんに冷たさによって赤ちゃんを刺激するというだけのものではありません。水は生命力のみなもとです。それゆえ水には蘇生をうながすちからがあるのです。

赤ちゃんが産声をあげたら、楽に呼吸をはじめているかどうか確認します。赤ちゃんは腹式呼吸なので、おなかがふくらんだりしぼんだりするはずです。呼吸のたびにズルズルしているようだと、まだ気道に粘液などがひっかかっているとみられます。そのばあいは、鼻と口にじかに口をつけて、よごれものを吸いだしてあげます（赤ちゃんの呼気に合わせて吸います）。

浴中にあるばあい、すぐに浴槽をでる必要はありません。胎盤がでていなければ、そのまま母子とも湯につかっていてよいのです。『水中出産ハンドブック』（前出）にはつぎのようにあります[24]。

　水中出産のあと、赤ちゃんのあたまを水のうえに出し、からだを水のなかにつけておきます。（水温は確実に三十八度前後にします）。あるいは、水から出して、やさしく乾かし、あたたかいタオルでくるみます。

とくに冬場、母子ともしばらく湯につかっていることには、たいせつなメリットがあります。湯からでて冷たい空気に触れると、へその緒が収縮し、血流をおさえてしまうのです。湯につかったままなら、へその緒は赤ちゃんに酸素を送りつづけます。

赤ちゃんは、目をあけて、母親や父親をみつめ、あいさつするでしょう。感動的な一瞬です。この貴重なひとときを、静かに、落ち着いてすごすことが肝要です。出生後しばらくのあいだ、赤ちゃんは非常に高い能力をもっています。視力も認知能力も運動能力も、それ以後よりはるかにすぐれています。この時期に交わす精神的なコミュニケーションは、親子のきずなを決定的に強化するでしょう。

赤ちゃんのからだはお湯や羊水などで濡れています。とくに室温がひくいばあい、そのままにしておくと体温がうばわれてしまいます。あたまなどとくに冷えやすいところです。やわらかいタオルをそっとあてがって、全身の液体やよごれだけを拭きとります。（冬場はタオルをあらかじめあたためておくとよいでしょう）。あまりしつこく拭くべきではありません。多少の湿り気くらいはすぐに乾きます。それに、拭きすぎると、胎脂までとれてしまいます。

液体を吸いとったあとの赤ちゃんのからだには、白っぽいクリーム状の胎脂がうっすらとついているでしょう。胎脂は産児を温度差や細菌から守ってくれます。とてもよい匂いがします。ベジタリアンの産婦の赤ちゃんは、動物食をしてきた産婦の赤ちゃんとちがって、全身が胎脂でべっとりといったようなことはないでしょう。そのうっすらとした胎脂を皮ふにすりこむようにしてマッサージします。

胎脂がひととおり乾いてきたら、こんどは赤ちゃんの全身をやさしくもみほぐすようなぐあいにマッサージします。しばしば声をかけてあげるとよいでしょう。

赤ちゃんがなにかさぐるようなしぐさをするかもしれません。おっぱいをさがしているのです。そうするままにさせておきます。赤ちゃんに自分でさがさせるのです。気をきかせて赤ちゃんの口をおっぱいにあてがったりするのは余計なお世話というものです。さがしあぐねている様子なら、そのときは手伝ってあげます。

そのほかにも、とくになすべきことはありません。うす暗いなかで、静かに誕生後のひとときをすごさせてあげるべきです。肌と肌をふれあわせたまま、母子だけの水いらずの時間をすごさせるのがよいでしょう。

産湯は原則としてつかいません。つかう理由がないからです。入浴出産のばあいは、娩出と同時に沐浴もすませてしまうわけですから、産湯はもとより不要です。陸上で生まれてよごれがあまりにひどいばあいは、お湯につけて洗ってあげてもよいでしょう。また、儀式として産湯をつかうというのも、それはそれでよいのです。ただし、肺呼吸を開始したあとの赤ちゃんはぬるい湯につけないほうが無難です。肺出血をきたす可能性もないとはいえません。また湯あがりに冷えないよう注意します。

身長や体重などの計測もしません。産児にライトをあててビデオ撮影したりフラッシュを焚いて写真撮影したりもしません。（撮影するのなら、ライトをあてたりフラッシュを焚いたりせずに暗視撮影できる機器を用いるか、高感度フィルムを用いるなどの工夫をします。）

室温はやはり二五度以上に保ちます。はだかの母親がすこし暑いと感じるくらいの温度にします。そのほうが赤ちゃんにとってもいいのです。赤ちゃんがねむったら、あたたかいバスタオルなどをかけてあげましょう。

人工呼吸

万一のばあいのために、参考までに記しておきます。

冷水によっても呼吸をはじめないようなら、産児の背中や足のうらをパンパンとたたきます。また、全身をマッサージします。なおも呼吸をはじめないようなら、さかさまにぶらさげて、背中をたたきます。すこし強めにたたいてみます。

なおも呼吸をはじめないばあいは、人工呼吸をほどこします。口から息を吹きこむと、空気は胃のほうへ行ってしまいます。そうなると横隔膜が圧迫され、呼吸はますます困難になります。産児の呼吸器官は、鼻から空気を出し入れするようにできています。したがって、ほんらい、口を押さえて鼻孔から息を吹きこむのがもっとも効果的です。ところが、おとなの口に比して産児の顔が小さすぎるので、この方法はなかなかうまくゆきません。そこで、鼻と口を一緒に口でおおって息を吹きこみます。何度も吹きこみます。そのさい、息をあまり強く過分に吹きこまないように注意します。「ファーム」の助産婦ギャスキン（前出）は、つぎのように指示しています(25)。

赤ちゃんの鼻と口を口でおおい、毎分三〇〜五〇くらいの頻度で、自分の口のなかから（肺から直接でなく）息を吹きこみます。新生児の肺はかよわく、過度の圧力によって障害を受けてしまう可能性があります。このことを念頭に置きながら、赤ちゃんの肺がいっぱいになったときに、その胸の膨張と自分の息へのかすかな抵抗を感じとるようにしましょう。

それでもなお呼吸をはじめないばあいは、「屈伸発啼術」をおこないます。片手で産児の肩、首、あたまをささえ、他方の手で足をもちます。内がわに折りたたむようにして屈ませます。そのあとすぐ平たく伸ばします。この屈伸をくりかえします。

心拍を確認します。聴診器がなければ、もものつけ根にゆびを当てて調べます。産児の心拍数は通常毎分一二〇〜一四〇です。一七〇を越えることもあります。（呼吸数は毎分四〇くらい。）

脈がふれないとき、もしくは心拍がとぎれがちなときには、心臓マッサージをおこないます。両手で産児の胸部をはさみ、左右の乳頭をむすんだ線のすこし下あたりの中央を、両手の親ゆびでリズミカルに、やや早めに押します。あまり強くならないように注意します。これに人工呼吸をおりまぜます。やはりギャスキンはつぎのように指示しています(26)。

赤ちゃんを硬めの場所に置きます。両方の親ゆびを赤ちゃんの胸骨のうえにあてがい、他のゆびを背なかにまわします。毎秒二回の頻度で、親ゆびで二、三センチほど圧迫します。圧迫のリズムをくずすことなく、四、五回の圧迫ごとに一回の人工呼吸をほどこします。息を吹きこむのは、圧迫の合い間でなければなりません。……親ゆびがもちあがるのと同時に赤ちゃんの口に息を吹きこむようにします。これを心臓が正常に拍動するようになるまで続けます。

この心臓マッサージと人工呼吸のあわせ技は、タイミングがむずかしいので、ふたりで分担しておこなうのが適当でしょう。

ホメオパシーの蘇生のレメディ（Carbo Vegitabilis）があれば、それをそのまま産児の口のなかにいれるか、溶けやすいものならぬるま湯に溶かして口にふくませます。あるいは錠剤を両手に握らせてもよいでしょう。（このレメディは、分娩中の胎児仮死にも、母親が服用して効果があります。）

以上のような措置をほどこしてもなお呼吸や心拍の順調な持続がみられないばあいは、一一九番通報します。心臓マッサージと人工呼吸をつづけながら救援を待ちます。赤ちゃんのからだを暖める必要はありません。

その他、虚脱（無反応）、あえぎやうめき、けいれん、陥没呼吸（吸気時に胸壁がへこむ）などの異常がみとめられるばあいも、早急に救助を要請します。

酸素吸入器があれば、息も絶えだえというばあい、吸入をおこないます。おとな用のマスクではうまくゆかないので、乳頭保護器をマスクの接続口にねじ込んで用いるとよいでしょう。（酸素吸入器を用意するのなら、あらかじめ下工作をしておかなければなりません。）

異常事態で病院へ急送するのは、それがいちばんいい結果をもたらすから、というわけではかならずしもありません。病院への搬送が裏目にでる可能性もあります。救急要請をするのは、救命という目的ばかりでなく、法的な手続きを円滑にするという理由もあるのです。

後産

赤ちゃんが生まれたあとも、通常、へその緒は子宮内の胎盤とつながっています。胎盤がいつでるかは、わかりません。だいたい何分後かということもわかりません。自然にでてくるまで気楽に、気ながに待ちます。

赤ちゃんを母体のうえに乗せておくには、あおむけでいたり、ななめうしろによりかかる姿勢でいるのが好都合です。けれども、あおむけでいると背中の大血管を圧迫します。ななめうしろによりかかる姿勢も、やはり血管を圧迫し、出血しやすくします。日本のふるい伝統では、上半身を起こしてすわるかたちをとりました。そのほうが胎盤や血液・悪露の排出をスムーズにするのです。胎盤がでるまでは、なるべく背すじをのばしてすわっているのがよいでしょう。垂直に重ねたふとんに背をもたせると楽にしていられます。横になりたくなればそうしてもかまいません。横になるときは、やはり背中の大血管を圧迫しないように、左がわを下にします。

子宮の収縮を感じたり、産痛を弱くしたような下腹部痛があるときは、胎盤が剥離してきているとみられます。なにかでてきそうであれば、洗面器などをしたに置いて、そのうえをまたぐようにしてしゃがんでみたり、ひざまずいてみたりします。胎盤がおりてきていれば、ズルリとでてくるはずです。

胎盤の娩出時期はまちまちです。大正五年に刊行された助産学の教科書には、「後産は胎児分娩後約三十分以内に出るものなれ共、既に膣内に下降すれば爾後只弱き膣壁の収縮のみを以つて娩出を営む故に、之れを自然に放置する時は、一時間及至一時間半を経て後産を終るものとす」とあります[27]。

胎盤は、いつまでにださなければならないというものではありません。入浴出産したばあいは、あたたまっているためか、胎盤の娩出が遅くなる傾向にあるようです。（へその緒の拍動がながくつづくことと呼応しています）。プライベート出産ゆえのリラックスも、後産を遅らせる要因となるかもしれません。数時間かかるのがふつう、と思っていたほうがよいでしょう。

夫婦出産をしたアメリカのエレンとリーは、四五分すぎても後産がないので、あせりました。妻のエレンは後日、こう記しています[28]。「わたしたちは時間の経過を気にしていましたので、リーが乳房を刺激したりさらには子宮のマッサージまで始めました。結局、一時間半くらい経ってから、胎盤は完全なかたちで排出されました。今では、ほかの人たちの自宅出産の体験記を読み返してみて、多くのばあい胎盤は赤ちゃんの娩出後何時間か経たないと排出されないということを理解しています。」

プライベート出産をテーマとした本のなかで、マリリン・モラン（前出）はつぎのように述べています[29]。もし胎盤が子宮の壁から自然に剥離しきるようにするなら、余計な出血はけっして生じないでしょう。大出血は胎盤を急いで引きはがすときに起こるのです。医療者の介在しない自宅出産では、胎盤は時として四、五時間排出されません。産婦がしばらく眠ったあと、起きあがったときに出てくることもあります。

ある医師の報告によれば、ウィーンでは胎盤は一二時間以上滞留しないかぎり懸念することはないということです。残念ながら、忙しいアメリカの医師はそんなに長いこと待とうとはしないのです。

たとえまる半日経ってまだでてこないとしても、あせる必要はありません。そのうち剥がれ、排出されます。江戸時代の平野重誠（前出）は、一ヵ月経ってから後産があった例を記しています。またつぎのようにも述べています[30]。「胎盤がなかなか排出されなくても、強いて出そうとするにはおよばない。……本人に大丈夫だと言い聞かせて安心させてさえいれば、ショックを起こしたり目がくらんだりするような異変はけっして生じないものである。暑い時節では六、七日、寒い時節でも二十日あまり過ぎれば、かならず腐爛してくだるので、害になるというものではない。このことは、しばしば例のあることで、けっしてこわがることではない。それなのに、産婆がこうしたことをわきまえないので、あわてふためいて最悪の事態におちいらせることが多いのは、嘆かわしいことではなかろうか。」——腐爛云々はもちろん極端な話ですが、要は後産のことを心配したりあせったりする必要はないということです。

ただし、奥から持続的に出血があるばあいは、下腹部をアイスノンなどで冷やして胎盤の娩出をうながします。また、前回帝王切開や人工中絶だったひとで、半日たっても後産がないばあいは、病院へ行ってもよいでしょう。胎盤が子宮壁に癒着している可能性があります。

胎盤の娩出をうながす自然な手だてもないわけではありません。授乳もそのひとつです。赤ちゃんが吸わないばあいは、乳首を自分の手で刺激してもいいし、夫に手で刺激してもらってもよいでしょう。

「手あて」はここでも有効です。富田魁二（前出）は、「後産排出には、稍《やや》圧迫気持で下腹部（子宮）に手をあてて居れば間もなく排出せられる」と述べています[31]。

ジャスミンの精油があれば、それをてのひらにつけて下腹部をマッサージするのもよいでしょう。

排出された胎盤（および卵膜）は、まずよく観察します。完全なものであればＯＫです。まっとうな食生活をしてきた産婦の胎盤は、完全なかたちででてくるはずです。どこか不自然にちぎれたようなところがあったり、はっきりした血管の切れめがあったりしたら、一部がまだ子宮内に残留している可能性があります。そのばあいは、なおしゃがんで背をのばした姿勢を持続して、残留部分も排出するようにつとめます。

容器に受けた胎盤は、赤ちゃんの近くに置きます。へその緒をすぐに切らないばあいは、赤ちゃんと同じくらいの高さに保つようにします。赤ちゃんの血液の流出を防ぐためです。

胎盤がでても、すぐには気をゆるめないほうがよいでしょう。むかしはこの時期の出血によっていのちを落とした女性もすくなくありませんでした。もっとも、過酷な労働をしながら十人以上の子どもを産むこともめずらしくなかったむかしとは、事情がちがいますが。現代でも、この時期(「分娩第四期」と呼ぶことがあります)の出血によって毎年数十人が死亡しています。が、大出血にいたるにはそれなりの前提というものがあります。大前提は悪質な体質(血液性状)、小前提は不自然な産科的処置です。まっとうな食生活をしてきたひとがプライベート出産をしたばあいには、そうした前提じたいが存在しないのですから、大出血はまず起こらないものと思ってよいのです。

後産のあとも出血がつづくようなら、子宮底のあたりをマッサージしたり氷をあてたりして、子宮の収縮をうながします。

江戸時代の産科医・左々井茂庵は、こう記しています(32)。「産後に限らず、産前でも大出血する事があります。急に右向きでも左向きでも、横になって、自分の股を閉じ合わせて陰部を締めつけなさい。股の上から人に押さえつけさせると大出血が止まる事があります。」

助産婦の山縣良江は、「私の体験では、後産の始まる前に恵命我神散を二包ぐらい飲んでおくと、出血を心配する必要はないようです」と述べていました(33)。

ホメオパシーを止血に利用するばあいは、やはりアルニカが定番です。(胎盤の残留にはプルサチラを用います。)

出血対策の切り札は、胎盤の一部を切りとって食べることです。これによって子宮壁が収縮し、血管がふさがれます。これこそ究極の止血法というべきかもしれません。ほとんどの哺乳動物が胎盤をみずから食べてしまうことにも、この目的が仕組まれていると考えられます。リン・グリースマー(前出)はつぎのように記しています(34)。「二五年の経験をもつある助産婦は、さまざまな方法で出血に対処してきました。胎盤を摂取したケースでは、ひどい出血でも、四〇分以内に例外なく止まったということです。」

赤ちゃんから切り離した胎盤は、保存します。胎盤は「臓器」なので〝生ゴミ〟にはできません。(病院を回っている専門の回収業者があります)。それに胎盤は、捨てるにはあまりにもったいないものです。滋養があり、さまざまな薬効があります。口にいれれば、〝産後の肥立ち〟にすばらしい効果があります。これもやはり動物が胎盤をみずから食べる理由のひとつなのでしょう。

洗面器に受けた胎盤は、冷凍庫に保存するのがよいでしょう。(冷やすことで胎盤はいっそうの活力をもちえます)。凍結してから、細かく刻めば、抵抗なく飲めるはずです。また、冷凍庫であるていど乾燥させたあと、天日に干して干物にすれば、いっそう抵抗なく飲めるでしょう。乳の出のわるいときに飲めば、効果てきめんです。

なお、胎盤は古来、有益なクスリとして重宝されてきました。漢方でも重要な薬剤のひとつでした。胎盤の薬効は、血行の促進、増血、ホルモンの調整、乳汁分泌の促進、免疫の活性化、抗酸化、抗炎症、抗アレルギし、精神安定など多岐にわたります。現在、ヒトの胎盤から抽出したエキスが医薬品として製品化されてもいます。（ウシの胎盤からつくられた健康食品や化粧品も売られています）。けれどももちろん自前のホンモノにまさるものはありません。

へその緒の切断

へその緒は、切断するのなら、原則として胎盤がでたあとにします。胎盤がでても、赤ちゃんが誕生して一時間も経たないうちに切断するのは早急にすぎます。すくなくとも三、四時間はそのままにしておくべきでしょう。

へその緒の処置方法もさまざまありますが、結果的にはどれもたいしたちがいはありません。

簡単なのは、竹刀を用いる方法です。へその緒を固いもののうえに置き、赤ちゃんがわの適当なところをすこししごき、竹のヘラを鋭利にしたものでゴシゴシとつぶし切ります。（竹刀は熱湯消毒したものを使用します）。あとは切り口にウコン、ガジュツ、プロポリスといったものをふりかけ、ガーゼでつつんでおくだけです。（細菌感染が心配なら、赤ちゃんがわの一ヵ所を糸でしばってから切ればよいでしょう）。——これはあまり簡単すぎて、かえって不安になるかもしれません。しかし、もともと動物のお産は簡単なようにできているのです。（簡単といえば、へその緒を切らないでおくのがいちばん簡単なわけですが。）

もっと現実的（現代的）な方法を示しておきましょう。ハサミをつかいます。ファインセラミックスのハサミがよいでしょう。金属製だと、波動的・磁気的に赤ちゃんによくない影響をあたえるおそれがあります。非金属のものがなければ、ステンレスの料理バサミなどをつかいます。

ハサミを熱湯で（金属製のものなら直火で）消毒します。赤ちゃんに、「これからへその緒を切りますよ」と声をかけます。

① へその緒の、赤ちゃんから三、四センチくらいのところを、すこししごき、たこ糸（または綿糸）で二、三重にしばります。

② そこから一〇センチくらいのところを、同様にしばります。（胎盤がまだでてきていないばあいは、さらにそのすこしさきをもしばっておきます。）

③ 二回めにしばったところのすぐさきを、消毒したハサミで切断します。

④ しばった部分を合わせ、糸でくくります。これで、へその緒はちょうどネズミ花火のようなかたちになります。

⑤ へその緒の切り口にガジュツ末（またはウコン末、薬石、コパイバ、プロポリス、イチョウ葉エキスなど）をまぶします。

⑥ へその緒を折りこむかたちにガーゼで胴体を二、三重に巻き、端を紙テープでとめます。

へその緒をネズミ花火状にしたりガーゼで胴体に巻きつけたりするのは、へその緒がじゃまになったり棒状に立ったりするのを避けるためです。（へその緒は、乾いてくると、固くつっぱってきます。）

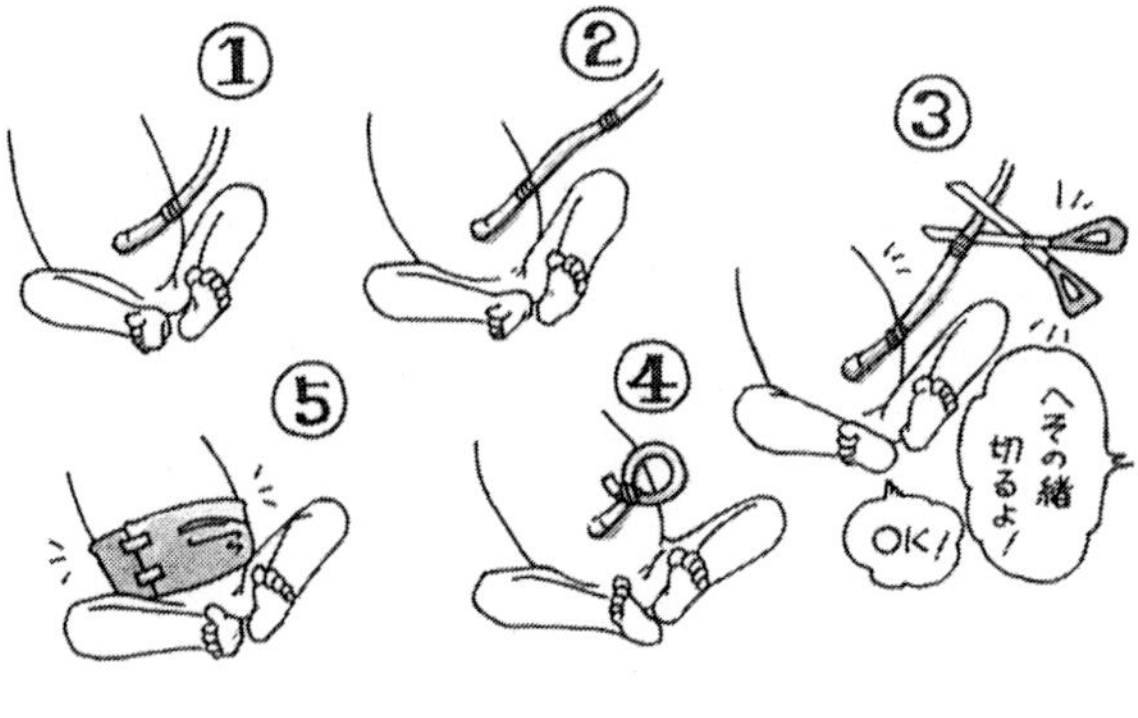

このあとは、とくになにもしません。早くて三日めくらいに、遅くても三週間くらいで、へその緒は根っこからポロンととれます。

なお、胎盤がわのへその緒は、胎盤と同様に、天日干しして（できれば冷凍庫に）保存しておくとよいでしょう。赤ちゃんがわのへその緒も、やはり日光で追干ししてから保存しておきます。これらは、赤ちゃんがきつい病気にかかったときに、粉末にしたり煎じたりして飲ませます。

産後の手当て

後産のあとは、ゆっくり休みます。親や友だちへの知らせはあとまわしです。赤ちゃんとのプライベートな時間をしずかに大切にすごします。

ひと休みしたら、トイレへ行くか、あるいは部屋で洗面器にまたがります。まず小用を足しましょう。下腹部の感覚がかなりマヒしているので、尿意を感じないことも多いのです。

それから、局部をきれいにします。ウコンやガジュツなどを水に溶いて、脱脂綿（またはガーゼ）をひたし、それで局部を洗うようにして拭き清めます。そのあと、ナプキンにおなじ粉末をまぶし、あてがいます。

会陰が多少切れていても、同様に処置します。自然に切れた会陰は、やがて自然にくっつきます。くっつくまでは、すわるときに多少痛むでしょう。円座クッションや小型の浮き輪のうえにすわると楽です。

ホメオパシーを利用したければ、会陰裂傷にもアルニカを用います。——「はれや痛みがおさまるまで、30Cなら一日に三回（一週間まで）、200Cなら一日に一回（数日まで）服用する[35]。」

産後しばらく出血があるかもしれません。胎盤が剥がれたあとの子宮の壁や産道の傷、会陰の裂傷からの出血です。出血は、身体の自然治癒力の発現ですから、心配しないで受けいれるべきです。とくに子宮からの出血は、上半身を起こして積極的に排出するようにします。

もし、産道内からかなり多量に出血するようであれば、下腹部をアイスノンなどで冷やします。やはり胎盤の一部を切りとって食べます。また、出血がとまるよう（あるいは「出血はとまった」と）しっかり念じます。持続的に出血していても、その量が減りつつあるようなら、大丈夫です。（出血量の減ってゆく気配がなく、かつ母体が衰弱してゆくようであれば、救助を要請したほうがよいでしょう。）

赤ちゃんがねむったら、タオルにくるんでそばに寝かせ、母親も休みます。しばらくは興奮していてねむれないかもしれません。無理にねむろうとする必要はありません。ねむることが必要になったら、自然にねむってしまうでしょう。

おなかがすいているようなら、水分の多いものを食べます。くだものは最適です（冷やしたものは不可）。寒い時季なら、あたたかいオジヤなども好適です。

産後のからだは、なるべくあたたかくします。あたたかくするだけでは足りないかもしれません。沖縄では、いろりで産後の母体を熱しました[36]。――「お産がすむと、冬、夏を問わずただちに地炉《ジイロ》（いろり）に火を焚いて産婦にあたらせる。夏の酷暑のときでも、肥立ちをよくするということで、火を焚き続けて汗を出させる。」

部族社会でも同様の慣習があります。たとえば南米のヒバロ族の女性は、お産のときも熱い湯につかることがありますが、お産のあとでも熱い湯に全身つかります。さらに、三日のあいだ、彼女たちは焚火のそばにじっとすわっているのです[37]。血行をよくすることが産後のからだに必要であることを心得ていたわけでしょう。

タイやベトナムには、「火籠り」のならわしがあります。短期で七日間、長期で二九日間、火炉のそばに産後を居つづけるのです。長期間のほうがよいとされます。タイの民俗学者はつぎのように報告しています(38)。「確かに、長期間の『火籠り』を了《お》えて出て来た婦人を見ると、血色も良く、肌もいきいきとして、見違えるばかりだ。その効果のほどは、推して知るべしであろう」。ベトナム式はとくに苛酷だということです。「炭火の燃える火炉を抱くようにして、産婦が横たわる。そればかりではない。産婦の横たわる床《とこ》のすぐ下には、更に三箇もの火炉が据えられているのである。中では、炭火が、あかあかと燃えている。おそらくは、身が焦げるかと思われるほどの暑さであろう。」

ただし、こうした〝熱療法〟を実践するなら、注意しなければならないことがあります。赤ちゃんのことです。新生児は、三七度を越える胎内からでてきたわりには、暑がりです。暑すぎると脱水症をおこす危険もあります。誕生直後の数時間は暖かくしますが、その後はあまり暑くしないほうがよいのです。それゆえ、〝熱療法〟は赤ちゃんが寝ているあいだに、赤ちゃんまで熱することのないように配慮して実施するべきです。

もし母親自身、悪寒がするようなら、なおさら、からだをあたためます。あたたかいタンポポコーヒー、甘酒、アズキの煮汁などを飲むとよいでしょう。（アズキの煮汁は胎盤の娩出促進にも効果があるので、出産のまえから作っておくとよいでしょう）。また、足湯をするのもよいでしょう。

発熱をともなうようなら、ビタミンCの錠剤を継続的に服用します。このばあいは化学的に純粋なアスコルビン酸でもかまいません。（ビタミンCが胃を刺激してしまうというひとには、非酸性のものやタイムリリース加工されたものが好適です）。最初に二グラム、その後一時間おきに一グラムずつ服用します。

第9章

CHAPTER 9

プライベート出産の心得（その二）

1　産後

授乳

赤ちゃんにとってまっとうな食料は、唯一、母乳だけです。——医療・企業・行政が結託している社会では、こういう言いかたは、母乳をあげられない母親に罪悪感をあたえるからといった理由（口実）でタブー視されています。しかし事実は事実です。母乳だけがまっとうなのです。

ところが、その母乳が、かんたんにはでないのです。赤ちゃんが生まれてすぐ豊富に母乳のでるひとなど、めったにありません。しかもたいていは、赤ちゃん自身も、あまり積極的におっぱいを吸おうとはしないのです。

ということになると、新生児は、誕生後かなりながいあいだ、飲まず食わずでほうっておかれることになります。これでは衰弱してしまうのではないかと心配になるかもしれません。

しかし、心配は無用です。誕生後しばらくは、赤ちゃんは食料の補給を必要としません。それが自然の摂理なのです。

産児がなすべきことは、なによりもまず、腸内にたまっている便を排出することです。この便が胎便（カニババ）と呼ばれるものです。ここで食料が補給されると、新生児のからだは自動的に養分の吸収という活動を開始します。すると、排出活動のほうはおろそかになり、胎便の毒素まで吸収してしまうことになります。（胎便がなかなかでないばあいは、漢方の「黄連」や「大黄」の調合薬を赤ちゃんの両手に握らせてみるとよいでしょう[1]。）

産児には、まず胎便の排出に専念してもらうべきです。そのためには、（わずかな母乳以外は）なにもあたえるべきではありません。産児には断食が必要なのです。赤ちゃん自身も、胎便が出つくすまでは、あまり飲みものを欲しがらないものです。また、でてこないお乳を赤ちゃんが懸命に吸おうとしているばあいにも、そのままにさせておきます。それがお乳を吸うことの訓練になり、またそれが母乳じたいの分泌をうながすのですから。

アメリカのリマ夫人（前出）はこう語っています[2]。「赤ちゃんは、腸の機能を働かせはじめようとしており、ほっぺたのどの筋肉をつかってお乳を吸ったらいいのかを練習するなど、たくさんの訓練に余念がないのです。だから、生後の三日間はそれだけで完璧なのです。」

江戸時代の産学者、賀川満定・満崇は、「初産婦のばあいは四日たってから、経産婦のばあいは三日たってから、乳房がはってくる」と述べています[3]。もちろんこれは「標準」で、じっさいにはもっと早いひともいるし、もっと遅いひともいるわけです。

おなじく江戸時代の産科医・近藤正義はこう述べています[4]。「母親の乳が早く出るときは、赤ちゃんも早く吸おうとする。逆に、乳房の張りが遅いときは、赤ちゃんも乳を求めるのが遅いものである。したがって、乳房が張ってきたなら赤ちゃんに吸わせればよい。これは天地自然の摂理である。」

ひとむかしまえまで、「赤ちゃんは三日ぶんの弁当を持って生まれてくる」といわれていました。三日間くらいの断食は、新生児にとってなんでもありません。かつて日本では、三日め、あるいは四日めまで、あえて乳を飲ませない風習が各地にありました。

松田道雄はこう記していました(5)。「私たちの祖先は生まれてきた赤ちゃんに母乳を飲ませることに、けっしてあわてませんでした。私が尋ねて歩いた六十歳以上の、五人以上の子どもをそだてた婦人たちは、口をそろえて、赤ちゃんに母乳を飲ませたのは三日めからだといっていました。」

医学者の松村龍雄はつぎのように述べています(6)。「もし、何かのはずみで、母乳を生後満三日間あるいは満四日間経っても吸おうとしなかったら、やはり、吸おうとするまで、そのまま放っておいたらよいのです。体の小さい未熟児で、四日間も待っているのに、体の大きい成熟児が待てないことはないのです」。乳児保護協会理事であった小児科医・山本高治郎もこう指摘していました(7)。「湯ざましや糖液の類を与えて、脱水状態を予防しようとすることは、全く不要です。少なくとも、出生後四、五日のあいだの健康な新生児にはその必要は考えられません。」

よく知られているように、最初期のお乳にはとくべつな意義があります。はじめにでてくるお乳は、少量で、黄色く、やや苦い味のものです。これが「初乳」です。初乳は、まずなによりも、腸管を刺激して胎便の排出をうながすためのものです。一種の下剤なのです。

また初乳は、腸にたまっている毒、胎毒を中和する作用をももっています。この解毒作用は、自然分娩した母体の初乳でないとじゅうぶんでないということです(8)。

さらに初乳には、赤ちゃんを病原菌からまもる免疫物質を多様にふくんでいます。(免疫物質は、以後も母乳を通じて子どもに適宜に送りこまれます。)

もちろん有益な栄養分も調合してあります。初乳はとくにベータカロチンなどに富んでいて、腸管や呼吸器などの粘膜、角膜などを強化します。

初乳がしばらくでたあとにでてくるのが「次乳」です。これは白っぽくてサラッとしています。次乳は、胎便を排出したあとの腸の環境をととのえます。次乳には乳酸菌がたくさんふくまれています。これによって、母乳の消化・吸収に必要な乳酸菌が腸内に植えつけられるのです。

次乳は数日つづきますが、量はわずかなものです。それから「本乳」となるわけです。ところがこれも、しばらくは少量しかでないでしょう。

つまり、はじめの一週間くらいのあいだ、新生児はごくかぎられた量の水分・養分しか補給されないことになります。おのずから体重も減ってきます。それでよいのです。新生児のからだの水分（細胞外液）の減少は、水中生活をしていた赤ちゃんが陸上生活に適応するための、ひとつの必要な過程と考えるべきでしょう。（自宅出産で授乳が順調なばあいは、体重がほとんど減らないこともあります。）

ごくふつうの食事をしているひとでも、お乳はかならずでます。国立岡山病院（この病院は、世界で初めてユニセフから「赤ちゃんにやさしい病院」に認定されました）で粉ミルクをまったくつかわない指導をしていた山内逸郎は、つぎのように呼びかけています[9]。

お母さん、赤ちゃんを産んだ女性は必ず母乳が出ます。だれでも母乳は出ます。要は、赤ちゃんとお母さんが二、三日の努力と辛抱をするかしないかです。二、三日出なくても吸わせて、ふくませていれば、母乳は例外なく出るようになるのです。赤ちゃんは生まれて三、四日は少量の母乳で十分生きていられます。だから簡単にあきらめたりしてはいけません。

愛育病院で指導してきた内藤寿七郎も、「母乳は必ず出る」として、こう語っています[10]。「もう二〇年近くわたくしの病院では母乳、母乳といって母乳を吸わせ、ゼロに近いような場合でも最小限五日間は待ってもらうんです。何にもあげない。」

ふつうの食事をしてきて病院でお産してさえ、母乳は「例外なく」「必ず」でるのです。まっとうな食事をしてきて自宅出産したひとにお乳がでないなどということは、ましてありえないでしょう。

山梨県棡原の女性たちは安産で、多乳でした。古守豊甫（前出）はこう書いています(11)。「母乳は約九八％の女性が多乳である。中にはオッパイが出過ぎて困り、乳のとまるくすりはないかと医師に相談に行ったほどである。この母乳分泌を旺盛にするもの、それが穀菜食、とりわけアワ、キビ、ヒエ、穂モロコシなどの雑穀で、これを食べて寝ると乳房が痛いほど張ってくるという。……これが実は棡原の真の姿である。いやこれが戦前までの日本全国、農村地帯の本当の姿ではなかったか。」

おなじく棡原の女性たちを調査した鷹觜テルは、こう述べています(12)。「現在でもなお、昔からの雑穀類を中心に豆類を充分にとり、いも類や野菜類を豊富に摂取している人たちは、母乳がよく出るようである」。さらにみずからの体験をつぎのように述べています。「筆者も戦中、玄米や雑穀、いも類、かぼちゃ、野草等で食事したが、母乳だけで二児を育てた。そしてその娘が昭和四八年に産科に入院して、現代栄養学で決めた所要量を充足した献立で給食を受けたが、母親が太るだけで母乳は殆《ほとん》ど出なかった。」

産後すぐにハメをはずして食性に合わないものをあれこれ食べすぎると、いろいろと問題が生じてきます。お乳の出が極端にすくなくなったり、逆に乳房が張りすぎてしまったり、お乳が濃厚すぎてしまったり。もちろん、赤ちゃんを母親から離したり、夜間の授乳をおこたったり、搾乳したものを哺乳器で飲ませたり、ミルクを足したりすれば、お乳はでなくなります。お乳がでないのは、自然な授乳をじゅうぶんにおこなわなかったせいです。新生児期の医療ケアによるダメージはなかなかとりもどせませんが、お乳の出がどんなにすくなくても、常時おっぱいをあげつづけていればお乳はおのずからでてくるものです。とくに夜間の授乳がたいせつです。

〝授乳食〟として穀物だけの重湯やお粥がすすめられることがあります。が、そのような食事では、母親も赤ちゃんも確実に栄養不良になってしまうでしょう。たとえばお乳を生産するだけでも一定量のビタミンCやビタミンAを消費するのに、それらをいったいどこから補給しろというのでしょうか。穀物だけの食事はたいへん危険です。医師の柳沢文正はこう言っています[13]。「昔は乳が出なくなると、重湯、葛湯、飴湯などを母体の栄養として与えたが、これなどはビタミン、ミネラルが欠乏しているので乳児は虚弱になる。昔は乳児の死亡率が非常に高かったが、原因はこんなところにあると思われる。」

穀物食にするのなら、重湯やお粥ではなく、雑穀雑炊のようなものが適当でしょう。ニンジンやカボチャやワカメを雑穀に混ぜて炊くのです。くだものをたくさん食べていたひとはそれをつづけます。そうでないひとも、栄養や酵素や水分を補給するために、くだものを積極的に食べることがすすめられます。（夏季以外はくだものは適当にあたためてから食べます。すくなくとも室温以下に冷えたものはけっして食べないようにします。）

胸が貧相だからと心配するひともいますが、心配無用です。むしろ貧相な胸のほうが多乳だとされる民族もすくなくありません。じっさい、豊満な乳房は、見かけだおしのことが多く、赤ちゃんにとってもけっしてなじみやすいものではありません。なお、乳首が扁平だったり陥没していたりしても、問題ありません。

三、四日してもお乳がまったくでないこともあるでしょう。そうしたばあいは、ひきつづき授乳につとめながら、浄化した水か柿茶を飲ませてもよいでしょう。ミルクは不要です。

水はそれじたいがエネルギーのかたまりです。お乳の代わりになるのは、なによりもまず、ただの水です。戦前の産科医・佐久間兼信はつぎのように述べていました[14]。

> 中には三週間も水ばかり飲ませて育てたといふ実例もあります。殊に早産のやうな場合には母乳も少なく、小児の消化機能も不十分で、とても牛乳などは与へられない場合に、一週間くらゐ水分のみを与へて障碍《しょうがい》なく育つてをります。
>
> 単に水分を適当に与へておいた嬰児《えいじ》はその体重の減ずる割合が少なく、時としては二日目以後は却て日一日と量目《めかた》が増して行くことがあります。

現在、フィリピンなどでは、病院でのミルクの使用を禁止しています。それがまっとうなありかたというべきでしょう。

お乳は、でてさえいればそれでじゅうぶんです。量の多いすくないを気にかける必要はありません。おしっこがすこしでもでていれば、水分も足りています。(生後しばらく小水はあまりでないものです。)

『ケアガイド』(前出)はつぎのように指摘しています[15]。

> 母乳で育てられている児に、水やブドウ糖、あるいは調乳などの食物を補充するという、広く行き渡った習慣を支持する証拠は一つもない。健康な児は、乳房から生理学的に摂取できるようになる時期よりも以前に大量の水分を必要としない。同様に母乳で育てられている児にさらに水分を与えると生理学黄疸を予防、あるいは解消に役立つという広く普及した考えを証明するものはない。

おとなの食事の量に基準などありえないように、赤ちゃんの哺乳の量にも基準などありえません。不足と判断しようにも、判断の基準じたいが存在しないのです。

「母乳不足」なるものには、企業の営利主義によってつくりだされた神話という側面があるようです。その神話に、医師も保健婦も授乳婦も踊らされているのです。人類学者のメレディス・スモールは、「はっきりいって、『母乳不足』など神話にすぎません。……母乳不足という訴えは粉ミルクに切り替えたい気持の現れなのかもしれません」とさえ指摘しています(16)。授乳に消極的な気持をもてば、「母乳不足」が現実のものとなるでしょう。つねに積極的な気持をもちたいものです。

プライベート出産したひとは、みずからの〈自然〉を信じてさえいれば、子どもの成育に必要なだけのお乳はかならずでるはずです。

ただし、お乳は、子どもがほしがるときにはいつでも飲ませます。授乳の間隔について機械的なはからいはいっさい不要です。三時間おきになどという指導にしたがえば、ホルモンの関係で、お乳の分泌はおさえられてしまいがちです。計画的に授乳する哺乳動物はいません。三〇分に一回でもけっして多すぎません。むしろそれくらいが自然でしょう。（ゴリラもそれくらいの間隔で授乳します）。一日五〇回の授乳でも、けっしてひんぱんすぎるということはないのです。

授乳に要する時間についても、赤ちゃんの意のままにさせるべきです。何分までといった指導にしたがえば、赤ちゃんは満足せず、赤ちゃんに合った授乳のリズムも形成されません。お乳は、はじめのうちは水っぽいのですが、あるていどの時間がたってから脂肪分の多いお乳になります。それを飲んではじめて、赤ちゃんは充足するのです。

不足の判断が無用なように、過剰の判断も無用です。マウラ夫妻（前出）はつぎのように指摘しています(17)。「実際には、赤ちゃんがお乳を飲みすぎているかどうかを知る方法はない。『飲みすぎ』をどう定義するかわからないからである。国により文明により時代によって、健康な赤ちゃんはどのくらい太っているべきか、医師たちの意見は分かれる。その範囲も、そうとうのやせっぽちからかなりのでぶちゃんまで幅広い。わたしたちは赤ちゃんの適切な体重について健全な科学的根拠がないか調べてみたが、見当たらなかった。」

赤ちゃんの体重はなかなか増えないかもしれません。それでよいのです。一週間くらいでは、誕生時の体重にはまずもどりません。山内逸郎（前出）は、「母乳の子なら、一週間で出生体重にもどることはまれだ」と指摘しています[18]。誕生時の体重にもどるのに二週間くらいかかるのはあたりまえです。一ヵ月かかったとしても、けっして「異常」ではありません。いちいち体重を計る必要もありません。

乳管の〝開通式〟なども不要です。赤ちゃんに一生懸命吸ってもらうこと、それがいちばんの催乳方法です。お乳の出がわるくても、マッサージなどをする必要はありません。たいていのマッサージはかえって乳房をいためてしまうだけです。よほど腕のよい助産婦の快適なマッサージならまたべつですが。（病院でお産したばあいには、マッサージをしたほうがよいケースもあるでしょう。そのばあいも、痛いマッサージは禁物です）。ただ、ふだん乳房をブラジャーで固定している弊害があるので、胸筋を八方にのばす体操をするのがよいでしょう。（これは妊娠中からおこなっておくとなおよいでしょう。）

もし乳腺が詰まっているようであれば、熱すぎない蒸しタオルで乳房をあたため、乳首をつまんでひねったりもみほぐしたりしてもよいでしょう。あるいはむしろ、裏がわ（背中がわ）をあたためたりマッサージしたりするほうが効果的かもしれません。足湯をして血行をよくするのも効果的です。

乳腺炎の予防と治療には、生食が効果的です。ご飯など調理した食物を断ち、くだものと生野菜だけを食べます。（とくにリコピンの豊富なトマトやアンズやスイカなどが乳腺を強化します）。柿茶も飲みます。こうした食生活で血液が浄化され、乳腺炎とも縁が切れるでしょう。乳腺炎がこじれてしまっているばあいは、さらにビタミンCやオリーブ葉エキスを飲むとよいでしょう。（病院へ行くと切開されたり抗生物質を投与されたりします。）

授乳を順調につづけてゆくためには、なによりもまず、ひんぱんに授乳することが肝要です。もとよりヒトの乳汁はたいへんうすくできています。それは、ひんぱんに授乳することを前提としているからです。動物飼育の専門家・中川志郎はこう述べています[19]。

私たち霊長類では、薄い乳を回数多く飲むのが基本的な姿勢だ、ということです。胸に抱かれていると、いつも乳が目の前にあり、好きな時に好きなだけ飲むことが可能だからです。この点からしますと、哺乳時間を一方的に決めて二時間おきでないと飲ませない、などという仕打ちは、動物としての生理に外れていることになるはずです。

お乳の量を豊富にするためには、水分を多量にとることも不可欠です。アメリカのコミュニティ「ザ・ファーム」では、じゅうぶんな母乳育児のできない女性はほとんど皆無です。その「ファーム」のイナ・メイ・ギャスキン（前出）はこう指摘しています[20]。「母乳の生産を増やすための原則は、ゆったりとした生活をすること、授乳の回数を増やすこと、よく食べること、一日に最低三クォーツ（三リットル弱）の水を飲むこと、そしてたっぷりと睡眠をとることです。」

三リットル弱というのはずいぶんな量です。それが最低だというのです。生水や柿茶をおりにふれて飲むとよいでしょう。くだものをたくさん食べるのはもっとよいことです。くだものの水分は効率がよいので、何リットルも摂取する必要はありません。（すっぱいものを食べすぎるとお乳の味が赤ちゃんの好みに合わなくなることもあります。）

即効的にお乳の出をよくするのは、あたたかい飲みものです。やや濃くて甘いもののほうがお乳の分泌をよくします。（濃厚すぎるものは禁物です）。リブレフラワーやタンポポコーヒーを柿茶や甜茶に溶かして飲むとよいでしょう。玄米甘酒やアズキの煮汁（黒砂糖入り）も好適です。食事としては、煮込みうどん（全粒粉うどん）やラーメン（玄米ラーメン）などが好適です。

（逆に、お乳がですぎるばあいには、飲みものは柿茶のような淡いものだけにします。また、乳房が張って痛むようなときは、濃厚な飲食物をできるだけひかえるようにします。）

特定の栄養が母体に不足しているせいでお乳の出がおさえられていることもあります。ルテインなどのカロチノイドの不足はその一例です。もっと典型的なのは、オメガ-3の不足によるものです。自然療法クリニック所長のジョン・フィネガンはつぎのように述べています[21]。

オメガ-3とオメガ-6の脂肪酸が不足すると、母乳が十分造られないこともあるが、亜麻仁油を摂ることにより、母乳の量を増やせることがわかっている。私の周りにも、母乳が十分に出ずに悩んでいた女性がいたが、亜麻仁油を飲んで二四時間もたたないうちに、乳の量は二倍になり、張りすぎて出なかった片方の乳房からも乳が出るようになった。

オメガ-3とオメガ-6のバランスがたいせつなのですが、通常の食生活ではどうしてもオメガ-3のほうが不足してしまいます。そこでオメガ-3を亜麻仁油でおぎなうわけです。なお、オメガ-3とオメガ-6は、胎児および乳幼児の脳の発育にも重要な役割を果たします。

お乳の出をうながすハーブティーもあります。アニスやカモミールをブレンドしたものが授乳ブレンドとして売られています。これは母子の精神安定にも効果があります。

ホメオパシーでは、プルサチルラがよくつかわれます。

お乳は乳首から直接吸わせます。お乳は空気にふれるとすぐ変質してしまいます。（冷凍などしようものなら、お乳の波動はさがりっぱなしです）。それに、乳房から直接吸うのでなければ、どれだけたくさん飲んだとしても、赤ちゃんはけっして心理的な満足を得ることはないでしょう。ですから、搾乳したものを赤ちゃんに飲ませるようなことは極力しないようにします。

舌の位置にも注意します。ミュンヘンで出産・育児のアドバイザーをしていたV・ウイガードはこう言っています[22]。

> 最初のうちは、赤ちゃんがまちがえて舌を乳首の上のほうにまるめてしまっていないか、ちゃんと乳首の下側に平たくはさめているか、確認してあげてください。赤ちゃんがおっぱいを飲んでいるときに、下唇をちょっと下のほうにひっぱってのぞいて見て、赤ちゃんの舌先が見えてくれば大丈夫です。

乳房の重みで乳腺が圧迫されてお乳がでにくくなるひともいるようです。乳房を下から持ち上げる（内側に引っぱりあげる）ようにして授乳してみるとよいでしょう。

授乳にあるていどじょうず・へたがあるように、赤ちゃん自身の哺乳にもあるていどじょうず・へたがあります。お乳の需要と供給など母子の息が合うまでにしばらく時間がかかるばあいもすくなくありません。母乳育児を推進する助産婦の山西みな子は、「子どもの状態にもよりますが、ふつうに母乳を上手に飲めるようになるまでには生後一〇〇日もかかることがあります」と述べています[23]。

食性に合わないものを母親が摂取していると、たとえお乳の量はじゅうぶんであっても、質のほうは劣悪になってしまいます。すると、赤ちゃんは母乳をうまく飲むことができなくなります。やはり山西みな子はつぎのように語っています[24]。

牛乳を飲んでたお母さんの赤ちゃんはね、なかなか乳頭に飲みついていかないですね。そしてすぐに寝たふりをするんです。もし飲みついたとしても、目をつぶってしまう。ところが、牛乳を飲んでいないお母さんがお乳を飲ませようとすると、子どもの方から的確に乳頭にぱくっと食いついていく。食いついていくばかりか、ちゃんとよくみつめるアイ・ツー・アイ・コンタクトができます。

赤ちゃんのほうのお乳の摂取量が一定していないことも考慮しておくべきでしょう。体調や気分や成長の時期によって、飲む量にかなりの差がでてくるのです。たくさん飲む時期になると、お乳の供給量が一時的に不足してきます。不足してもひんぱんに吸わせていればそのうち供給が追いついてきます。不足だからとお乳以外の飲みものを安易にあたえるところから、真性の母乳不足におちいってしまうのです。

お乳をうまく飲んでくれないからといって、安易に医師・助産婦・保健婦などへ相談にゆくのは禁物です。ミルクへの転換をすすめられるか、「舌小帯短縮症《ぜっしょうたい》」などと診断され手術へ回されてしまうのがオチです。SIDS（乳幼児突然死症候群）を予防するなどと称して〝舌切り〟をする小児科医もいます。警戒するべきです。

生物はそれほどいいかげんに創られてはいません。手術を要するような異常がそんなにひんぱんに出現するはずはありません。大野明子（前出）は、「私たちのところと嘱託医をしている助産院と併せ、これまで二〇〇余人の赤ちゃんが生まれました。全員がおっぱいで育ち、手術の必要な子どもはいませんでした」と報告しています[25]。

おさないうちは、舌小帯（舌の裏がわにあるスジ）があるていどみじかかったり固く張っていたりすることが多いものです。それでいいのです。成長につれて自然にのびてゆきます。ことばの遅れもありません。アメリカのある小児医学者はつぎのように述べています[26]。

私はこの一四年間で、緊縛した舌小帯と考えられるものは三例しかみていない。全例うまく飲み、話しをするにも不自由はしなかった。三例とも成長と共に舌小帯は長くなっていった。

私は「舌小帯短縮」が病的なものとは思っておらず、哺乳や言語活動について無関係であることを母親に強調すべきであると思っている。

ただ、最近は、化学物質や環境ホルモンの影響でか、舌が変形するような舌小帯短縮症もみられはじめているようです。そういうばあいは手術もやむをえないでしょう。

乳首のトラブルもよくあることです。乳首を痛めると、授乳の回数と時間を減らしてしまいがちです。（そうするようにとの指導もなされます）。しかし、それは逆です。たいてい、授乳の回数と時間がすくなすぎるから乳首を痛めるのです。授乳の間隔がながくなると､子どもは空腹にまかせて乳首を強く吸ってしまいます。そのうえ授乳の時間がみじかくなると、質のわるいお乳ばかりを飲ませられることになり、子どもは不満で乳首を噛んでしまうのです。

乳首が痛んでしまって授乳に耐えられないばあいは、しばらく乳頭保護器を使用します。痛んだ乳首にはおりおりにお乳を塗っておきます。乳首の傷がなおってきたら、抱きかたを変えて授乳してみましょう。乳首を痛める原因が授乳時の抱きかたにあるばあいもすくなくないからです。『ケアガイド』（前出）は、「乳頭の傷を予防し、かつ治すと判明しているたった一つの要因は、授乳時、児を乳房に対し正しい位置に抱くことである」と記していま(27)。赤ちゃんのくちびるがひろくひらき、乳輪まですっぽりふくみこまれることが肝要です。母親が乳首を手ではさんで赤ちゃんの口に押し込むようにするとよいでしょう。

乳首の傷がどうしてもなおらなかったり、乳房が固まってどうにもならなくなってしまったばあいは、助産院に助けをもとめるのがよいでしょう。病院へ行くと、医師や助産婦の手荒らな処置に泣かされるかもしれません。そのうえ抗生物質などを処方され、それでますます乳腺を固めてしまうハメになるかもしれません。桶谷式などの手わざにすぐれた助産婦のところへ行くのが賢明でしょう。

産後の生活

産後すくなくとも二一日間は、寝室を産屋《うぶや》としてすごします。

はじめの数日間は、日光をできるだけ遮断します。日光が直接さしこむところへは足を踏みいれないようにします。もちろんテレビなどは極力観ません。たいくつなら、好みの音楽を聴いたりラジオを聴いたりします。(赤ちゃんもそれを聴いていることに注意しましょう。)

部屋のあかりは、はじめのうちは五ワットていどの常夜灯を基本とし、必要に応じて一〇ワットていどの電球を使用します。慣れてくれば一〇ワットでもかなり明るく感じられるものです。その後すこしずつ、より明るい光に慣れてゆくようにします。五日をすぎるころからは、朝夕の弱い外光をすこしずつとりいれるようにします。

日ごろさまざまなくだものや野菜を食べているひとなら、もっと早く明るい光を目にしてもかまわないでしょう。眼にじゅうぶんな栄養が補給されているからです。しかし、ことは褥婦だけの問題ではありません。むしろそれ以上に、赤ちゃんの眼に注意しなければなりません。

赤ちゃんが目覚めているときには、明るい光を目に当てないように注意するべきです。赤ちゃんがねむっているときは、部屋はさらに暗くしなければなりません。〝産屋〟の期間はもちろん、それ以後もそうするべきです。

ペンシルベニア医科大学のG・E・クインらは、二歳以前における夜間の照明がその後の視力におよぼす影響を調査しました。その結果、明るさの度合いと近視になった率とのあいだに、つぎのような関係のあることがみとめられました(28)。（数字は近視者の率。カッコ内は強度近視者の率）

暗闇…………一〇（一）％

ナイトライト……三四（三）％

ルームライト……五五（七）％

ルームライトをつけっぱなしにされていた乳幼児は、その半数以上が近視になったのです。ナイトライトの弱い明りも要注意です。クインらはつぎのようにコメントしています。――「新生児や幼児は、夜間、寝室の人工照明をつけずに寝かせるのが賢明である。」

加えていえば、これは夜間だけの問題ではないと思われます。乳幼児がねむっているときは、日中でも、部屋をあるていど暗くしておくべきでしょう。

赤ちゃんを沐浴させるのは、一週間くらいたってからのほうが無難です。その後も毎日沐浴させる必要はありません。通常、夏の暑い時節で一、二日おき、冬場は週一、二回くらいでじゅうぶんでしょう。お湯にはビタミンC少量と塩をいれます。石けんやシャンプー、ベビーパウダーなどはいっさい使用しません。赤ちゃんのあたまは湯につけません。

プライベート出産で生まれた赤ちゃんは、あまりねむらないかもしれません。部族民の赤ちゃんもそうです。あまりながくねむる必要がないのです。それゆえ、子どもがねむっているときにはなるべく母親もねむるようにしたほうがよいでしょう。

産後は悪露《おろ》が長期にわたってでてきます。悪露がでるのはよいことです。二ヵ月くらいにおよんでも問題ありません。はじめのうちは、トイレに行くたびに、新しいナプキンにガジュツ末などをまぶして交換します。会陰が切れているばあいは、傷が完全になおるまでそうします。

しばらくは、下腹部に弱い陣痛のような痛みを感じることがあるかもしれません。後陣痛《こうじんつう》です。子宮が収縮して、もとにもどろうとしているのです。とくに授乳中に痛むことが多いものです。経産婦のほうが痛みが強い傾向にあります。数時間だけで終わるひともいれば、一週間以上におよぶひともいます。そのうちなくなります。

発熱があるかもしれません。そのばあいは、ビタミンCの錠剤を一時間おきに一グラムずつ飲むとよいでしょう。オリーブ葉エキスやエキナセアがあれば適宜服用します。

原則として、はじめの数日間は、立って歩くのはトイレへ行くときなど最小限にとどめます。その後も、さらに一週間くらいは、ながく立っていたり歩きまわったりすることはなるべくひかえるようにします。（立ちあがらずにできる〝産褥体操〟なら、むしろ積極的におこなったほうがよいでしょう。また、うす暗い部屋にとじこもっていることが強いストレスになるようなら、早めに産屋ごもりを解くようにします。）

三日をすぎるころに、湯あみをしてもよいでしょう。湯をあびてからだを清めるだけです。それ以前でも、足湯や座浴ならＯＫです。足湯は悪寒に、座浴は会陰や痔の痛みに、それぞれ卓効があります。五、六日すぎれば、本格的にお風呂にはいってもよいでしょう。ただし貧血気味であるようなひとはもっとあとのほうがよいでしょう。

中国では、産後の一ヵ月は風呂にはいらないほうがよいとされていました。日本では、たとえば江戸時代の左々井茂庵（前出）はつぎのように注意していま(29)。「産後七日目に体調がよければ、手拭いを熱湯に浸しよく絞り、身体を拭くとよいです。少しでも、具合が悪ければ、みあわせてもよいのです。入浴は、十四日位たち体調が良ければ、日中に軽くするとよいです。もし、少しでも気分がすぐれなければ、二十〜三十日または、五十〜六十日でも見合わせてもよいのです。」

洗髪について、大正末以来のロングセラー『安産のしるべ』のなかで、岩崎直子（助産婦）はつぎのように諭していまた(30)。「お産後のお髪洗ひは、御経過が御良好でも六週間から八週間後までは、御注意遊ばすことが肝要でございます。あまり早くお髪のお手入れをなさいますと、お頭痛持ちのお癖がおつきになつたり、またいろ〴〵と不治の御病気の原因をお作りになることもございます。」

経産婦はすこし早めにうごきはじめてもよいでしょうが、強い日ざしや冷たい風などはできるだけ避けたいものです。やはり岩崎直子はつぎのように諭していました。「古風なことを申上げるやうでございますが、昔は七十五日経ちませぬうちは、絶対に外出はしなかつたものでございます。この期間が過ぎましてから、初めてお宮詣りに出かけたものでございます。今日でも、特別な御用でもおできにならない限りは、六週間以前の外出は危険かと存じます。この期間後にもし外出遊ばすやうなことがございましても、それはなるべく僅《わずか》な時間で往復ができますところに限ります。」

むろん、こうした前時代の言説は、いずれも栄養状態が劣悪で体力も乏しい女性たちを相手にしたものです。熱帯のジャングルで暮らす女性たちは、子どもを産んだその日から元気にうごきまわっていました。栄養状態にも体力にもめぐまれていたので、それで支障はないのです。

すべてこうしたことは、ひとそれぞれというところがあります。お産の身体的な負担や回復力の程度にもよります。本人の気持しだいというところもあります。臨機応変に判断するべきです。こうしたいという気持になってくれば、すこしくらい早くてもその気持に応じて行動したほうがよいでしょう。そのほうが回復も早くなるはずです。

接客や外出は、すくなくとも三週間は忌避したほうがよいでしょう。接客を避けるのは、母体の安静を維持するためということもありますが、それよりも重大なのは赤ちゃんを細菌等から守るということです。〝産屋〟にこもっているあいだは、母子ともに、同居家族以外のひととは接しないのが原則です。赤ちゃんの祖父母だって危険人物です。安易に孫を抱かせたりしないほうが賢明でしょう。どうしてもというばあいは、カゼなどひいていないかよくたしかめてからにするべきです。

母親だけ外出するなどということも極力避けたほうがよいでしょう。基本的に、母親は赤ちゃんからあまり離れないようにします。赤ちゃんが目覚めたときには、そばにかならず母親がいるというふうであるべきでしょう。多くの母親を指導してきた整体師の井本邦昭は、つぎのように指摘しています(31)。

赤ちゃんが寝た隙にどこかへ行こうとか、何かしようという気持ちでお母さんが子育てをしていると、赤ちゃんはうかうか寝ていられない。自分が寝てしまうと大事なお母さんが離れてしまうのですから大変です。でも眠い。だから不機嫌になるのです。……赤ちゃんが目覚めてお母さんがいないということは、絶対にあってはならないことなのです。

このことは、もっとずっとあとになってからもかわりません。母子の分離は乳児の心身をふかく傷つけてしまうでしょう。セラピストのＲ・Ｋ・モースらは、母子関係についての諸研究をふまえて、つぎのように述べていま(32)。

抱いたり、触ったり、目を合わせたり、話しかけたり、揺すったりといった養育行動は、保護者が他者との関係について期待してそれをモデルとして身につけさせるよりも前に、乳児の基本的生物学的機能の調整をするという役割を果たしている。

たとえば、免疫系、血圧、体温、食欲、睡眠、心臓血管系の調整などである。赤ん坊はこれらの機能に関して、母親が常に近くにいることを完全に前提として生きている。

赤ん坊は母親が近くにいてはじめて生理学的保全性、つまり恒常性を得る。それは赤ん坊にとって満足感として経験される。

母親から離された赤ん坊は、感情のバランスを失うばかりでなく、母親が近くにいてはじめて保たれる生理学的基本系のバランスをも失うことになる。それは、大人が生涯の伴侶や最愛の相手を失ったときの喪失体験と、まったく同じとは言えないまでも、それに近い体験である。

そんな経験をした人は、全生理系がショック状態に陥るだろう。

もちろん、そばにいて授乳するだけではじゅうぶんではありません。母親は、産児・乳児の動静にきめ細かく対応し、つねに表情ゆたかに相手をするようにこころがけたいものです。

2　乳幼児のケア

新生児・乳児の〝症状〟

誕生後の赤ちゃんには、いろいろなことが起きてきます。それらのほとんどは、とくに問題のない、一過性の現象です。そうした現象のいくつかをあらかじめ知っておけば、余計な心配をしたり、いちいち病院へつれていったりせずにすますことができます。

誕生直後の赤ちゃんの皮ふに紅斑がでていることがあります。赤い点々です。これは「新生児中毒性紅斑」といわれるもので、なんの問題もありません。ほうっておけばすぐに消えてゆきます。

誕生直後からしばらくのあいだ、赤ちゃんがくしゃみをすることがあります。このくしゃみは、気道のよごれを排出するための自然な生理現象です。また、赤ちゃんはよくしゃっくりをします。それがあたりまえです。胎児のころからそうなのですから。（しゃっくりをすることによって横隔膜がきたえられます。）

生まれた赤ちゃんが息を吐くときにゼーゼーすることもあります。喘鳴というほどでもない音、喘音《ぜいおん》です。たいていは気道が未熟であったり気道上の液体をだそうとしているためで、心配いりません。ただし、うめいたり呼吸が荒かったりするばあいは要注意です。

生後まもない新生児が嘔吐することがあります。たいていのばあい、これは分娩中の圧迫が原因で、とりたてて処置をする必要はありません。産道で飲み込んだ羊水等を吐きだすこともあります。寝かせるときには顔をすこし横に向かせます。翌日にはもうおさまっているでしょう。

お乳を飲んだあとにすぐトロトロと吐きだすこともよくあります。これは「溢乳《いつにゅう》」といって、赤ちゃんの胃のかたちからくるもので、なにも問題ありません。また、げっぷといっしょにお乳を吐きだしてしまうこともあります。これも問題ありません。

生後二、三日して、肌が黄色くなることがあります。よく知られている「新生児黄疸」です。自然食をしてきたひとが自然出産したばあいは、赤ちゃんの肝臓もしっかりしているので、黄疸がでることはほとんどないでしょう。でても、すぐに消えてしまうはずです。（病院で生まれたばあいには、たいてい黄疸がでて、すくなくとも数日は消えません）。黄疸がでてもほうっておきます。かりに一週間以上消えないとしても、日光にあてたり授乳をひかえたりするべきではありません。

なお、重症黄疸というと、とかく「血液型不適合」がとりざたされます。が、それは問題のすりかえでしょう。もとより母体の血液と胎児の血液とは混ざり合わないようになっているのです。血液生理学者の森下敬一も、「血液型不適合と呼ぶような実態はない」と断言していま(33)。ただし、へその緒の早期切断など不適切な医療行為があったときはべつです。また、悪質な食生活をしてきた女性で、胎盤のなかで出血が起こり、それによって母児の血液が混ざってしまうこともあります。まっとうな生活をしてきた母親の赤ちゃんは、重症黄疸にはまずなりえないでしょう。（Ｒｈマイナスの経産婦は事前に抗体検査を受けておくのもよいでしょう。）

女児のばあい、赤いおりものがでることもあります。母体のホルモンの影響です。〝幼児月経〟とも呼ばれます。なんの問題もありません。タイなどでは、縁起が良いとして歓迎されていました。また、性別にかかわりなく、乳房がふくれてきて乳汁を分泌することもあります。これもなんの問題もありません。数週間のうちにでなくなるでしょう。

へその緒のとれたあとのおへそが赤く、じくじくしていることがあります。まだ乾ききらないだけのことです。ガジュツ末などをまぶしておけば数日できれいになります。乾いていても傷がなおりきらないようなら、ヒマシ油を塗っておくとよいでしょう。また、おへそがすこし盛りあがっていることもあります。これもすこしずつおさまってゆきます。さらに、盛りあがってテカテカしていることもあります。「臍ヘルニア」です。これは時間がかかりますが、やはりほうっておけばいずれなおってしまうものです。

生後数日たってから、多少の熱をだして泣くことがあります。たいていは、からだの体制の変化にともなうもので、心配するほどのことはありません。ときには、かなり高い熱をだすこともあります。おもに、からだの水分の急速な減少によるもので、「渇熱《かつねつ》」(一過熱)と呼ばれています。これも一種の生理現象ですから、すこし薄着をさせるていどにして様子をみます。そのうち母乳の量もふえてきて熱はさがります。柿茶をすこしずつ口にふくませてもよいでしょう。

なお、新生児の体温は、平常でも三七度を超えていてあたりまえです。しかも体温の調節機能が未熟なため、日中ちょっと暑かったりするだけで三九度くらいの熱をだしたりします(夏季熱)。したがって、三八度くらいで高い熱などとはいえないのです。赤ちゃんは泣くだけでも体温があがります。哺乳のあとでもあがります。ですから、たびたび熱を計って一喜一憂するのは無駄なことです。

また、高い熱そのものを危険とみなすことも現実的ではありません。そもそも、四〇度を超える熱によって子どもの脳や視聴覚神経がダメージを受けるなどというのは迷信にすぎません。ダメージは投薬がもたらすのです。身体は、自分でだした熱によって被害をこうむるようなことはありません。(高熱によるダメージという迷信は、かつて病気じたいが子どもの神経にダメージをあたえていたことに由来するものです(34)。現在では、小児科医は、解熱剤の投与をやめてみてはじめて高熱の安全性を実感するのです）。いちいち体温など計ることはありません。ただ、熱が高そうなときには、水分の補給をおこたらないように注意するべきでしょう。ぐあいのわるいときには赤ちゃん自身がひんぱんにおっぱいをせがむものですが。

夜中に大泣きをすることがあります。これはたいてい、心理的なもので、心配いりません。抱きあげて、やさしくゆすってなだめてあげましょう。親自身もつとめて平静でいるようにこころがけます。親が心配していると、赤ちゃんは余計に不安になってしまいます。

赤ちゃんが苦しがって泣くこともあります。顔色などとくにかわったところがないのに、ときには身をよじったりして激しく泣きます。これはたいてい、いわゆる疝痛《せんつう》です。乳児のばあい、腸に空気がつまっていることが多いものです。赤ちゃんは、お乳を飲んだり泣いたりするときに空気もいっしょに飲みこんでしまいます。げっぷとして出なかった空気は、腸のほうへおりてゆき、そこで滞留して腸管を圧迫することがあります。（そのうち腸でもガスがさかんに発生するようになり、それがまた疝痛をひきおこします。とくに赤ちゃんの飲食したものが腸の相対的な許容範囲を超えると疝痛が起きやすくなります。）

苦しそうであれば、からだをなるべく水平にさせ、やさしくゆすったり腹部をなでたりしてあげていると、やがておさまるでしょう。アロマテラピーとしては、「コリック」に準じて、カモミールを用います。カモミールの精油をたらした湯にフェイスタオルを浸し、それをしぼって赤ちゃんのおなかにあてがいます。ハーブ療法としても、やはりコリックに準じて、母親がカモミール・ティーを飲んで授乳するというのもよいでしょう。なかなかおさまらないばあいは、便が栓をしているのかもしれません。このばあいは、浣腸をすればすぐよくなります。（馬油などをつけた綿棒を肛門に差し入れるだけでも便がでやすくなります。）

しばしば疝痛が起きるようであれば、母親の食生活に問題があるかもしれません。ふくらませたパンなど食べないように気をつけましょう。自然菜食を中心とすることもたいせつです。過剰なストレスにも注意しましょう。子どもにストレスや不満がうっせきしていることも疝痛の誘因になるからです。

おなかをゴムで締めつけるような衣類を赤ちゃんに着させていると、やはり疝痛が起こりやすくなります。疝痛が起きる起きないにかかわりなく、おなかを締めることは赤ちゃんにとって（おとなにとっても）よくありません。血行をさまたげ、腸のはたらきをおさえてしまうからです。はだかがいちばんです。

（疝痛は腹部のけいれんによって起きることもあります。幼児が疝痛をくりかえすばあい、鉛中毒が原因している可能性もあります。おもちゃや食器の塗料がはげたりしていないか、チェックしてみるとよいでしょう。食べてはいけない塗料で彩色されたものを子どものまわりに置かないよう、注意したいものです。）

なお、おなかの痛みが周期的で、血便がでたりするばあいは、病院へつれてゆきます。

熱があって、しかも嘔吐や下痢をしたりすることもあります。たいていはカゼです。カゼをひいた赤ちゃんは、ふだんよりひんぱんにおっぱいを要求するでしょう。その要求に応じてひんぱんに授乳すれば、良好な経過をたどるでしょう。母親がおなじカゼをひいて授乳すればより早くなおります。

鼻水や咳などの症状がひどくなると、哺乳もさまたげられてしまいがちです。そういうばあいは、天然粗製のビタミンCをあたえるとよいでしょう。粉末にして柿茶などにまぜて飲ませます。（錠剤のままなめさせるばあいは、喉につまらせないように小さく割ってあたえます）。また、トランスファー・ファクターを飲ませるとよいでしょう。トランスファー・ファクターは、初乳にふくまれる免疫情報伝達物質で、免疫力を即効的に強化します。（製品はウシの初乳から抽出したもので、米国製の良品を入手することができます）。また、エキナセアはカゼ薬として最高です。エキナセアには子ども用の濃縮エキスもあり、これを飲みものにまぜて飲ませます。速効性があります。カゼ専用のホメオパシーのレメディもあります。カゼといえども、とくに新生児や0歳児は早めに対処したほうが無難でしょう。

カゼで注意したいのは、鼻づまりです。鼻がつまって窒息する危険があります。というのは、赤ちゃんは口呼吸ができないからです。（泣くときだけは口で息が吸えます）。鼻がつまっているようなら、お乳を数滴、鼻にたらします。あるいは、長ネギの白身を鼻の穴にいれるか、鼻柱に張りつけます。ネギのねばねばをガーゼにつけて鼻にあてがっても効果があります。ダイコンの絞り汁でも効きます。鼻づまりに効くハーブの精油を鼻のしたに塗ってあげるのもよいでしょう。

目ヤニがでていたなら、その目にお乳をたらします。

赤ちゃんが激しく泣いているうちに、息を吐ききったまま呼吸をとめてしまうことがあります。顔はむらさき色になり、全身が硬直します。いまにも死ぬかと思わせるような様態ですが、心配にはおよびません。これは「息止め発作」（無呼吸発作）と呼ばれるもので、まずは身体的な異常を考えるまでもありません。おもに心理上の要因からくる身体の反応で、敏感な神経の赤ちゃんによくある現象です。「泣き入りひきつけ」とも呼ばれます。ながくても数十秒で自然に回復します。あまりながく呼吸しないようなら、足のうらをたたいてみたりしてもよいでしょう。

この発作ほどひどくない、軽度の無呼吸状態は、よりひんぱんに生じます。寝息を聞いていても、ときどき息をとめているようなときがあります。赤ちゃんの肺呼吸はまだじゅうぶんに確立していないので、しばしばリズムがみだれてしまうのです。親があまり神経質になると、赤ちゃんのほうにも余計な不安がつたわってしまいます。

便にもさまざまな変化があります。ときとして水様の便や緑色の便がでたりします。白いつぶつぶがまじっていることもあります。こうした便の性状や回数についていちいち気にかける必要はありません。そのときどきで便はいろいろに変化するものです。ほんのすこし赤いものがまじることさえあります。たいてい、腸内のちょっとした炎症や肛門付近のかすり傷によるもので、すぐになおります。(授乳している母親の食べたものに問題のあることもあります。)

もし血のまじった便がおさまらなかったり、嘔吐をともなったりするばあいは、病院で診てもらったほうがよいでしょう。黒い便がつづいたり、赤い便や白い便がでたりしたばあいも、病院で診てもらう必要があります。

小便の回数などもいちいち気にする必要はありません。ただし、水様便がつづいていて尿量がいちじるしく減ってきたばあいは、水分を余分に補給しなければなりません。

おしりや陰部に赤いただれがひろがることがあります。おむつでかぶれたり、細菌に感染したりしているのです。自然になおります。ガジュツ末などの溶液で洗ったあと、乾かし、おなじくガジュツ末などをふりかけておきます。これを日に幾度かくりかえします。まもなく赤いところは退縮してゆくでしょう。

紙おむつ(じつは石油化学おむつ)やおしりふき、ウェットティッシュなど不自然なものを使用しているばあい、それがただれの原因となることがあります。おむつかぶれなどを治す最良の方法は、おむつをしないことです。できれば、ただれやかぶれの有無にかかわらず、おむつはいつも外したままにしておくべきでしょう。さらにいえば、おむつ以外のものも、です。あくまではだかが基本です。すべて生物の皮ふははだかで機能するようにつくられているのですから。（おむつは不自然なものなので、自然な排泄をさまたげます。おむつをしていなければ、赤ちゃんは容易に自分で排尿・排便の意思表示をするようになります。）

顔やからだに湿疹がでることもよくあります。かゆがってひっかいたりします。こうした湿疹で病院などへ行くべきではありません。病院へ行けば、一時しのぎに有害な薬剤を投与されるだけです。患部を清潔にすることが第一です。たいていはそれだけでおさまります。また、肌にふれるものを点検してみます。母親が小魚や揚げものや加工食品など不良な食物を摂取していると乳児に湿疹がでやすくなります。かゆみがひどく、なかなかおらなければ、アレルギー症状かもしれません（これについては次項でふれます）。

（生後六ヵ月くらいになると、突発性発疹にかかりやすくなります。このばあいは高い熱が数日つづいたあとに発疹がでます。ウイルスによるもので、ほうっておけば発疹も三、四日で自然にひきます。ウイルスは一種類だけでないので、一回ではすまないかもしれません。）

◇

以上、新生児や乳児にありがちな〝症状〟をかいつまんでみてみました。〝症状〟があらわれても、そのほとんどは一過性のもので、ほうっておいても自然におさまってしまうものです。こうした〝症状〟を心配して病院へ行ったところで、よいことはなにもありません。

病院でけいれん止めや解熱・鎮痛剤などを投与されれば、ショック、腎不全、脳症、心筋炎などの重大な副作用ないし合併症をまねくことにもなりかねません。タンをきる薬でさえ、重篤な障害につながる危険があります。カゼやインフルエンザによる乳幼児死亡の大半はそうした医原性のものと考えられます。（「インフルエンザ脳症」と呼ばれるものは、大部分、そうした余計な医療処置の結果です。医師に問えば、「現在はもうそんな過誤の心配はない」と答えるでしょう。しかし、その「現在」にこそ重大な問題のあったことが、やがて明るみにでるでしょう。)

また、ホルモン剤や抗生物質などを投与されれば、一過性のものが難治性の持病に移行してしまうことにもなりかねません。子どもの免疫能の発達もさまたげられます。

そうした薬害を受けなかったとしても、ほかのやっかいな病気までもらって帰ることになるかもしれません。小児科医の毛利子来はつぎのように指摘しています(35)。

病院は病原体の巣だし、それも珍しい悪質な種類のが集まっている。そういうところへ健康診断とか、ちょっとした病気で気楽に連れていく人が多い。その危険に最も気がつくべき医者や看護婦まで、大半が無頓着なのはどういうわけか。そういうところに通わせながら、病気をさせないのが良い育児だといった指導をするのは、矛盾している。

急性の病気は、たいてい細菌やウイルスによるものです。病院医療には有効な治療法はほとんどありません。病院で余計な処置をされればそれだけダメージを受けるだけです。あわてる必要はありません。

ぐあいのわるくなった赤ちゃんにたいしてまずなすべきことは、ひんぱんに授乳することです。

授乳できないばあいは、トランスファー・ファクターを飲ませるのがよいでしょう。免疫能の未発達な乳幼児にとって、トランスファー・ファクターは病気全般の特効薬ともいえるでしょう。(とりわけ初乳が飲めなかった赤ちゃんにとっては絶対的に必要なものとさえいえます)。そのほか、天然粗製ビタミンC、オリーブ葉エキス、エキナセア、シイタケ菌抽出液などを常備しておくとよいでしょう。こうしたすぐれた〝民間薬〟を常備していれば、感染症にたいして医師よりもはるかに効果的な治療をすることができるでしょう。

あるいは、なにも手もとになくても、親が気をこめて「手あて」をするだけで、たいていは病院へ行くよりもよい結果をもたらすでしょう。「手あて」とは、文字どおり、手を当てることです。親が気と愛情をこめて手を当てたり手をかざしたりすることで、子どものたいていの異常は消失してしまうものです。ひとのてのひらからは癒しの波動が放射されるからです。とくに患部、あたま、おへそに手あてします。

アメリカで「セラピューテック・タッチ」（手あて・手かざし療法）の普及に活躍してきたドロレス・クリーガー（前出）は、つぎのように述べています[36]。

赤ん坊はセラピューティック・タッチにとてもよく反応します。セラピューティック・タッチによって、未熟児で生まれた子どもの発達を助けたケースもたくさんあります。

ゆっくりと長く、掃くような動作をすると、赤ん坊をなだめるのに効果的です。弱い人にはできるだけ短時間（二、三分以内）で、やさしくおこなうということです。とくに新生児や乳児、幼児、高齢者、衰弱している人にはそのことが大切です。

「手あて」はだれでもできます。こころを落ちつかせ、集中しておこなえばいいのです。レイキのアチューンメント（エネルギー回路をひらく個人指導）や気功のレッスンを受けていればいっそう効果的ですが、そうでなくてもじゅうぶんに効果があります。

もちろん、重大な異常のあるばあいもないとはいえません。けれども、かりに重大な病気であるとしても、病院へ行けばどうにかしてくれるというものでもありません。家にいてなおらないような病気の多くは、病院でもなおらないでしょう。病院の得意とする分野（たとえば心臓奇形のような病気）でも、病院で大手術を受けるのと家で薬石等を飲むだけにするのとどちらがよいかは、いちがいにはいえないのです。

ともあれ、重病ではないだろうかなどという心配をしていたらキリがありません。重大な異常を生じさせないためにも自然な生活やお産をしてきたのではなかったでしょうか。自信をもって〈自然〉のなせるわざに身をゆだねることが基本というべきでしょう。(むろん、病院のほうが適切な処置ができると判断されるばあいには、病院へ行くことをちゅうちょするべきではありませんが。)

アレルギー

多くの子どもは、胎児のころから濃厚に汚染されつづけています。母体が汚染されているからです。母体の汚染はほとんどストレートに胎児へ移行してゆきます。多様な化学物質や劣悪な食物の毒素がどんどん胎児のからだにながれこみます。そのため、生まれてきたときにはすでにりっぱなアレルギー体質をもっている赤ちゃんもめずらしくありません。(ただし新生児の段階ではアレルギーの診断は困難です。)

平成三年に発表された日本体育大学の調査によれば、保育園児の九四・七%、小学生の九六・一%、中学生の九八・三%、高校生の九二・九%が、なんらかのアレルギー症状をかかえているということです。いまやアレルギーのない子どものほうが特異なのです。

最近の赤ちゃんは、汚染超大国日本の第三世代にはいってきています。それだけ汚染の蓄積がすすんできていることになります。この悪循環をなんとか断ちきらなければなりません。

アレルギーを予防したり治療したりする根本的な方法はひとつしかありません。不自然なものを子どもの体内にいれないことです。そのためには、徹底的に化学物質を排除した生活をしなければなりません。個人の努力には限界がありますが、個人の努力を積みかさねて環境の浄化を期するしかないと思われます。

早すぎる離乳がアレルギーを助長することもしばしばあります。赤ちゃんの消化器は、母乳によって発達し、ととのえられます。早すぎる離乳は、ただでさえ未完成な乳幼児の胃腸をいっそう荒らしてしまいます。そのため、化学物質や異種タンパクなどの異物がいっそう体内にとりこまれやすくなるのです。これがアレルギーを助長します。「離乳食」は子どもにとって不自然なものです。過度に調理した食物を二歳にもならない子どもにあたえることは、子どもの生理を無視した暴挙といわねばならないでしょう。玄米や大豆もまず無理です。牛乳や肉・魚は論外でしょう。

フィンランドの小児病院およびアレルギー疾患専門病院では、母乳とアトピー疾患の関係について、多数の子どもを一歳から一七歳まで追跡調査してみました。その結果、母乳がアトピーの発症を明確に抑制していることが確認されました[37]。「われわれはつぎのように結論する。――母乳は、幼年から青年にいたるまで、アトピー性湿疹・食物アレルギー・呼吸器アレルギーを含むアトピー疾患を予防する。」

この調査は、お乳が濃厚に汚染されている一般の母子を対象としたものです。菜食主義の母親のお乳であれば、アレルギーの予防はさらにはっきりしたものとなるでしょう。

初乳をあげられなかったり授乳期間がみじかかったりした子どもには、トランスファー・ファクター（前出）を飲ませるとよいでしょう。トランスファー・ファクターは、免疫機能を調整するはたらきをします。（製品はウシの初乳から抽出したものですが、アレルギー反応を誘発することはありません。）

乳児にしつこいアレルギー症状がでてきたら、まず、母親自身の食事のなかに直接的な誘因物質があるかどうかをみきわめます。大豆や小麦や米の摂取を個別にひかえてみるのです。子どもを病院へ連れて行って誘因物質の検査をしてもらってもよいでしょう（検査結果は参考ていどにしかなりませんが）。誘因物質がみつかれば、当分それをひかえます。

ただし、誘因物質をひかえることで症状が減退したとしても、アレルギーそのものがなおったわけではありません。アレルギー症状の引きがねとなる物質とアレルギー体質をもたらす物質とは、別個に存在します。むろん重複して存在するものもあります。化学物質や動物性タンパクは、それじたいがアレルギー体質をもたらし、かつ症状の引きがねともなります。けれども、大豆や米や小麦は（農薬等をべつとすれば）アレルギー体質をもたらすものではありません。アレルギー体質をもたらすものは、症状の引きがねとなるならないにかかわらず、食べないようにしなければなりません。それゆえ、症状が減退したとしても、さらに食生活全体を徹底的に見直す必要があります。

動物性のもののまじった食品をとっていないか？　添加物のまざった食品をとっていないか？　農薬の残留している野菜やくだものをとっていないか？　調理した食物ばかりをとっていないか？　あぶらをつかった加工食品をとっていないか？　水道水の浄化はじゅうぶんにできているか？　外出先で飲食するものに問題はないか？

母乳に栄養上の欠陥があるかもしれません。

たとえば、オメガ - 3の不足はアレルギーを助長します。低温絞りの亜麻仁油を適当にとってみるとよいでしょう。（さらに月見草油をとれば症状がいっそう改善されるでしょう。）

ビオチンの不足も同様です。これはとくに皮ふ炎を助長します。バナナやスイカなどのくだものを積極的に食べるとよいでしょう。

やはり不足するとアレルギーを助長するビタミンCやカロチノイドも、諸種のくだものでおぎなえます。亜鉛の不足も問題です。海藻類や種実類を積極的に食べるとよいでしょう。

もちろん、問題は飲食物ばかりではありません。生活全般を見直してみる必要があります。化学物質過敏症の患者の感受性を基準として点検してみるのです。ガスコンロ、エアコン、テレビ、パソコンなど、みな化学物質を放出します。新聞紙や人形も危険物です。空気清浄器さえも汚染源となります。部屋の掃除には水フィルター仕様の掃除機を使用することがすすめられます（この種の掃除機はかなり値が張りますが）。家庭内の人間関係にも反省の目をむけてみましょう。

ステロイド剤は、原則として使用しません。どうしても使用したいというばあいには、それを有効にする方途がひとつだけあります。ステロイド使用中に食事や環境を徹底的に改善することです。症状をおさえているあいだに、体内の化学物質を排出して体質の改善をはかるのです。

離乳した子どものアレルギー体質には、酵素活性の低下や補酵素（ビタミン・ミネラル）の欠乏がひそんでいるとみられます。クレブス回路の停滞や副腎皮質ホルモンの衰退などもひそんでいるとみられます。これらを改善するには、なによりも生のくだものをたくさん食べることが肝要でしょう。生のくだものは、生きた酵素を補給し、ビタミンCやカロチノイドやミネラルの慢性的欠乏を解消し、酵素活性を高めます。クエン酸などの有機酸を補給し、細胞を活性化し、代謝を正常にもどします。これらによって、免疫システムが正常化します。生体の浄化能力も強化され、ストレスに強い体質が形成されます。調理したものばかりを食べていたのでは、体質はかわりません。しかも血液はよごれたままで、症状はいっこうにおさまりません。

アレルギーの子どもの多くは、胃腸のはたらきがにぶくて胃酸等の分泌も不十分です。そのため、タンパク質をうまく分解することができません。この状態を改善するには、酸味のあるくだものかその果汁をあたえることです。これによって胃腸のはたらきが活発になり、胃酸の分泌もうながされます。また、穀物や野菜とちがって、くだものの抗酸化物質はすみやかに分解されて体内で有効に機能します。(とくにバナナには抜群の抗酸化力があります)。くだものは、こうしてアレルギー体質の改善にも役立つのです。(冷えた果汁やくだものは不可です。)

もっとも、くだものにもアレルギー症状をおこす子どももすくなくないのでやっかいです。キウイやイチゴなどは種子のタンパク質が症状を誘発します。バナナやトマトのように無核化したものでも症状をおこします。これらはタンパク質以外の物質が過敏反応をもたらすという面もあります。リンゴやブドウやモモなど比較的無難なくだものを食べながら体質の改善をはかってゆくとよいでしょう。(なお、多種類のくだものに反応するばあいは、それは食物アレルギーによるものではなくて、くだものの農薬に反応する化学物質過敏症である可能性が大です。無農薬のスイカやブドウを食べて症状が悪化したばあいは、免疫活性が一時的に高まったためにアレルギー反応が強くでたという可能性もあります。)

健診

通常、新生児に健康診査は不要といってよいでしょう。保健婦・助産婦による新生児訪問指導も遠慮してもらいます。余計な細菌を手みやげにもってきてくれたり、ミルクを足したほうがいいなどという誤った「指導」をされるだけですから。以後、どのような名目の診査も受ける必要はないでしょう。(もちろん、気がかりなところのあるばあいはべつですが。)

診査は、診査だけで終わるわけではありません。それは病院医療への導入部です。診査を受けさせるということは、病院医学の教義に子どもをゆだねることを意味しています。

親がみずから〝診査〟をすることも無用です。身長・体重や発達の状態をいちいち「標準」とくらべてみる必要などさらさらありません。（母子手帳には、ご親切にも乳幼児の体格や能力を「標準」と比較するページが用意されています）。ひとりひとり、その子なりのペースというものがあるのです。標準からどれだけズレていようと、問題ではありません。そもそも、その「標準」とは、いったい人類のうちのどの赤ちゃんたちをもとに設定されたものなのでしょうか？　母乳だけでそだちつつある子どもを人口栄養児の標準と比較してみたところで、なんの意味もありません。

わたしたちはとかくなんでも早いほうがいいと思いがちですが、それはこの競争社会を反映した悪弊というべきでしょう。むかしの日本では、多くの地域で、早く歯が生えたり歩きだしたりすることをむしろ好ましくないことと考えていました。それが正解でしょう。成長の各段階にはそれぞれにかけがえのない意義があります。その各段階をじっくりと、ぞんぶんに経験しつくすことがのぞましいのです。だいたい〝下等〟な動物ほど早く成長します。霊長類、とくにヒトの特徴は成長が遅いというところにあります。より正確にいえば、成長にながく時間がかかる、というのがヒトの特徴なのです。時間がかかるのをよろこぶべきです。（ただし、発達がみられないというばあいはべつです。そのばあいは、できるだけ早く特別な訓練をほどこすほうがよいかもしれません）。親が乳幼児をほったらかしにしたりしていると、乳幼児は自立を早める必要を感じて発達を不自然に早めてしまうことになります。ゆっくり発達し、ながく親に甘えるのが、ヒトの子の特権なのです。

一定の時期になると、保健所などで集団検診が実施されます。不要です。不要であるばかりか、危険でさえあります。病院以外の場所で子どもがＭＲＳＡなどの細菌に感染する最大のチャンスが、ほかならぬ集団検診なのですから。

ついでに、だいぶさきのことにもふれておきましょう。

保育園や幼稚園、小学校などに通わせると、そこでも定期に健康診断が実施されます。こうした組織のなかで全員におこなわれる健診となると、その強制力は圧倒的なものになります。就学まえには「就学時健康診断」がおこなわれます。これは主として、子どもを普通学級向きと特殊学級・養護学校向きとに選別するためのものです。それも身体検査のほか、知能テストのようなさらに根拠のあやふやな検査によって選別するのです。これはたいへん非人道的な所業といわねばならないでしょう。

病院医学は、国家権力のもとで、あの手この手をつかってわたしたちを管理下に置こうとたくらんでいるようです。命じられるままに検査や治療を受けていれば、さまざまな精神的・肉体的な被害をこうむる可能性がありますｃそればかりでなく、やがて子どもたちは自分のちからで生きようとする生命力をもうしなってゆくかもしれません。すべての親は、子どもを病院医学に飼いならされた家畜にするか、自分のちからで生きようとする自然児にするかの、どちらかを選択しなければならないのかもしれません。後者を選択するのなら、親は決然として病院医学に抵抗しなければならないでしょう。メンデルソン（前出）はつぎのように端的に言いきっています(38)。

まずなすべきことは、自宅で子どもを産み、母乳で育て、子どもに予防接種を受けさせず、職場や学校の健康診断を拒否することである。

すでにプライベート出産を選択した親なら、組織的な強制にたいしても、断固として抵抗する勇気をもちたいものです。やむをえず健診を受けさせるばあいも、X線撮影などは拒否したほうがよいでしょう。汚染された食物を盛りつけた学校給食なども、できるだけ食べさせないようにしたいものです。給食は、営利主義と栄養学的な迷信とに汚染されています。給食を強制する権利はだれにもありません。給食を食べる義務もだれにもありません。給食は拒否してよいのです。そのさい、「アレルギー体質だから」といった姑息な理由で無難にきりぬけるのでなく、「まっとうな食べものでないから」と堂々と主張しましょう。それが社会を変えるちからにもなるのですから。

子どもを学校へ通わせることじたい、選択肢のひとつにすぎないと考えるべきでしょう。教育はほんらい、各家庭において自然になされるべきものでしょう。子どもはひとりひとり、独自の来歴、性格、素質、能力、興味・関心、目標をもっています。学校は、そうした多様な個性に対応しうるものではありません。近・現代の学校は、産業革命にともなって要望されるようになった、画一的な労働者を養成するための人間管理機関という面を強くもっています。（いうまでもなく、日本の学校は富国強兵政策のもとに設立されたものです）。学校へ行かせたほうが子どものためになるとは、かならずしもいえないのです。

ちなみに、まっとうな生活に徹しているひとたちのなかには、プライベート出産した子どもを学校へ通わせないケースもすくなくありません。アメリカで四人の子どもをプライベート出産したリード夫妻は、四人とも自宅で教育しました。夫のダンはこう述べています(39)。

> 現在、最初の自宅出産から一八年経ち、自宅での教育を始めてから一二年（出生から六歳までの年数をのぞいて）経った。わたしたちは、自宅出産と自宅教育が子どもたちをより幸福に、より健康に、そしてより強靭に——心理的、精神的、霊的に——してきたという確信を深めつつある。

現在、アメリカなどでは、自宅出産と自宅教育（ホームスクール、ホームエデュケーション）がたいへんな勢いでひろがりつつあります。自宅出産と自宅教育とは密接に関連しています。アメリカの無介助出産のメーリングリストでも、ホームスクールがしばしば話題にあがります。プライベート出産とホームスクールのかかわりについて、リン・グリースマー（前出）はつぎのように指摘しています[40]。

> 自宅教育は、自宅出産をした多くのひとたちの希求するライフスタイルにぴったり合っています。多くの夫婦は、堅実な基盤において子どもたちを成長させることに熱中しています。その堅実な基盤は、成熟した両親から子どもたちへと伝えられる価値観にもとづくのです。
>
> 無介助自宅出産をするカップルは、しっかりした家庭を築くことに最大の目標を置きます。しっかりした家庭へのスタートは自宅でなされます。そして多くはホームスクールや自宅をベースとした仕事にたずさわるようになります。
>
> 無介助自宅出産は自宅教育によく似ています。どちらも両親がみずから決定し、その恩恵と収穫をみずから刈り入れるからです。自宅教育と自宅出産は、結果についての全責任を両親が負う、唯一の選択なのです。
>
> ある家族は、自宅で独自のカリキュラムと一応のスケジュールを組んで、「学校」を再創造しようとするでしょう。また〝脱学校〟の家族なら、子どもたちの自然な性向を興味の対象や学ぶ課題をみい

だすための指標とみなすでしょう。

ホームスクールの擁護者たちは、教育は施設よりもより自然な環境でこそよく達成されるという見解を支持しています。無介助自宅出産は、〝脱学校〟教育と同様、ものごとの自然ななりゆきを大切にするのです。

このグリースマー夫妻も、五人の子どもをホームスクールで育てています。

みずからのプライベート出産の体験から、ジーンナイン・ベイカー（前出）は、こう語っています[41]。

怖れを基調とした病院出産は、〝施設が自分たちのめんどうをみてくれる〟という刷り込みをもたらします。それは社会一般の生活保障の観念につながります。すなわち、公共の施設が自分たち自身に代わって責任を引き受けてくれるという観念です。

自分で自分の助産婦をするという経験は、それまでになかった自由と、それに次のような収穫を、おのずからもたらしてくれました。——自宅での自然な治療（医師を必要としないこと）。自宅での子どもの教育（教師を必要としないこと）。生きた霊的体験（教会を必要としないこと）。

予防接種

生後三ヵ月以降になると、国の法律にもとづいて、子どもは各種の予防接種の対象となってきます。なるべくなら、予防接種は受けさせたくないものです。

予防接種の効果はかならずしも明白とはいえません。ＢＣＧからインフルエンザ・ワクチンにいたるまで、そのはっきりした効果を示すようなデータはほとんどみあたらないのです。〝集団防衛〟という考えかたも、考えかたの域をでません。医者たちは接種しておけば「感染しても軽くすむ」と主張しますが、それもあまり確証がありません。

伝染病ワクチンのうち、一定の有効性があるとみられるのは、天然痘とポリオです。ところが、天然痘ウイルスは世界中ですでに絶滅してしまっています。ポリオウイルスも、日本をふくむ西太平洋や欧米ではすでに絶滅しています。現在、日本で小児麻痺にかかっているのは、ポリオの予防接種を受けた子どもやその親だけなのです。

一種類だけ接種するとすれば、破傷風を選ぶでしょう。しかし、現代社会で子どもが破傷風で死ぬ確率を考えると、これにも背をむけたくなります。（破傷風による死亡者のほとんどは高齢者です）。免疫の持続期間もあまりながくありません。

接種したことで「軽くすむ」ばあいもないとはいえないでしょう。けれども、その代償は時としてあまりに大きすぎます。また、そういうかたちですませてしまうと、子どもの抵抗力は弱体化してしまいます。そのうえ、母体から子どもへの免疫の伝承（受動免疫）も断たれてしまいます。

ホメオパス（ホメオパシー医）の立場から、由井寅子はつぎのように述べています(42)。

予防接種によって子ども達は弱められているといってもいいほどです。医学も勿論その時代においての役目があると思いますが、現在あまりにも人工的なものが溢れすぎていると感じられます。私がこのことを実感するのは、予防接種の毒消しをホメオパシー的に行うことによって、子ども達の Vital Force（生命エネルギー）が蘇るのを見る時です。ですから私は不自然なものが引き起こす害について看過していることが出来ません。

ホメオパシーでは、子どもが罹《かか》るハシカや百日咳、水ぼうそう等の小児病は罹るべきであり、それらに罹ることによって逆に Vital Force の歪みを取ってくれるとします。つまりそれら病原菌に感染することによって生来的な不自然さを取り除き大掃除していると考えるのです。ですから小児病に罹って生じる症状は自然体に戻る為の不自然さの放出過程なので避けて通ることはできません。しかしこの小児病で死ぬ人は実際のところ本当に少ないのです。

自然健康道場を主宰する岡島治夫は、つぎのように指摘しています(43)。

私は予防接種は一切不要である、と思っています。

予防接種を受けると決まって胸椎七番が狂うんです。ここは血液の質に関係するんですが、たとえばガンなどになるとここが異常になっている。

予防接種をすると、からだが自ら免疫を造る力を失うのです。

有効性に疑問があるというだけなら、気安めくらいにはなります。けれども、予防接種には重大な害作用（副作用）がついてまわります。接種の効果は確実とはいえないのに、副作用の害は（その程度をべつとすれば）一〇〇パーセントです。重大な害作用の一部は明確なデータとして示されています。ショック死や重度障害は一定の比率でかならずひきおこされます。予防するはずの当の感染症にかかってしまうこともあります。（子どもに接種した菌やウイルスから親などが感染・発病してしまうこともあります）。また、ワクチンに添加されたり混入したりしているさまざまな物質は、大なり小なり生体に悪影響をおよぼします。

頑強な子どもは、そもそも感染症をさほど怖れる必要がないでしょう。感染すると命があぶないという子どもには予防接種も有意義であるように思えます。けれども、虚弱な子ども、アレルギー体質の子ども、過敏な子どもは、接種そのものから致命的なダメージを受けてしまう可能性もあるのです。

害作用は、親や医師の気づかないところでも、子どもに甚大な被害をあたえています。厚生労働省は、不活化ワクチンで接種後二、三日以内、生ワクチンで三週間以内にあらわれる異常だけを「副反応」とみなしています。が、じつは害作用には時間的な限界などありえません。一ヵ月たってから強い症状がでることもあるし、もっとあとになって重大な障害があらわれることもあるのです。接種にともなって思わぬ被害を受けることもあります。注射によって筋短縮症になった子どももいます。もっと怖ろしい、もっと大規模な、驚くべき人災も、現実に起こっていました。——百万人を超える日本国民が、予防接種時に肝炎ウイルスに感染したとみられるのです。現在、多くのひとたちがその肝炎ウイルスに由来する肝炎、肝硬変、肝臓ガンに苦しめられ、死んでいっているようです。予防接種さえ受けなければこんなくやしい災難にあわずにすんだのです。(当時、予防接種は強制的に受けさせられました。この人為的な災難にたいして、もちろん国からはなんの補償もありえません。健康にかんして国の言いなりになることの危険を、わたしたちはキモに命じるべきでしょう。)

アメリカの医学者トーチは、「SIDS(乳幼児突然死症候群)で死亡した一〇三人の子どもの三分の二が、その三週間以内にDPT(三種混合ワクチン)の接種を受けていた。その多くが摂取後二四時間以内に死亡した」と報告しています(44)。

各種のアレルギー疾患や神経障害も、予防接種と無関係ではありません。医学雑誌の編集者であるイギリスのレオン・チャイトーは、つぎのように述べています(45)。

免疫組織が発達し自然に完成する前に、(予防接種で)強襲することは自ら病気を招き入れるようなものである。子どものもつ未熟な防衛能力の手段と物質では、毒物の大量の注入を十分に処理することは不可能なのだ。
これが、無数のアレルギー症状と行動異常を伴う免疫不全を明らかに増加させた大きな要因でありうるのである。

予防接種は、子どもの免疫機構を不自然に刺激し、リンパ球過剰体質をつくると考えられます。リンパ球過剰体質はアレルギー体質に直結します。

接種してから日数がたつと、みかけのうえで因果関係があいまいになってしまいます。けれども、ひとたび植えつけられた病原菌の波動（情報）は、終生、からだから消えさりません。その波動はじわじわと生体をいためつづけるかもしれません。

波動機器は、潜在化した接種の影響をもみのがしません。たとえば、難病の筋ジストロフィーをわずらう二歳児を測定した結果、一年半まえに接触した殺虫剤などとともに、一年まえに接種したポリオワクチンの波動が原因物質として検出されました(46)。今後、予防接種と小児糖尿病や多動症、ガンや膠原病・リウマチなどとの因果関係がいっそうはっきりしてくるでしょう。

接種との直接的な因果関係が表面化しないような被害も、確実に生じているはずです。予防接種は、一時的に免疫力を大幅に低下させます。したがって接種のあと当分のあいだ、もろもろの感染症にかかってしまう危険が大幅に増大します。予防接種をした日から体調をくずしたり、予防注射をした日にケガをしたなどという話もよく耳にします。さらに予防接種は、感染にたいする子どもの自然な抵抗力の育成を妨害してしまいます。予防接種は子どもを弱体化するということです。これらは一般的な「副反応」の範囲にはいれられていません。

それゆえ、接種後に感染症にかかって死んだとしても、その死は接種とは無関係とされてしまうのです。

ワクチンに混入している不純物が子どもに重大な害をあたえることもあります。三種混合ワクチンなどに防腐剤として意図的に配合してある有機水銀などは、子どもの脳や神経組織に確実に害をおよぼすでしょう。接種が原因で子どもが自閉症になったとしても、接種と関係づけられることはけっしてありません。

毛利子来（前出）は、「予防接種は、まず原則として、『すべて受けない』という姿勢をとるべきだ」と明言しています[47]。その理由には、「ヒトの免疫系を乱す」「病気とのイタチごっこが起きる」「有効性の疑わしいワクチンが少なくない」「副作用が起きうる」などの点とともに、それら以上に重大な問題として「地球上の生態系を乱す」という点を指摘しています。自然界に存在していなかったワクチンのウイルスが広がっていったり、自然界のウイルスや細菌が変異を起こしたりすれば、自然の生態系そのものが大きくみだされてしまうからです。

このように予防接種は問題だらけなのに、どうしてひろく実施されつづけているのでしょう。理由のひとつはあきらかです。小澤博樹（小澤医院院長）はこう言いきります[48]。「現行の予防接種や集団検診は、国民にとって百害あって一利なしである。にもかかわらず、なぜつづけられているかといえば、それが医師会やその他の業界の貴重な収入源であるからだ。」

接種の時期になると、保健所や市区町村から「○○ちゃんの予防接種」と銘うった日程表が送られてきたりします。いかにも受けることが定められているような印象を覚えさせますが、もちろん接種は任意です。かつては強制的に実施されていましたが、平成六年からは任意接種に緩和されました。強制する根拠のないことが知れわたってしまったからです。

最近、インフルエンザの予防接種を再義務化しようとする動きがでてきています。接種の効果が「科学的に証明されている」などという非科学的な宣伝にまどわされないよう注意したいものです。

伝染病にたいするもっとも正統的な対策は、子ども自身の抵抗力を高めておくことです。この意味からも、できるだけながく授乳をつづけるべきでしょう。母乳こそ、最強の予防接種だからです。卒乳したあとは、まっとうな食生活をくずさないことがかんじんです。子どももできるだけ自然菜食を中心にするよう配慮するべきでしょう。とくにくだものや野菜が免疫力を高めてくれます。

じっさい、実験的にも、バナナなどに生体の免疫力を高めるはたらきのあることが確認されています(49)。実験によれば、白血球を増強するのは、バナナ・リンゴ・キウイ・パイナップル・レモン・イチゴ・夏ミカン・カキ・ミカンなどのくだもの、ニンニク・シソ・玉ネギ・ショウガ・キャベツ・長ネギ・ホウレンソウ・ニンジンなどの野菜です。また、免疫機構を強化する生活活性物質であるサイトカインをふやすのは、バナナ・スイカ・パイナップル・ブドウ・ナシ・カキ・リンゴ・キウイなどのくだもの、キャベツ・ナス・ダイコン・ホウレンソウ・キュウリ・ニンジンなどの野菜、それにノリ・ヒジキ・コンブ・ワカメなどの海藻です。穀物には免疫能を高める作用はありません。

海外へ出かけるまえに予防接種をするべきかどうかという質問にたいして、エドガー・ケイシーはこう答えています(50)。――「肉体の状態に関するかぎりは、食事あるいは食事の一部として毎日ニンジンをとることを守れば、この体が接触する可能性のあるいかなる伝染性の力に対しても安全が保証されるだろう。」

ただ、予防接種にかかわる心理的なプラス・マイナスというものもあります。もし接種しないことに親自身が強い不安を感じてしまうようなら、受けさせたほうがよいでしょう。親の不安が病気を呼び込んでしまうからです。また、生活環境によっては、特定のワクチンを接種しておくほうがよいばあいもあるでしょう。接種させるなら、子どもが一歳をすぎてから、これだけはと思うものを選んで受けさせるべきでしょう。(副作用を軽減するために、接種の直前と接種のあと一、二週間ほどビタミンCを飲ませるとよいでしょう。摂取後にホメオパシーのレメディをあたえるのもよいかもしれません。)

子どもが細菌やウイルスに感染したようで心配なばあいは、ビタミンCをこまめに服用させます。エキナセアやトランスファー・ファクターは、免疫活性を強力に高めます。オリーブ葉エキスは、細菌やウイルスそのものを攻撃します。医学者で医学ジャーナリストのモートン・ウォーカーは、「オリーブ葉エキスが効果を発揮する感染症」として、たとえばつぎのような疾患をあげています(51)。

インフルエンザ　エイズ　黄熱病　おたふくカゼ　カゼ　コレラ　ジフテリア
猩紅熱　腸チフス　天然痘　日本脳炎　ハシカ　破傷風　百日咳　風疹
ペスト　ポリオ　マラリア　水ぼうそう

なお、予防接種にかんして小児科医などに相談するのは見当ちがいというものでしょう。(自分の子どもにだけは接種を受けさせないという小児科医が四割くらいいるそうです。)

3　離乳・断乳

本章1節で授乳の開始について述べたので、ついでに授乳のその後についても述べておきましょう。

たいていの育児書は、生後二、三ヵ月ころから、お乳やミルクのほかに果汁やスープをあげるように指導しています。四、五ヵ月にもなれば、本格的な離乳食に移るべきだとしています。

これらは適切でしょうか。

不適切でしょう。時期の設定に、なんの根拠もないからです。生後数ヵ月といえば、たいていの赤ちゃんはやっと首がすわってきたころで、まだ自分ではほとんど動きのとれない時期です。授乳もようやく軌道にのってきたところです。なぜそんな時期に離乳をはじめなければならないのでしょうか。

いうまでもなく、動物には生後何ヵ月になったら離乳をはじめるなどという計算はありません。サルなどでも、特別な離乳食を子どもにあたえるようなことはしません。もちろん、子どものほうから親の食べているものをねだるということはあります。子ザルは親のまねをしたいのです。食べる練習にはなりますが、それでお乳代わりの栄養を得るというものではありません。ヒトにちかいチンパンジーのばあい、「母親は赤ん坊に、食物の食べかすや小片を与えるだけである。だから、母親にとってなんの損もない。赤ん坊が受け取るのは量としてわずかなので、栄養補給という機能はほとんどないと考えてよい[52]。」（西田利貞）

哺乳類の子どもは、お乳で育てられながら、ある時期から固形物を食べる練習を自分ですすめてゆくのです。

ヒトもほんらい、そういうかたちで哺乳をつづけてゆくべきでしょう。部族社会でも、やはり特別な離乳食を子どもにあたえるようなことはしません。「離乳食」などという概念じたいが存在しないのです。子どもは、食べたくなり、食べられるようになったときに、自分からすすんでそこにあるものを食べはじめます。そのころには、もう歯が生えそろっているでしょう。

むかしの日本では、生後一〇〇日とか二〇〇日のころに「食い初め」をおこなう地域もすくなくありませんでした。米粒ひとつを乳児の口にいれたりするのです。が、これは子どもの生命力を鼓舞したり、親類などを供応したりすることを目的とする、民俗信仰的な儀式でした。食い初めがそのまま離乳の開始を意味するものではまったくありませんでした。

日本にもやはり離乳食などという概念は存在しませんでした。松田道雄（前出）も、「私は、あちこちのおばあちゃんをしらべて歩いて、この人たちが離乳食をつくらなかったことをたしかめました」と記しています(53)。

維新以前の上流社会では、古来のしきたりや中国由来の知識などがいりみだれていました。儒学者の妻・成瀬維佐子が元禄年間に書いた『唐錦』には、つぎのようなくだりがあります(54)。（年齢はかぞえどし）

「五歳までは、お乳だけを飲ませ、ご飯もお粥も食べさせないように」と医者なら言うでしょう。けれども、そのいっぽう、子どもをたくさん養育してきたひとは、「三歳になってからは、お乳とともにご飯をすこしずつ口に入れさせるべきだ」と言うのです。

やはり江戸時代の香月牛山（前出）は、「二、三歳になるまではけっして食べものを与えず、お乳ばかり飲ませて育てる家が多い」と記しています(55)。牛山自身は、食べものを与えはじめるのは歯が生えてきてからがいい、と指摘しています。

歯が生えるといっても、生えはじめてから生えそろうまでにはずいぶんながい月日がかかります。前歯だけ何本か生えても、ものを噛みつぶすことはできません。奥のほうの歯ができてこないと実用には適さないのです。ということは、本格的に食べはじめるのは、奥のほうの歯が生えそろってから、ということになるでしょう。乳歯が生えそろうのは、だいたい二歳半か三歳くらいです。そのころには、消化器官の機能もあるていどそだってきています。それまでは予行演習です。予行演習は、固形物を食べる練習です。食べやすいように半流動食に調理するといった配慮は不要というべきでしょう。

生後二年に満たない子どもにおとなの食べるような食物をあたえるなど、とんでもないことといわねばならないでしょう。乳児のからだがうまく処理できるのは、唯一、母乳だけです。子どもの消化吸収の機能がいちおう整備されてくるのは、二、三歳になってからです。食べやすくした離乳食を早くから子どもにあたえることは、子どもの能力を越えた食事を強いることになりかねません。

おとなにとってなんでもないものも、乳幼児には大きな負担となりえます。野菜なども、あまくみると危険です。とくに葉菜類には毒となるものもすくなくありません。裏ごししたホウレンソウが乳幼児を死亡させうることは、欧米ではよく知られています。ホウレンソウの硝酸塩が元凶です。

動物性の食物も、もちろん危険です。動物性の食物を乳児に食べさせることは、ザルのような子どもの腸に異種タンパクをながしこむことを意味します。こうしたことから、離乳の開始が早ければ早いほどアレルギーにもなりやすくなるのです。

哺乳動物学や系統発生学を医学に導入している西原克成は、つぎのように指摘しています[56]。

ゴリラやオランウータンのような大型の哺乳類（霊長類）でさえ、二歳まで母乳だけで育てている。人間の赤ちゃんより早く成長する彼らでさえ、二歳まで母乳で育てるのだから、人間の場合なら、本来四歳まで母乳のみで育てるべきだ。

現在の日本の子どもは、離乳食で害されているのである。離乳食を早く与えられるため、食品アトピーで皮膚炎にかかる子どもが激増している。子どもばかりではない。現在、三十～四十代の〝おとな〟にもアトピーは多い。これは戦後の育児学が、誤った認識のままで今日まで行われてきたからである。

「本来四歳まで母乳のみで」というのは誤植ではありません。動物学的にみればそうなるということです。どうすくなく見積もっても、二歳までは母乳主体というのが正常なありかたでしょう。西原もべつのところで、「哺乳動物ヒト科の育児学からみて『二歳までは母乳のみで』とすれば間違いはありません」と記しています。ちなみに、ヒトにもっとも近似するとみられるボノボの子どもは、三歳ちかくまでほぼ母乳オンリーです。ヒトでいえば五～六歳までということになります。

栄養学にもとづいて、医師や保健婦は、子どもが三～五ヵ月になると母乳だけではじゅうぶんな栄養がとれなくなる、と警告します。まっとうな思考を欠いた警告というべきでしょう。米国サドベリー校の創始者ダニエル・グリーンバーグはつぎのように述べています(57)。「育児の権威者の大半は生後三ヵ月までに補助栄養食を与え始めよ、と主張します。しかし、その補助栄養分が赤ちゃんの成長にとってほんとうに不可欠で、それが母乳に欠けているというのであれば、百万年にもわたって人類が存続しているわけがないのです。なにしろその不可欠な補助栄養分を生後三ヵ月とか四ヵ月の段階で、百万年も摂取して来なかったのですから。」

離乳の開始が早ければ早いほど、子どもの心身のバランスがくずれ、さまざまな精神的・肉体的な問題を起こしやすくなると考えられます。

たとえば少年少女の肥満は、多様な精神的・肉体的トラブルをかかえた問題ですが、これも離乳開始の時期と密接に関連しています。この件にかんしては、ドイツで大規模な調査が実施されました。小学校入学時の子どもの肥満率と栄養摂取の状況とを比較統計したものです。それによると、肥満率と完全母乳哺育期間とのあいだに、つぎのような関係のあることがわかりました[58]。

（完全母乳期間）（肥満率）

○ヵ月……………四・五％

二ヵ月……………三・八％

三〜五ヵ月………二・三％

六〜一二ヵ月……一・七％

一二ヵ月〜………○・八％

（これらの数値には、完全母乳の期間のながい親は離乳後も適切な食事をさせている可能性が高いことも影響しているでしょう。）

他の調査研究でも、白血病などにかかる率が母乳哺育の期間と反比例する、といった結果がつぎつぎに得られています。長期にわたる完全母乳哺育は乳歯を虫歯から守ることにもなるとわたしは考えています。（離乳食の慣習のない社会では乳歯の虫歯はほとんどみられません。）

完全母乳哺育の期間は、できるだけながいほうがよいといえるでしょう。三歳くらいまでほぼ母乳のみで育てられれば理想的です。

お乳が化学物質で汚染されていることから、母乳育児をあやぶむ声も聞かれます。けれども、じっさいには、母乳の有益さは汚染の悪影響をおぎなってあまりあるものがあります。身体的な健康の問題ばかりではありません。アメリカやオランダで、人工乳で哺育された子どもと母乳で哺育された子どもを比較したところ、後者のほうが知的能力が高いという特徴がみとめられました[59]。

お乳が汚染されているから授乳は早期にやめるべきだという意見もあります。しかし、母乳の汚染度は授乳の初期がもっとも高いし、離乳・断乳しても化学物質は子どもの口にはいりつづけます。

それより、そもそも、汚染されているからお乳はよくないという発想じたい、すじちがいです。汚染されたものを母親が食べるから、お乳が汚染されるのです。

たとえば問題のダイオキシン類による人体汚染は、食べものに由来する割合がじつに九八％におよんでいます[60]。そしてその九八％のうちの九〇％以上が魚介類・肉類・乳製品等の動物性食品によるものなのです。他の多くの化学物質にあっても大同小異です。

したがって、おもに自然栽培された植物性の食品を食しているならば、母乳の汚染を心配する余地はほとんどないといえるでしょう。くだもの食であれば、消化管からの有害物質の排出も促進されます。母親がそうしたまっとうな食生活をつづけているかぎり、母乳の安全性はゆるぎないものとなるでしょう。（ただし、化学物質は体脂肪に蓄積されるので、お産のはるかまえから自然菜食をはじめていることがのぞましいのです。）

ところで、子どもがお乳を〝主食〟としているあいだは、通常、生理はとまったままです。ホルモンと血液の関係で、自然にそうなるのです。生理がこないからと病院へ行ったりすれば、いろいろとおどされて授乳をやめるよう指示されるでしょう。病院医学では、授乳婦の排卵までの日数は一一〇～一五〇日とされています。

この日数を超えていれば、ホルモン剤を投与される可能性があります。ホルモン剤は、からだのホルモン・バランスをくずしてしまいます。

生理がこないのは順調なしるしです。ある大学の産婦人科医は、「母乳育児をして二年間月経がなかったという事例があります」などと書いています。ゆがめられた育児の現況をあらためて思い知らされます。しっかりと母乳育児をしていれば、すくなくとも三年間月経がないのがあたりまえなのです。

部族社会では、授乳は自然で効果的な避妊法でもありました。自然に授乳をつづけていれば、四、五年のあいだおのずと子どもができないからです。江戸時代に香月牛山（前出）も、「母親は授乳にのみ専念するのがよい。そうすれば、三年め四年めに次の子どもを出産することになり、母親自身も健康でいられ、好ましいことである」と述べています(61)。

ただし、授乳していても、離乳食をまともにあたえてしまうと事情がかわってきます。離乳食がお乳への要求量を減らしてしまうからです。アフリカのおなじ部族でも、狩猟・採集民の女性と定住・農耕民となった女性とでは、授乳期間等に大きな差異がでています。ブッシュマンにおける両者の差異はつぎのごとくです(62)。

狩猟・採集クン族の女性たちは、子どもたちにやわらかな食べ物をけっして与えない。それで彼女たちは三年間ないし四年間授乳し、そのあいだ妊娠することはめったにない。

いっぽう、農耕クン族の女性たちは、子どもたちに穀物の離乳食や牛乳を与え、ずっと早くに乳離れさせる。……短期の授乳と余分な体脂肪が農耕クン族の出産間隔をせばめてしまう。

また、授乳そのものがいいかげんであっても生理が早くきてしまいます。夜間に授乳の間《ま》が三時間もあくようでは、ホルモン（プロラクチン等）のレベルがさがりすぎ、お乳の分泌がおさえられてしまいます。そして、逆に黄体形成ホルモンのレベルがあがって、排卵をうながすことになります。

伝統的なブッシュマンの母親たちは、日中の一二時間だけでも平均四八回も授乳しています(63)。もちろん夜間もひんぱんに授乳します。いつも母子一体なので、子どもは飲みたいときに飲みたいだけお乳を飲むことができます。赤ちゃんは自分で乳房をつかんで乳を吸うのです。「赤ん坊は好きなだけ乳が飲めるので、母と子のあいだでは授乳の回数や量をめぐる衝突など起こらないのです(64)。」(M・スモール)——つまり、好きなときに好きなだけお乳が飲めるようにしておくと、授乳の間隔はおのずからごくみじかくなるというわけです。それが自然な授乳のありかたなのです。(ヒトにちかいゴリラやチンパンジーの赤ちゃんも、三〇分に一回くらいの頻度でお乳を飲みます)。そして子どもたちは、「やがて、四歳ごろになると自然に乳離れします」。こうしてブッシュマンの女性は、避妊薬なしに四年以上の間隔で、生涯に四~五人の子どもをお産するのです。

授乳婦が動物性の食物を摂取していると、ホルモンなどの関係で早く生理がはじまってしまいます。それに高タンパク・高脂肪の食物は、授乳の頻度を減少させるので、やはり生理の再開を早めてしまいます。できるだけベジタリアンにちかい食生活をつづけるべきでしょう。

さらにまた、この間はセックスをひかえることが常道でしょう。セックスをくりかえすと、ホルモンの関係で、生理がはじまってしまう可能性が高くなるからです。ですから、子どもがお乳を〝主食〟としているうちは、なるべくセックスはひかえたほうがよいわけです。多くの部族社会ではそうしてきました。エジプトなどでも一般に授乳中はセックスをしません。(このながい避妊期間が一夫多妻制を必要とした理由のひとつです。ちなみに、ゴリラやチンパンジーのメスは、授乳している四~五年のあいだ発情しません。チンパンジーの出産間隔は五~六年です。ボノボの出産間隔はややみじかくて四・八年です。)

生理がはじまってしまうと、お乳の量や質にあるていどマイナスの影響がでてくるでしょう。江戸時代の近藤直義（前出）は、つぎのように述べています[65]。「乳児がいるうちに生理が始まったり妊娠したりすることがあれば、乳が濃くなってしまう。これは乳が出なくなるきざしである。……とかくセックスをするときには精気を下半身に取られてしまって、生理も早く始まるし乳も止まろうとする。たとえ乳が出ても濃くなってしまい、それまで良かった乳も悪くなるから、子どものためによくない。また、乳をあまり飲まさないようにしていると、生理もかならず早くきて、次の子を身ごもるのも早くなるものである。」

おなじく江戸時代の大牧周西は、『産科指南』のなかで、上（乳房）と下（子宮）との相関性について指摘しています[66]。「産後は、もっぱら（血液が）上へ行って乳となる。それゆえ、およそ二、三年のあいだ生理がとまったままであるのは、自然の理というべきであろう。」

さて、ある時期になると、子どもはおとなの食べているものを欲しがるようになります。欲しがっても、食べるための便宜をあたえないようにするべきでしょう。どうしても食べたければ、子どもはおとなの食べているものを食べるでしょう。（この時期に親が調理したものばかり食べていると、子どもは適切な食事を学ぶことができなくなってしまいます）。もっとも、はじめのうちは食べる練習をしているだけであって、食べるために口にいれているわけではありません。そういう時期に、おとなの食べるものをドロドロにしてあたえたりするのは、子どもの生理を無視したことになるでしょう。母親が固形物を噛みくだいてあたえるのも、もちろん好ましくありません（虫歯菌やピロリ菌をも植えつけてしまいます）。しかも、そのようなものを食べさせていると、お乳の出がわるくなり、ますます「離乳食」にたよることになってしまいます。

なんらかの事情で、子どもが固形物を食べはじめるまえにお乳をあげられなくなってしまうことがあるかもしれません。そのばあいは、しぼりたての果汁をあたえるとよいでしょう。くだもののジュースは、栄養的にはもちろん、味覚的にも、お乳の代用に最適です。たとえばスイカの果汁は、母乳とほぼ同等の糖度で、赤ちゃんもよろこんで飲みます。ジュースも、素材じたいをあたためたりして、なるべく母乳にちかい温度にして飲ませるよう工夫します。また、濃厚な果汁はぬるま湯で、酸っぱいものは他の果汁とぬるま湯で、うすめて飲ませます。

乳幼児にあたえるジュースについて、ベス・モンゴメリはつぎのように述べています(67)。

しぼりたてのジュースは、赤ちゃんにとって最高です。とてもおいしく、しかもビタミンやミネラルをたっぷりと含んでいます。

母乳を飲んでいるあいだは、水でうすめたジュースを与えるにしても、一日に一〇〇グラム程度を超えないようにします。そうすることで、赤ちゃんは適正な成長のために必要な脂肪やタンパク質を母乳によって摂取しつづけることができます。赤ちゃんが成長して離乳するまでは母乳をジュースにすりかえないようにすることが大切です。

赤ちゃんが成長してくれば、より多くのジュースを与えはじめます。ただし、幼児は一度に二〇〇余グラム以上のジュースを受け入れることができないという点に注意して下さい。

四ヵ月から六ヵ月のあいだに、うすめたニンジンジュースを与えはじめます。

かんきつ類のジュースを与えるのは、子どもが一歳になるまで待つべきです。

一歳になるまでは、どんなジュースも水で倍にうすめて与えます。その後は、そのまま続けてゆくか、水をだんだん減らしてゆくか、あなたと子どもの好きな方にします。

フルーツジュースが濃厚すぎるばあいには、赤ちゃんの便がゆるむことがあります。もし赤ちゃんがかなりの下痢をしたなら、ジュースの希釈が充分でないのでしょう。

ニンジンとリンゴのミックスジュースは、乳児から老人まで、すべてのひとに好適です。

適当なくだもの等がないときには、発芽玄米の重湯をうすめて飲ませてもよいでしょう。発芽玄米の生ジュースを濾して飲ませてみてもよいでしょう。

玄米の超微粒粉であるリブレフラワーも利用できます。鶴見隆史（前出）はこう記しています[68]。

私は、離乳期の赤ちゃんや母乳の出ないお母さんの乳児には、玄米全粒粉と葛で作ったスープを勧めています。玄米全粒粉「リブレフラワー」と葛粉それぞれ小さじ3杯ずつを２００ccの水に入れ、弱火にかけながらよく溶かし、自然塩をほんの少し加えます。これを人肌に冷まして哺乳ビンに入れて飲ませます。

もしこの方法でうまくいかなかったら、「リブレ葛スープ」に酵素粉（メガザインかスーパーバイオ）を混ぜると完璧です。

「ライスドリーム」というアメリカ製の有機玄米ミルクも輸入・販売されています。この飲みものは、アメリカで自然食をしている家庭の子どもの人気ナンバーツーです。（ナンバーワンはココナッツミルク）。「乳児向けではない」とわざわざ断わってありますが、お乳によく似た味・舌ざわりなので、臨時のときには好適と思われます。ぬるめのお湯やお茶で二、三倍にうすめてあたえます。

穀物を素材としたものは、あくまで急場しのぎや補助食としてのみ利用します。もとより、穀物は乳幼児にとってあまり好ましい食物とはいえないでしょう。ことに穀物だけでつくったものには栄養上の致命的な欠陥があることを忘れてはなりません。むかしは母乳が足りなくなると重湯などをよく飲ませていましたが、ビタミンAの欠乏から角膜軟化症になって失明する乳児もすくなくなかったのです。

ヒトの腸が完成するのは十代になってからですが、とくに生後数年は食物を消化する能力がいたって未熟です。とりわけタンパク質を消化する能力に欠けています。この時期に、母乳以外の不自然なものを食べさせると、子どもは体調をくずしてしまいがちです。精神的にも不安定になり、泣きわめくことが多くなったりします。アメリカのステファン・アーリンら（前出）は、そうした子どもたちへの処方をつぎのように記しています[69]。――「そのような子どもは、ただ単に新鮮なくだものと青野菜のジュースを毎日飲むという単純な食生活に変えるだけで、二週間以内に健康をとりもどすことができる。」

幼児に適した食物は、生の植物です。このことが意外に感じられるほどに、わたしたちの食生活は混乱してしまいました。ヒトは生の植物を食べて生き継いできたのです。幼児とて例外ではありませんでした。生の植物といっても、もちろん幼児が野菜をバリバリ食べることはできません。幼児にもっとも適した食物は、やはりくだものです。

酵素を豊富にふくむくだものは、いわばそれみずからが消化をすすめるので、乳児でも自然に受けいれることができます。右のアーリンらは、こう断言します。

真実はきわめて単純である。真実はきわめて明白である。――子どもにくだものを与えなさい。一日中、くだもののみを食べさせなさい。

母乳がでないまま、子どもにあるていど歯が生えそろってきたら、やわらかめのくだものをあたえます。バナナなどは最適です。インドやブラジルではむかしからバナナをベビーフードとして用いてきました。バナナは、タンパク質の比率など母乳とよく似たところがあります。皮に黒い斑点（シュガースポット）がではじめるまで完熟させてから食べさせます。（バナナにかぎらず、くだものは完熟したほうが甘く、からだにも良いのです。例外もありますが）。バナナを輪切りにしてヨーグルトとあえて食べさせてもよいでしょう。

子どもが自発的に「離乳」しはじめても、固形物はなかなか喉をとおらないかもしれません。それには、消化機能が未発達であったり、たんに食べ慣れないということもあるでしょう。が、それよりむしろ、おいしくないということがしばしば関係しています。

たとえば多くの子どもたちが野菜ぎらいですが、それは自然なことです。もともとヒトは野菜（野草）を好んで食べる動物ではありません。加熱も味付けもしない野菜はおいしくないからです。おいしくないのは、それが人体の糧としてあまりふさわしくないことを示しています。おいしくないのは、たいてい、甘くないからです。味覚は甘味を中心に発達します。「甘い」というのは、からだにとって自然だというサインです。（人工的な甘味はべつです）。子どもが甘いものを好むのは、甘いものがからだにふさわしい食物であるからです。甘いものを、甘くておいしいものをあたえましょう。甘くておいしいもの――それはくだものです。

ヒトはもともと、くだものを主食とするフルータリアンでした。くだものから食べはじめるのが、ヒトの「離乳」のほんらいのありかたであるはずです。

健康法の研究家でもあったマハトマ・ガンジーは、乳幼児の食事について、こう記しています(70)。

子どもは少しずつ果実食に慣れさすのがよいでしょう。そうすると血液がきれいになり、赤ん坊は勇ましく元気よく育ちます。歯がはえるとすぐ、いやその前から、米や野菜や豆類を与える母親は、子どもに非常に大きな害を加えていることになります。

生きた酵素をたっぷりふくんだお乳から、生きた酵素をたっぷりふくんだくだものへ――これがヒトの子どもの理想的な「離乳」だと考えられます。くだものなら、子どもはよろこんで食べます。そして身になってゆきます。色とりどりの新鮮なくだものを食べさせてあげましょう。

ハイジア・ハーフムーン（前出）はつぎのように述べています(71)。

霊長類の赤ちゃんたちは、母乳から多汁果実へとまっすぐに移行します。わたしたちの赤ちゃんだって同じです。

わたしたちの子どもも、くだものを好み、くだものによって丈夫に育ちます。子どもたちは、力強く活発な身体を形成し維持するのに必要なアミノ酸（タンパク質）、カロリー、炭水化物、必須のビタミン類、脂肪、カルシウムなどのミネラル類のすべてを、くだものから容易に摂取します。そうして育つ子どもたちは、日の出から日没まで、一日中、元気に遊びまくります。

肉はともかく、魚くらいは食べさせないと、子どもの脳や眼の発育に悪影響がでるのではないか――といった心配をするひともすくなくないでしょう。魚に多くふくまれるＤＨＡが脳の発育に不可欠だなどと喧伝されているからです。しかしもちろん心配無用です。乳児のばあいは、ＤＨＡは母乳にじゅうぶんにふくまれています。（穀物食をしている授乳婦は、海藻類や亜麻仁油をひんぱんにとるようにすればよいでしょう）。成長すれば、ＤＨＡはＥＰＡとともに必要なだけ子どもの体内で合成されます。きちんとした植物食をとってさえいればよいわけです。心配なら、できるだけながく授乳をつづければよいのです。また断乳後は、穀菜食のばあい、亜麻仁油を適当に加味するとよいでしょう。ＤＨＡと化学物質を多くふくむ魚を食べたところで、さして効果は期待できません。魚を多食する日本人に眼のわるいひとが多いのはなぜでしょう。アメリカで報告されたデータによれば、ＤＨＡ添加ミルクを飲んだ赤ちゃんは心身の発達が遅れたということです。子どもが固形物を食べはじめても、授乳を制限する必要はありません。お乳は食物の消化をおおいに助けます。子どもが要求するだけお乳をあたえます。

お乳を飲んでいるうちは、子どもは健康でいられます。人工栄養児にくらべて母乳栄養児の死亡率が格段にひくいのは、統計的にも明白なことです。「概して部族民の赤ちゃんは栄養状態もよく、健康でした(72)」（ゴールドスミス）。それというのも、お乳をながく飲ませていたからにほかなりません。母乳は天然無害の万能薬でもあります。この観点からすれば、すくなくとも子どもが四歳くらいになるまでは授乳をつづけるべきでしょう。子どもの免疫能の発達が一段落つく（発達のスピードがにぶってくる）のが四歳くらいであるからです。

つぎの子を懐妊するのは、下の子が卒乳してからが理想的です。けれども、授乳中に妊娠しても、とくに問題はありません。妊娠しても、授乳をやめる必要はありません。医師や保健婦のなかには、「妊娠中に授乳すると流産する」などとおどすひとがいます。事実無根というべきです。乳児がまだ母乳オンリーであるばあいは、胎児にいくらか影響がおよぶ可能性もなくはないでしょう。しかしそれとて胎児の健康を左右するほどではないでしょう。貧血の妊婦はこのかぎりではありませんが。

ただ、妊娠すると、お乳の味がかわってきたり、量が減ってくるということはあります。それで子どもが乳首を噛んだりするトラブルが生じるかもしれません。ただでさえ妊娠すると乳房が痛むこともあるので、一時期、要注意です。

やがて、つぎの子どもが生まれます。しかしやはり、つぎの子どもが生まれたからといって断乳しなければならないわけではありません。とりわけ、上の子がまだ二、三歳にしかならないばあい、むしろ上の子のほうにこそ授乳の重点を置くべきかもしれません。(授乳にかぎらず、親の態度に一貫性のあることがたいせつなのです)。乳房はふたつあるのですから、兄弟姉妹に同時に授乳することもできるはずです。たとえば南米のヒバロ族ではつぎのごとくです(73)。

新しい赤ちゃんの誕生は、通常、上の子の離乳を意味するものではない。新生児と四、五歳の子どもがそれぞれ母親の左右の乳房に吸いついているというのは、ごくあたりまえにみる光景である。

離乳は、強いられるものでなく、子どもが六、七歳になるまではまずおこなわれない。

アメリカで刊行されている妊娠・出産・授乳の情報誌などには、四歳の子どもと五週間の赤ちゃんを同時に授乳させている投稿写真が掲載されていたりします。兄弟姉妹でおっぱいを共有することは、兄弟姉妹のきずなをより堅固なものにするでしょう。ある三八歳になるアメリカの母親は、四歳の双子に授乳しています。一時期はその双子に長男と長女を加えた四人の子どもに授乳していました。その母親は、子どものほうからやめると言いださないかぎり授乳をつづける方針なのです。上のふたりはともに六歳までおっぱいを飲みました。(サラ・コルベットによる)

日本でも、ついこのあいだまで、六、七歳になってもお乳を飲んでいる子どもがざらにいました。額田年の調査によれば、海女たちの平均授乳期間は、三年三ヵ月あまりになります(74)。日中、子どもと離れて海にもぐる海女たちでさえ、三年以上におよぶのです。

長期の授乳は、母親自身にとってもさまざまなメリットがあります。健康の維持もそのひとつです。生殖器官をやすませるという意義もあります。授乳期間がみじかいと、たとえば卵巣ガンなどになる可能性がずっと大きくなります。また、不自然な断乳は、ホルモンをみだし、乳ガンなどを誘発させる危険があります。

母子手帳は、離乳の完了について、つぎのように指導しています。「その時期は13か月を中心とした12～15か月頃です。遅くとも18か月頃までには完了させましょう。……一歳以降は牛乳またはミルクを一日３００～４００㎖コップで与えます。」――的はずれな指導というべきでしょう。

右の「牛乳またはミルクを……」というところは、背景に乳業の意向をにおわせます。「母子手帳副読本」は、各時期の育児にかかわって、つぎのように指導しています。「ミルクで補いましょう」「フォローアップ・ミルクを用いてもよいのです」「牛乳かミルクを一日にコップ二杯分ぐらい飲ませましょう」「飲みものとして牛乳を与えるほか、ヨーグルトやチーズなどの乳製品はよいおやつになります」。――ここまで徹底すれば、この〝副読本〟がじつは乳製品のＣＭブックであることはもう隠しようもないでしょう。小児科医の真弓定夫(前出)は、「保健所のスポンサーはあくまでも乳業だということを忘れてはいけません」と注意をうながしています(75)。ともあれ、母子手帳や副読本のいうとおりにしていれば、子どもはとりかえしのつかないダメージを受けることになるでしょう。

哺乳動物は、一般に、子どもが自分で食物をじゅうぶんに調達できるようになるまで、授乳をつづけます。これが哺乳動物の原則でしょう。多くの部族社会でもこの原則を守ってきました。たとえばタンザニアのハズア族では、「子どもでさえ乳離れをしてしまうと、あまり構ってはもらえない。食物の料理ができても、大人たちは、時間をかけて子どもたちに食べさせてやっているとは考えられない。子どもたちは、できるだけのものを手に入れようと精を出さなくてはならないので、果物、漿果、堅果を見つけることをじきにおぼえるのである(76)。」（クロフォード）

つまり子どもたちは、自分でくだものを調達できる成長段階まで授乳をつづけてもらわなければならないわけです。子どもたちはかなり大きくなるまでお乳を飲むことになるはずです。

類人猿は、ヒトのおよそ二倍のスピードで成長します。それでいて授乳期間は四、五年におよぶのです。ヒトでいえば、七、八歳ころまでということになります。江戸時代の浮世草紙『小児養育気質』に「七歳までお乳を飲ませなければあとあとのためにならない」とする主人がでてきますが、案外そのとおりかもしれません。

「民族小児学」の観点から、メレディス・スモール（前出）は、つぎのように指摘しています(77)。

離乳時期を決めるのに最良の方法は、人間を霊長類一般との関係で見ることです。ヒト以外の霊長類は、体の大きさや平均的な出産の間隔によっても違いますが、たいてい生後二年から七年のあいだに赤ん坊を離乳させます。もちろん大型の霊長類は妊娠期間が長く、母乳を与える期間も長くなります。……チンパンジーはかなり大型の猿ですが、赤ん坊は少なくとも四年は母乳を飲みつづけます。こうした霊長類のパターンを基準にし、そのうえで人間の赤ん坊が少し早めに生まれることを考慮して、デトワイラーは人間の赤ん坊の離乳時期を二歳半から七歳までのあいだに設定しています。興味深いことに、異文化を比較したデータはこの仮説にぴったりあてはまります。赤ん坊を一歳未満で離乳させるのは西欧社会だけなのです。そこから、はるか昔の更新世の時代、親がつねに子どもを連れ歩き、母乳を補う食べ物もなかったころの赤ん坊はいつでも好きなときに母乳を飲み、一回に飲む量は少なくても、たえず乳首に吸いついて、少なくとも二歳半まで——たぶん、もっと長いあいだ——離乳しなかったと考えてもいいでしょう。

ここに援用されているキャサリン・デトワイラー（人類学者）の指摘する「二歳半から七歳までのあいだ」

というのが、おそらくヒトにとってもっとも妥当な授乳期間であるでしょう。この授乳期間は、文化的な基準である以前に、生物学的な（したがって絶対的な）基準であるはずなのです。

むろんじっさいの断乳・卒乳の時期はケースバイケースでよいのです。部族社会では、十代になってもまだおっぱいを吸う子どもがいます。ソロモン諸島では、一五歳になるまでお乳があたえられていました(78)。もちろん部族社会でも、一般にはもっと早く卒乳します。断乳ということもないわけではありません。しかしそれは子どもが四歳くらいになってからのことです。

断乳・卒乳の時期は子ども自身が決めるでしょう。かりにあえて授乳期間にひとつの目標を置くとすれば、〈四年間〉というところが適当と思われます。四年経ったら終了、というのではありません。四歳になるまではできるだけ授乳をつづけるべきだ、ということです。

医者たちは、いつまでもお乳を飲んでいると虫歯になる、などとおどします。これも事実無根の迷信にすぎないでしょう。類人猿や部族民の子どもをみればそれはあきらかです。

子ども自身に母乳を消化する酵素がでなくなる、などともいわれます。これもちがうでしょう。きちんとお乳を飲みつづけているかぎり、そのような心配は無用です。授乳がとぎれると酵素がでなくなるのです。

また、いつまでもお乳を飲ませていると依頼心の強い、あまえた子にそだってしまうともいわれます。これも迷信でしょう。

依頼心の強い、あまえた子にそだってしまうのは、むしろ早すぎる離乳・断乳の結果のようです。母子のきずなへの信頼こそが独立への基礎となるからです。動物でも同様です。中川志郎（前出）は、「逆説的ですが、信頼感が強ければ強いほど分離がうまくいく」と言っています(79)。「おそらく、幼時に母性愛に満腹したものだけが、独立という新しい世界に自信をもって旅立っていけるのだろうと思います。」

母乳育児を推進してきたラ・レーチェ・リーグのテキストは、つぎのように指摘しています(80)。

母乳育児を広い意味で考えてみると、母乳は赤ちゃんの情緒的な要求を満たしていることに気づきます。……子どもが幼いうちにこの要求を十分満たしておかないと、食生活における栄養不良と同様、精神的な栄養不良になるでしょう。

おっぱいを続けていると、赤ちゃんがあなたに依存しすぎるのではないかと心配になるかもしれません。これは、幼児期に母乳を飲んでいる子どもの母親が多くいだく心配です。

しかし、なぜ強制しなければ、赤ちゃんはお乳をやめようとしないと決めつけてしまうのでしょうか。母親の愛情と理解に包まれ、正常な家庭環境に育った子どもなら、遅かれ早かれ、おっぱいから離れていくのではないでしょうか。いつかは乳離れしていくということは、多くの母親が体験を通して得た知識です。

ラ・レーチェ・リーグの母親たちは、何人もの「乳離れが遅い」と思われる赤ちゃんを直接、観察し、こういった赤ちゃんたちが二、三歳になった時に共通するのは依頼心ではなく、独立心だということに確信を持ちました。

授乳は、子どもにとって、からだに栄養を補給するというだけのものではありません。それはこころに栄養を補給するという重要な意義をもっているのです。わたしが四歳の娘に、「なぜ、おっぱいを飲むの?」ときいたら、あるときは「おいしいから」、そしてあるときは「うれしいから」というこたえがかえってきました。

類人猿もそうした授乳の意義をこころえているようです。〝サル学者〟の岡安直比はつぎのように書いています(81)。「ゴリラなどの類人猿の場合、離乳の時期は三〜四歳。人間の一〜二歳よりずっとゆっくりだ。三歳を過ぎた体重三〇キロなんていうごつい子どもが、吸われ過ぎて一〇センチ近くにも伸びきった母ゴリラの乳首を、ペロペロキャンディでもなめているような感じでいつまでもくわえていたりする。三歳四歳というと、餌を食べたり動き回ったり、赤ん坊もひと通りのことは自分でできる身体ができあがっていて、栄養を母乳に頼る時期はとっくに過ぎている。むしろ子どもと呼んでもいいくらいだから、こんな場面は母子のスキンシップを通じて赤ん坊の精神的な発達と安定を図る、赤ん坊時代の総仕上げだ。」

こころの栄養補給がじゅうぶんになされなければ、子どものこころは豊かにそだつことができません。子どもの意志に反して乳離れさせてしまうことは、子どものこころの自然な成長をはばむことになるのです。早期の断乳がもたらすものは、「自立」ではなく「孤立」にすぎないでしょう。

お乳は、子どもが欲しがっているかぎり、あたえつづけます。何歳になろうと、あたえつづけます。栄養的にも情緒的にも、それがいちばんよいはずです。（加えて、母親の乳首にはエネルギーの中枢があって、乳幼児はそこから生命エネルギーをとり込んでいるともいわれています。）

子どもが吸っているかぎり、お乳がでなくなることはありません。部族社会では、六〇〜七〇歳くらいになってから孫にお乳を飲ませることがあるくらいです。（男だって吸わせていればお乳がでてきます。授乳にはあまり適しませんが。）

子どもには、お乳を飲みつづける権利があります。子ども自身がお乳を要求しなくなったとき、そのとき自然に「卒乳」となるのです。いうまでもなく、卒乳となっても牛乳や果汁製品などは一滴も飲ませるべきではないでしょう。

親の都合で断乳するというのは、これはまたべつの問題です。べつの問題ですが、それが子どもにとってよいことかどうかは、もはや自明でしょう。母親がからだをこわしてしまって授乳がつづけられないといった、やむをえないばあいももちろんあるでしょう。けれども、授乳をつづける努力をせずに断乳してしまうケースもすくなくないようです。母子家庭や共働きなどで、日中、子どもと一緒にいられないからというだけでは、断乳の理由として不十分のように思われます。半日の授乳だけで母乳哺育をつづけてゆくことも可能なのですから。（夜間の授乳がポイントとなります。）

母子家庭や共働きでもないのに早ばやと断乳し、幼児を保育園や幼稚園に送りこむ親もすくなくありません。この早すぎる母子分離は、幼児の心身をふかく傷つけてしまうでしょう。それは子どもの将来に暗い影を投げかけるかもしれません。

ヒトにちかい類人猿の母親たちもみなながく子どもにつききりでいます。チンパンジーの赤ちゃんは、三歳までに母親が死ぬと、まず生きながらえることができません。姉などがかいがいしく世話をしても、けっきょく死んでしまうのです。チンパンジーの三歳というと、ヒトでいえば五歳以上です。霊長類学者の松沢哲郎は言います(82)。「生後の約五年間、母子はいつも一緒にいる。子どもはお母さんを独占している。それがチンパンジーの親子の結びつきです。」

オランウータンの母親は、授乳をおよそ五年間つづけ、そのあとさらに三年にわたって子育てに従事します。ボノボの出産間隔は四・八年と比較的みじかいので、母親は下の子を腹にしがみつかせ、上の子を背中にしがみつかせて（二本足で）歩いていたりします。

ブッシュマンの母親たちは、子どもが自然に乳離れするまで、採集にでかけるときもつれて歩いて常時授乳します。そうして、子どもが四、五歳になって乳を離れ母親の世話があまりいらなくなるまで、なるべくつぎの子を育てないようにしています(83)。パラグアイのアチェ族も、三歳をすぎた子どもから数メートル以上離れることはありません(84)。

育児休業も一年間ではみじかすぎます。深層心理学者の林道義は、「母子一体感の必要性から言うと、育児休業は最低三年は必要であり、望むらくは五～六年、子どもによっては一〇年くらい必要になる場合もあると思われる」と述べています(85)。すでに先進国のなかには、育児休業の期間を三年としている国もあります。長期の育児休業が無理なら、せめて赤ちゃんをつれていってもいいような職場づくりがなされるべきでしょう。

おわりに

エコロジストのジョン・ロビンズは、「私たちは狂気の時代に生きている」と言っています(1)。「私たちは狂気の時代に生きている。なにしろ、他の生命をいつくしみ、健康のことをよく考えて食品を選んでいる人たちは、変人と思われることが多く、飼育工場で生産された、病気の原因ともなる食品を食べている人が、正常だと考えられているのだ。」

これは食生活についての指摘ですが、同様のことが現代生活のさまざまな面についても指摘できます。お産も例外ではありません。

ほんらい、お産はプライベートな行為です。生物としての生理的な機構からしても、他人の介在する場はお産にふさわしくありません。ミッシェル・オダンは、「男女が落ちついて愛し合える環境こそが出産に最適の環境だ」と言っています。他人の介入しないお産こそ、ほんらい人類にとってもっとも自然で、もっとも正統的で、もっとも基本的なお産のありかたなのです。

ところが、現状はどうでしょう。現状では、医療施設でのお産が全体のじつに九九・九%を占めています。この数字は常規を逸しています。しかもそのほとんどが、切開手術や投薬などの強引な手段を用いてのお産なのです。正気のさたではありません。

どうしてこんなことになってしまったのでしょうか。

それは、ひとつには、お産を医療という商売の道具にしてしまったからです。医療施設という商売の場で、できるだけカネのかかる方法で分娩する。——これが現代のお産です。やたら手術や投薬がほどこされるのも、けっきょく商売だからでしょう。母子にダメージをあたえればあたえるほど病院の収益があがるというしくみになっているのです。（収益をあげなければ病院はやってゆけないのですから、病院としても苦しいところです。）

この背景には、医学という一見科学的な制度をもって国民を管理しようとする、統制国家のくわだてが存在しているでしょう。国は、病院医学という新興の一医療方式を国定の医療制度と定めました。これによって、国民は病院医学によるさまざまなコントロールを受けざるをえなくなっているのです。（歴史的には、妊産婦と医療者とを強く結びつけたのは軍国日本の戦時政策でした。そしてお産の場所を自宅から病院へ移行させたのは米軍の占領政策でした。現状はこれらの政策の延長線上にあるわけです。）

さらにその背景には、現代社会の病める構造が存在します。すなわち経済や技術を〈自然〉よりも優先する制度・機構です。科学技術を活用した産業は、その中核をなすものです。そうした制度・機構はすでに決定的なほころびをみせています。人類の破局にまで迫りつつある環境破壊は、まさにそのほころびの末期症状を示すものです。病院医学もまた、その決定的に破綻した制度・機構の一環をなすものにほかならないでしょう。やはり経済や科学を〈自然〉よりも優先してきたのです。

とくに産科学は、根本的に不自然な思想のもとに成立しているようです。「産科学という学問の一番の特徴は、出産は管理可能だという妄想です」（オダン）。この「妄想」のもとにあるかぎり、産科学は自然なお産をさまたげつづけるでしょう。もっとも、病院や産科医たちにばかり問題があるとはいえません。病気でもないのに病院へのこのこと出掛けて行く妊産婦のほうが、むしろ問題だともいえるのです。

まず妊産婦自身が目覚めなければなりません。目覚めるべきときがきています。じっさい、このところ、変化への気運――これではいけない、お産は自然に、もっと自然に、といったムード――が、すこしずつ芽ばえはじめているようです。

ただ、いまのところはまだムードだけという感じです。それというのも、そのムードを現実に結びつけるような道がほとんどひらかれていないからです。管理分娩を身上とする病院へ行って「自然に」と要求しても、それは無理というものです。ある産科医はつぎのように語っています[2]。「いちばん困るのは自然にしてくださいって言われること。自然っちゅうことは自然ですよね。それなら家帰って産んでくださいって言います。」――そういうことなのです。ほんとうに自然なお産を望むのなら、家に帰って産むしかないでしょう。

自然なお産を望むことは、自然なことです。それはだれもがもつ願望であり権利であるはずです。産科医の吉村正はこう言っています[3]。「私は、本来ほとんどの妊婦さんの心の中には潜在的に自然なお産への渇望があるということを、産科医としての長い生活のなかで見てきた。それは理屈ではなく、いわば原初の命の叫びともいうべきものであろう。この声を非科学的なもの、非合理的なものとして退ける傾向が医学の側にはある。」

自宅で、家族水いらず、くつろぎながら、お産したい。――そう願うことも自然なことです。ならば、その願いは否定されるべきではないでしょう。（個々のケースの適否はべつとして）。その願いはまた、生まれてくる子ども自身の原初の要望でもあるでしょう。プライベートなお産を否定することは、生物としてのヒトの本性を否定することにつながります。

生物としてのヒトの本性を否定することの意味を、わたしたちはわかっているのでしょうか。たとえばこんにちのいじめ問題や乳幼児虐待や引きこもりが病院での不自然なお産や新生児ケアと無関係であるなどと、いったいだれが言えるでしょうか。

医療者はみなプライベート出産に反対します。病院医療の手のとどかない場所でのお産は危険だと信じているからです。しかし、それならそれで、どうしたらプライベートなお産を安全なものにすることができるか、という方向で考えてゆくべきでしょう。現状では、家族・親族も医療者も役所も、プライベート出産をこころざす産婦に余計な重荷を背負わせる役割しか果たしていません。社会的な理解と協力が得られさえすれば、プライベート出産は無難で常識的な選択肢として一般化することになるでしょう。将来的には、プライベート出産のための情報・相談センターや救急バックアップ体制などが、全国レベルで整備されてゆくことがのぞまれます。

ひとびとの意識がかわれば現実はかわります。お産はかわってゆくでしょう。いや変えてゆかなければなりません。これは現代文明の全般的な転換の一端をなすものでもあります。いまや人類は存亡の危機にひんしています。この危機の時代において、もっとも重要なことは、ひとびとがまっとうな生活にたちもどることでしょう。

今世紀は《復活》の時代となるでしょう。みうしなっていたものをとりもどすのです。食生活の本流は自然菜食にもどってゆくでしょう。教育の本流は自宅教育にもどってゆくでしょう。臨終の本流は自宅臨終にもどってゆくでしょう。そしてお産の本流は自宅出産にもどってゆくでしょう。

本書がそうした転換へのささやかな推進力にでもなれば、このうえないしあわせです。

わたしの祖母は助産婦でした。わたしは小さいころ、よく祖母の大きな黒いカバンから聴診器をひっぱりだして遊んだことを覚えています。祖母はすでに亡くなっていますが、わが家のお産やこの本の執筆を天上界からずっと見守り、みちびいてくれていたような気がします。

もちろん生身《なまみ》のひとたちからのみちびきもたくさんありました。いちいち名をあげませんが、そのひとりひとりにこころから感謝いたします。

娘の沙衣は、生まれるまえからずっとわたしを教えみちびいてくれました。その沙衣をプライベート出産したのは、妻の陽子です。この聖母子こそ、本書の源泉です。陽子はまた、育児のあいまにワープロを打ち、イラストを描いてくれました。

この本は難産でした。ひととおり書き上げたのが三年まえ。それからいろいろな事情で進展をみず、世紀更新をはさんでようやく出版にこぎつけました。こうして出版にこぎつけられたのも、本の泉社のおかげです。社長の比留川さんには、本書の趣旨に理解を示していただき、適切な助言をくださり、本書にふさわしい本づくりを実現していただきました。

最後になりましたが、執筆活動をつづけるうえでなにかと便宜をはかってくれた両親に、この本をささげます。

さかのまこと

平成一四年七月二三日

★　妊婦検診や妊娠生活については、ちかく姉妹編の刊行を予定しています。

【文献注】

はじめに

（1）シーラ・キッツィンガー「レイプのような出産」（戸田律子訳、医学書院『助産婦雑誌』四七－三、平五・三）

第1章

（1）陣痛促進剤による被害を考える会編『病院で産むあなたへ――クスリ漬け出産で泣かないために――』（さいろ社、平七）

（2）カール・ジョーンズ『お産のイメジェリー――心の出産準備――』（清水ルイーズ監訳・河合蘭訳、メディカ出版、平四、原著一九八七）

第2章

（1）勝村久司『ぼくの「星の王子さま」へ――医療裁判10年の記録』（メディアワークス、平一三）

（2）前掲（第一章）『病院で産むあなたへ』

（3）清水ちなみ監修『大出産――傾向と対策』（扶桑社、平九）

（4）井上裕美ほか（座談）「産科医としてルチーン処置を見直す」（医学書院『助産婦雑誌』四九－四、平七、四）

（5）松岡悦子『出産の文化人類学』（鳴海社、昭六〇）

(6) M・ハイストほか「胎便による羊水混濁の程度を分類することには意義があるのか」(小出久美訳、医学書院『助産婦雑誌』五三―六、平一一・六)
(7) サリー・インチ『バースライツ――自然なお産の設計のために』(戸田律子訳、メディカ出版、平四)
(8) ぐるーぷきりん編『私たちのお産からあなたのお産へ――アンケート四九三人の声より』(メディカ出版、平九)
(9) 小竹久美子「妊産婦中心のケア改善に取り組み、間もなく病院内助産所開設――まつしま産科小児科病院のケアの実践」(医学書院『助産婦雑誌』五一―六、平九・六)
(10) WHO "Care in Normal Birth : a practical guide" World Health Organization, 1999, Switzerland.
(11) 平野勝巳『輪廻する赤ちゃん――誕生の神秘』(人文書院、平八)
(12) 緒方正清『日本産科学史』(丸善、大八)
(13) 前掲(第一章)『病院で産むあなたへ』
(14) 前掲(本章)「産科医としてルチーン処置を見直す」
(15) ロバート・メンデルソン『それでも医者にお産をまかせますか?』(弓場隆訳、草思社、平一二、原著一九八一)
(16) ミッシェル・オダン『バース・リボーン――よみがえる出産』(久靖男監訳、現代書館、平三、原著一九八四)
(17) 大野明子『分娩台よ、さようなら――あたりまえに産んで、あたりまえに育てたい』(メディカ出版、平一一)
(18) 青柳かくい(対談)「この道より進む道なし……六十年」(幼児開発協会『幼児開発』一九五、昭六一・八)
(19) 関口允夫『理想のお産とお産の歴史――日本産科医療史――』(日本図書刊行会、平一〇)
(20) 古守豊甫・鷹觜テル『長寿村・短命化の教訓――医と食からみた棡原の六〇年』(樹心社、昭六一)
(21) 吉村正『お産って自然でなくっちゃね――ある産科医の真実の提言――』(農山漁村文化協会、平四)

(22) マースデン・ワーグナー『WHO勧告にみる望ましい周産期ケアとその根拠』(メディカ出版、平一四)
(23) 柳田隆「聖母病院における分娩管理の現状――8639例の分娩統計より」(東京医学社『周産期医学』二八―一二、平一〇・一二)
(24) 前掲(本章)『私たちのお産からあなたのお産へ』
(25) 大林道子『助産婦の戦後』(勁草書房、平一)
(26) 前掲(本章)"Care in Nomal Birth"
(27) 前掲(本章)『分娩台よ、さようなら』
(28) 前掲(本章)『私たちのお産からあなたのお産へ』
(29) 松岡悦子「テクノロジー社会の病院出産――現代の通過儀礼――」(『岩波講座・文化人類学 第九巻 儀礼とパフォーマンス』、岩波書店、平九)
(30) 前掲(本章)「産科医としてルチーン処置を見直す」
(31) ライナス・ポーリング『ポーリング博士の快適長寿学』(村田晃訳、平凡社、昭和六二、原著一九八六)
(32) フレデリック・ルボワイエ『暴力なき出産』(中川吉晴訳、アニマ2001、平三、原著一九八〇)
(33) オリビア・D・ベルジュラック『イルカは、なぜ人の心を癒すのか』(西田美緒子訳、扶桑社、平一一、原著一九九八)
(34) デーヴィッド・チェンバレン『誕生を記憶する子どもたち』(片山陽子訳、春秋社、平三、原著一九八八)
(35) 前掲(本章)『バースライツ』
(36) 大工原彌太郎『明るいチベット医学』(情報センター、昭六三)
(37) 前掲(本章)『分娩台よ、さようなら』

(38) ジャネット・バラスカス『ニュー・アクティブ・バース』(佐藤由美子・きくちさかえ訳、現代書館、平五、原著一九九二)
(39) 前掲(本章)『暴力なき出産』
(40) 加藤晴之『子宮の夢・宇宙の夢――赤ちゃんが教えてくれた』(PHP研究所、平六)
(41) ダナエ・ブルック『自然出産――女の自立とゆたかなお産』(横尾京子・秋山洋子・山田美津子訳、批評社、昭五五、原著一九七六)
(42) 福田康甫・善行地玉與・澤田順次郎『妊娠より育児まで』(藤田文林堂、大四)
(43) 前掲(本章)"Care in Normal Birth"
(44) 原田隆『新産婆学』(博文館、大九)
(45) 香月牛山『小児必用養育草』(元禄一六、一七〇三)
(46) 稲生恒軒『螽斯草』(元禄三、一六九〇)
(47) 清水ちなみ監修『大出産。』(扶桑社、平八)
(48) ジュディス・ゴールドスミス『自然出産の智慧――非西洋社会の女性たちが伝えてきたお産の文化』(日高陵好訳、日本教文社、平九、原著一九九〇)
(49) 妊産婦死亡検討委員会編『日本の母体死亡――妊産婦死亡症例集』(三宝社、平一〇)
(50) 桜沢如一『食養人生読本』(日本CI協会、昭一三)
(51)「お産の教室」編・寺島千尋監修『産み方は自分で決めよう――ラマーズ法を考える』(第三書館、昭六〇)
(52) M・エンキン、M・J・N・C・キアース、M・レンフルー、J・ニールソン『妊娠・出産ケアガイド――安全で有効な産科管理』(北井啓勝訳、医学書院MYW、平九、原著一九九五)

(53)　雨森良彦ほか『周産期の看護1 新・ラマーズ法の基本とその応用』(メディカ出版、平二)
(54)　ロバート・ベッカー『クロス・カレント』(船瀬俊介訳、新森書房、平五、原著一九九〇)
(55)　M・ゲイブリエル『胎児は語る』(ヒューイ陽子訳、潮文社、平六、原著一九九二)
(56)　前掲(本章)『分娩台よ、さようなら』
(57)　M・H・クラウス、J・H・ケネル『母と子のきずな』(竹内徹ほか訳、医学書院、昭六〇、原著一九八二)
(58)　J・チルトン・ピアス『マジカル・チャイルド育児法――誰も知らなかった脳発達のプログラム』(吉福伸逸監訳、日本教文社、昭五九、原著一九七七)
(59)　D・マウラ、C・マウラ『赤ちゃんには世界がどう見えるか』(吉田利子訳、草思社、平四、原著一九八八)
(60)　前掲(本章)『バース・リボーン』
(61)　駒井秀子『助産婦さんに聞いた　いのちにやさしいお産――性の解放を願って女から女へ』(自然食通信社、平八)
(62)　トライワークス編『100人のお産　100人の産声』(本の泉社、平一一)
(63)　真弓定夫(インタビュー)「自然に即した生活を」(自然食ニュース社『自然食ニュース』二七九、平九・三)
(64)　内藤寿七郎『母乳で安心育児』(同文書院、平二)
(65)　ミッシェル・オダン『プライマル・ヘルス　健康の起源――お産にかかわるすべての人へ』(大野明子訳、メディカ出版、平七、原著一九八六)
(66)　前掲(本章)『長寿村・短命化の教訓』
(67)　R. A. Bradley "Husband - Coached Childbirth" USA, 4th ed. , 1996.
(68)　ミッシェル・オダン『赤ちゃんの目で22世紀を考える――愛情の科学』(金光一郎・プライマル情報センター訳、

同朋舎、平一〇、原著一九九八）
（69）「いいお産、みつけた」編集委員会編『いいお産、みつけた』（農山漁村文化協会、平八）
（70）鈴木美哉子「お産するからだの自然――女性のもつ「産む」という能力を活かした出産」（吉村典子編『講座・人間と環境5　出産前後の環境――からだ・文化・近代医療』所収、昭和堂、平一一）

第3章

（1）松岡悦子「助産院の安全性を考える――1107人の調査結果から――」（『旭川医科大学紀要』一五、平六）
（2）松岡悦子「助産所出産と病院出産――その安全性の神話」（青土社『imago』五－七、平六・六）
（3）松岡悦子「助産所出産の安全性を考える・第2回　病院分娩の増加とお産の安全性」（日本助産婦会『助産婦』四九－四、平七）
（4）吉田禎吾監修『世界人類百科――人間、その生活と習俗――』六号（日本メール・オーダー、昭五一・一一）
（5）レヴィ・ブリュル『未開社会の思惟』（山田吉彦訳、岩波書店、昭二八、原著一九一〇）
（6）マースデン・ワグナー「手術と見なされる出産――医師が剃毛、浣腸、会陰切開をする理由」（医学書院『助産婦雑誌』四九－四、平七・四）
（7）山西みな子監修・唐沢明希編『ザ・自宅出産・水中出産』（新泉社、平一〇）
（8）前掲（第一章）『お産のイメジェリー』
（9）松岡悦子「産科環境の変遷――テクノロジーとその有効性」（吉村典子編『講座・人間と環境5　出産前後の環境――からだ・文化・近代医療』所収、昭和堂、平一一）
（10）前掲（第二章）『バース・リボーン』

（11）前掲（第二章）『マジカル・チャイルド育児法』
（12）グループＳＵＮ編『それにしても楽しいお産だったなぁ——自由なスタイルで産む』（学陽書房、平五）
（13）矢島床子「産婦の性的プライバシーはいま——アンケートに寄せられた産婦たちの声」（日本看護協会出版会『Nursing Today』一三－八、平一〇・七）
（14）シーラ・キッチンガー編著『助産婦の挑戦——世界の仲間たちは、今——』（高見安規子監訳、日本看護協会出版会、平二、原著一九八八）
（15）W・シーヘンヒューベル、松岡悦子（対談）「イリアン・ジャヤの出産——伝統的出産から管理出産を照射する」（医学書院『助産婦雑誌』四五－一二、平三・一二）
（16）自宅出産ねっとわーく編『全国自宅出産介助者リスト』（自宅出産ねっとわーく、私家版、平一〇）
（17）前掲（本章）「助産所出産の安全性を考える・第２回」
（18）木下正一ほか（座談）「分娩の施設と管理」（医学書院『助産婦雑誌』一六－八、昭三七・八）
（19）松本清一「諸外国の施設内出生の比較」（厚生統計協会編『厚生の指標』一六－七、昭四四・七）
（20）Marion Sousa "Childbirth at Home" USA, 1976.
（21）Ina May Gaskin 'The Farm : A Living Example of The Five Standards' "The Five Standards for Safe Childbearing" USA, 4th ed., 1998.
（22）前掲（第二章）『バースライツ』
（23）Barbara Harper "Gentle Birth Choices : a guide to making informed decisions" USA, 1994.
（24）ロバート・メンデルソン『医者が患者をだますとき』（弓場隆訳、草思社、平一一、原著一九七九）

(25) Geoffrey Chamberlain, Ann Wraight and Patricia Crowley" Home Births : the report of the 1994 confidential enquiry by the National Birthday Trust Fund" UK, 1997.
(26) Miriam Stoppard "BIRTH" UK, 1998.
(27) 前掲（第二章）『自然出産』
(28) David Stewart ' Home : the traditonal safe place for birth ' " The Five Standards for Safe Childberring" USA, 4th ed. , 1998.
(29) 松岡悦子「オランダの助産婦と出産」（日本助産婦会『助産婦』四六－二、平四・二）
(30) 前掲（本章）"Childbirth at Home"
(31) 前掲（第二章）『バースライツ』
(32) 前掲（第二章）"Care in Normal Birth"
(33) 前掲（第二章）『プライマル・ヘルス』
(34) 前掲（第二章）『それでも医者にお産をまかせますか?』
(35) 前掲（本章）"Home : the traditonal safe place for birth"
(36) 前掲（本章）"Home Births"
(37) Lester D. Hazell "Commonsense Childbirth" USA, 1976.
(38) 谷口裕司『素晴らしきお産――感激の実例集』（文園社、平六）
(39) 前掲（本章）『ザ・自宅出産・水中出産』
(40) 前掲（本章）『素晴らしきお産』
(41) 育児文化研究所制作ビデオ『素晴らしきお産・座談会』（育児文化研究所、平六）

(42) ナチュラルバースクラブ編『ここで産みたい！――400人のママによる東京都364産院ガイド――』（シヨパン、平九）
(43) 日本助産婦会編著『全国助産院マップ（一九九九年度版）』（日本助産婦会、平一一）
(44) 前掲（本章）『全国自宅出産介助者リスト』

第4章

(1) 吉村典子『子どもを産む』（岩波書店、平四）
(2) 前掲（第三章）「助産院の安全性を考える」
(3) 斎藤悦子「助産所の立場からみた自然分娩の限界」（東京医学社『周産期医学』二八－一二、平一〇・一二）
(4) 前掲（第二章）「この道より進む道なし」
(5) 前掲（第三章）"Home Births"
(6) 前掲（第二章）『バース・リボーン』
(7) 野本寿美子『あたたかいお産――助産婦一代記』（晶文社、平一〇）
(8) 青木康子ほか『助産学大系（第二版）1　助産学概論』（日本看護協会出版会、平八）
(9) 伊藤隆子ほか『母子保健ノート2「助産学」』（日本看護協会出版会、昭四七）
(10) 山辺文伯『産育編』（明和五、一七六八）
(11) 前掲（第二章）『妊娠・出産ケアガイド』
(12) 前掲（第三章）『全国自宅出産介助者リスト』
(13) 前掲（第二章）『ニュー・アクティブ・バース』

(14) 前掲（第二章）『バース・リボーン』

(15) 前掲（第一章）『お産のイメジェリー』

(16) Marilyn A. Moran "Pleasurable Husband / wife Cildbirth : the real consummation of married love" USA, 1997.

(17) 前掲（第二章）『プライマル・ヘルス』

(18) 前掲（第二章）『赤ちゃんの目で22世紀を考える』

(19) 佐藤由美子「『こんなはずじゃなかった！』と言わないために——妊婦の側の準備・八つの体験的提案」（農文協編『いいお産がしたい』所収、農山漁村文化協会、平七）

(20) 佐藤由美子「わが出産をふり返る。立ち会ってくれた助産婦3人への手紙」（医学書院『助産婦雑誌』四八－五、平六・五）

(21) Lynn M. Griesemer "Unassisted Homebirth : An Act of Love" USA, 1998.

(22) 前掲（本章）"Pleasurable Husband /wife Cildbirth"

(23) H・W・ハッガード『古代医術と分娩考』（巴陵宣祐訳、武侠社、昭六、原著一九二七）

(24) 相沢久『ジプシー——漂泊の魂』（講談社、昭五五）

(25) 前掲（第二章）『自然出産の智慧』

(26) 同上

(27) L・A・ニキーチン、B・P・ニキーチン『ニキーチン夫妻と七人の子ども』（匹田軍次・紀子訳、暮しの手帳社、昭六〇、原著一九七九）

(28) 兒島尚善『保産道志類辺』（明和元、一七八一）

(29) フランソワーズ・ルークス『〈母と子〉の民俗史』（福井憲彦訳、新評論、昭五八、原著一九七八）
(30) 前掲（第二章）『マジカル・チャイルド育児法』
(31) Dick Read "Childbirth Without Fear : The Original Approach to Natural Childbirth "USA, revisd ed. , 1994 (1st edi. 1944) .
(32) 前掲（第二章）『自然出産の智慧』
(33) Marjorle Shostak"Nisa : The Life and Words of a !Kung Woman" USA , 1981.
(34) 前掲（第二章）『自然出産の智慧』
(35) 寺田和夫編『世界人類百科――人間、その生活と習俗――』一五号（日本メール・オーダー、昭五二・一）
(36) 前掲（第二章）『自然出産の智慧』
(37) B・J・メガーズ『アマゾニア――偽りの楽園における人間と文化』（大貫良夫訳、社会思想社、昭五二、原著一九七一）
(38) Laura Kaplan Shanley" Unassisted Childbirth"USA,1994.
(39) 前掲（第二章）『自然出産の智慧』
(40) 前掲（本章）"Nisa"
(41) 前掲（本章）"Childbirth Without Fear"
(42) 前掲（第二章）『自然出産の智慧』
(43) C・M・ターンブル『アフリカの部族生活――伝統と変化――』（松園万貴雄・松園典子訳、社会思想社、昭四七、原著一九六六）
(44) M&S・クロフォード『食生活と文明』（出口彦之・大沼浩訳、佑学社、昭五一、原著一九七二）

(45) 三角寛『サンカの社会』(朝日新聞社、昭四〇)
(46) 斎藤たま『生とものの け』(新宿書房、昭六〇)
(47) 甲田光雄監修・すこやかな子どもを育てる勉強会編『自然お産のすすめ――西式お産17人の体験集』(春秋社、昭六二)
(48) 藤田真一『お産革命』(朝日新聞社、昭五四)
(49) 桂又三郎『岡山県下妊娠出産育児に関する民族資料』(私家版、昭一一)
(50) 江馬三枝子『飛騨の女たち』(三國書房、昭一七)
(51) 西山やよい・ほか『産屋の民俗――若狭湾における産屋の聞書――』(国書刊行会、昭五六)
(52) 姫田忠義『子育ての民俗をたずねて――いのちと文化をつなぐ――』(柏樹社、昭五八)
(53) 佐々木喜善『佐々木喜善の昔話』(新版『遠野の昔話』、宝文館出版、昭四九)
(54) 前掲(本章)『子どもを産む』
(55) 吉村典子『お産と出会う』(勁草書房、昭六〇)
(56) 柳田國男『家閑談』(鎌倉書房、昭二一)
(57) フィリップ・K・ボック『現代文化人類学入門』(江淵一公訳、講談社、昭五二、原著一九七四)
(58) 松岡悦子「インドネシアの妊娠・出産――ドゥクンとビダンの関係を中心として――」(『旭川医科大学紀要』一九、平一〇)
(59) 前掲(本章)『お産と出会う』
(60) 前掲(第二章)『いのちにやさしいお産』
(61) 矢島床子『仕事――発見シリーズ 助産婦』(実業之日本社、平九)

(62) 浦島悦子『奄美だより』（現代書館、昭五九）
(63) 前掲（本章）"Unassisted Homebirth"
(64) David Stewart 'How to Choose a Safe Birth Attendant' "The Five Standards for Safe Childbearing" USA, 4th ed. , 1998.
(65) Laura Shanley 'Is Unassisted Childbirth Safe?' "Born free! The Unassisted Childbirth Page" (H.P.) USA, April 2000.
(66) Philip D.Holly 'Midwifery, Medical Obstetrics, and Unassisted Homebirth' (H.P.) USA, April 1998.
(67) Judie C.Rall 'Unassisted Childbirth Statistcs' (H.P.) USA, Nov. 2000.
(68) 前掲（第一章）『ポーリング博士の快適長寿学』
(69) 前掲（第二章）『お産って自然でなくっちゃね』
(70) Patricia C.Carter "Come Gently, Sweet Lucina" USA, 1957.
(71) 同上
(72) Marilyn A. Moran "Happy Birth Days" USA, 1986.
(73) アリシア・ベイ・ローレル『地球の上に生きる』（深町真理子訳、草思社、昭四七、原著一九七〇）
(74) 船川玲子『カナダでのお産』（あすなろ社、昭五七）
(75) 前掲（第三章）"Childbirth at Home"
(76) 前掲（本章）"Happy Birth Days"
(77) 同上

(78) J. V. Laanen-smit' Giving Birth in Paradise' "The New Nativity II" 18, May 1999, USA.
(79) Marilyn A. Moran 'Attachment or Loss Within Marriage : the effect of the medical model of birthing on the marital bond of love' "Pre-and Peri-Natal Psychology Journal" 6-4, Summer 1992.
(80) 前掲（本章）"Happy Birth Days"
(81) 前掲（第三章）"Home Births"
(82) 寺島千尋監修・「お産の教室」編『産み方は自分で決めよう――ラマーズ法を考える』（第三書館、昭和六〇）
(83) 前掲（第三章）『素晴らしきお産』
(84) 菊地富美雄「語り下ろしＰＡＲＴ１」（正食協会『正食』四四－四、平一一・四）
(85) 鈴木七美『出産の歴史人類学――産婆世界の解体から自然出産運動へ』（新曜社、平九）
(86) 大谷ゆみこ『未来食』（メタ・ブレーン、平七）
(87) 瓜生良介『いのちの法則　快療法』（ゼスト、平一一）
(88) 大谷ゆみこ『雑穀つぶつぶ食で体を変える――おいしいから健康』（講談社、平一四）
(89) きくちさかえ『お産がゆく――少数時代のこだわりマタニティ』（農山漁村文化協会、平四）
(90) 橋本知亜季『自然に産みたい――5人の子どもを自宅出産した記録』（地湧社、平六）
(91) 前掲（第三章）『素晴らしきお産』
(92) 前掲（本章）"Unassisted Homebirth"
(93) 前掲（第二章）『それでも医者にお産をまかせますか？』
(94) Kjerstin Dunk 'Unassisted Home Birth' "The Compleat Mother" 58, April 2000, USA.

第5章

(1) 伊藤慶二「月経は健康のバロメーターです」(正食協会『正食』四七六、平一一・五)
(2) 森下敬一『長寿学入門』(美土里書房、昭六一)
(3) 前掲(第二章)『小児必用養育草』
(4) 前掲(第二章)『自然出産の智慧』
(5) 前掲(第三章)"Commonsense Childbirth"
(6) Gregory J.White "Emergency Childbirth : a manual "USA, revised ed. , 1994 (1st ed. , 1958).
(7) Hygeia Halfmoon "I Can Do This !: excerpts from an expectant woman" USA, 1996.
(8) 前掲(第四章)"Unassisted Homebirth"
(9) 大工原彌太郎『明るいチベット医学』(情報センター出版局、昭六三)
(10) 前掲(第四章)『佐々木喜善の昔話』
(11) 前掲(第二章)『自然出産の智慧』
(12) N・ボームスラグ、D・L・ミッチェルズ『母乳育児の文化と真実』(橋本武夫監訳・瀬川雅史ほか訳、メディカ出版、平一一、原著一九九五)
(13) 片倉もとこ「アラビアの女」(綾部恒雄編『女の文化人類学――世界の女性はどう生きているか』所収、弘文堂、昭五七)
(14) V・B・アタヴァレー『アーユルヴェーダ式育児学――アーユルヴェーダの基礎と小児科学』(潮田妙子、クリシュナ・U・K訳、春秋社、平六、原著一九七七)

(15) 西川麦子「バングラディシュ、M村の出産と『家族計画』」(青土社『imago』五―七、平六・六)

(16) 母子愛育会編『日本産育習俗資料集成』(第一法規出版、昭和五〇)

第6章

(1) G・ウィリストン、J・ジョンストン『生きる意味の探求』(飯田史彦訳編、徳間書店、平一一、原著一九八三)

(2) 前掲(第四章)"Childbirth Without Fear"

(3) 前掲(第四章)"Unassisted Childbirth"

(4) 前掲(第四章)"Childbirth Without Fear"

(5) 春秋社編集部編『誕生の記憶』(春秋社、平四)

(6) 前掲(第二章)『誕生を記憶する子どもたち』

(7) ジョン・C・リリー『意識の中心――内的空間の自叙伝』(菅靖彦訳、平河出版社、平三、原著一九七二)

(8) ジョン・C・リリー『サイエンティスト――脳科学者の冒険』(菅靖彦訳、平河出版社、昭六一、原著一九七八)

(9) 同上

(10) マイケル・スカイ『ブリージング・セラピー』(高橋裕子訳、ヴォイス、平五、原著一九九〇)

(11) 七田眞・つなぶちようじ『胎内記憶――バース・トラウマの秘密』(ダイヤモンド社、平一〇)

(12) 前掲(本章)『誕生の記憶』

(13) ロバート・フルフォード『いのちの輝き――フルフォード博士が語る自然治癒力』(上野圭一訳、翔泳社、平九、

原著一九九六）
（14）Sondra Ray "Ideal Birth" USA, 1985.
（15）山内孝道『らくらくうれしく水中出産――片桐助産院の現場から』（農山漁村文化協会、平四）
（16）前掲（第三章）『ザ・自宅出産・水中出産』
（17）Roger Lichy, Eileen Herzberg "The Waterbirth Handbook : a guide to the gentle art of water birthing" UK, 1993.
（18）Jeannine P. Baker "Prenatal Yoga & Natural Birth" USA, new ed., 1986.
（19）阿部真理子『お産私感』（私家版、平一二）
（20）Susanna Napierala "Water Birth : a midwife's perspective" USA, 1994.
（21）同上
（22）小田原泰久『イルカが教えてくれたこと』（KKベストセラーズ、平八）
（23）前掲（第二章）『バース・リボーン』
（24）エレイン・モーガン『人は海辺で進化した――人類進化の新理論』（望月弘子訳、どうぶつ社、平一〇、原著一九八二）
（25）エレン・モーガン『女の由来』（中山善之訳、二見書房、昭四七、原著一九七二）
（26）シャーリー・マクレーン『カミーノ――魂の旅路』（山川紘矢・亜希子訳、飛鳥新社、平一三、原著二〇〇〇）
（27）前掲（第三章）"Gentle Birth Choices"
（28）前掲（本章）"Ideal Birth"
（29）斎藤公子「胎児のよりよき環境を育てるために」（大島清『胎児からの子育て』所収、築地書館、昭五八）

(30) 前掲（本章）"Water Birth"
(31) 前掲（第三章）"Gentle Birth Choices"
(32) 長谷川博子『「病院化」以前のお産――熊野での聞き取り調査より――』（岩波書店『思想』八二四、平五・二）
(33) 前掲（第四章）『子どもを産む』
(34) 井上理津子『産婆さん、50年やりました――前田たまゑ物語』（筑摩書房、平八）
(35) 簗田多吉『家庭に於ける実際的看護の秘訣（新訂版）』（研数広文館、昭二）
(36) 松田シヅエ（談）艸場よしみ（聞書）『お産婆さんの知恵で安らぎのお産を』（学陽書房、平九）
(37) 前掲（第三章）"Childbirth at Home"
(38) 吉田集而『風呂とエクスタシー――入浴の文化人類学』（平凡社、平七）
(39) きくちさかえ「社会福祉の国、フィンランドの出産事情」（医学書院『助産婦雑誌』四五―一二、平三・一二）
(40) アン・マッキンタイアー『妊娠と出産のハーブ医学』（衣川湍水監訳、フレグランスジャーナル社、平五、原著一九八八）
(41) 前掲（第三章）"Gentle Birth Choices"
(42) 英隆、コリーヌ・ブレ『水中出産』（大内聡牟訳、集英社、昭五八）
(43) 前掲（本章）"Water Birth"
(44) Jessica Johnson, Michel Odent "We Are All Water Babies" UK, 1994.
(45) Cora Sandel "Alberta Alone" UK, 1980 (1st ed. , 1939).
(46) Erik Sidenbladh "Water Babies : a book about Igor Tjarkovsky and his method for delivering and training children in water" (English translation by Wendy Croton) USA, 1982.

(47) 前掲（本章）"Water Birth"
(48) 前掲（本章）"Water Babies"
(49) ジョージ・オーシャン『ドルフィン・コネクション』（伊澤崇子ほか訳、和尚エンタープライズジャパン、平五、原著一九八九）
(50) 前掲（本章）"Water Birth"
(51) 前掲（第二章）『バース・リボーン』
(52) ミッシェル・オダン『水とセクシュアリティ』（佐藤由美子・中川吉晴訳、青土社、平七）
(53) 前掲（第二章）『バース・リボーン』
(54) Athena J.Vassie 'Water Birth in Australia' "Water Birth Unplugged : Proceedings of the First International Water Birth Conference" UK, 1996.
(55) Lesley Page 'Surviving the Onslaught of the Uninformed' "Water Birth Unplugged" (the above)
(56) 小田原泰久『イルカが人を癒す』（ＫＫベストセラーズ、平六）
(57) 野崎友璃香『イルカに逢って、聞いたこと』（講談社、平六）
(58) マイケル・ハーナー『シャーマンへの道』（吉福伸逸監修・高橋よし子訳、平河出版社、昭六四、原著一九八〇）
(59) Ｈ・Ｉ・ハーン『音の神秘――生命は音楽を奏でる』（土取利行訳、平河出版社、平一〇、原著一九六二）
(60) 秋山龍英『失われゆく音楽をもとめて』（雄山閣、昭五二）
(61) ミッチェル・ゲイナー『音はなぜ癒すのか』（上野圭一・菅原はるみ訳、無名舎、平一二、原著一九九九）
(62) 山内孝道「水中出産体験者の声」（医学書院『助産婦雑誌』四七－七、平五・七）
(63) 拓植郁子「出張助産婦の新時代」（さいろ社『トリートメント』三九、平九・三）

(64)杉山次子・堀江優子『自然なお産を求めて――産む側からみた日本ラマーズ法小史』(勁草書房、平八)
(65)同上
(66)前掲(第四章)"Happy Birth Days"
(67)Marilyn A. Moran 'The Effect of Lovemaking on the Progress of Labor' "Pre-and Peri-Natal Psychology Journal" 7-3, Spring 1993, USA.
(68)Marilyn A. Moran "Birth and the Dialogue of Love" USA, 1981.
(69)前掲(第四章)"Come Gently, Sweet Lucina"
(70)前掲(第四章)『自然に産みたい』
(71)中嶋デコ「いろいろやってみました。――私のお産遍歴」(正食協会『むすび』五〇六、平一三・一一)
(72)アンヌ・マリ・ブッシイ「母の力――産屋の民俗と禁忌」(脇田晴子編『母性を問う――歴史的変遷 上』所収、人文書院、昭六〇)
(73)Hygeia Halfmoon "Primal Mothering in a ModernWorld" USA , 2nd ed. , 1998.
(74)前掲(本章)『水とセクシュアリティ』
(75)吉村正・山田桂子編著『お産って楽しいね』(農山漁村文化協会、昭六二)
(76)前掲(第二章)『マジカル・チャイルド育児法』
(77)東野利夫『あなたにもできる自然分娩――マタニティ・ヨーガと新しい育児』(柏書房、平八)
(78)バリー・ブライアント『がんは癒される――身体と意識をめぐる治療と予防の新次元』(青木多香子訳、日本教文社、平六、原著一九九〇)
(79)アンドルー・ワイル『ワイル博士のナチュラル・メディスン』(上野圭一訳、春秋社、平一二、原著一九八一)

(80) ラリー・ドッシー『癒しのことば――よみがえる〈祈り〉の力』（森内薫訳、春秋社、平七、原著一九九三）
(81) ラリー・ドッシー『魂の再発見――聖なる科学をめざして』（上野圭一・井上哲彰訳、春秋社、平四、原著一九八九）
(82) 同上
(83) レイモンド・A・ムーディ・ジュニア『かいまみた死後の世界』（中山善之訳、評論社、昭五二、原著一九七五）
(84) 大藤ゆき「産神と産屋」（五来重ほか編『講座・日本の民俗宗教1 神道民俗学』所収、弘文堂、昭五四）
(85) 青木愛子（述）・長井博（記録）『アイヌお産ばあちゃんのウパシクマ――伝承の知恵の記録』（樹心社、昭五八）
(86) 洲脇絢子「助産婦の仲間を訪ねて――徹底した自然分娩主義で母体死亡ゼロを記録しつづける」（医学書院『助産婦雑誌』三二―六、昭五三・六）
(87) 前掲（第三章）"Gentle Birth Choices"
(88) Jackie Mize "Supernatural Childbirth" USA, 1993.
(89) ルドルフ・シュタイナー『霊学の観点からの子どもの教育〔改訂版〕』（高橋巖訳、イザラ書房、昭六〇、原著一九〇七）

第7章

(1) 前掲（第四章）『産み方は自分で決めよう』
(2) 前掲（第三章）『ザ・自宅出産・水中出産』

（3）田中たつ・他（座談）「曲がり角に立つ助産婦」（医学書院『助産婦雑誌』一六−五、昭三七・五）
（4）青木義人『戸籍法』（日本評論社、昭二六）
（5）中川善之助監修『口語六法全書　第二二巻　戸籍法』（自由国民社、昭四八）
（6）「昭和二十五年十二月二十二日報告・高松法務局管内各市町村連合戸協決」（全国連合戸籍事務協議会編『戸籍』四七、昭二八・六）
（7）谷口知平『法律学全集25−Ⅰ　戸籍法〔新版〕』（有斐閣、昭四八）

第8章

（1）藤原正彦「出産における月のリズム」（A・L・リーバー『月の魔力』所収、東京書籍、昭五九）
（2）山田哲男・山田紀子「月の満ち欠けに導かれ、赤ちゃんはやってくる」（農文協編『いいお産がしたい』所収、農山漁村文化協会、平七）
（3）前掲（第六章）"Water Birth"
（4）前掲（第六章）"Ideal Birth"
（5）香月牛山『婦人寿草』（元禄五年、一六九二）
（6）富田魁二『霊気と仁術——富田流手あて療法』（BABジャパン出版局、復刻版・平一一、初版・昭八）
（7）ドロレス・クリーガー『セラピューティック・タッチ——あなたにもできるハンド・ヒーリング』（上野圭一・菅原はるみ訳、春秋社、平一一、原著一九七九）
（8）ジュディー・ハワード『花が癒す女性の心と体』（青木多香子訳、中央アート出版社、平九、原著一九九三）
（9）Betty Idarius "The Homeopathic Childbirth Manual : A practical guide for labor, birth, and the

immediate postpartum period" USA, 1996.
(10) 高田昌代ほか「わが国の助産所における水中出産の実態調査」(日本助産婦会『助産婦』五五－三、平一三・八)
(11) 前掲(第六章)"The Waterbirth Handbook"
(12) 前掲(第六章)"Water Birth"
(13) 佐藤由美子「水中出産——オダン博士の挑戦」(『imago』五－七、平六・六)
(14) 前掲(第六章)"We Are All Water Babies"
(15) バーバラ・デール、ジョアンナ・ローバー『出産のための体操——姿勢・運動・呼吸・弛緩法・マッサージ』(谷澤修監修、増洋・藤井敬子監訳、阪本京子訳、ブラザー・ジョルダン社、昭六一、原著一九八二)
(16) 前掲(第四章)"Happy Birth Days"
(17) 前掲(第三章)『ザ・自宅出産・水中出産』
(18) 小倉充倭子『崇義——二十一世紀を創造する真実の記録』(私家版、平一二)
(19) 前掲(第六章)"Ideal Birth"
(20) 水原義博『醇生庵産育全書』(嘉永二、一八四九)
(21) 前掲(第三章)"Commonsense Childbirth"
(22) 前掲(第四章)"Childbirth Without Fear"
(23) 平野重誠『坐婆必研』(天保四、一八三三)
(24) 前掲(第六章)"The Waterbirth Handbook"
(25) Ina May Gaskin "Spiritual Midwifery" USA. 3rd ed., 1996.

(26) 同上

(27) 酒井春吉『近世助産学』（金原書店、大五）

(28) 前掲（第四章）"Happy Birth Days"

(29) 前掲（第六章）"Birth and the Dialogue of Love"

(30) 前掲（本章）『坐婆必研』

(31) 前掲（本章）『霊気と仁術』

(32) 杉山次子ほか編『現代訳 産家やしなひ草』（佐々井茂庵著、産科文献読書会訳、お産のミニ博物館、平一二、原著・安永六、一七七七）

(33) 山懸良江『聖なる産声』（正食出版、昭六二）

(34) 前掲（第四章）"Unassisted Homebirth"

(35) 前掲（本章）"The Homeopathic Childbirth Manual"

(36)「日本の食生活全集 沖縄」編集委員会編『日本の食生活全集47 聞き書 沖縄の食事』（農山漁村文化協会、昭六三）

(37) Rafael Karsten "Contributions to the Sociology of the Indian Tribes of Ecuador" Finland, 1920.

(38) P・アヌマーンラーチャトン『タイ民衆生活誌②——誕生・結婚・死——』（森幹男編訳、井村文化事業社、昭五九、原著一九六二～六五）

第9章

(1) 伊藤真愚『胎教——天に則す胎教と育児の道』（柏樹社、平一）

(2) 前掲（第六章）"Ideal Birth"
(3) 賀川満定・賀川満崇『産科秘要』（文化一三、一八一六）
(4) 近藤正義『達生図説』（嘉永七、一八五四）
(5) 松田道雄『日本式育児法』（講談社、昭三九）
(6) 松村龍雄『母乳主義——あなたの子どもは「牛」ではない』（光文社、昭四七）
(7) 山本高治郎『母乳』（岩波書店、昭五八）
(8) 前掲（第二章）『明るいチベット医学』
(9) 山内逸郎『母乳は愛のメッセージ』（山陽新聞社、昭五九）
(10) 前掲（第二章）『母乳で安心育児』
(11) 前掲（第二章）『長寿村・短命化の教訓』
(12) 鷹觜テル『人間と土の栄養学』（樹心社、昭五五）
(13) 柳沢文正『新説長寿法——カルシウム・マグネシウム医学——』（東洋経済新報社、昭三三）
(14) 佐久間兼信『安産読本』（婦人之友社、昭一〇）
(15) 前掲（第二章）『妊娠・出産ケアガイド』
(16) メレディス・F・スモール『赤ん坊にも理由《わけ》がある』（野中邦子訳、角川書店、平一二、原著一九九八）
(17) 前掲（第二章）『赤ちゃんには世界がどう見えるか』
(18) 山内逸郎『新生児』（岩波書店、昭六一）
(19) 中川志郎『中川志郎の子育て論——動物にみる子育てのヒント』（エイデル研究所、平二）
(20) 前掲（第八章）"Spiritual Midwifery"

(21) ジョン・フィネガン『危険な油が病気を起こしている』(オフィス今村、平一〇、原著一九九三)
(22) ヴィヴィアン・ウイガード『おっぱいから赤ちゃんの宇宙は始まる』(橋本武夫監修、吉川まり訳、大和書房、平一〇、原著一九九三)
(23) 山西みな子『母乳で育てるコツ』(新泉社、昭五九)
(24) 山西みな子「ほめてくれるのは赤ちゃん」(『自然育児友の会会報』一六二、平一一・四)
(25) 前掲(第二章)『分娩台よ、さようなら』
(26) G・C・ジェンキンス、R・C・F・ニュートン『1歳までの小児医学』(師岡啓一ほか訳、紀伊國屋書店、昭六二、原著一九八一)
(27) 前掲(本章)『妊娠・出産ケアガイド』
(28) G.E.Quinn, C.H.Shin, M.G.Maguire and R.A.Stone 'Myopia and ambient lighting at night' "nature" 399, May 1999, UK.
(29) 前掲(第八章)『現代訳 産家やしなひ草』
(30) 岩崎直子『安産のしるべ』(主婦之友社、改訂版・昭三)
(31) 井本邦昭『整体法4 妊娠・出産・子育て』(三樹書房、平一〇)
(32) R・K・モース、M・S・ワイリー『育児室からの亡霊《ゴースト》』(朝野富三・庄司修也訳、毎日新聞社、平一一、原著一九九七)
(33) 森下敬一『自然医食による育児教室』(ペガサス、平八)
(34) 山田真『子ども診察室から』(朝日新聞社、平五)
(35) 毛利子来『新エミール』(筑摩書房、昭五四)

(36) 前掲(第八章)『セラピューティック・タッチ』
(37) U.M. Saarinen, Merja Kajosaari 'Brestfeeding as prophylaxis against atopic disease : prospective follow-up study until 17 years old' "The Lancet" 346, Oct.1995,UK.
(38) 前掲(第三章)『医者が患者をだますとき』
(39) 前掲(第四章)"Happy Birth Days"
(40) 前掲(第四章)"Unassisted Homebirth"
(41) Jeannine P.Baker 'Shamanic Midwifery ~ Hands That Heal Birth' (H.P.) USA.
(42) 由井寅子『ロンドンからレメディーをひとビン』(結ホメオパシー出版、平一〇)
(43) 岡島治夫『母と子をつなぐ出産術』(晶文社、昭六二)
(44) レオン・チャイトー『危ないぞ予防接種』(毛利子来監修・藤井俊介訳、農山漁村文化協会、平四、原著一九八六)
(45) 同上
(46) 陰山泰成『ドイツの波動機器――EAVのマニュアル』(サンロード出版、平七)
(47) 毛利子来『子育ての迷い解決法 10の知恵』(集英社、平一一)
(48) 小澤博樹『医者ができること、してはいけないこと』(三五館、平一三)
(49) 山崎正利『サイトカインの秘密――免疫力を高める食べ物とは』(PHP研究所、平一一)
(50) レイモンド・ウィレット『エドガー・ケイシー　ホリスティック・ヒーリング』(青木多香子訳、中央アート出版社、平九)
(51) モートン・ウォーカー『オーレユーロペンの奇跡』(今村光一訳、経済界、平一二、原著一九九七)

(52) 西田利貞『チンパンジーおもしろ観察記』（紀伊國屋書店、平六）
(53) 前掲（本章）『日本式育児法』
(54) 成瀬維佐子『唐錦』（寛政一二、一八〇〇）
(55) 前掲（第二章）『小児必用養育草』
(56) 西原克成『「赤ちゃん」の進化学——子どもを病気にしない育児の科学』（日本教文社、平一二）
(57) ダニエル・グリーンバーグ『「超」育児——潜在能力を壊さない子育て』（大沼安史訳、一光社、平一一、原著一九八七）
(58) R・クライエスほか「母乳と肥満：横断研究」（上井稔子訳、医学書院『助産婦雑誌』五三－一二、平一一・一二）
(59) 長山淳哉『胎児からの警告——環境ホルモン・ダイオキシン複合汚染』（小学館、平一一）
(60) 宮田秀明・家庭栄養研究会編『STOP! 食品・母乳のダイオキシン汚染』（食べもの通信社、平一〇）
(61) 前掲（第二章）『小児必用養育草』
(62) Gina B. Kolata 'Kung Hunter-Gatheres : Feminism, Diet, and Birth Control' "Science" 185, Sep. 1974, USA.
(63) 宮本健作『母と子の絆』（中央公論社、平二）
(64) 前掲（本章）『赤ん坊にも理由がある』
(65) 前掲（本章）『達成図説』
(66) 大牧周西『産科指南』（文政六、一八二三）
(67) Beth Montgomery "Introducing Living Foods to Your Child : Guidebook for Babies through Two

Years" USA, 2000.

(68) 鶴見隆史『玄米粉食健康法の奇跡』（日本文芸社、平一二）

(69) Stephen Arlin, Fouad Dini, David Wolfe "Nature's First Law : The Raw-Food Diet" USA, 1996.

(70) M・K・ガンジー『ガンジーの健康論』（丸山博監修・岡芙三子訳、編集工房ノア、昭五七、原著一九六五）

(71) 前掲（第八章）"Primal Mothering in a Modern World"

(72) 前掲（第七章）『自然出産の智慧』

(73) M.J.Harner "The Jivaro : people of the sacred water falls" UK, 1972.

(74) 額田年『海女――その生活とからだ』（鏡浦書房、昭三六）

(75) 真弓定夫『自然流食育のすすめ――小児科医からのアドバイス3』（地湧社、平八）

(76) 前掲（第四章）『食生活と文明』

(77) 前掲（本章）『赤ん坊にも理由がある』

(78) 前掲（第五章）『母乳育児の文化と真実』

(79) 前掲（本章）『中川志郎の子育て論』

(80) ラ・レーチェ・リーグ『母乳――このすばらしい出発』（ラ・レーチェ・リーグ成城訳、メディカ出版、昭六三、原著一九八一）

(81) 岡安直比『サルに学ぼう、自然な子育て』（草思社、平一二）

(82) 松沢哲郎『ＮＨＫ人間講座　進化の隣人チンパンジー』（日本放送出版協会、平一四）

(83) 吉田禎吾『未開民族を探る――失われゆく世界――』（社会思想社、昭四〇）

(84) 前掲（本章）『赤ん坊にも理由がある』

（85）林道義『母性の復権』（中央公論社、平一一）

おわりに

（1）ジョン・ロビンズ『エコロジカル・ダイエット――生きのびるための食事法』（田村源二訳、角川書店、平四、原著一九八七）

（2）松岡悦子「産科環境の変遷――テクノロジーとその有効性」（吉村典子編『講座・人間と環境5　出産前後の環境――からだ・文化・近代医療』所収、昭和堂、平一一）

（3）前掲（第二章）『お産って自然でなくっちゃね』

【用語解説】

後産

分娩第三期。胎盤が子宮壁からはがれて付属物とともに排出されること。排出される胎盤等そのものをさすこともある。「こうさん」「のちざん」ともいう。

アプガースコア

アプガーというひとが創始した採点法による産児の評価。心拍数、呼吸状態、筋緊張、刺激感受性、皮膚の色の五項目について検査・採点し、合計する。点数によって産児を「正常」と「仮死」などに振り分ける。通常、娩出の一分後および五分後に実施する。

会陰切開

分娩時に、娩出を容易にしたり裂傷を防いだりすることを目的として、会陰（外性器と肛門のあいだの部分）を切りひらく手術。ハサミで切り、娩出後に縫い合わせる。現在、病院出産では大部分の産婦にこの手術が実施されている。

過期産

ＷＨＯでは、妊娠満三七週から満四二週未満を妊娠の〝正期〟と定めている。満四二週を超えると「過期妊娠」となる。この過期妊娠による分娩を「過期産」と呼ぶ。産科学では、過期産になるまえに薬物等によって分娩を誘発させるのが適当と考える。

ガスリー法

ガスリーというひとが考案した検査方法。生後五～七日の新生児の足のかかとから採血し、血中のアミノ酸を測定する。いくつかの先天性代謝異常が発見できるとされる。施設出産では標準的に実施している。

鉗子分娩

児頭を器具で引く分娩法。金属製のヘラを合わせたような鉗子で頭部をはさんで、児をひっぱり出す。たいてい、会陰切開をともなう。強引な方法なのでしばしば母児に障害をのこす。

吸引分娩

真空の吸引力を利用する分娩法。金属かプラスチックの吸引カップを児頭に装着し、ポンプで空気を抜いて吸着させ、児をひっぱり出す。たいてい、会陰切開をともなう。鉗子分娩よりも安全とされているが、それは表面だけのことで、児の脳などにふかい障害をのこす危険がある。

計画分娩

出産の日時を意図的に定め、薬物等によって陣痛を誘発させる分娩法。病院の都合に合わせて実施されることも多い。むりやりのお産となるので、さまざまな問題が母児に生じる。

高年出産

高年齢での出産。高齢出産。満三五歳以上を高年齢とする。ただしこれはおもに初産婦を想定したもの。高年齢での初めてのお産をとくに「高年初産」と呼び、産科では大いに警戒する。なお、一九歳以下のお産を「若年出産」という。

骨盤位
いわゆる逆子のこと。胎児のあたまが母体の上方に位置するので、出生時にはおしりや足からさきに出てくる。へその緒の圧迫などをおこしやすいとして、病院出産では帝王切開の理由ともなる。

産褥
妊娠・分娩によって生じた母体の生理的な変化がもとにもどる（復古する）までの状態。一般に産後六～八週かかるとされており、この時期を「産褥期」と呼ぶ。その間の婦人を「褥婦」と呼ぶ。

産道
子宮内の胎児等が分娩時に通過する経路。骨盤およびそれに付随する組織を「骨産道」、子宮頸管や腟などの軟部組織を「軟産道」と呼ぶ。

産婦
妊娠中の女性を「妊婦」と呼ぶのにたいして、分娩中の女性を「産婦」と呼ぶ。分娩中とは、陣痛の開始から胎盤の娩出までをいう。初めて分娩する産婦を「初産婦」、過去に分娩したことのある産婦を「経産婦」と呼ぶ。ただし、妊娠二四週未満の流産は分娩とはみなさない。

周産期
誕生前後の期間。胎児の母体外での生存が可能となる妊娠満二二週（または胎児が五〇〇グラムに達した時点）から出生後満七日以内の期間とされている。

周産期死亡率
妊娠満二二週以降、出生後満七日以内における死産・死亡の率。一年間の出生一〇〇〇当たりの死亡率とする。

出産予定日

産科学では「分娩予定日」という。おおよそ推定される分娩日。最終月経初日に二八〇日を加えた日。妊娠四〇週〇日に当たる。これは月経周期を二八日とした計算である。こうして定めた「予定日」に自然に分娩となるのは全体のわずか数％にすぎない。超音波検査によって予定日が修正されることもあるが、それとておおよその推定という域をでない。

新生児

出生直後から一ヵ月ほどまでの小児。ＷＨＯでは生後満二八日以内とする。生後満七日未満の新生児をとくに「早期新生児」と呼ぶ。

新生児死亡率

生後満二八日以内の新生児の死亡率。一年間の出生一〇〇〇当たりの死亡率とする。出生後満七日以内の死亡率をとくに「早期新生児死亡率」と呼ぶ。

陣痛

分娩にともなう子宮の収縮。不随意に、周期的に反復して、胎児等を押し出す作用をする。「陣痛」ということばは痛みを連想させるが、ほんらい陣痛は痛みとは無関係。陣痛にともなう痛みは「産痛」と呼ぶ。なお、本格的な陣痛がはじまるまえの不規則な子宮収縮は「前（駆）陣痛」（偽陣痛）、産褥初期の子宮復古のための子宮収縮は「後陣痛」と呼ばれる。

陣痛促進

陣痛がはじまったあと、子宮の収縮状態が思わしくないばあいに、人工的に陣痛を増強・促進させること。薬物による方法としては、子宮の収縮をうながす薬剤を陣痛促進剤として投与する。不自然な陣痛になるので、母子にさまざまな無理がかかる。

陣痛誘発

自然な陣痛がはじまっていない時期に、人工的に陣痛を起こさせること。薬物による方法としては、子宮の収縮をうながす薬剤を陣痛誘発剤として投与する。とうぜんながら母子にさまざまな無理がかかる。

水中出産

分娩中に水浴する出産方法。水中といっても、かならずしも水の中で娩出することに限定されない。とくに風呂の湯につかってのお産を、本書では「入浴出産」とも呼ぶ。海水につかってお産するのは「海中出産」。

切迫早産

早産しかかっている状態。あるいは、なんらかの早産の兆候がみられる状態。子宮口の開大にまではいたらないものの、不規則な弱い陣痛があり、ときに出血もある。子宮口が開大し規則的な強い陣痛があるばあいは、すでに「進行早産」であって、妊娠の継続は不可能となる。

切迫流産

流産しかかっている状態。あるいは、なんらかの流産の兆候がみられる状態。子宮口の開大にまではいたらないものの、軽度の腹痛や出血がある。子宮口が開大し強い規則的な疼痛があるばあいは、すでに「進行流産」であって、妊娠の継続は不可能となる。

早産

〝正期〟の出産時期よりも早いお産。早期産。ＷＨＯでは、妊娠満三七週未満を「早期」とする。周産期のはじまりを妊娠満二二週とすることと合わせると、早産とは妊娠二二週から三七週未満までの分娩をさすことになる。

胎芽

からだの器官の未分化な段階の胎内生命体。通常、妊娠八週未満（受精六週未満）の生命体をいう。それ以降は「胎児」と呼ぶ。

帝王切開

子宮を切開して胎児等を取りだす手術。通常、腹壁を切りひらいて子宮の下部にメスを入れる。最終的な手段であるはずだが、安易に実施される傾向にある。外科的に確立した手術とはいえ、さまざまな障害を母児にのこす。

低出生体重児

出生時の体重が二五〇〇グラム未満の産児。特別に医療的な監視と看護を必要とするとみなされていて、保健所にも届け出ることになっている。しかし、体重で産児を機械的に分別することは合理的とはいえない。二五〇〇グラムというラインにも問題がある。

難産

なんらかの支障があって分娩が難行すること。ただたんに分娩がながびいたり苦痛がひどいといったものは該当しない。母体や胎児になんらかの問題があってのこととされるが、じっさいには病院の環境や分娩の姿勢などに起因することもすくなくない。世俗的な用語。

乳児

母乳または人工ミルクで養育されている小児。通常、生後一年くらいまでの小児をさす。母子保健法では、生後一年未満を「乳児」と呼び、それ以降学齢期までを「幼児」と呼ぶ。乳児と幼児を合わせて「乳幼児」と呼ぶ。

妊産婦死亡率

妊娠中または分娩後四二日以内の母体の死亡率。通常、一年間の出産一〇万当たりの死亡率とする。

妊娠中毒症

妊婦が高血圧・たんぱく尿・むくみのいずれかの症状を一定値以上に発現したもの。発症率が高く、母体死亡の最大の要因をなし、周産期死亡とも密接に関連している。この疾患の発見が妊産婦健診の最大の眼目とされるゆえんである。産科学では原因不明とされているが、不自然な食生活が主たる原因と考えられる。

破水

胎児をつつむ卵膜が破れること。通常、児頭の先の部分（胎胞）が破れて羊水（前羊水）が流出する。産科学では、破水は子宮口がひらききる全開大のころに起きるのが適当とされる。その時期の破水を「適時破水」と呼ぶ。適時以前の破水は「非適時破水」となる。非適時破水のうち、陣痛開始以前のものを「前期破水」、陣痛開始から全開大前までの破水を「早期破水」と呼ぶ。

発露

分娩時に児の先進部（たいていはあたま）が局部から露出して引っ込まなくなる状態。会陰が伸びきる時期で、もういきんではいけないとされる。

排臨

分娩時に児の先進部（たいていはあたま）が産道の出口まで下りてきて外から見えかくれする状態。日本ではこの状態を分娩のプロセスとしてとくに重視する傾向がある。

微弱陣痛

分娩中に分娩を進行させるだけの陣痛が起きてこない状態。陣痛が十分な収縮力をもたなかったり、間隔が短縮せず発作時間がながびかなかったりするばあいに、「微弱」と判断される。病院では、促進剤が投与され、ばあいによっては帝王切開が実施される。しかし、そうした「微弱」の多くは病院の環境や産婦の姿勢に原因があり、しかもたんに陣痛の〝休息期〟であるにすぎないことも多い。

分娩

子宮から胎児等が排出されること。陣痛の開始から胎盤の娩出までの過程をふくむ。子宮口がひらききる全開大までをその「第一期」、赤ちゃんの娩出までを「第二期」、それ以降を「第三期」とする。

分娩遷延

お産の途上で分娩の進行が停滞したまま長時間を経過する状態。日本の産科学では、陣痛がはじまってから、初産婦で三〇時間、経産婦では一五時間を経過しても児娩出にいたらないものをいう。分娩がながびいているからといって難産であるとはかぎらない。しかし病院では、時間の経過をもって産科的な処置を講じる指標とする傾向がある。

未熟児

子宮外の生活に適応できるだけの成熟状態に達していない産児。この意味では在胎期間や体重は無関係である。他方、妊娠満三八週未満の早産児をさすばあいもある。古い用語としては、低出生体重児をさすことが多い。

卵膜

子宮内で胎児や羊水をつつむ袋をなす膜。外側から脱落膜（母体由来）、絨毛膜（胎児由来）、羊膜（胎児由来）の三層から成る。

流産

胎児がまだ母体外では生存できない時期での排出。現在、妊娠二二週未満の排出を「流産」とし、それ以後の分娩を「早産」とする。

●著者紹介

さかのまこと

自然哲学者。東北大学大学院博士課程修了。看護学校講師、大学教授等を経歴。生物学から宗教学にいたるまで幅広い関心領域をもつ。八ヶ岳南麓に在住。「プライベート出産情報センター」代表。

訳書に『応急出産介助マニュアル』、著書に『奇跡は、ある。』ほか多数。

〔プライベート出産情報センター〕

〒409-1501　山梨県北巨摩郡大泉村西井出 8240　坂野方

＊『応急出産介助マニュアル』（私家版）の入手を希望される方は、
上記センターまでお問い合わせ下さい。

あなたにもできる自然出産《しぜんしゅっさん》
——夫婦《ふうふ》で読《よ》むお産《さん》の知識《ちしき》

二〇〇二年一一月一日　初版第一刷発行
二〇二四年七月二九日　　第五刷発行

著　者　さかの　まこと

発行者　浜田和子
発行所　（株）本の泉社
〒一六〇—〇〇二二
東京都新宿区新宿二—一一—七
第33宮庭ビル一〇〇四
電　話　〇三（五八一〇）一五八一
FAX　〇三（五八一〇）一五八二
http://www.honnoizumi.co.jp/
印刷所　日本ハイコム株式会社
製本所　日本ハイコム株式会社

printed in Japan　ISBN4-88023-642-X